Human Relations

인간관계론

양춘희 · 신형재 · 길 웅 · 권용만

三 英 社

머리말

현대사회에서의 인간관계는 혁신적인 사회변화의 시대적 요구에 따라 빠른 속도로 변화하고 있다. 글로벌사회로의 변화에 따른 다민족, 다문화 사이의 인간관계에서 사회적, 문화적 복잡성이 증대됨에 따라 인간관계의 양상도 복잡화, 다양화의 양상을 보이고 있다. 이러한 사회적, 문화적 환경의 변화는 새로운 인간관계의 효율적인 관계성 유지를 위한 효과적인 방법과 기법을 요구하고 있다. 학문적으로 새로운 인간관계의 정립을 위한 노력과 더불어 인간관계를 증진시키기 위한 다양한 방법을 습득하는 것이 필요할 것으로 보인다. 따라서 이 책은 인간관계의 발전을 위한 학문적인 접근과 더불어 인간관계에서 필요한 효과적인 방법과 기법을 소개하고 활용하기 위한 의도를 가지고 저술되었다.

특히 최근의 인간관계의 다양한 측면의 사례를 통해 학습의 몰입을 높이기 위한 노력을 하였으며, 실용학문으로서의 효율성을 극대화시키기 위하여 인간관계를 증진시키기 위한 행동과학을 기초로 하는 총합적인 접근방법에 따라 이론과 실제 및 다양한 관리기법을 중심으로 전개하여 인간관계증진을 위한 실천을 증대시키는데 초점을 두었다.

이 책은 총 4부 13개장으로 구성되었다.

1부 『인간관계의 이해 및 인간관계의 기초』는 총 4장으로 1장 「인간관계의 기초」에서는 인간관계의 개요와 인간관계론의 발전과정을, 2장「자신과 타인의 이해」에서는 자아의 개념과 개방 및 대인신념 및 대인사고를, 3장 「개인차의 이해」에서의 개인차를 통한 인간관계의 다양성에 대하여 기술하였으며, 4장 「개인행동의 이해」에서는 조직행동적인 차원에서의 개인차원에서의 행동을 살펴보았다.

2부 『인간관계의 발전』도 총 4장으로 구성되어 5장에서는 「인간관계의 형성」과정과 6장에서는 「인간관계와 커뮤니케이션」으로 인간관계에서의 커뮤니케이션의 중요성을 기술하였으며, 7장 「갈등관리」에서는 다양한 인간관계에서의 갈등의 원인과 그 해소방안을, 8장 「설득과 협상관리」에서는 설득과 협상의 기법들을 살펴보았다.

3부 『인간관계 유형에 따른 관리』는 총 2장으로 9장 「가정에서의 인간관계」 10장 「사회에서의 인간관계」로 인간관계의 형성의 장으로서의 가정과, 인간관계를 유지하고 발전시키기 위한 사회에서의 인간관계에 대하여 살펴보았다.

4부 『인간관계 개선 기법』은 총 3장으로 11장 「듣기와 말하기」 12장 「교류분석(TA)」 13장 「감수성 훈련」으로 구성되었으며. 인간관계 개선을 위한 구체적인 기법을 학습할 수 있도록 하였다.

이 책의 학습을 통하여 인간관계에 대한 학문적인 접근뿐만 아니라 다양한 기법의 활용을 통하여 실제적인 인간관계를 개선하는 데 도움이 되기를 희망한다. 하지만 저자들의 학문적 부족과 표현방법의 미숙으로 학습자의 욕구와 이해에 도움을 주지 못한 측면에 대해서는 많은 이해가 있기를 바라며, 저자들도 일신우일신(日新又日新)의 자세로 발전을 위한 노력을 할 것이며 학습자 여러분들의 질책을 바탕으로 계속 보완. 개정할 것을 다짐하는 바이다.

끝으로 제작에 심혈을 기울여 주신 삼영사의 고성익 부사장님을 비롯한 임직원 여러분께 진정한 감사의 말씀을 드린다.

2015년 2월

저자 일동

Contents

Contents

Contents

Contents

01

인간관계의 기초

학습목표

1 인간관계의 의미와 현대에 있어서 인간관계의 중요성을 설명할 수 있다.
2 인간관계에 대한 연구의 목적 및 학문적 가치를 설명할 수 있다.
3 인간관계 연구의 발전역사를 이해하고, 현대적 주요 이슈 및 향후 연구과제를 설명할 수 있다.

1 인간관계의 기초

생각열기 인간관계 유형

- 이현민은 컴퓨터 오퍼레이터로 일과 관련된 것에 대해서는 항상 능수능란하게 처리하고 타인으로부터 협력을 잘 이끌어낸다. 그러나 그의 업무는 남과 그다지 많은 대화를 요구하지 않기 때문에 남과 대화의 필요성을 별로 느끼지 않으며 업무수행에 필요한 만큼만 타인과 관계를 맺는다. 그는 일상생활 속에서는 내성적이고 혼자 있기를 좋아하는 성격으로 인하여 폭넓은 인간관계보다는 몇몇 친구들과만 깊은 우정을 나눈다.
- 김철수는 병원의 행정담당자이며, 그는 동료들과 좋은 인간관계를 유지하는데 항상 어려움을 느끼고 있다. 그는 업무에 있어서 다른 동료보다 능력이 떨어지며, 낮은 임금을 받고 있고, 이에 대하여 자주 그의 동료, 환자, 의사에게 불평을 늘어놓으며 동료로부터 협조를 이끌어내지 못한다. 일을 떠난 일상생활 속에서는 그는 회사에서와 같이 평소 많은 불만을 표출하나 좀더 긍정적이며 좀 더 관대하고 친구와의 우정을 상당히 중시한다.
- 박은혜는 디자인회사의 매니저로 그녀는 사람을 좋아하는 성격이고 일에서나 일상생활에서나 인간관계를 원만히 유지하고 있다. 그녀는 나이가 어려서 그녀의 부하 중 대부분은 그녀보다 나이가 많지만 어느 누구도 그녀가 나이가 작다고 하여 그녀를 무시하지 않으며 그녀를 당연히 리더로 인정한다. 그녀가 일이 없는 시간에는 주야를 불문하고 많은 친구들이 그녀를 방문하여 항상 즐거운 시간을 보내고 있다.

위 세 사람의 인간관계를 보면 각 각 다른 특징을 가지고 있음을 발견하게 된다. 이현민은 일과 관련한 인간관계는 원만하고 타인의 협력을 얻어내는데도 능숙하지만 일을 떠나서는 많은 사람들과 다양한 인간관계를 맺기를 원하지 않는다. 이에 반해 김철수는 직장 내에서는 좋은 인간관계를 맺지 못하고 직무만족도도 낮지만 사회에서는 친구들로부터 인기가 많다. 한편 박은혜는 직장에서 뿐만 아니라 가정 및 친구들 사이에 인기도 많고 좋은 인간관계를 맺고 있어 다른 두 사람과 달리 인간관계를 맺는데 어려움이 없고 원만한 유형이다. 귀하는 세 유형 중 어느 유형에 가까운가?

제 1 절 인간관계 개요

인간관계는 사람 사이에 존재하는 상호작용을 연구하는 학문이다. 이 관계들은 가정, 학교, 직장 등 다양한 곳에서 일어나며, 직장의 상사, 동료 부하와 같이 공식적인 관계일 수 도 있고 가정에서 부모, 배우자, 자녀와 같이 비공식적인 관계일 수도 있다. 인간관계는 타인과 협력이 필요한 경우 반드시 일어나며 그 속에서 많은 갈등을 유발하기도 한다.

우리는 일생에 거쳐 줄곧 인간관계를 배우게 된다. 가족, 친구, 학우등과의 상호작용을 통하여 우리는 우리자신에 대한 정보를 얻고 바람직한 인간관계란 무엇이고 어떤 과정을 통하여 형성이 되는지를 배운다. 또한 우리는 타인과의 관계를 통하여 어떤 행동이 허용이 되는 행동이고 또 어떤 행동이 금기시되는지를 학습하게 된다. 그러나 이러한 학습은 모든 경우에 동일하지는 않으며 상황에 따라 다르다는 것을 인식할 필요가 있다. 예를 들어 어떤 사람이 평소에 습관적으로 모임에 자주 늦는 사람이 있다고 하자. 가족이나 친구와 같은 모임에 약간 늦는 것은 양해가 될 지 모른다. 그러나 직장에서 출근이나 회의에 늦는 경우 다른 사람들에게 피해를 주게 되므로 비난을 받기 쉽고, 상습적으로 늦는 경우 불성실한 인간으로 낙인이 찍혀 해고당할지도 모른다. 그러므로 우리는 직장에서의 인간관계는 좀더 면밀히 살펴볼 필요가 있다.

인간관계에 대한 연구는 직장에서 업무를 수행하는데 동료와 바람직한 관계를 형성하기 위하여 필요한 많은 정보를 제공해준다. 만일 직장에서 맡고 있는 업무를 성공적으로 수행을 위해서는 반드시 타인과의 관계를 잘 맺어야 한다. 인간관계에 대한 연구는 직장에서 효과적으로 업무수행을 위하여 우리 자신 뿐만 아니라 타인에 대한 이해의 폭을 넓힐 수 있는 기회를 제공해 준다.

1 인간관계의 정의

원래 인간관계의 용어를 광의로 해석하면 대인관계이고, 협의로는 인간에 관련된 제 문제를 의미한다. 일반적으로 인간관계라고 하면 학자의 관점과 견해에 따라서 다양한 형태와 내용으로 정의를 내리고 있다. 즉 하버드 대학의 뢰슬리스버어거(F.J.Roethlis-berger)교수는 인간관계를 "협동적 인간행위의 사실을 취급하는 적절한 방법론적 기술관점"[1]이라고 정의하고 있고, 미이(J.F.Mee)는 "고도의 사기(士氣)를 통해서 개별집단의 구성원이 자발적으로 집단공동목표 달성을 위해 협력체계를 확립하는 수단 또는 기술"[2]이라고 정의한다. 한편 데이비스(Keith Davis)에 의하면 인간관계는 직원으로 하여금 집단의 한 성원으로서 상호 생산적이고 협동적으로 잘 어울려 지낼 수 있도록 그들의 경제적, 심리적, 사회적 욕구를 만족시켜 주면서 그들을 직장의 전체적 상황 속에 통합시키는 작용이다.[3]라고 말하고 있다. 이는 생산성 향상을 위하여 인간적 요인에 역점을 두는 관리방법을 뜻하는 것이다. 그로진스(Morton Grodzins)는 "행정학과 인간관계론"이라는 그의 논문에서 인간관계는 심리학, 사회학, 사회인류학의 종합 과학적 학문으로서 사기업이나 공공 조직을 막론하고 주로 대규모 조직에 있어서의 인간문제를 다루는 신흥과학이라고 인간관계론의 종합 과학적인 성격을 밝힌 바 있다.[4]

결국 여러 학자의 다양한 견해를 종합해 볼 때, 인간관계란 '고도의 사기를 통해서 개별집단의 구성원이 자발적으로 집단공동목표달성을 위해 협력체계를 확립하는 수단 또는 기술'이라고 요약할 수 있다.

2 인간관계의 중요성

혼자서 삶을 영위할 수 있는 사람은 아무도 없다. 人間이란 한문에 담겨있는 뜻이 사람과 사람의 사이를 의미하는 것처럼 인간은 단순한 사람(homo, man)이 아니라 타인과의 관계 속에서의 사람을 의미하며 자체로서 관계를 포함하고 있다. 의도적이든 그렇지 않든 사람은 사람과의 관계 속에서 살아간다. 태어나면서, 뱃속에서 어머니와 맺는 모자의 관계로 인생을 시작해서 죽음으로 사람들과의 관계를 끝내는 일로 인생을 마감한다. 이런 의미에서 인간은 인간관계 그 자체라고 할 수 있다.

우리는 한 인간으로 생존하기 위하여 그리고 행복한 삶을 영위하기 위하여 다른 사람들과의 관계를 필요로 한다. 타인과의 만족스럽고 효과적인 인간관계를 통하여 인간다운 인간, 풍부하고 완성된 인간으로 나아갈 수 있다.

이렇듯 인간관계는 사람의 삶에서 피할 수 없는 것이며 인생의 성공과 행복을 좌우한다. 바람직한 인간관계는 인생을 성공과 행복으로 유도한다. 좋은 상사와의 인간관계는 직장에서의 성공을, 사랑하는 사람과의 좋은 만남 및 인간관계 형성은 행복을 가져다준다. 또한 나의 성공과 행복은 나와 인간관계를 맺고 있는 다른 사람의 성공과 행복에 지대한 영향을 미친다. 나 를 중심으로 볼 때 나의 성공・행복은 가까운 가족과 직접적으로 영향을 미치고 또 다른 누군가의 성공과 행복에 영향을 미치게 된다.

결국 인간의 삶은 곧 인간관계이며 인간관계의 성공여부가 인간의 삶의 성공과 행복을 결정짓는다고 해도 지나친 과언이 아니다. 한 개인의 성공과 행복은 관계하고 있는 다른 사람의 성공과 행복에 영향을 미치는 연속적인 과정을 통해 개인이 속한 집단은 물론 사회 전체에 중대한 영향을 미치기 때문에 바람직한 인간관계의 형성을 위한 지속적인 노력이 필요하다.

제 2 절 인간관계론의 발전

인간관계(human relation)라는 용어는 인간이 태초에 사회를 형성하는 과정에서 자연발생적으로 나타났다고 생각할 수 있다. 그러나 이 용어가 인간관계론(Human Relations)이라는 학문으로 대두되기 시작한 것은 1930년대의 벨(bell)식 전화기제조업체인 서부전기회사(Western Electric Company)의 실험에서부터이다. 즉, 시카고에 있는 호손공장에서 4차에 걸쳐 시행된 호손실험(Hawthorne experiment)의 결과를 통하여 인간관계론(human relations)이 새로운 학문의 영역을 형성하게 된 것이다.

이러한 인간관계라는 용어는 제2차세계대전 이후부터 더욱 전문용어화되어 인사관리, 조직관리 및 행동과학의 기본적인 원리로 활용되었을 뿐 아니라, 산업발달 과정에서 생산성향상과 관리의 민주화 및 능률화문제가 대두됨으로써 인간관계관리의 합리화와 과학화를 모색하기 위한 노력의 결실로 학문적인 체계를 갖추게 된 것이다. 특히 인간관계론의 이론적 발달은 행동과학의 출현과 지원이 촉진제가 되었고, 인접과학에서 인간의 행동을 연구하는 과정에서 인간관계론의 이론적 체계를 정립하는데 도움이 된 것이다. 그러면 인간관계론의 발전단계를 산업혁명 초기단계, 과학적 관리론의 형성단계, 초기 인간관계론 형성단계, 후기 인간관계론 발전단계 및 현대적 인간관계의 발전 및 향후 전망으로 나누어 살펴보기로 하자.

1 산업혁명 초기 인간관계

산업혁명 초기의 기업은 10-20명 정도의 소규모의 기업이 대부분이었으며, 사용자와 종업원의 관계는 가족적인 관계로 이루어졌다. 즉 기업주는 종업원의 보호와 그들이 요구하는 보상을 충족시켜 주었으며 종업원은 기업주가 지시하는데로 복종하는 절대적 가부장제 형태를 띄었다.

이 후 산업화가 급속도로 진행되면서 기업들은 대량생산을 위하여 많은 노동력이 필요로 하게 되었고 농민들은 농촌을 떠나 대규모로 도시로 이동하였다. 이에 따라 공장에는 노동력의 과잉공급 현상이 발생하였고 기업주는 자신들의 필요에 따라 채용과 해고를 마음대로 하였으며, 근로자들은 하루 열 다섯시간 이상의 장시간 노동 및 저임금에 허덕이게 되었다. 또한 새로운 기계의 발명으로 노동자 수십명의 일자리가 새 기계로 대체함에 따라 종업원의 고용에 위협을 가져왔으며, 이에 대한 저항으로 공장에 새로 들여온 기계를 파괴하는 소위 러다이트 운동(Luddite movement)이 발생하기도 하였다. 이에 기업주들은 전제적인 관리에 한계를 느끼고 좀더 효율적이고 합리적인 관리방법을 모색하게 되었다. 따라서 회사의 경영자는 모든 문제를 종업원과 상의하고 모든 결정에 종업원의 의견을 참작하고, 종업원들을 직접 중요한 의사결정에 참여시키는 민주주의적 인적자원관리의 싹이 트기 시작하였다. 이러한 민주적 인간관계 관리의 기반이 된 인물로 로버트 오웬(R. Owen)을 들 수 있다. 그는 회사의 기업주들이 열살 미만의 아동을 고용하여 열악한 작업환경에서 열 다섯 시간 이상씩 노동을 시키는 것을 보고 이를 강력히 비난하였다. 이 뿐만 아니라 그는 스코틀랜드에 직물공장을 사서 운영하면서 자신이 직접 사용자가 되어 노동조건을 개선하는데 최선을 다하였다. 그는 가장 이상적인 기업을 실현하기 위하여 최고노동시간의 제한, 미성년자의 노동 제한, 하층민의 의무교육 실시, 공장내 식당 운영, 기업의 사회공헌 등을 역설하였는데 이러한 그의 기업관은 당시 뿐만 아니라 기업의 사회적 책임 및 윤리경영을 중시하는 오늘날 기업경영에도 많은 영향을 미쳤다.

협동조합의 아버지 로버트 오웬(1771-1858)

오웬은 영국 중부에 위치한 웨일즈의 한 시골마을에서 태어났다. 그가 살고 있었던 당시의 영국 사회는 산업혁명의 영향으로 대부분의 시민과 아이들을 노동의 굴레 속에 가둬놓고 있었다. 당시 근로자들은 하루 평균 18시간을 일을 했으며 자본가들은 부족한 노동력을 충당하기 위해 노예는 물론 어린이들까지 공장으로 불러들였다. 당시 자료에 따르면, 햇빛도 들지 않는 지하 가죽공장에서 화학물질 냄새를 맡으며 하루 18시간 이상 일한 피혁 근로자들의 평균 수명은 40세를 넘기지 못했다고 한다. 이러한 열악한 현실을 바꾸기 위해 오웬은 1899년에 영국 뉴 라나크 의 방적공장을 인수하여 공장 개혁 운동을 실천했다. 그는 12세미만 아동의 공장 노동을 금지 시켰고, 하루 평균 근로시간도 10시간45분으로 제한하는 방안을 마련했다. 이후에도 오웬은 어린이 교육, 협동조합

공동체 사업 등 다양한 사회혁신활동을 전개 하였지만, 자본과 이윤을 앞세운 현실 사회의 높은 벽에 막혀 성공적인 운영 모델을 찾지는 못했다. 그는 88세의 나이로 세상을 뜨기 까지 쉬지 않고 노동조합 운동, 협동조합 운동을 전개했으며 오늘날 그를 협동조합의 아버지로 부르고 있다.

2 과학적 관리론의 형성

과학적 관리론은 테일러(F. Taylor)가 중심이 되어 20세기 초에 간트(H. Gantt), 길브레스 부부(F. and L. Gilbreth) 등 생산전문가들과 일반경영원리(general management principle)를 제시한 패욜(H. Fayol) 및 이상적인 조직구조로서 관료제를 주창한 베버(M. Weber) 등이 제시한 합리적 인간관에 입각한 과학적 경영관리 방식을 제시한 이론이다. 과학적 관리론에 포함된 주요원리는 (1) 분업의 원리 (2) 시간 및 동작 연구 (3) 차별성 과급제 (4) 과학적 선발과 훈련 등이며, 조직의 성과를 높이는데 있어서 몇 가지의 전제를 기본으로 하고 있다.[5)]

첫째로, 과학적 관리법은 합리적인 공식 직무구조체계 생산성 간에 정(正)의 관계를 전제하고 있다. 즉 조직의 직무의 전문화와 기능화, 그리고 구조화를 통하여 능률과 생산성을 최대화할 수 있다는 것을 가정하고 있다.

둘째로, 조직구성원은 생산실적에 의한 성과급제에 대하여 적극적인 동기를 발휘한다고 가정함으로써, 개인행동에 있어서 이기적인 경제적 인간상(economic man model)을 전제로 하고 있다.

셋째로, 조직구성원의 수동적(passive) 인간상이다. 즉 조직구성원은 체계적 직무연구를 통하여 설정된 구조적·물리적 작업환경과 관리제도에 수동적으로 응한다는 것이다. 따라서 기업은 조직구성원들을 구조적 직무체계에 맞추어 그들의 행동을 통제함으로써 조직체의 성과를 극대화시킬 수 있다는 것을 전제하고 있다. 이상의 주요원리와 기본전제를 볼 때 과학적 관리론은 조직체의 성과를 높이는데 있어서 주로 구조적·합리적 직무 및 관리체계의 설계를 강조하였고, 경영층의 일반적인 통제하에 구성원의 행동을 공식 구조체계에 맞추는데 불과하였다. 따라서 행동변화에 있어서 과학적 관리론은 공식적인 측면만을 강조했을 뿐 구성원과 비공식집단의 자생적 행동은 중요시하지 않았다.

이상과 같은 전제를 바탕으로 주요 학자별 핵심 이론을 살펴보기로 하자.

1) 테일러의 과학적 관리법

부유한 집안에 태어난 테일러(F. W. Taylor)는 집안의 요청으로 변호사가 되고자 법대에 진학을 하였으나 무리한 공부로 인하여 시력이 나빠져 진학을 포기하고 공장에 들어가 생산현장의 직공, 관리자, 엔지니어, 연구원의 경력을 차례로 경험하면서 많은 문제점을 발견하였다. 당시 공장에서는 분업에 의하여 일을 하고는 있었으나 관리자와 종업원의 업무구분이 명확하지 않았고, 일의 작업방식 및 절차가 표준화되어 있지 않아 작업능률이 낮고 근로자의 일일작업량을 주먹구구식으로 할당하였다.

그는 현장의 이러한 문제점을 개선하기 위하여 근로자의 작업수행 과정을 과학적으로 분석하여 합리적인 관리기법을 도입하였다. 작업자의 작업을 '동작연구(motion study)'와 '시간연구(time study)'를 나누어 분석하여 표준작업량(a fair daily work)을 설정하고, 관리자와 종업원의 역할을 나누었으며, 작업자에게 집중적인 훈련을 통하여 전문화를 실현하고자 하였다. 또한 차별적 성과급제(differential piece-rate system)를 도입하여 할당된 작업량을 달성한 작업자에게는 높은 임률을 적용하고, 달성하지 못한 작업자에게는 낮은 임률을 적용함으로써, 개별 작업자에게는 높은 임금을 지급하였으나 전체적으로는 낮은 노무비를 실현하였다.

이러한 과학적 관리법은 인간을 작업의 도구로 삼아 효율성만을 최우선시하고 인간성을 배제하였다는 비판을 받고 있으나, 이후 대량생산방식에 의한 대규모생산시스템에 영향을 주어 경영관리의 발전에 큰 공헌을 하였다.

찰리 채플린의 모던타임즈(Modern Times)

모던타임즈는 채플린이 1936년도에 제작한 영화로 채플린 본인이 직접 감독, 각본, 제작, 주연 외에도 작곡까지 담당했으며 돈과 기계문명에 얽매인 시대를 풍자한 채플린 특유의 장편 코미디이다.

컨베어 벨트 공장에서 일하고 있는 찰리는 하루 종일 나사못 조이는 일을 하고 있다. 단순 작업의 결과 눈에 보이는 모든 것을 조여버리는 강박 관념에 빠지고 찰리는 정신이 이상해져서 급기야 정신 병원까지 가게된다. 병원에서 퇴원한 그는 일자리가 없어 거리를 방황하다가 시위 군중에 휩싸여 감옥에 끌려가게 된다. 몇 년의 감옥살이 끝에 풀려난 찰리는 빵을 훔친 예쁜 소녀를 도와준다. 근사한 집을 사기 위해 백화점 경비원으로 취직하기도 하고, 철공소에서 일을 하나 번번히 소동으로 막을 내린다. 소녀의 도움으로 카페에서 일하게 된 찰리는 자신을 추적하는 사람들에 아랑곳 않고 노래를 하다가 결국 다시 떠돌이로 남는다. 거리에 나선 찰리와 소녀는 희망만은 버리지 않는다.

찰리 채플린은 기계화, 표준화로 인하여 같은 동작을 수없이 반복하는 노동자의 모습을 보고 이 영화에서 '컨베이어벨트 앞에 서서 기계와 하나가 된 인간은 행복한가?'라는 질문을 던지며 기계를 떠나야 한다는 강한 메시지를 남기고 있다. 당시에 효율만 부르짖던 경영자는 실제 식사까지 자동화를 시도했다는 에피소드가 있다. 채플린은 훗날 "자동화 공장에서 일했던 적지 않은 노동자들이 정신병을 앓았다는 사실에 착안했다."고 회고했다. 그는 이 영화로 공산주의자로 의심받았고 결국 미국에서 추방당하는 고통을 겪어야 했다.

2) 페이욜의 관리 과정

프랑스 광산기술자인 페이욜(H. Fayol)은 1916년 그의 저서 『산업 및 일반관리』를 통하여 기업은 규모에 관계없이 기술, 영업, 재무, 안전, 회계, 관리의 여섯가지 기능을 가지고 있다고 주장하며, 특히 관리의 5요소와 관리의 일반 원칙을 제시하였다.[6] 페이욜은 생산 중심 관점인 테일러의 과학적 관리법에서 나아가 경영의 종합적 합리화에 의한 원칙을 제공하려고 하였다. 즉, 복잡한 조직 전체의 관리문제에 초점을 두었다고 할 수 있다. 테일러가 생산과 공장의 문제에 관심을 갖고 있는 데 반해 페이욜은 최고 경영층의 경영활동에 원칙을 적용하려는 데 관심을 가졌다. 그는 경영의 문제를 상위계층에 집중하고 건전한 경영의 원칙과 경영기법을 전체 조직에 적용하는 일을 강조하였다. 페이욜은 기업에는 그 규모나 산업의 종류에 관계없이 다음과 같은 여섯 가지의 본질적인 기능이 있다고 보았다. 즉, 기술활동(생산, 제조, 가공), 상업활동(구매, 판매, 교환), 재무활동(자본의 조달과 운영), 보호활동(재화와 종업원의 보호), 회계활동(재산목록, 대차대조표, 원가, 통계), 관리활동(계획, 조직, 지휘, 조정, 통제) 등이 그것이다. 이 중 관리적 기능을 제외한 다섯 가지 기능은 전문적 기능이라 하여 관리 기능과 명확히 구분하였다. 그는 관리기능을 다른 다섯 가지 기능이 잘 수행되도록 하는 전반적 운영활동이라 하여 이들의 중요성을 특히 강조하였다. 오늘날 관리사이클(management cycle)의 기본모형으로 인정받고 있는 계획(planning)－조직화(organizing)－지도(leaing)－통제(controlling)의 POLC는 패욜이 제시한 관리의 5가지 규칙을 기반으로 하고 있다.

〈도표 1-1〉 패욜의 관리의 5가지 규칙 및 14가지 원칙

관리의 5가지 규칙(rules)	관리의 14가지 원칙(principles)
• 준비 • 조직화 • 명령 • 조정 • 통제	• 분업 • 권한 • 규율 • 명령일원화 • 지휘 통일화 • 전체이익에 대한 개인의 복종 • 보상 • 집권화 • 계층화 • 질서 • 공정 • 종업원 신분의 안정성 • 주도권 • 단결

3) 막스 베버의 관료제이론

오늘날 '관료제'라고 하면 비효율성, 비탄력성, 비합법적 권력, 레드 테이프(red tape) 등의 부정적 이미지를 연상시킨다. 물론 관료제 속에는 이와 같은 특성을 포함하고 있지만 초기 관료제가 등장하던 시기에는 긍정적인 의미를 많이 담고 있었다. 막스 베버(Max Weber)는 유럽에서 정부조직을 연구한 사회학자로서 거대한 조직을 합리적이면서 능률적으로 운영하기 위한 조직의 형태로 관료제를 제시하였다. 그의 관료제이론은 근본적으로 권한구조에 관한 이론에 기초를 두고 있다. 즉, 그는 권한의 유형을 카리스마적 권한, 전통적 권한 그리고 합리적·법적 권한에 기초를 둔 관료제 모형이 최근 사회의 규모 조직을 이해하는 데 가장 적합한 것이라고 하였다.[7] 관료제에 관한 고전적인 저술로 베버가 집필한 『사회와 경제조직의 이론』이 있다. 베버의 관료제는 권한의 합법적 근거 이외에도 여러 차원에서 특징을 지니고 있다. 관료제조직은 의사결정을 관리자의 주관적 판단에 맡김으로써 발생할 수 있는 조직의 불안정을 최소화하기 위하여 업무수행에 관한 규칙과 절차를 철저하게 공식화하는 특징이 있다. 그는 관료제 를 조직의 원형으로 설정하고, 사회가 도시화·산업화되는 과정에서 점차 그 필요성이 높아질 것이라고 주장하였다.

이러한 관료제는 조직의 업무가 변하지 않는다는 가정과 조직 내의 구성원들이 합리

적으로 행동한다는 가정 하에서 정립된 이론이다. 조직의 환경이 비교적 안정적인 정부 기관이나 조직규모가 방대하고 질서 유지가 중요한 조직의 제도로는 적절하나 기술 및 환경이 급변하는 기업의 제도로는 적합하지 못하다.

3 초기 인간관계론의 등장

테일러로부터 시작된 과학적관리법은 기업의 생산성 향상 및 산업발전에 많은 기여를 하였으나, 인간은 합리적, 경제적 동물이라는 가정 하에 경영의 합리성 만을 추구한 나머지 인간의 사회적, 심리적 측면을 무시하고 인간을 너무 기계취급을 하였다는 점에서 많은 비판을 받고 있다.

당시 풍부한 노동력과 생산성과 작업능률만을 강조한 결과 노동자들의 불만은 커지고 사방에서 '인간의 기계화', '경제적 동물 취급', '노동 착취'라는 말이 불거져 나오면서 과학적 관리법의 맹신에 회의를 품기 시작하였다.

이러던 차에 서부전력회사의 시카고 호손(Hawthorne)공장에서 메이요(E. Mayo)와 뢰슬리스버거(F. Roethlisberger)를 중심으로 5년여에 걸쳐 미국의 과학적 관리법이 과연 생산성을 증대시키는지 검증해 보려는 시도가 있었으며, 이를 계기로 인간관계란 용어가 처음 사용되고 인간관계에 대하여 본격적인 관심을 갖기 시작하였다.

호손실험(Hawthorn Experiment)

하버드대학의 교수였던 메이요(E. Mayo)는 어떤 요인들이 근로자들로 하여금 자발적으로 열심히 일을 하게 하고 만족을 주는가를 연구하였다. 그 과정에서 근로자들 사이의 인간관계가 중요하다는 사실을 발견하게 되었다.[8] 호손실험이란 미국의 일리노이주 호손(Hawthorn)시에 있는 Western Electric회사의 공장에서 행한 실험을 말한다. 메이요가 이끄는 하버드 대학 연구팀에 의해 1927년부터 1932년까지 호손공장에서 인간 행동에 관한 일련의 실험들이 수행되었다.

총 4차례에 걸친 실험을 통해서 살펴본 결과 조직 내에서 인간관계에 대한 중요성을 발견하였고, 비공식적을 활용하여 구성원을 지도하는 것이 생산능률을 향상시킬 수 있다는 사실을 알게 되었다. 호손실험에 따른 결과를 요약·정리하면 다음과 같다.

① 인간의 생산성은 인적 요인에 좌우된다.

경영관리에 있어서 인간의 생산성(productivity of human being)을 좌우하는 것은 물리적 환경에 대한 제조건(조명 · 휴식시간 · 임금)과 같은 물질적 또는 비인간적인 요인이 아니고, 오히려 종업원이 조직 내에서 수평적 · 수직적으로 상호존재하는 감정과 태도 및 사기 등과 같은 인간적 요인이 절대적으로 생산성 및 능률향상에 영향을 주고 있다.

② 인간은 타인과의 유대적 환경조성의 욕구를 가진다.

조직 내의 종업원은 일반적으로 자신이 특정 조직에 정착할 수 있고 동시에 그 조직에서 작업을 할 수 있는 것이 중요하다고 생각되므로 타인과의 유대적 환경을 조성하고자 하는 강력한 욕구를 가진다. 따라서 이러한 인간의 욕구관점이 뜻대로 달성되지 않으면 그들은 곧 실망과 불안을 느끼고 나아가서는 자발적인 근로의욕을 지속하지 못하게 된다.

③ 인간적 환경요인의 개선

그러므로 종업원의 근로의욕에 대한 지속적인 증대를 기대하기 위해서는 조직내에서 종업원 상호 간에 수평적 · 수직적인 인간관계에 따라서 그들의 인간적 환경을 개선하는 것이 중요하다. 가급적이면 좋은 인간적 환경을 개선하게 되면 조직 내의 종업원의 사기가 향상됨으로써 종업원의 행동은 인간관계로 지향하게 되어 높은 생산능률을 확보할 수 있다.

④ 조직내 인간관계 중시

호손실험의 결과는 종래의 인사관리와 같이 고용과 배치 · 작업조건 · 임금지급 등 일련의 제도적인 측면만을 중요시하는 것보다 조직 내에 있어서 사회적 구조를 중요시하여, 집단의 목표지향적인 협력체제를 여하히 수립할 것인가 하는 관점에서 조직 내의 커뮤니케이션 및 인간관계의 중요성을 강조하고 있다.

한편 호손연구가 경영학의 사고와 그 기법에 미친 영향은 다음과 같다.

첫째, 호손연구는 사람에 대한 관심을 높이는 중요한 계기가 되었다. 즉, 사람의 감정, 태도, 배경, 욕구, 사회적 관계 등이 효과적인 경영에 매우 중요하다. 이같은 관심은 사업의 효율성과 생산성을 유지하는 데 인적자원의 활용이 중요하다는 것을 인식한 것이다.

둘째, 종업원들 상호간의 관계에서 형성되는 사회적 관계가'비공식조직'을 만들어 공식조직만큼 생산성에 영향을 미친다. 비공식조직을 잘 이해하고 활용하면 경영을 효과적으로 하는 데 매우 도움이 된다.

셋째, 호손연구는 사람의 역할이 생산성에 매우 중요하다는 것이다. 호손연구결과로 인간관계에 대한 연구가 급증하였고, 경영학에 미친 대표적 분야는 인간관계론 분야와 조직행동론 분야이다. 1950년과 1960년에 이 분야는 인간의 동기부여에 있어서 비경제적 동기의 중요성을 강조했으며, 작업환경의 사회적 특성을 강조하였다.

넷째, 또한 관리자들은 종업원을 만족시키는 작업환경과 직무를 만들 필요성이 높아졌고, 자신의 직무에 만족한 종업원들이 보다 성과가 높다는 생각, 즉'행복한 종업원이 생산성이 높다(a happy worker is a productive worker)'라는 사실을 강조하였다.

이후에 인간관계론은 행동과학(behavioral science)과 조직행동론(organiza -tional behavior)의 형성에 영향을 미쳐 개인, 인간, 소집단활동 등의 연구가 활기를 띠게 하는 계기가 되었다.

4 후기 인간관계론의 발전

호손연구로부터 촉발된 인간관계운동이 확산됨에 따라 그 영역이 확대되었다. 특히 인간행동의 이해는 전통적인 심리학과 사회학 및 인류학뿐만 아니라 사회경제학・정치과학・언어학 및 교육학 등에 의해 더욱 강화되었다. 특히 중요한 것은 다양한 훈련의 상호관련성이 광범위하게 인식됨으로써 행동과학 이라는 차원에까지 인식범위가 확대되었다.

행동과학적 접근 방법(behavioral science approach)은 인본주의적인 방법을 강조하고, 개발에 따른 변화는 전체적으로 조직목표달성에의 참여를 전제로 한다. 이러한 행동과학(behavior sciences)의 주요한 공헌은 ① 작업조직에서 종업원의 행동과 관련된 조직행동(organizational behavior : OB)에의 적용이고, ② 조직 환경의 창조에 대한 노력으로 종업원 간에 협력과 팀웍을 고무시키기 위한 조직개발(organizational development : OD) 학문의 성장이라는 점으로 요약된다. 물론 조직 개발의 목적은 조직환경과 개인의 행동유형, 태도 및 가치를 바람직한 방향으로 변화시키는 데 있다.

한편 행동과학이 발전하던 시기에 맞추어 조직목표달성을 위하여 개인의 몰입 을 높이고 이를 통하여 조직성과를 극대화하기 위한 방안으로서 동기부여의 이론이 발전하기 시작하였는데 대표적인 동기부여 이론을 정리하면 다음과 같다.

1) 매슬로우의 욕구계층이론

매슬로우(A. Maslow)는 인간의 욕구는 계층을 형성하며 고차원의 욕구는 저차원의 욕구가 충족될 때 동기부여요인으로 작용한다는 욕구계층이론(needs hierarchy theory)을 제시하였다.[9] 그는 인간의 욕구를 가정 저차원의 욕구로서 의・식・주와 관련된 생리적 욕구로부터 안전의 욕구, 사회적 욕구, 존경의 욕구, 가장 고차원인 자아실현의 욕구로 계층별로 구분하였다. 매슬로우는 인간의 행동을 유발하는 욕구체계를 제시함으로써 인간행동이론에 있어서 동기를 이해하는데 많은 기여를 하였다. 욕구단계설은 실증분석에 의하여 지지를 받고 있지는 못하지만, 인간성을 이해하는 데는 상당한 공감을 받고 있으며, 향후 매슬로우의 이론을 계승, 발전시킨 앨더퍼(Aldfer)의 ERG이론에 의하여 실증적인 뒷받침을 받고 있다.

2) 맥그리거의 XY이론

맥그리거(D. McGregor)는 『기업의 인간적 측면』이라는 저서를 통해 X이론과 Y이론을 제시함으로써 조직의 있어서 인적자원의 통제근거를 밝혔다.[10] 그의 주장에 의하면 전통적 경영론에 입각한 X이론은 비판적이고 소극적인 인간관에 기반을 두고 있어 관리자는 근로자를 엄격히 명령, 관리, 통제할 필요가 있으며, Y이론은 낙천적이고 긍정적인 인간관에 기반하고 있어 관리자는 개개인의 자주성을 존중하고 창의성을 끌어낼 수 있도록 노력할 필요가 있다는 것으로 서로 대칭을 이룬다.

3) 리커트의 시스템이론

리커트(R. Likert)는 지속적으로 높은 업적을 올리는 그룹과 그렇지 않은 그룹의 관리스타일을 비교하여 시스템 1~시스템 4의 4가지의 일반적인 관리스타일으로 분류하였다.[11] 리커트는 연구에서 일 중심형 리더와 종업원 중심형 리더가 존재하는 데 지속적인 높은 업적을 올리는 리더는 종업원 중심형 리더라는 사실을 확인하였다. 리커트는 시스템 4의 기본원리로 ① 지지관계의 원리, ② 의사결정과 관리에 있어 집단적 방정식의 원리, ③ 높은 업적의 원리를 제시하고 있다.

4) 허즈버그의 2요인이론

허즈버그(F. Herzberg)는 근로자의 직무태도에 관한 인터뷰를 통해 인간의 욕구는 두 가지 유형이 있으며 그 둘은 본질적으로 독립적이어서 인간의 행동에 서로 영향을 미치는 것을 발견하였다.[12] 직무와 관련한 동기요인을 위생요인(hygiene factor)과 동기요인(motivator factor)의 두 가지로 나누었다. 급여, 작업조건, 감독방식과 같은 요인은 위생요인(또는 유지요인)으로서 직무불만족은 줄 일 수 있으나 적극적으로 만족을 이끌지 못한다고 보고 성취감, 인정, 도전, 책임감과 같은 동기요인이야말로 직무만족에 적극적인 영향을 끼치는 동기유발요인이라고 주장하였다. 일 자체가 근로자를 동기부여시키는 최대의 요소라는 점을 지적하였으며, 최근의 유연근무제(flex time)와 다양한 복리후생제도 등이 허즈버그 이론의 영향을 받아 도입되게 되었다.

5 현대적 인간관계의 변화 및 연구방향

21세기에 들어오면서 인류사회가 산업사회에서 지식정보사회로 변화하면서 기업경영 패러다임도 바뀌어가고 있다. 지식정보사외에서 조직내 인간관계에 영향을 미치는 외부환경 및 조직 변화의 특징을 살펴보면 다음과 같다.

첫째, 인적자원관리의 중요성이 증대하고 있다. 산업사회의 기업경쟁력의 원천이 생산성 및 원가절감의 기반이 되는 자본동원능력에 있다면 지식정보사회에서는 조직구성원의 창의력을 기반으로 끊임없이 조직혁신을 이끌어내는데 있다. 조직혁신을 위한 원천으로서의 창의력은 사람으로부터 나오며, 따라서 어느 시기 보다도 인적자원의 중요성이 커지고 있다. 이에 따라 창의력과 잠재능력을 갖춘 유능한 인적자원을 채용하고, 인재를 육성하며, 능력 및 적성에 맞는 직무배치 및 활용 극대화 등의 전략적 인적자원관리가 기업경쟁력의 강화 및 유지의 핵심이 되고 있다.

둘째, 팀웍의 중요성 증대 및 업무성격의 변화이다. 팀웍이란 팀 구성원간의 협력체계 내지는 협동기술을 의미한다. 빠르게 변화하는 경영환경에 대응하기 위하여 많은 기업들이 조직구조를 종래의 기능식 구조에서 탈피하여 팀제를 도입하고 있다. 기능식 조직에서는 업무수행 형태가 개인 중심으로 이루어지며, 조직의 높은 성과를 위해서는 개인의 전문성을 기반으로 하는 직무수행능력이 가장 중요하다. 이에 비해 팀제 조직구조에서는 업무수행방식이 기능이 아닌 과제중심으로 모여서 분업보다는 협업방식으로 이루어지며, 조직의 성과는 팀웍의 수준에 의하여 결정이 되므로 구성원들 간의 높은 팀웍을 이끌어내는게 중요하다. 그런데 팀웍은 구성원 간의 인간관계에 영향을 많이 받으므로 그 어느 때 보다 인간관계의 중요성이 강조되고 있다.

또한 지식사회에 들어오면서 우리나라의 산업은 첨단 전자제품과 지식서비스산업이 주를 이루어 근로자의 노동은 과거와 사뭇 달라졌다. 정보기술이 발전하면서 사무실에 출근하는 대신 현장중심 근무 및 재택(在宅) 근무가 증가하고 있으며 체력에 의존하는 육체노동대신 여성의 섬세함이나 신참자의 신선한 아이디어가 많이 필요한 업무도 증가하고 있다. 이로써 직무와 개인특성, 직무만족요인, 직무설계 등을 다루는 조직행동 및 인간관계 연구의 재검토가 필요하게 되었다.

셋째, 조직내 구성원의 다양성(diversity) 증대의 문제이다. 과거 산업사회에서는 회사 업무는 대개 비슷하고 단순했기에 노동인력도 경력, 학력, 신분, 연령 등에 별 차이가 없는 사람들끼리 같은 부서에서 일을 했지만 오늘날에는 성별, 신분, 학력수준뿐만 아니라 기술과 가치관 심지어는 인종과 국적까지도 다양하게 구성된 작업장에서 과업이 이루어진다. 또한 기업조직의 노동력 중 여성의 비중이 높아지고 있으며 여성의 관리직과 상위직으로의 승진은 계속 증가하고 있다. 그리고 남녀평등고용법의 시행으로 직무차별 및 여성의 키와 용모를 제한한 채용규정을 바꾸고 있다. 이처럼 성별, 인종, 소수민족 등 대우에 차별을 두어서는 안 되는 시대가 되었다. 이처럼 조직의 구성원이 다양해지면 그들끼리의 상호관계도 과거와 달라질 것이다. 만일 나이와 성별과 종족이 다르다면 그들을 동기부여하는 방법도 다양해져야 하며 갈등의 원인과 해결방식도 변해야 한다. 이질적이고 다양한 조직구성원들과 함께 일하면서 익숙해지다 보면 상대방을 인정하고 포용하는 경향이 많아지고 결국 갈등해결과 팀 형성이 쉬워질 것이다. 이와 같이 현대조직에서 구성원의 다양성 증대는 불가피하며 다국적 기업이나 대규모 기업일수록 정도가 심해진다. 물론 소규모의 기업도 예외는 아니며 따라서 현대적 인간관계의 새로운 연구분야로서 중요성이 증대하고 있다.

참고문헌

1. Roethlisberger, F.J. & W. J. Dickson, Management and Worker, 1939. p. 15.
2. 유기현, 「인간관계론」, 무역경영사, 1983, p. 22.
3. Davis, K., Human Relations in Business, New York : McGraw-Hill Book Co., Inc., 1959. p. 12.
4. 유기현, 전게서, p. 23.
5. Taylor, The Principle of Scientific Management, 1911.
6. Fayol, H., L'Administration Industrielle et G'enerale, 1916.
7. M. Weber, The Theory of Social and Economic organizations, translated by A. M. Henderson and T. Parsons(New York : Free Press, 1947.
8. Mayo, E., The Human Problem of an Industrial Civilization, 1933.
9. Maslow, A.H., "A Theory of Human Motivation", Psychological Review, Vol. 50, 1943.
10. McGregor, Leadership and Motivation, Boston : MIT Press, 1966.
11. Likert, R., New Patterns of Management, New York : McGraw-Hill Book Co., Inc., 1957.
12. Herzberg, F., Bernard Mausner and Barbara Synderman, The Motivation to Work, New York : John Wiley & Sons, LC., 1959.

02

자신과 타인의 이해

학습목표

1 자신의 본질을 이해하기 위하여 자아개념 및 자아구성요소에 대하여 설명 할 수 있다.
2 긍정적 자아개념 형성의 중요성 및 형성방안을 설명할 수 있다.
3 자아개방의 의의 및 중요성을 살펴보고 적극적인 자아개방의 방법을 설명할 수 있다.
4 바람직한 대인관계 형성을 위한 필수적인 요소로서 대인신념 및 대인사고의 의미, 중요성 및 합리적인 대인신념을 형성하기 위한 방안을 설명할 수 있다.

2 자신과 타인의 이해

생각 열기 청 춘

청춘은 인생의 어느 기간이 아니라 마음가짐의 상태이다. 그것은 장밋빛 볼, 붉은 입술과 유연한 무릎을 지니는 것이 아니라 왕성한 의지, 풍부한 상상력과 불타는 정열을 말하며 인생의 깊은 샘의 청신(淸新)함이다.

청춘은 약한 의지를 추방하는 용기와 안이함을 사랑하는 대신 모험심을 갈망하는 성향의 지배를 의미한다. 따라서 때로는 20세의 사람에게보다는 60세의 사람에게 그것이 존재한다. 그 어느 사람도 나이가 많아진다는 것만으로 늙어지는 것이 아니다. 인간은 이상(理想)을 잃을 때 비로소 늙어지는 것이다.

세월은 피부의 주름살을 지어 주기는 하나 열정을 포기하면 정신의 주름살이 생긴다. 고뇌, 공포 그리고 실망이 용기를 잃게 하고 정신을 잿더미로 만든다. 60세든 16세이든 인간의 가슴에는 경이에 대한 매력, 어린이와 같은 미지의 세계에 관한 탐구심, 그리고 게임과도 같은 삶의 환희가 있다. 당신의 가슴 그리고 나의 가슴의 중심부에는 무선의 정차장이 있어서 그것이 사람들과 신으로부터 아름다움과 희망과 희열과 용기 그리고 힘의 메시지 (영감)를 받아들이는 한 당신은 젊다.

꿈이 없어지고 정신이 비탄의 눈(雪)과 비관의 얼음으로 뒤덮일 때 비록 20세의 나이인 당신은 이미 늙어버렸으며 꿈이 높이 솟아올라서 희망과 낙관의 파도를 타는 한 당신은 80세에 죽을 희망을 지닌 청춘이다.

- 사무엘 울먼(S. Ullman)

제 1 절 자아개념

1 자아개념의 의미

자아개념(self concept)이란 자신이 스스로를 어떻게 인식하는가를 의미한다. 즉 인간은 성장하면서 외부세계화 관계를 맺으면서 자기가 누구인지를 객관적으로 평가하여 가지게 되는 자신에 대한 이미지가 자기개념이다.

자아개념은 부모, 형제, 친구, 선생님 등과의 인간관계를 통하여 형성이 되며, 살아가는 동안 성공이나 실패의 경험을 통하여 형성되기 때문에 성공여부에 따라 긍정적이거나 부정적으로 형성되어진다.[1] 긍정적인 자아개념은 자기 자신을 의미있는 존재로 인식하여 자신감을 갖게 하고 부정적인 자아개념은 자기 자신을 보잘것없는 존재로 인식하고 대인관계도 부정적이다. 따라서 자기 자신을 긍정적으로 생각하며 다른 사람과 비교해서 우월하거나 열등하다고 느끼지 않고 자기모습을 있는 그대로 받아들이는 것은 건강한 사람의 지표이다.

자아개념은 주변의 인물과의 상호작용을 통해서 많은 영향을 받는다. 학자들의 연구에 의하면, 타인과의 상호작용과 성공 그리고 실패에 대한 개인적 경험은 자아개념의 주요 결정요소가 된다고 한다.[2] 특히 개인과 접촉하는 중요한 타인에 의한 평가는 자아개념의 형성에 큰 영향을 준다. 왜냐 하면 자기를 어떻게 보고 있느냐 하는 것은 그 사람의 생각이나 감정, 행동에 커다란 영향을 주기 때문이다. 결국 자아개념은 개인의 성격이나 심리적 발달, 대인관계, 정신건강 및 심리적 장애의 핵심 주체이고, 사회화 과정이나 학습경험을 통해 형성이 되고 습득된다고 보는 점에서는 학자들의 견해가 일치한다

이상과 같이 살펴본 자아개념의 특성을 정리하면 다음과 같다.

첫째, 자아개념은 타고 나는 것이 아니라 획득하는 것이며 개인이 속해 있는 환경과의 상호작용 가운데 형성된다. 즉 자아개념은 환경적 요소와의 접촉을 통한 경험, 성공 및 실패에 대한 개인적 경험, 타인과의 상호작용 등을 통하여 발전한다.

둘째, 자아개념은 비교적 영속적인 특성을 갖는다. 일단 어떠한 자아개념이 형성되면 쉽게 변화되지 않는다.

셋째, 자아개념은 기술적이고 평가적인 성격을 가지고 있다. 인간을 어떤 주어진 상황에서 어떠한 기대나 중요한 타인의 기대에 따라 자신의 행동과 신체적 특성을 평가하

게 된다. 이 평가는 어떤 이상적 표준에 비추어 내려지기도 하고 그렇지 않으면 자기 또래나 중요한 타인의 지각된 평가에 의존하는 경우도 있다.

넷째, 자아개념은 자긍심(self-esteem)을 형성시키고 자기효능감(self-efficacy)에도 영향을 미친다. 자아개념이 자아에 대한 인지적 측면이라면 자긍심은 자아에 대한 감정적 측면이라 할 수 있다. 자긍심이란 자신을 가치있다고 생각하고 존중해주는 마음을 의미하며 긍정적인 자아개념이 자긍심을 높이는데 영향을 준다. 또한 긍정적인 자아개념은 개별적인 사안에 대하여 잘 처리하거나 해결할 수 있다는 자기효능감(self-efficacy)에도 서로 영향을 주고받는다.

2 자아구성요소

제임스(W. James)는 자아개념이란 "한 개인이 자기 것이라 말할 수 있는 모든 것"으로 정의하고, 자아개념의 구성요소로서 물질적 자아(material self), 사회적 자아(social self), 그리고 심리적 · 영적 자아(psychic or spiritual self)로 나누어 설명하고 있다.[3]

1) 물질적 자아

물질적 자아는 개인이 가지고 있는 신체적 특성, 외모, 물질적 소유물에 대한 자기평가를 의미한다. 특히 제임스는 신체적 특성, 즉 신체상(body image)이 자아개념에서 매우 중요하다고 보고 있으며 긍정적 신체상의 형성이 긍정적인 자아개념 형성에 중요하다고 보고 있다.[4] 그런데 자신의 신체상은 매우 주관적이며, 어떤 사람은 긍정적인 신체상을 가지고 있으며, 어떤 사람은 부정적인 신체상을 가지고 있다. 오늘날 현대인들이 성형이나 다이어트 중독에 빠지는 것도 긍정적인 자아개념을 형성하기 위한 노력이라는 측면에서 보면 꼭 부정적인 것 만은 아니다.

2) 사회적 자아

사회적 자아는 타인과의 관계 속에서 나타나는 개인적 신분이나 위치에 대한 자신의 평가를 말한다. 즉 사회적 자아는 개인이 가지고 있는 사회적 관계나 역할을 통해 드러나는 사회적 측면의 자아를 말하며 여기에는 교육관계, 이성관계, 가족관계, 사회적 신분 등을 포함한다. 사회적 자아는 사회 속에서의 개인의 역할이나 타인과의 관계 속에서 형성이 되기 때문에 사회 속에서의 개인적 역할에 대한 긍정적 인식이나 타인과의 건전한 관계의 형성은 긍정적인 사회적 자아를 형성하는데 영향을 준다.

3) 심리적 · 영적 자아

심리적 · 영적 자아는 가치관이나 도덕기준 등과 관련된 내면적 특성이나 자기반성적인 사고 들을 말하며, 여기에는 성격, 능력, 적성 등을 포함한다. 심리적 · 영적 자아는 외부의 평가와 상관없이 자신에 대하여 개인이 가지고 있는 내적 특성이며, 개인적인 주관에 따라 자신을 긍정적으로 평가하기도 하고 반대로 부정적인 평가를 하게 된다.

지금까지 자아개념, 특성 및 구성요소에 대해 살펴보았다. 긍정적인 자아개념을 형성하는데 중요한 영향을 주는 대표적인 요인에는 자기효능감(self-efficacy) 및 자긍심(self-esteem)이 있는데 지금부터 이 두 가지 요인에 대하여 각각 살펴보기로 하자.

대인기피증은 낮은 자기효능감(Self-Efficacy)의 결과물

대인기피증은 〈자기효능감 ; Self-Efficacy〉과 밀접한 관련을 지닌다.

자기효능감이란, 말 그대로 자기 자신이 어떤 역할이나 직무를 수행해낼 수 있다고 믿는 자기능력 또는 자신감을 말한다.

대인기피증 환자들을 상담해보면 한결같이 자기효능감이 낮은 경우가 많다.

자기효능감이 낮다는 것이 실제 현실에서 자기 직무수행능력이 낮다는 것을 의미하지는 않는다.

심지어 실제 업무수행은 1등에 가까운 실적과 능력을 행하면서도 자기 자신이 느끼거나 자기 자신이 자신에 대한 평가가 굉장이 낮은 경우에는 자기효능감이 낮다고 할 수 있다.

이런 낮은 자기효능감이 바로 대인기피증의 실제 숨은 원인이다.

흔히, 대인기피증은 환자가 살아가던 도중에 대인관계의 어려움에 직면하게 되면서 회피하려는 심리가 강해지면서 나타난다.

이때, 대인기피증 환자는 특정 사건 하나 또는 특정 대상이나 인물로 인해 자신의 대인기피증이 형성되었다고 느껴지기가 쉽다.

그러나 실제 대인기피증은 이같은 사례에 의해 촉발되는 것일 뿐, 그 이면에 이미 낮은 자기효능감이 존재하기 때문에 대인기피증으로 이어진 것이다.

3 자기효능감

1) 자기효능감의 의미

자기효능감(self-efficacy)이란 개인의 어떤 행동이나 활동을 성공적으로 수행할 수 있다는 자신의 능력에 대한 확신이나 기대를 말하는 것으로, 사람들이 어떤 활동을 선택하고 얼마만큼의 노력을 쏟으며 장애에 직면하여 그 활동을 얼마나 오랫동안 지속하는가에 영향을 미친다. 자기효능감은 특정 사안이나 과제에 대하여 잘 해낼 수 있다는 믿음을 의미하며, 일반적인 자신의 능력에 대한 확신이나 기대를 의미하는 자긍심(self-esteem)과 구분되는 개념이다.

자기효능감이 높으면 특정 사안에 대하여 원하는 결과를 가져오게 만드는 자신의 능력을 높게 판단하고 반대로 자기효능감이 낮으면 자신의 능력을 낮게 판단한다. 만일 어떤 상황에 직면했을 때 그 상황을 대처할 수 있는 능력이 없다고 여길 때는 그 상황을 회피하나, 자신이 그 상황을 대처할 수 있는 능력이 있다고 여길 때는 자신을 갖고 대처 행동을 한다. 따라서, 자기효능감은 현재 진행중인 행동에 영향을 미칠 뿐만 아니라 미래의 행동에도 영향을 미치게 된다.[5)]

자기효능감이란 용어를 처음으로 사용한 Bandura(1977)는 자기효능이론(Self-efficacy theory)에서 자기효능감을 〈도표 2-1〉에서와 같이 효능기대(efficacy expectation)와 결과기대(outcome expectation)로 구분하여 설명하고 있다.[6)]

〈도표 2-1〉 효능기대와 결과기대의 차이

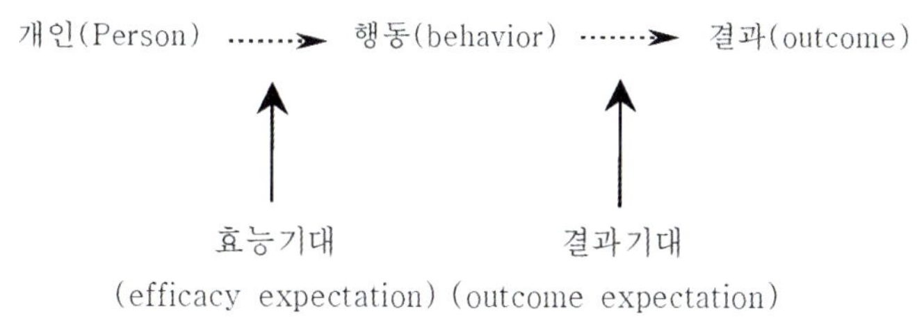

자료 : Bandura, A.Self-efficacy : Toward a unifying theory of behavior change. Psychological Review, 84(2), 1977, pp. 191-212.

효능기대는 어떤 결과를 얻기 위해 필요한 행동을 자신이 성공적으로 수행해 낼 수 있는가에 대한 확신감을 의미하며, 결과기대는 주어진 행동이 어떤 확실한 결과를 유추할 것이라는 개인의 추측을 의미한다. 즉, 효능기대가 개인의 기술인식과 밀접하다면, 결과기대는 상황적인 부분을 좀 더 근거로 하고 있다. 그는 일반적으로 행동을 결정하는 데 있어서 효능기대감이 결과기대감보다 더 중요하다고 설명하고 있다. 즉 특정 상황에서 개인이 자신의 능력에 대해 가지는 결과에 대한 인식인 결과기대는 행동의 시작 뿐 아니라 원하는 결과를 얻기 위한 지속에도 영향을 주는 효능기대 없이는 행동화되기 어렵다는 것이다.

2) 자기효능감 영향요인

자기효능감을 형성하는데 영향을 주는 주요 요인을 살펴보면 다음과 같다.[7)]

첫째, 특정사안이나 과제에 대하여 과거에 수행결과가 기대하는데로 이루어졌는가 하는 과거의 성공경험이 자기효능감에 영향을 미친다. 만일 자기가 어떤 영역에 있어서 과거에 잘해온 경험이 있다면 앞으로도 그 과제에 대해서는 자기효능감이 높고, 반대로 어려움을 겪었다면 그 과제에서 낮은 자기효능감을 보이게 된다.

둘째, 타인의 과제수행에 대한 관찰을 통한 간접경험이 자기효능감에 영향을 준다. 비록 자기가 직접 그 문제를 풀어보지 않는다고 할지라도 주위의 다른 사람들이 그 문제를 푸는 것을 보고 간접적으로 자기효능감을 가늠해보는 것이 가능하다.

셋째, 어떤 과제에 대한 성공–실패의 경험과 그 원인을 어디에 귀속시키느냐 하는 것도 자기효능감에 영향을 미친다. 만일 성공–실패의 원인을 외부요인이나 외부환경 탓으로 돌리는 경우 자기효능감에 영향을 많이 미치지 않지만 노력이나 능력에 귀속하는 경우 자기효능감에 많은 영향을 미친다. 일반적으로 많은 노력을 들여서 성공한 과제는 약간의 노력을 들여서 성공한 과제에 비하여 자기효능감을 더 높여 준다.

넷째, 어떤 과제를 수행할 때 긴장으로 인하여 진땀이 나거나 목소리가 떠리는 등 자기 생리적 증상을 경험에 의해서도 자기효능감의 변화를 유발할 수 있다. 만일 과제 수행에서 긴장을 너무 많이 함으로써 진땀을 흘린 좋지 못한 경험을 갖게 되면 추후에 동일한 과제를 수행할 때 과거의 좋지 않은 기억으로 인하여 자기효능감을 떨어뜨린다. 스포츠 선수들이 슬럼프를 격는 것도 이와 비슷하다.

다섯째, '너는 그것을 할 만한 능력이 있다 또는 없다'와 같이 주위의 사람들의 평가나 격려에 의해서도 자기효능감은 달라질 수 있다. 부모, 친구, 직장상사, 교사 등 본인에게 영향을 미치는 타인에 의해서 격려 또는 질책을 받는 경우 자기효능감에 부정적 또는 긍정적인 영향을 미친다.

자긍심은 영혼의 활력소다

자긍심이 부족한 사람들은 화가 나 있는 사람도 있고, 우울의 늪에 빠져 있는 사람들도 있지만 이들의 공통된 특징은 모두 마음의 고통을 겪고 있고, 엄청나게 빠른 속도로 늙어가고 있다는 점이다. 영혼의 활력을 유지하는 데 꼭 필요한 요소인 자긍심이 없기 때문이다.

자신에 대한 생각이 갈등을 일으키고 있고, 변해야 한다는 생각도 가지고 있다. 그러나 자기 자신이 아니라 배우자나 부모 혹은 상관을 가리키면서 그들이 변해야 한다고 주장하는 사람들이 많다. 변해야 할 사람은 바로 자기 자신이라는 사실을 깨닫지 못하고 있는 것이다.

상담은 다른 사람이 아니라 자기 자신을 변화시키기 위한 과정이다. 진정으로 성숙한 살함은 자신이 변해야 한다는 사실을 알고 있다.

–「내 영혼의 리필」 중에서 –

4 자긍심

1) 자긍심의 의미

자긍심(self-esteem)이란 자신이 스스로 가치 있다고 인식하는 것으로 자신의 주어진 환경이나 상황에서 잘 적응하고 주어진 과제에 대하여 잘 수행할 수 있다는 일반적인 믿음을 의미한다. 개인의 자신에 대한 평가적인 태도로서의 자긍심은 개인의 사회적 행동의 역할을 결정하는 중심 특성이며 자긍심이 낮고 높음에 따라 신체적·정신적 건강에 많은 영향을 미친다. 자긍심이 높은 사람은 직업선택에 있어 높은 지위를 보장해 주는 직업을 선택하는 경향이 있고, 개인 간의 관계가 호의적이어서 타인과 잘 어울리지만 타인의 의견에 쉽게 영향을 받지 않는다.[8] 또한 높은 자긍심을 지닌 사람은 스스로를 가치 있고 능력 있는 존재로 생각하며, 그러한 자신에 대하여 만족한다. 반면, 낮은 자긍심은 지닌 사람은 스스로를 무가치하고 능력이 없는 존재라고 생각하며, 그러한 자신에 대하여 만족하지 못한다. 직무만족 면에서도 자긍심이 높은 사람이 낮은 사람보다 직무만족도가 더 크다.[9]

자긍심의 역할은 대인관계 상황에서 유연하고 타인을 배려하며 환경에 따라 자신의 욕구를 조절할 수 있는 힘을 제공해 준다. 따라서 자긍심이 높은 사람은 낮은 사람에 비해 타인을 배려하고 자신의 원초적 욕구를 사회적 상황에 맞게 조절하여 표현하기 때문에 적응적인 삶을 영위할 수 있다. 이에 비해 자긍심이 낮은 사람은 사소한 좌절에도 자신의 성격 경향을 강하게 표출할 가능성이 높다고 할 수 있다.[10)]

2) 자긍심의 형성요인

자긍심은 다른 사람과의 상호작용에 의해 형성되며, 특히 자신이 중요하다고 생각하는 사람들(예. 부모)의 관심 있는 대우와 자신의 성공적인 경험 등에 의해 계속적으로 영향을 받으며 형성되어 간다. 인간이 태어나서 자긍심의 발달에 가장 먼저 영향을 주는 중요한 사람은 부모이며, 부모의 양육방식이 아동의 자긍심 발달에 큰 영향을 주게 된다. 자긍심 발달에 영향을 주는 또 다른 중요한 요인은 사회비교(social comparison)이다. 자신의 능력에 대한 평가는 자긍심을 형성하는 주요 요인이기 때문에 초기 아동기 때부터 인간은 또래와 비교하여 자신을 평가하기 시작한다. 이러한 비교와 이에 대한 귀인의 결과, 자기에 대한 가치감이 향상되면 자긍심의 고양이 이루어지게 되는 것이다.

자긍심은 비교적 지속적이고, 아동기에 발달하여 일생을 통하여 상당히 일정하게 유지된다. 아동기에 형성된 긍정적인 자긍심은 성인기의 정적인 사회적응 및 대인관계에도 영향을 줄 수 있기 때문에 초등학생 시기의 긍정적인 자긍심의 발달은 매우 중요하다고 할 수 있다. 자긍심은 또한 중요한 타인과의 지속적인 관계와 상호작용에 의해 형성되고 발달되는데 매우 예민하고 갈등이 많은 시기인 청소년시기에 중요한 타인, 즉 부모, 교사, 친구와 밀접한 관계에 의해 끊임없이 영향을 받게 된다. 이러한 상호작용에 의해 형성된 자긍심은 성인이 되어서까지 영향을 미치고 자신에 대해 긍정적인 태도를 갖느냐, 부정적인 태도를 갖느냐를 결정하는 중요한 열쇠가 된다고 할 수 있다.

3) 자긍심 향상방안

지금까지 살펴본 바와 같이 높은 자긍심은 개인의 행복과 사회적 성공을 가져다 줄 확률을 높여준다. 그러나 자긍심의 향상은 하루 아침에 이루어지는 것이 아니라 향상시키기 위한 지속적인 행동이 필요하다. 자긍심을 향상시키기 위한 실천항목을 살펴보면 다음과 같다.[11)]

① 자신이 좋아하는 취미가 있으면 특기로 키운다. 자신이 좋아하는 일을 잘 하게 되면 성취감을 맛볼 수 있고 긍정적인 자아를 형성하는데 도움을 준다.

② 자신의 현재 모습을 긍정적으로 받아들인다. 비록 과거에 부정적인 기억이나 경험

이 있더라도 지금 현재는 과거와 같지 않음을 깨닫고, 현재 자신의 모습에서 긍정적인 요소를 발견하려고 노력함으로써 현재의 자신을 긍정적으로 생각한다.

③ 건강한 자긍심을 가진 주위 사람을 본받으려고 노력한다. 주위에 본받을 만한 자긍심이 높은 인물을 찾아서 그의 행동을 살펴봄으로써 간접적으로 인간관계 기술을 배우고 자신의 삶의 방식에 적용해본다.

④ 자신의 강점을 나열해 본다. 누구나 자신의 장점을 적어보면 수십 가지의 장점을 찾아낼 수 있다. 본인이 찾기 어려우면 친구나 가족들의 도움을 받아서 리스트를 적어 보는 것도 바람직하다. 이와 같은 장점리스트 중 가장 적은 노력으로 발전시킬 수 있는 특기나 자질을 선택하여 이를 개발하려고 노력하면 큰 힘을 들이지 않고 자긍심을 향상시킬 수 있는 좋은 방법이다.

⑤ 해야 할 일은 미루지 말고 그 때 한다. 어떤 개인적인 목표가 있을 때 이를 미루거나 목표를 향해 노력하고 있지 않은 때는 부정적인 자아가 형성되고 그 자체가 자긍심을 낮추는 요인이 된다.

⑥ 도움이나 가르침을 받을 수 있는 멘토를 찾는다. 멘토는 자신에게 역할모델(role model)을 할 수 있는 인물로서 그를 본받고 모방함으로써 본인의 자긍심을 높일 수 있다.

⑦ 자신과 타인에 대한 피상적인 분석을 피한다. 인간이면 누구나 정도의 차이 만 있을 뿐이지 내부적인 갈등과 부족함을 가지고 있기 마련이다. 따라서 자신이 모방하고 본받고 싶은 사람이 나와 차이가 크다고 느낄지라도 자격지심이나 열등감을 가질 필요가 없다. 자신과 비교하여 상대방을 지나치게 과대 평가하는 경우 자칫 열등감을 가져다주며 이러한 열등감은 자긍심을 낮추는 원인이 되므로 경계하여야 한다.

⑧ 긍정적인 자기와의 대화를 실천한다. 사람은 누구나 자기 자신에 대한 긍정적인 대화를 통해 스스로를 변화시킬 수 있다. "나는 괜찮아", "나는 잘하고 있어"와 같은 긍정적인 생각을 끊임없이 스스로에게 말함으로써 잠재의식 속에 긍정적인 사고와 태도를 갖게 된다.

⑨ 다른 사람들을 격려한다. 다른 사람을 질투하기 보다는 배려하며 도움을 주려고 애쓸 때 건전한 인간관계가 형성이 되며, 이는 자신의 자긍심을 높이는데 긍정적인 영향을 준다.

제 2 절 자아개방

1 자아개방의 기초

1) 자아개방의 의의[12)]

자아개방은 타인에게 개방성 차원임과 동시에 커뮤니케이션에서 매우 중요한 역할을 한다. 자아개방이란 '솔직하게 자신의 느낌, 의견, 원하는 것, 가치관, 경험했던 것 등을 타인과 함께 나누는 것'[13)]이라고 정의하고 있다. 즉, 개인이 의식적으로 언어적 또는 비언어적 수단을 통하여 자신의 생각, 감정, 경험 등 자신에 관한 정보를 타인에게 알려주는 것을 의미한다.[14)] 나를 내보이는 것은 서로간의 신뢰를 쌓고 상호 간에 정을 나누기 위한 첫걸음이다. 진정한 인간관계의 시작은 서로가 서로를 알 수 있도록 하는 자아개방에서부터 이루어진다. 사람들은 자기를 개방하는 것을 꺼리게 되는데, 이는 내가 누구인지를 알림으로써 상대방이 나의 약점을 알고, 나를 싫어하게 되고, 또한 비웃음의 대상이 될 수 있기 때문이다. 그러므로 무조건적인 자아개방이 바람직한 것은 아니며 적절한 수준의 자아개방이 바람직하다고 볼 수 있다. 상대방에 대한 강한 신뢰와 호의를 가지고 있고 서로간의 관계를 더 돈독히 할 만한 가치가 있다고 생각되면, 자아개방으로 인한 위험은 부담할 수 있다. 즉, 건전한 자아개방은 균형 잡힌 자아개방이며, 이는 자아개방의 적절한 시간과 내용, 대상을 잘 선택해야 함을 보여 준다.

2) 자아개방의 이유

일반적으로 사람들이 인간관계에서 자아개방을 하는 이유는 다음과 같다.[15)]

① 감정정화

타인에게 이야기하기 어려운 내용일수록 자아개방이 갖는 감정효과는 크다. 이러한 이유로 감정정화를 위하여 자기를 개방할 만한 사람을 찾고 자기를 개방하게 된다.

② 자기 명료화

누군가에게 자신의 문제를 털어 놓다 보면 저절로 생각이나 감정이 정리되어 명료해지는 효과가 있다.

③ 자기 정당화

우리는 누군가에게 자신에 대한 이야기를 하게 되면 그가 자신의 정당성을 인정해 줄 것이라는 희망으로 자기 노출을 하게 되는 경우도 있다.

④ 상호성

자신이 자기 노출을 하게 되면 일반적으로 상대편도 그렇게 하기 마련이다. 여기에는 상호성의 원리가 작용하기 때문이다. 그러므로 우리는 타인의 자기 노출을 촉진하기 위해 자기 노출을 하게 된다.

⑤ 인상형성

다른 사람에게 어떤 특별한 감명을 주기 위해 자기 노출을 하는 경우도 있다.

즉, 남에게 긍정적이고 강한 인상형성을 위한 목적으로 사람들은 자기 노출을 하기도 한다.

⑥ 관계유지와 증진

일반적으로 자기 노출을 하면 할수록 관계가 발전되는 경향이 있다. 또 관계가

발전될수록 자기 노출의 빈도와 정도가 심화된다. 결국 개인은 관계를 계속 유지하고 발전시키기 위해 자기 노출을 한다고 할 수 있다.

⑦ 사회적 통제 및 조작

가끔 개인은 자기 노출을 통해 상대방에게 압력을 행사하고 결과적으로 그를 통제하기도 한다. 즉, '과시성' 자기 노출을 함으로써 나에게 상대방이 부담을 갖게 되고, 그 부담을 자신의 소기의 목적에 이용하기도 한다.

3) 자아개방의 효과

자아개방은 다음과 같은 여러 가지 효과를 가지고 있다.[16)]

① 자기 이해의 증진

누군가와 자신의 마음을 열어놓다 보면 조금씩 자신의 생각과 감정이 정리되어, 자기 자신을 정확하고 객관적으로 이해할 수 있게 된다. 즉, '자기 명료화'를 통해서 자기를 보다 잘 이해하게 되는 것이다.

② 관계 친밀화

개인 간에 자아개방의 빈도가 늘어나고 그 정도가 깊어질수록 상호공감대가 형성되고, 이를 통하여 서로에게 거리감이 줄고 친밀감이 증대된다.

자아개방은 상대방에게 자아개방을 유도하게 하고, 이러한 자아개방은 또 다른 자

아개방을 하도록 한다. 결과적으로 상호 간의 커뮤니케이션을 증진시키는 효과를 가져온다.

③ 죄책감의 감소

일반적으로 인간은 예기하지 못한 실수를 많이 저지르고 죄책감을 가지게 된다.

이 경우 효과적으로 자기를 개방하고 나면 죄책감이 줄어드는 것을 경험할 수 있다. 또 절친한 친구나 선배에게 자신의 실수나 잘못을 털어 놓고 나면 가슴이 후련해지는 것은 자아를 개방함으로써 죄책감이나 중압감을 줄이게 되는 효과의 예가 된다.

④ 에너지 증진

타인과의 친밀한 관계의 유지, 자신에 대한 이해의 증진, 죄책감의 감소를 통하여 자신에 대한 부정적인 에너지의 소모를 감소·억제할 수 있고 이를 통하여 삶의 활력을 증진시킨다.

4) 자아개방의 장애요인

자아개방은 긍정적인 측면이 많이 있음에도 불구하고 이를 꺼리는 것은 다음과 같은 이유에서이다.[17)]

① 사회적 편견의 존재

타인에게 자신에 대하여 지나치게 많이 이야기 하는 것을 바람직하지 못한 행동으로 보는 사회적 편견(social bias)이 존재한다.

② 자아개방에 대한 두려움

자아개방에 대하여 상대방이 거부할지도 모른다는 두려움, 처벌에 대한 두려움, 남이 뒤에서 욕하지 않을까 하는 두려움, 나의 약점을 상대방이 알고 이용하지 않을까 하는 두려움이 있다. 또 자신에 대한 한 가지 약점을 개방했을 때 상대방이 자기를 전체적으로 형편없는 사람으로 인식하지 않을까 하는 것도 자기를 개방하는 것을 가로막는 요소이다.

③ 자기에 대한 정확한 인식에 따른 단점의 노출

일반적으로 사람들은 자신이 꽤 괜찮은 사람이라고 생각하고 있다. 그런데 자기를 개방함으로써 단점이 노출되어 자신에 대한 이러한 생각이 깨질 때 불쾌감을 느끼게 되고 이러한 이유로 자아개방을 꺼리게 된다.

2 조해리의 창

자기 자신에 대해 남에게 이야기하고 이해시키는 방식, 즉 자신을 개방하는 방식에는 많은 유형이 있다. 자기를 타인에게 개방하려는 자아개방은 자신을 드러내어 남들이 나를 진실하게 알아 볼 수 있도록 하는 행동이다.

자아개방은 정보와 감정을 다른 사람과 함께 나눌 수 있을 만큼 신뢰가 돈독할 때 가능해진다. 자아개방은 상대방과의 성실한 상호작용과 정직성에 기초한 것으로, 상대방에게 개방적일 뿐만 아니라 상대방의 개방에 기꺼이 수용하는 자세가 필요하다. 그러므로 상대방에게 관심을 보이고, 기꺼이 상대방의 말을 들어 주고, 어떻게 느끼고 생각하는지에 관심을 가져야 한다. 자아개방은 궁극적으로 자타(自他)간의 이해를 증진시켜 구성원의 갈등관계를 크게 감소시킬 수 있다.

조해리의 창(Johari Window)은 조셉(Joseph Luft)과 해리(Harry Ingham)의 두 사람의 이름에서 따온 것으로 〈도표 2-2〉에서와 같이 네 개의 영역으로 나뉘는데, 각 영역의 크기는 상호 간의 신뢰, 피드백의 교환과 자아개방의 정도에 따라 달라진다.

〈도표 2-2〉 조하리의 창

나 / 너	자신에게 알려진 부분	자신에게 알려지지 않은 부분
타인이 알고 있는 부분	Ⅰ영역 공개된 자아(open self)	Ⅱ영역 맹목적 자아(blind self)
타인이 모르고 있는 부분	Ⅲ영역 감추는 자아(hicklen self)	Ⅳ영역 미지의 자아(unknown self)

자료 : Joseph Luft, "The Johari Window," Humon Training New, Vol. 5, No. 1. 1961, pp. 6~7.

1) 공개된 자아(open self)

이 영역은 자기 자신도 알고 있고 타인도 자신에 대해 알고 있는 자아이다. 이곳에서는 개인에 관한 정보가 자신뿐만 아니라 타인에게도 공개되어 있다. 아주 기본적인 내용으로 타인을 만났을 때 처음으로 정보를 교환하는 영역이다. 이 영역에서의 상호작용은 개인은 자신과 타인에 대하여 잘 알고 있으며, 개방성과 양립성이 존재하여 방어를 위한 이유는 존재하지 않는다. 인간관계와 커뮤니케이션에 막힘이 없는 영역으로 공공영역이라고 하는데, 이 영역이 클수록 효과적인 커뮤니케이션과 인간관계가 이루어진다.

2) 맹목적 자아(blind self)

타인은 자기를 알고 있지만 정작 자기 자신을 모르는 자아이다. 자기가 알지 못하는 각자의 성격이나 습관 등으로 개인에게 존재하는 맹점(blind spots) 부분이다. 그 결과 개인은 타인이 그것을 건드리면 우발적으로 화를 낼 수 있으며 갈등을 유발할 수 있다. 이상한 버릇, 이상성격, 인색한 마음, 아집, 상습적인 불평불만의 표현, 독설적 발언, 자주 쓰는 단어, 태도, 비언어적인 신호 같은 것이 맹목적 자아에 포함된다. 이런 맹점을 알아내는 유일한 방법은 신뢰를 바탕으로 내게 관심을 갖는 사람이 나에게 알려 줄 때만 가능하며, 개인의 목적이든 조직의 목적이든 타인과 협동하지 않으면 안 되기 때문에 타인에게 비추어진 이미지(image)를 개선하려면 자기개발과 끊임없는 노력이 지속되어야 한다.

3) 감추는 자아(hidden self)

타인은 모르고 자기 자신만 혼자 알고 있는 자아이다. 자기에 관한 정보를 타인에게 감추고 있는 영역으로 타인과 신뢰하는 관계에서만 서서히 드러낼 수도 있다. 반면에 이 부분을 노출하면 타인이 나를 싫어할 수도 있을 것 이라는 두려움을 갖고 있어 감출 수도 있다. 따라서 상호 간에 신뢰하는 수준에 따라 감수하려는 위험부담의 정도가 달라질 것이다.

4) 미지의 자아(unknown self)

자기 자신뿐만 아니라 타인도 모르고 있는 영역이다. 대인관계의 시작은 서로가 공개된 부분(open self)을 통해 상호경험을 교환하게 되고, 나만이 알고 있는 비공개적 부분(hidden self)을 통하여 개방하게 된다. 마찬가지로 커뮤니케이션을 하는 동안 타인의 이미지는 타인만 아는 부분인 타인맹점(blind self)을 통해 인간은 자아를 개방하여 간다. 미지의 자아영역은 인간내면 깊이 숨겨져 있어 아무도 그것을 알 수 없다. 전문가의 심리치료나 의료적 경험, 전에 알려지지 않았던 정보의 통찰에 의해 다른 영역으로 전이가 가능하다.

감수성 훈련(sensitivity training)이나 인간관계의 훈련을 통하여 또는 행동과학, 상담심리학, 정신분석학에서 얻어낼 수 있는 지식과 기법을 통하여 미지의 자아를 줄일 수 있다. 즉, 인간의 닫힌 마음의 창을 열어 자기를 바르게 보고 타인을 올바르게 보는 능력을 배양하여 상호이해와 사랑하는 심리작용을 학습함으로써 바람직한 공공생활을 영위해 갈 수 있을 것이다.

3 자아개방과 피드백

1) 자아개방과 피드백의 개념

지금까지 설명한 조해리의 창의 네 개의 영역은 맹목적 자아, 감추는 자아, 미지의 자아라는 불안하고 불편한 인간관계를 지양하고 공개된 자아로 전환함으로써 긍정적인 인간관계를 형성하는 데 목적이 있다. 따라서 원활한 커뮤니케이션을 가능하게 하는 것은 자신의 솔직한 자아개방(self-disclosure)과 타인의 솔직한 피드백(feed back)을 하였을 때 가능하며 자아개방과 피드백의 두 가지가 있는 상황이 되면 공개된 자아의 영역은 넓어지게 된다.

자아개방과 피드백을 통한 커뮤니케이션의 증대는 높은 성과와 관련된다.[18] 자아개방과 피드백이 이루어지기 위해서는 신뢰(trust), 개방성(openness) 및 수용성(receptiveness)이 있어야 한다.[19] 공개된 자아의 영역을 넓히려면 자신에게 알려지지 않은 자아를 넓히기 위한 피드백이 있어야 하며, 타인에게 알려지지 않은 영역을 넓히기 위해서는 자아개방이 있어야 한다. 이를 그림으로 나타내면 〈도표 2-3〉과 같다.

〈도표 2-3〉 조해리의 창에서의 공개된 자아확대

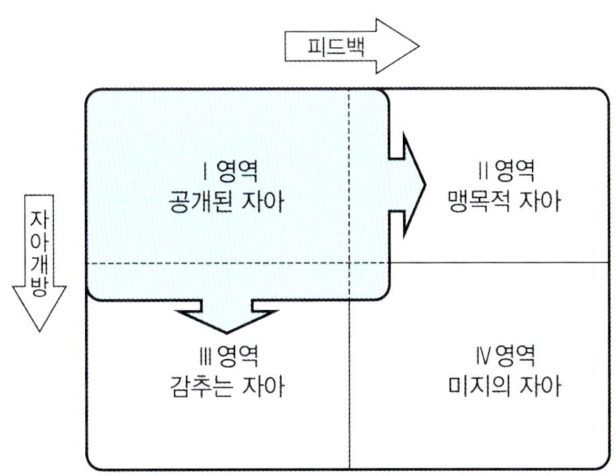

2) '조해리의 창'의 유형개념

(1) Type A(폐쇄형 또는 개구리형)

공개된 자아	맹목적 자아
감추는 자아	미지의 자아

자아개방의 정도가 낮으며, 상대방의 피드백도 많이 듣지 않는 거북형이다. 상호간에 자아개방과 피드백이 거의 없기 때문에 공통적으로 알고 있는 부분이 거의 없다. I'm Not Ok, You're Not Ok의 인생태도를 가지고 있거나, 최초의 만남에 해당하며, 시간이 경과하면서 자아개방과 타인으로부터의 피드백을 통하여 공개된 자아의 영역이 넓어지도록 하여야 한다. 자기의 많은 부분을 타인에게 개방하여야 하며(자아개방, 말하기의 기술), 타인으로부터 자신에 대한 많은 이야기(피드백, 듣기기술)를 들어야 한다.

(2) Type B(정보 탐색형 또는 거북형)

공개된 자아	맹목적 자아
감추는 자아	미지의 자아

자아개방은 싫어하고 타인이 해주는 피드백을 좋아하는 유형으로, 계속적으로 정보를 수집만 하고 거의 주지 않는 유형이다. I'm Not Ok, You're Ok의 인생태도로 수동적인 인간관계를 형성한다. 타인으로부터 자신에 대한 많은 이야기를 듣고 있으나, 자아개방은 잘하지 않으므로 타인으로부터 오해를 많이 받을 수 있다. 자기의 감정, 사실의 표현을 통한 자아개방이 필요하며 자아개방을 위한 말하기 기술을 습득할 필요가 있다.

(3) Type C(전제형 또는 황소형)

공개된 자아	맹목적 자아
감추는 자아	미지의 자아

자신의 가치와 사고에 대하여 확신을 가지고 있으나, 타인의 의견(피드백)은 불신하는 유형으로 타인에게 지시하고 명령하기를 좋아하며, 타인의 비판적 의견은 싫어한다. I'm Ok, you're Not Ok의 인생태도로 능동적이나, 타인에 대한 긍정성이 부족하여 타인의 의견을 받아들이지 않고 강요하거나 무시하는 경향이 있다. 자아개방이 많아 타인이 자신을 잘 알고 있으나, 타인으로부터 자신에 대한 피드백을 경청하여 객관적으로 자신을 살펴보는 것이 필요하다. 타인의 기분, 감정을 이해하려고 노력하는 듣기기술의 습득이 필요하다.

(4) Type D(균형형 또는 유리창형)

공개된 자아	맹목적 자아
감추는 자아	미지의 자아

I'm Ok, you're Ok의 인생태도로 자기긍정에 기반하여 확실하게 자아개방을 하며, 타인긍정의 기반하여 타인의 의견을 적극적으로 청취하여 서로의 지각이 정확하고 그만큼 오해의 소지가 적고 커뮤니케이션의 유효성이 높다.

제 3 절 대인차원의 이해

비합리적 신념

우리는 간혹 어떤 선행사건(Antecedents) 때문에 부정적 결과(Consequences)가 나왔다고 생각하지만, 사실은 그 사이에 있는 비합리적 신념(Belief) 때문에 그러한 결과가 나왔을 수 있다.

예를 들면, 연인에게 실연을 당해(A) 비참해졌다고(C) 생각하는 경우, 사실은 '그 사람보다 더 좋은 사람은 있을 수 없다'고 생각하는 비합리적 신념(B) 때문에 비참하게 느끼는 것이지 실연 자체 때문에 비참하게 느끼는 것은 아니라는 것이다. 따라서 이러한 비합리적 신념을 논박(Dispute)해 주면 긍정적 효과(Effect)가 나타나 부정적 결과에서 헤쳐 나올 수 있다.

이것은 일명 ABCDE 이론이라고도 불리는 엘리스(A. Ellis, 1973)의 '합리적-정서적 치료(Rational Emotive Therapy)' 과정이다. 우리가 많은 상황에서 쉽게 빠져들 수 있는 비합리적 신념들을 점검해 보면, 불필요하게 분노하거나 부정적 정서를 느끼지 않을 수 있다.

[출처] 비합리적 신념 점검하기 _ 국가미래연구원 by 나은영 | 작성자 IFS

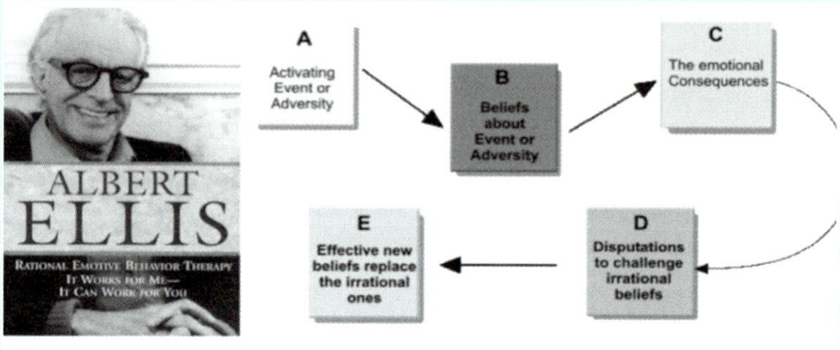

1 대인신념

1) 대인신념의 의의

대인관계와 대인행동에 영향을 미치는 개인의 신념으로서 대인관계에서 개인이 옳다고 믿고 있는 지식, 이해, 믿음을 의미한다. 대인신념은 과거의 대인관계 경험을 체계화한 기억 내용으로 미래의 대인관계 및 인간의 행동을 결정하는 중요한 역할을 한다.[20)]

사람들은 누구나 다른 사람을 처음 만났을 때 어떤 식으로든 상대방을 파악하고, 그 내용을 바탕으로 그 사람에 대한 인상을 형성한다. 따라서 인간관계는 이렇게 형성된 인상을 바탕으로 출발하므로, 타인을 관찰하고 해석하는 대인지각 과정에 대한 지식은 효율적인 인간관계를 맺는데 도움을 준다. 그러나 우리는 우리에게 주어지는 다른 사람에 대한 정보를 있는 그대로 받아들이지 않고, 대인지각 과정에서 우리가 가지고 있는 기존의 지식체계 또는 신념에 근거해서 외부 자극 대상을 범주화하여 받아들이므로 다른 사람에 대해 얻게 되는 정보 중 어떤 것은 왜곡해서 받아들이기도 하고 또 빠진 것은 우리 나름대로 채워 넣기도 한다.

이렇게 대인지각의 과정에서 우리는 능동적이고도 적극적으로 주어진 정보를 탐색하고, 분류하고, 처리하므로 타인의 어떤 행동에 주의를 주는가는 지각자의 의도나 감정 상태에 따라 다르다고 할 수 있다.[21] 즉, 인간은 누구나 제 나름대로의 성격론을 가지고 남을 본다는 것이다. 다시 말해서 다른 사람을 그 사람 자체로 객관적으로 보는 것이 아니라, 자기가 가지고 있는 '사람 보는 눈' 을 통해 보는 것이다. 그러므로 이러한 특성이 사람을 잘못 보게 하고 대인관계를 그르치게 하는 요소가 될 수 있다.

개인은 과거의 직접적 또는 간접적 인간관계 경험에 근거하여 인간성에 대한 나름대로의 신념을 지니게 되며, 과거에 특수한 경험을 한 사람 즉, 인간에 대해 매우 독특한 경험을 한 사람은 인간에 대해 매우 독특한 신념을 지닐 수 있다. 예를 들어 폭력적인 부모아래서 성장한 사람은 부모를 위협적이며 적대적인 존재로 보게 되고, 이러한 인식이 그 사람에게 일반화되어 인간은 모두 두려운 존재라는 믿음이 생긴다. 그러므로 대인신념은 과거의 직접적 또는 간접적 인간관계 체험에 근거하여 개인이 굳게 믿고 있는 믿음을 말하며, 이러한 대인신념은 대인관계 상황에서 개인의 행동을 결정하는 주요한 요인이 된다.

이러한 대인신념은 다음과 같은 특성을 지니고 있다.[22]

첫째, 대인신념은 일시적인 사고내용이 아니라 지속적으로 지니고 있는 안정된 사고내용을 의미한다.

둘째, 대인신념은 새로운 인간관계 상황에 대한 기대와 예측의 근거가 된다.

셋째, 대인신념은 새로운 경험의 의미를 해석하고 평가하는 근거가 된다.

일상생활에서 부적응을 나타내는 사람들은 비현실적인 내용의 완고한 신념을 지니고 있는 경우가 많으며, 이러한 인간관계에서 부적응을 나타내는 사람들은 원만하고 효과적인 대인관계를 방해하는 여러 가지 부정적인 대인신념을 지니게 되는 것이다.[23]

2) 대인신념의 유형

인간관계에 중요한 영향을 미치는 대인신념의 영역으로는 인간관계에 대한 신념, 자기자신에 대한 신념, 타인에 대한 신념으로 구분할 수 있으며, 여기에서는 인간관계에 대한 신념과 타인에 대한 신념에 기반한 대인행동의 유형에 대해 살펴보기로 한다.[24)]

(1) 인간관계에 대한 신념

인간관계에 대한 신념은 인간관계의 본질과 속성에 대하여 어떠한 신념과 태도를 지니는가 하는 것을 의미하며, 인간의 중요성에 대한 신념, 인간관계의 영역에 대한 신념, 이상적 인간관계에 대한 신념, 인간관계 형성방법에 대한 신념 등이 개인마다 다르게 나타난다.

첫째, 인간관계의 중요성에 대한 신념이 개인마다 다르다. 만일 일생에 있어서 인간관계가 중요하다고 믿는 사람은 그렇지 않은 사람보다 좋은 인간관계를 맺기 위하여 더 열심히 노력할 것이다.

둘째, 중요시하는 인간관계 영역에 대한 신념이 개인마다 다르다. 일생을 살아가다 보면 친구관계, 가족관계, 이성관계, 동료관계 등 다양한 영역에서 인간관계가 형성이 되는데 어느 영역이 가장 중요한 가에 대한 신념에 따라 개인의 행동이 달라진다.

셋째, 이상적인 인간관계에 대한 차이이다. 어떤 사람은 폭넓은 인간관계를 선호하나 어떤 사람은 소수의 사람과 깊은 인간관계를 맺기를 선호한다.

넷째, 친밀한 인간관계 형성방법에 대한 신념의 차이이다. 어떤 사람은 좋은 인간관계는 의도적 노력 없이 자연스럽게 이루어지는 것으로 믿는 반면, 어떤 사람은 좋은 인간관계를 위해서는 지속적인 관심과 노력에 의해서 유지될 수 있다고 믿는다.

(2) 타인에 대한 신념

인간관계에서 타인에 대하여 개인이 가지고 있는 신념에 따라 인간관계의 내용 및 대인행동이 달라지게 된다. 타인에 대한 신념은 인간성에 대한 신념, 즉 긍정적 신념과 부정적 신념으로 구분해서 살펴볼 수 있다.[25)]

타인에 대한 긍정적 신념이란 성선설에서 주장하는 바와 같이 인간은 기본적으로 선하고 믿을만한 존재라고 믿는 것을 말한다. 이에 반해 부정적 신념은 성악설에서 주장하는 것처럼 인간은 원래부터 이기적이고, 악하며, 신뢰하기 어려운 존재로 믿는 것을 말한다. 부정적인 신념을 가진 사람은 일반적으로 사람을 대할 때 수동적이거나 공격적인 태도를 가지고 대하는 경향을 띤다. 수동적인 행동은 인간관계에서 상대방과 갈등을 회피하기 위해 자신의 욕구나 감정을 참는 경향을 말한다. 한편 공격적인 행동은 강압적이고 타인의 권리나 감정을 무시하려는 경향을 의미한다. 이러한 부정적인 신념으로 인한 수동적이고 공격적인 행동은 효과적인 인간관계를 형성하는데 방해가 되므로 부정적인 신념을 갖지 않거나 이를 극복하기 위하여 노력하여야 한다.

이러한 부적응적인 대인신념의 특성을 살펴보면 다음과 같다.

첫째, 부적응적인 인간관계를 나타내는 사람들 중에는 부정적인 대인신념을 지니고 있는 경우가 많다. 즉, 이러한 사람들은 인간관계의 가치와 의미에 대해서 회의적이고 비관적인 신념을 가지고 있다는 것이다.

둘째, 대인관계의 부적응을 경험하는 사람은 흔히 왜곡된 대인신념을 지니고 있는데, 이것은 비합리적 신념, 즉 사실과 다른 잘못된 내용의 신념을 지니는 경우가 많다.

셋째, 인간관계의 부적응을 경험하는 사람들은 경직된 대인신념을 지니고 있는 경우가 많다. 즉 이러한 사람은 당위적이고, 절대주의적이며, 완벽주의 적이고 융통성이 없는 완고함을 보여주는 경우가 많다.

한편 이러한 부적응적인 대인신념은 새로운 인간관계 속에서 만족스런 체험을 하게 되면 변화하는 경우도 있는데 즉, 과거의 부적응적인 인간관계 경험을 통해 형성되었던 대인신념이 긍정적인 관계의 체험을 통해 자기 자신, 타인 그리고 인간관계에 대한 긍정적인 신념으로 변화하는 경우도 있다는 것이다. 뿐만 아니라 인간은 간접적인 경험을 통해서 대인신념을 변화시키기도 한다.[26]

2 대인사고

1) 대인사고의 의의

대인사고는 대인관계에서 일어나는 사건의 의미를 추론하는 과정과 추론된 내용을 의미하며, 대인지각에 비해 더 복잡하고 상위수준의 인지기능이 관여하는 심리적 과정으로 앞에서 살펴본 대인신념과 밀접한 관계가 있다.

대인사고의 과정은 〈도표 2-4〉와 같이 의미추론 과정, 의미평가 과정, 대처결정 과정의 단계를 거친다.[27]

첫째, 의미추론 과정은 대인관계에서 타인이 보인 행동이나 상황이 의미하는 바를 생각하는 과정이다.

둘째, 의미평가 과정은 대인관계에서 경험하는 사건에 대한 가치판단 혹은 선악판단의 과정이다. 즉 특정한 의미로 해석된 타인의 행동이 자신에게 어떠한 영향을 미치는지에 대해서 평가하는 과정이다.

셋째 대처결정 과정은 일어난 사건의 의미를 평가하고 어떻게 대처할 것인가를 결정하는 과정이다.

이와 같이 세 단계에 걸쳐 일어나는 대인사고의 과정은 인간관계에서 대인감정 및 대인행동에 영향을 미치게 된다.

〈도표 2-4〉 대인신념과 대인사고의 관계

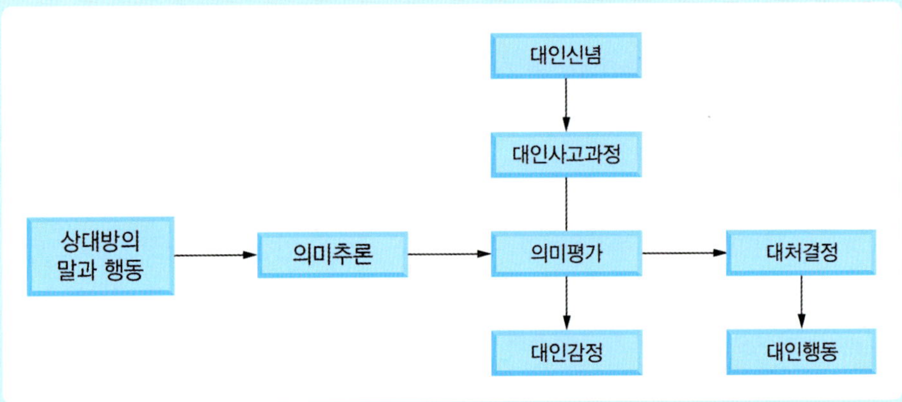

자료 : 권석만(2012), p. 198 ; 박연호 외(2013) p. 105에서 재인용.

2) 비합리적 사고

(1) 비합리적 사고의 의미

비합리적 사고란 대인관계에서 일어나는 사건의 의미를 추론하는 과정에서 이성적, 합리적 판단에 근거하여 사고하지 않고 비합리적 신념이나 그릇된 감정 등에 의하여 왜곡된 사고를 하는 것을 말한다. 엘리스(1997)는 비합리적 사고를 '비실제적이고, 비논리적이며 아무 근거가 없으면서도 건전한 인간 행동을 지속하는데 지장을 야기시키는 사고나 신념'이라고 정의하면서, 인간이 비합리적 사고를 갖는 원인으로 자신에 대한 당위성, 타인에 대한 당위성, 조건에 대한 당위성 등 세가지로 설명하고 있다.[28)]

첫째, 자신에 대한 당위성은 자신의 모습 또는 외부에 비춰진 자아상에 대하여 비합리적인 당위성을 추구하도록 스스로를 규범적으로 규정화하는 것을 말한다. '나는 항상 완벽해야 하고 실수를 해서는 안된다”'모든 사람들이 나를 좋아하여야 한다'등이 그 예이다. 현실적으로 타당성이 없거나 비합리적인 당위성을 추구하는 경우 실패할 가능성이 높고 실패에 따르는 좌절감이 크므로 비합리적인 당위성을 갖지 않도록 스스로를 경계하여야 한다.

둘째, 타인에 대한 당위성은 자신에게 밀접한 사람들, 즉 부모, 친구, 동료, 배우자 등에게 당위적인 행동을 기대하는 것을 말한다. 예를 들어 '부모이니까 남들 만큼 원하는 것을 사주어야 한다', '아내이니까 매일 아침 식사를 차려주어야 한다'. 현실에 부합되지 않거나 지나치게 높은 타인에 대한 당위성의 기대 역시 개인에게 실망과 좌절을 가져다 줄 가능성이 높다.

셋째, 조건에 대한 당위성은 자신에게 주어진 조건에 대하여 당위성을 기대하는 것을 말한다. 예를 들어 '우리 집은 항상 깨끗하게 치워져 있어야 한다' '입는 옷은 항상 브랜드가 있는 제품이어야 한다' 등이다. 불합리한 조건에 대한 당위성 형성 역시 현실에 대한 부적응 및 좌절을 가져오기 쉬우므로 합리적인 사고를 할 수 있도록 부모, 친구, 멘토 등 주위사람의 조언이 필요하다.

(2) 비합리적 사고의 영향

엘리스(1962)는 심리적 장애와 건강에 관한 논의에서 두 가지 신념간의 차이를 구분하였다.[29] 즉 합리적 사고는 각 개인의 복지, 만족도 그리고 행복에 기여하는 것으로 보이는 반면에, 비합리적 사고는 정서적 장애와 역기능적 행동을 유발한다고 보았다. 비합리적인 사고방식을 지닌 사람들은 대개의 경우에 지나친 불안, 원망, 비판, 죄책감 같은 감정을 느끼게 되고, 정신장애와 질환을 앓게 되기 쉬우며, 주로 방어적 태세를 취하는 경향이 있다. 따라서 특정 개인의 문제행동이 유발되고 지속되는 것을 방지하기 위해서는 신념차원의 생활 및 적응지도가 필요하며, 신념을 보다 합리적으로 바꾸어 줄 수 있는 적절한 교육 및 지도가 필요하다.

참고문헌

1. Shavelson, R.J., Hubner, J.J., & Stanton, G.C. Self-concept : Validation of construch Interprestaions. Review of Educational Research, 46, 1976, pp. 407-44.
2. Hurlock, E.B.Personality Development.NY : McGraw-Hil, 1974, p. 15.
3. 김혜숙 외, 『인간관계론』, 2000, 양서원.
4. William J. E. Nonacademic Self-Concept and Gender as Achievement Predictors.Paper presented at the Annual Meeting of the American Educationa lResearch Association, Oklahoma.1993, p. 28.
5. A. Bandura, Social Foundations of Thought and Action : A Social Cognitive Theory, Englewood Cliffs, NJ : Prentice Hall, 1986.
6. Bandura, A.Self-efficacy : Toward a unifying theory of behavior change. Psychological Review, 84(2), 1977, pp. 191-212.
7. Ibid., pp. 191-212.
8. Reasoner, R.W.(1982).Building Self-Esteem. Calif.
9. Stephen p. Robbins, and Mary Coulter. "Management", Prentice-Hall, 2005, p. 107.
10. Fleming, J. S., & Courtney, B. E. The dimensionality of self-esteem : II. Hierarchical facet model for revised measurement scales.Journal of Personality and Social Psychology, 46, 1984, pp. 404-421.
11. 이택호 외, 『조직과 인간관계론』, 북넷, 2013, pp. 110-114.
12. 양춘희 외, 『문화와 커뮤니케이션』, 북코리아, 2010, pp. 77-91.
13. S. M. Jourard, The Transparent Self, New York : D. Van Nostrand Company, 1971.
14. M. McKay, M. Davis, and p. Fanning, Message : The Communication Skills Book, Oakland, CA : New Harbinger Publications, Inc., 1995, p. 21.
15. R. B. Adler, and N. Towne, Looking Out Looking In, Fort Worth, TX : Holt, Rinehart & Winston, 1990, p. 123.
16. Ibid., op. cit., pp. 23~24.
17. Ibid, op. cit., p. 24.
18. A. D. Sxilagy, Management and Performance, Goodyear, 1981, p. 378.
19. A. Ellenson, Human Relations 2nd, Prentice-Hall, 1982, p. 36.
20. 권석만, 『젊은이를 위한 인간관계의 심리학』, 학지사, 2012, p. 135.
21. 한국심리학회, 『현대심리학의 이해, 학문사, 1999.
22. 김종운, 박성실, 『인간관계의 심리학』학지사, 2012, pp. 90-91.
23. 권석만, 『인간관계 심리학』, 학지사, 2000.
24. 박연호 외, 『현대인간관계론』, 박영사.2013, pp. 102-103.
25. 권석만, 전게서, pp. 146-147.
26. 권석만, 전게서, p. 151.
27. 권석만, 전게서, p. 198 ; 박연호 외, 전게서, p. 105에서 재인용.
28. Ellis, A. The prince of reason. Psychology. 35(1), 2001, pp. 111-116.
29. Ellis, A. Reason and emotion in psychotherapy. New York : Lyle Stuart, 1962.

03

개인차이의 이해

학습목표

1 인간관계에 영향을 미치는 중요한 요인으로서 개인적 차이를 유발하는 요인을 설명할 수 있다.
2 개인적 차이를 고려한 바람직한 인간관계 형성방안을 설명할 수 있다.
3 오늘날 인간관계를 복잡하고 어렵게 만드는 요인으로 작용하는 집단구성원의 다양성 문제를 이해하고 이에 대한 개인적 대처방안을 설명할 수 있다.

3 개인차이의 이해

생각 열기 개인의 차이를 중시할 때 팀워크가 살아난다

개인의 특성이 무시되는 획일화된 조직 보다 개인의 차이를 중시할 때 팀워크를 기대할 수 있다.

팀의 성공을 위해서는 조직 구성원들이 지닌 성향과 능력의 차이를 인정하는 것만으로는 부족하다. 그러한 차이를 강조하고 상호 교류로 시너지를 내도록 함으로써 팀 성과를 높이는 힘을 얻을 수 있다.

- 그레고리 후츠소 박사(Toos for team excellence)-

다양한 사람이 모이면 크고 작은 문제와 갈등은 극히 자연스러운 현상이다.

좋은 팀워크는 아무런 문제도 없는 조용한 조직보다 구성원간 의견의 충돌과 갈등의 해소가 끊이지 않는 시끄러운 조직에서 더 잘 형성이 된다. 갈등을 회피하려는 지나친 배려가 팀웍을 해친다. 팀 분위기에 지나치게 얽매이게 되면 서로의 생각을 솔직하게 얘기하지 못하고 의견의 충돌을 회피하는데 더 큰 관심을 가지게 된다.

팀웍 형성을 위해선 제 목소리를 내게 만들어줘야 한다. ('프렌드십 경영'에서)

사람은 태어날 때부터 다른 모습으로 태어난다. 이 지구상에는 비슷할지언정 완전히 나와 똑 같은 사람은 존재하지 않는다. 심지어는 일란성 쌍둥이 조차도 모든 면에서 차이가 나고 일치하는 것은 하나도 없다. 또한 성장해가면서 각자 다른 환경속에서 다른 성격, 가치관, 능력, 태도를 갖게 되며, 이와 같은 요인 들은 개인이 모여서 형성된 사회 집단 속에서 다양한 인간관계를 유발하게 된다.

모든 사람은 서로 다르기 때문에 조직내 개인들이 지닌 독특한 차이점 들을 효과적으로 활용하여 조직 전체의 성과로 전환할 수 있어야 한다. 또한 노동인력이 다양해짐에 따라 관리자는 개인의 차이와 다양성을 고려하여 직무를 배치해야 한다.

인력의 다양성은 인구통계학적으로 볼 때 성별, 인종, 민족, 연령, 그리고 장애인과 비장애인까지 여러 측면으로 구분될 수 있다. 조직내 인력의 다양성은 전 세계적으로 증가하고 있는데, 인력이 다양해지는 만큼 선입견과 차별이 증가할 수 있다는 문제점이 발생한다. 선입견은 개인이 타인 또는 다른 집단에 대하여 일정한 고정관념을 갖는 것을 말한다. 나이든 사람은 창의적이지 않다고 생각하는 것이 그 예이다. 차별은 법적, 제도적으로 동등한 위치에 있는 타인 또는 다른 집단을 자의적인 기준에 의하여 불평등하게 대하는 것을 의미한다. 특히 직장내 여성에 대한 차별은 남녀고용평등법 등의 법에 반할 뿐만 아니라 조직 전체의 화합을 저해하며 조직 생산성을 떨어뜨린다. 본 장에서는 성(sex), 연령(age), 민족(ethnicity), 외모(appearance) 등에서 발생하는 개인별 차이와 조직 내 인간관계의 다양성 문제에 대하여 살펴보기로 한다.

제 1 절 개인차의 형성요인

1 남녀 간의 개인차이

그동안 조직행동과 관련한 남녀 간의 성별 차이에 관한 연구결과를 보면, 대부분의 연구가 남녀간의 차이가 존재한다는 일치된 결론을 도출하고 있는 경우가 드물다. 예를 들면 분석력, 도전의식, 인간관계기술, 사고처리능력 등과 관련하여 남녀차이가 있다는 뚜렷한 조사결과는 없으며, 생산성이나 직무만족도에 있어서도 성별차이가 있다는 증거도 별로 없다.[1]

그럼에도 불구하고 〈도표 3-1〉에서 보는 바와 같이 아직까지도 우리 사회에 존재하는 성에 대한 고정관념이 있다.

〈도표 3-1〉 성에 대한 고정관념

남자의 속성	여자의 속성
독립성, 적극적, 사교적, 야심, 전문성, 지적, 리더, 모험, 용감, 공격적, 지배적, 주도권	부드러운, 민감, 따뜻함, 헌신적, 수동적, 얌전, 약함, 말쑥함, 재치, 친절, 정서적, 포용

자료 : 임창희(2014), 조직행동, 비앤엠북스, p. 64.

남녀 간 힘의 차이는 있을지언정 사회적 행동에 근본적 차이가 있다는 뚜렷한 증거는 없다. 그럼에도 불구하고 남녀에 대한 성 고정관념은 직장에서의 조직행동에 영향을 미친다. 다음과 같은 특성들을 중심으로 인간관계행동과 조직행동의 남녀 간 차이여부를 살펴보면 다음과 같다.[2)]

가. 공격성 : 남자가 크다. 살인과 폭력범은 남자가 절대적으로 많다.
나. 리더십 : 남자리더가 더 지배적이고 여성리더는 더 협의적이다.
다. 감수성 : 공포, 사랑, 비애에 대한 반응이 여성의 경우 더 강하다.
라. 의존과 동조성 : 의존과 동조는 여성이 더 크다는 증거는 없고 그 반대도 많다.
마. 친근성 : 소년이나 남성이 친구도 더 많고 집단에서 신참자를 더 쉽게 받아들인다.
바. 집단행동 : 밀집도가 증가할수록 남자는 더 공격적이 되지만 여성들은 더 사이가 좋아진다.
사. 개방성 : 남자가 더 개방적이라는 증거는 없다.
아. 갈등해결 : 남자들은 하나하나 따지려 하지 않지만 여성은 그렇게 한다. 그리고 여성은 남성보다 더욱 타협적으로 문제를 해결하려 한다.

위에 나열한 인간관계 특성들로만 미루어 본다면 남녀 간 차이는 몇 가지만 제외하고는 조직행동에서 뚜렷한 차이를 보일 요소가 없다. 조직행동과 관련하여 남녀 간의 성차에 관한 연구결과치고 일치된 결론을 찾기가 무척 어렵다. 그 동안 많은 학자들을 통하여 성별 차이에 대한 연구가 있어 왔지만, 본 장에서는 인간관계에 영향을 미치는 차이요인으로서 표현의 차이, 특화 대 다중처리 차이, 접근방식의 차이, 언어능력의 차이, 대화목적의 차이에 대하여 살펴보기로 한다.[3)]

1) 표현의 차이

다양한 분야의 직무에 종사하는 여성인구가 증가하면서 커뮤니케이션에 있어서 남녀 간 차이를 인식하는 것이 중요하다. 대체적으로 여성들은 여성스러움을 표현하려고 대화 시 겸손한 태도를 보이며, 상대방과 좋은 관계를 유지하려고 언어 표현도 달리한다. 예를 들면 남성은 '나' 혹은 '저'의 표현을 쓸 때 여성은 '우리' 혹은 '저희'라는 표현을 쓴다고 한다. 동시에 어떤 사항에 관해 자신이 모르는 경우, 남성은 질문을 자제한다. 반면 여성은 아는 것도 잘 모른다는 듯이 질문하는 경우가 많다. 개인적인 타입으로 보면 여성은 심사숙고형이고 남성은 직선적으로 있는 그대로 표현하는 타입이나, 상대의 말을 제압하고 충고하려는 타입이 많다.

2) 특화 대 다중처리의 차이[4)]

여성과 남성은 뇌의 처리방식이 다르다. 대체적으로 남성은 특화되어 있다. 남성들은 한 번에 하나씩만 가능하기 때문에 대화 중일 때는 요리를 하지 못하고 신문을 보고 있을 때에는 귀머거리가 된다. 이와 반대로 여성은 다중처리가 가능하다. 그래서 여성들은 전화를 하면서 TV를 시청할 수 있고, 요리를 하면서도 홈쇼핑을 할 수 있다. 신문을 보는 남성에게 말을 걸었을 때 남성이 대답하지 못하는 것을 상대 성별인 여성은 이해할 수 없다.

3) 접근방식의 차이

남녀 간의 커뮤니케이션 타입의 차이는 문제의 접근방식에 차이를 보인다. 어떤 문제를 해결하려 할 때 여성은 타인의 말에 귀를 기울이고 충고도 받지만 남성은상대적으로 타인의 도움 없이 자기 고집대로 접근하고 오히려 타인에게 충고를 해주려 한다. 이로 인해 여성은 남성에게 '고집쟁이'라고 하고 남성은 여성에게 '감정주의자'라고 한다.

이는 조직생활에서 남녀 중 누구와 커뮤니케이션을 하느냐에 따라 커뮤니케이션 스타일을 달리 해야 하고 상대의 말을 들을 때도 이를 참고해서 이해하는 것은 중요함을 말해 준다.

왜 내 말을 듣지 않는 거야?

거의 예외 없이 남성과 여성은 서로서로에게 서운하게 여기는 점이 있다. 그것은 상대방이 '내가 하는 말을 잘 듣지 않는다.'는 것이다. 과연 그럴까? '내말에 귀를 기울이지 않는군요.'라는 불만은 곧 '내가 하는 말을 100% 이해하지 못한다.'는 의미이거나 '그건 내가 원하는 대답이 아니군요.'라는 의미이다.

누구인가 나의 말을 경청한다면 그것은 그 사람이 나를 잘 이해하고 있거나 나를 가치 있는 인물로 여긴다는 의미도 된다. 그러므로 내 말을 경청하지 않는다는 느낌이 들 때에는 그 반대의 의미도 함께 전달받는 것은 당연할 것이다. 하지만 남성과 여성이 이렇게 상대에게 다른 인상을 주는 것 역시 일부는 남녀의 차이에서 비롯된다. 여성들이 자기가 남의 말을 듣고 있다는 것을 표현하는 데에는 남성들과는 다소 다른 방법을 취한다.

4) 언어능력의 차이

여성은 대화를 할 때 좌뇌와 우뇌를 모두 활용하지만, 남성은 좌뇌만 이용하곤 한다. 그래서 좌뇌를 다친 남성은 언어를 쓸 수 없게 될 확률이 높지만, 여성은 여전히 말을 잘 할 확률이 높다. 이러한 언어 능력의 차이로 남성은 고민거리가 있을 때 말을 하지 않고 생각에 잠기지만 여성은 말로 풀어냄으로서 문제를 정리한다.

그러므로 여성이 고민이나 일상에 대해 말의 수가 늘어나는 것은 어떤 결론이나 해결을 원하기 보다는 호응과 듣기를 원하는 것일 수도 있다. 그러나 여성으로부터 고민이나 일상에 대한 말을 들으면 남성은 그것에 대한 해결책을 제시해야 한다고 생각하기 때문에 스트레스를 받을 수도 있다.

여성의 뇌는 언어를 주된 표현수단으로 사용하도록 구조화되어 있다. 하루 평균 여성들은 6,000~8,000 단어를 사용하며 8,000~1만 개의 제스처, 표정, 머리 끄덕임, 2,000~3,000개의 소리를 사용하지만, 남성은 2,000~4,000개의 단어, 2,000~3,000개의 제스처, 1,000~2,000개의 소리를 사용한다.

5) 대화목적의 차이

여성의 대화목적은 인간관계 구축, 친구 사귀기, 유대관계 강화의 수단이다. 그러나 남성의 대화목적은 주로 정보와 지식의 전달이다. 여성들은 장기간 같이 있다가 헤어져 온 직후에도 전화로 오랜 시간동안 통화를 할 수 있다. 남성들은 모여서도 대화보다는 하는 활동에 집중하게 된다. 대부분의 남성들은 공적인 자리에서 하는 대화에 편안함을 느끼지만 여성들은 사적인 대화에서 더 편안함을 느끼며, 그래서 여성들이 사용하는 언어는 다정다감한 성질의 것들이다. 또한 여성들의 대화는 상대방과 동질감을 확인하고 상대방을 사귀는 수단이다. 많은 사람과 함께 있을 때는 이러한 다정다감한 대화는 힘을 잃을 수도 있다. 사람들이 모이면 주목받는 사람과 주목받지 못하는 사람이 생기기 때문이다. 이러한 주목받음은 동등한 관계의 붕괴를 초래하고 그 관계를 지속하기 어렵게 되며, 다른 사람들 보다 우월하게 보이려 하거나 두드러지게 보이려 하는 사람을 비난할 수도 있게 된다. 남성들의 대화는 독립을 확보하고 지위를 계속 유지하는 수단으로 사용되는 경우가 많다. 지식과 기술을 과시하고 정보를 전달해 줌으로써 주의를 집중시키는 것, 즉 중심적인 역할을 하고 집단 내에서 자신의 지위를 지키기 위한 것이 대화의 목적이다. 이런 대화의 목적이 남녀 간 차이가 있어서 트러블이 발생할 수도 있다.

2 세대(Generation)의 차이

젊은이는 다이내믹하지만 덤벙대고 노인네는 사려가 깊지만 느리다는 일반론 에는 모두 동의할 것이다. 회사에서는 누구를 더 필요로 할까? 회사에서의 업적과 사원의 나이는 어떤 관계가 있을까? 청년층과 나이 든 장년층 중 누가 더 회사에 공헌하는지에 학자들의 주장은 일치하지 않는다.[5)]

장년층은 젊은층보다 경험, 판단력, 조직몰입, 충성심이 강하며 더 윤리적이라고 평가한다. 하지만 젊은층보다 기술변화에 적응력이 약하고 변화에 저항적이라는 것이 통설이다. 연령은 다양성의 기본을 이루는 요소이다. 왜냐하면 다른 연령대의 사람과는 다른 경험과 문화적 배경을 갖기 때문이다.

현대의 청년층에서는 과거의 장년층이 가지고 있는 커뮤니케이션 방식이 지니는 제약이 사라지고 있다. 즉 장년층은 아날로그 세대가 정해진 근무지에서 대면에 치중한 커뮤니케이션을 하였다면, 현대의 청년 세대는 근무지와 근무시간의 공간과 시간을 초월하는 다양성을 추구하는 커뮤니케이션을 하는 것이 특징이다. 이러한 커뮤니케이션 특징의 차이는 세대 간 교류를 하는 데 있어 장애요인이 되고 있다. 따라서 세대 간 커뮤니케이션을 함께 있어서는 이러한 특징의 차이를 이해하고 학습하려는 태도를 가지고 있어야 세대 간 갈등을 감소할 수 있다.

3 외모의 차이

요즘 우리사회에서는 외모도 재능으로 여겨지는 경향이 있으며 아름다운 외모가 대접을 받는 경우도 많다. 외모란 자기를 나타내는 실체로서 얼굴, 몸매 등의 신체적 속성뿐 아니라 의복, 신발, 장신구 등과 같은 다양한 외적 요소를 모두 포함하며, 착용자의 개인적 · 사회적 · 상황적 정체성을 드러내는 도구가 된다.[6] 이러한 외모는 개인적인 일상생활뿐 아니라 직장과 같은 사회 · 경제적 환경 속에서도 중요한 영향을 미친다. 외모는 대인지각에 중요한 영향을 미치는 요소이며, 일반적으로 외모가 아름다울 경우 다른 특성까지도 좋게 지각된다. 생후 2~3개월 된 아기들과 6~8개월 된 아기들에게 매력-비매력 얼굴 한 쌍을 보여 주는 실험에서 모든 아기들은 매력적인 얼굴을 더 오래 응시했다.[7] 이는 아름다움의 기준이 학습과 훈련이전부터 생성되어 있다는 증거가 된다.

외모를 구성하는 요소 중에서도 신체적 매력은 대인지각이나 사회적 상호작용에 영향을 미친다. 학자들의 연구결과에 의하면, 똑같은 행동을 한다고 가정했을 때 신체적으로 더 매력적인 사람이 덜 매력적인 사람보다 많은 사회적 지원을 받는다.[8] 따라서 신체적으로 더 매력적인 사람은 사회생활을 하는 데 있어 관대한 평가를 받을 뿐만 아니라, 자신의 능력을 충분히 발휘하고 자신감을 갖는 반면, 매력적이지 않은 사람들은 사회생활에서 타인에게 좋은 대우를 받지 못하게 되는 등 상대적으로 불이익을 경험하게 됨으로써 사회적으로 위축되며 이는 종종 자신감을 상실하는 원인이 되기도 한다.

그런데 문제는 이러한 현상이 조직생활에서도 유사하게 나타난다는 것이다. 즉 조직행동에서도 외모가 당사자에게 영향을 미칠 뿐만 아니라 상대방의 외모 매력에 의해서도 영향을 받는다는 것이다. 외모가 조직에 미치는 영향을 살펴보면 다음과 같다.[9]

1) 외모와 소득

얼굴 생김새가 채용이나 직장 내 대인관계에 영향을 미치고 나아가서 보수나 승진 등에 영향을 미친다. 연구결과에 의하면 잘생긴 남성은 못생긴 남성에 비해 평균임금이 14% 더 높았고 여성의 경우 9% 높았다.[10]

키에 대한 연구를 보면, 미국 남성들의 평균 신장은 5피트 9인치이고 6피트 2인치 이상의 신장을 가진 남성은 전체 인구의 3.9% 정도에 불과한데 포춘지 500대 기업의 CEO들 중 30% 정도가 6피트 2인치가 넘는 장신인 것으로 나타났다. 이는 신장이 승진에 긍정적 영향을 미쳤다는 의미이다.[11]

2) 외모와 대인관계

좋은 외모는 당사자에게 높은 자아존중감을 갖게 하여 대인관계나 업무처리에서 좀 수월한 위치를 차지하게 할 수 있다.[12] 매력적인 사람들은 그렇지 않은 사람들에 비해 타인을 설득시키는 데 훨씬 효과적이며 외모로부터 영향을 받아 그 사람의 다른 특성들을 긍정적으로 혹은 부정적으로 인식하는 외모의 후광효과가 존재한다. 즉 신체적으로 매력적인 사람들이 바람직한 성격을 가졌을 것이며 좋은 덕목들을 갖추었을 것이라고 믿기 때문이다.[13)]

또한 매력적인 사람은 다른 사람들이 자신에게서 기대하는 바람직한 성격과 특성들에 대하여 기대에 부합하려는 동기가 강화됨으로써 실제로도 그런 성격과 특성을 갖게 될 가능성이 높다. 성별의 차이를 본다면 외모의 영향은 남성보다 여성의 경우에 더욱 현저하다. 특히 우리 사회의 경우 남성보다 여성이 외모를 중시하는 경향이 높기 때문에 자신의 외모에 대한 지각이 남성보다 여성에게 있어서 더 큰 자아존중감의 원천이 되기 때문이다.

3) 외모와 채용

직장생활을 오래한 경력사원과 대학을 갓 졸업하고 입사하는 신입사원을 비교해 볼 때, 경력사원보다 신입사원의 외모에 대한 평가가 채용에 더 많은 영향을 미친다. 이는 경력사원의 경우 신입사원보다 전문적 능력과 경력의 가중치가 높기 때문이다. 특히 남자사원보다 여자사원이 신입사원 채용의 경우 매력적 여성이 유리하다.[14)] 한편 고급직무의 선발에서는 외모가 영향을 안 미치지만 보통의 직무에서는 선발평가에 영향을 미치는 것으로 나타났다.[15)]

이상의 결과로 볼 때 채용면접에서 면접관들에게 응시자의 외모가 많은 영향을 미치는 것은 분명하다.

4) 외모관리

앞에서 살펴본 바와 같이 외모는 소득, 대인관계, 채용 등 여러 측면에서 영향을 미치기 때문에 외모에 대한 개인적인 관리가 필요하다. 외모관리는 개인 각자가 다른 사람들과의 상호관계를 통해 자기표현(self-presentation)을 해나가는 과정이다.[16)] 즉 외모관리는 자기를 표현하기 위한 수단으로서 사회적 상황 내에서 개인의 신체적, 정신적 노력으로 이루어지고, 다른 사람들에게 자기이미지나 자신의 정체성을 보여주는 과정이며, 외모관리를 통해 사람들은 자신에 대한 만족감을 획득할 수 있다.

오늘날 외적인 매력이라는 것이 필수적인 것으로 인식되고 대인관계에서 외모의 중요성이 높아짐에 따라 사람들은 외모에 더 집착하게 되고, 다른 사람에게 어떻게 보이는가

하는 타인의 평가에 많은 비중을 두게 된다. 그렇기 때문에 사람들은 자기 자신을 평가하기 위해 다른 사람들의 의견을 듣기도 하고, 다른 사람들과 자신을 비교하면서 자기를 인식하는 단계를 가지게 되며, 무의식중에 '나는 다른 사람에게 어떻게 보일까?' 라는 스스로에 대한 질문을 반복하며 외모를 평가하게 된다.[17]

외모관리는 외모나 체형과 같은 신체적인 아름다움뿐만 아니라 이에 수반하는 자아존중감 등의 정신적, 사회적인 가치관까지 함축되어 있는 포괄적인 관리이다. 자신의 외모에 대하여 가지는 만족감은 심리적 안정과 대인관계에 있어서도 긍정적인 효과를 가져다 주는 만큼 외모관리에 관심을 기울여야 한다.

제 2 절 조직구성원의 다양성과 인간관계

한국인, 일본인, 중국인

중국인보다 인도인, 인도인보다 미국인, 미국인보다 일본인, 일본인보다 한국인이 빨리 걷는다. 서양사람들이 1초에 걷는 보폭이 1m라면, 일본인이 1.2m, 한국인은 1.4m이라고 한다. 고대 중궁인들이 만들어 놓은 공예품들을 보면 그들의 성격을 파악해 볼 수가 있는데 작은 쌀알에 한시를 적어 놓고, 그림을 그려 놓은 것이 있으며, 한 개의 돌을 조작하여 분리되지 않는 공예품들을 만들어 놓은 것들을 볼 수 있다. 급한 성격의 국민성으로는 불가능한 일이다. 침칙하고 참을성 많은 만만디의 중국인과 빨리 빨리의 한국인이 거래를 할 때 상대방의 성격유형을 이해하고 받아들이지 않는다면 거래는 성공하기 어려울 것이다.

조직구성원의 다양성(workforce diversity)이란 한 조직 안에서 일하는 조직 구성원이 성, 연령, 인종, 민족, 성적 취향 측면에서 점점 이질화되어 간다는 것을 의미한다.[18] 최근 조직 구성원 중에서 여성, 유색인, 지체 부자유자, 노인, 동성애자 등이 증가하고 있다. 이러한 구성원의 다양성 증대는 조직내 인간관계를 복잡하게 만들고, 작업수행에 영향을 주며, 이에 대한 적절한 관리가 이루어지지 않을 경우 많은 조직내 문제점을 유발시킨다.

1 성 별

남성과 여성에 관한 문제는 선진국을 중심으로 조직에서의 주요주제로 거론되어 왔다. 왜냐 하면 인종간, 연령간 차별문제 보다 남녀간 차별문제가 더 심각하게 인식되어 왔기 때문이다. 현재 직장 내에서는 여성차별과 여성의 리더십에 대한 편견이 여전히 존재함에도 불구하고 여성의 승진 및 경제활동 참여는 지속적으로 늘어나고 있다. 특히 여성고용차별, 육아부담, 직장내 성희롱 등의 문제를 법적인 제도와 사회적인 인식의 변화를 통하여 해결한다면 남녀간 차별은 줄어들고 더욱 더 동등한 사회가 될 것이다. 2008년 미국의 인사관리협회의 조사에 따르면, 미국의 경우 최고경영층에서 여성이 차지하는 비중이 높을수록 기업경영이 투명해지고, 창의적인 전략실행이 증가함으로써 수익성이 높아진다는 한다.[19] 2004년부터 2007년까지 Fortune 500대 기업 중 여성의 임원비중에 대한 자료 확보가 가능한 기업을 대상으로 한 조사를 한 결과 〈도표 3-2〉와 같이 이사회 및 경영진으로 여성인력 참여가 높은 기업이 그렇지 않은 기업보다 수익률 지표가 훨씬 높은 것으로 나타났다. 2004년과 2007년 자료를 비교해 볼 때, 자기자본수익률의 경우 최고경영진 비중이 높은 기업이 낮은 기업보다 수익률이 각각 35% 및 53% 높은 것으로 조사되었다.

〈도표 3-2〉 여성 최고경영진의 비중과 자기자본수익률(ROE)과의 관계

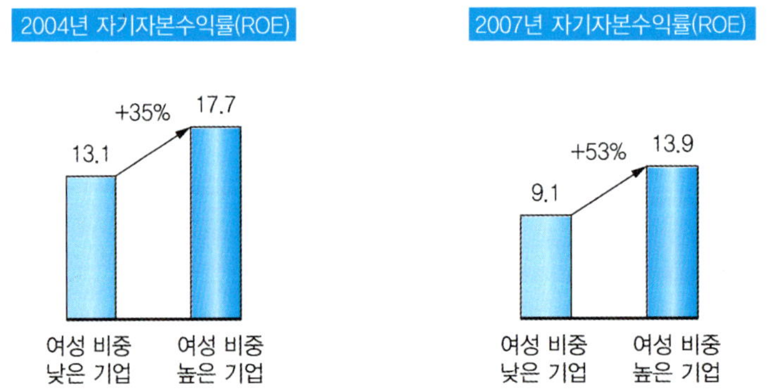

자료 : Catalyst, "The Bottom Line : Connecting Corporate Performance and Gender Diversity"(2004, 2007)

업무수행 능력에 있어서 남성과 여성의 차이는 사실상 없다. 그러나 여성은 남성에 비해 업무수행능력 및 실적 향상에 따른 급여상승률은 낮다고 볼 수 있다. 또한 일반적으로 많은 나라의 통계를 살펴 볼 때 여성의 장기결근율이 남성의 수치보다 높은 것으로 나타나고 있는데, 이에 대한 가장 큰 이유는 여성의 가사 및 양육책임 부담이 남성보다 상대적으로 크기 때문인 것으로 판단된다. 만일 남성이 가사와 양육에 대해 조금 더 적극적으로 나서고 재택근무, 탄력근무시간제(flexible time) 등을 통하여 업무시간을 유연하게 조정할 수 있게 되면 해결될 것이다.

2 연령(age)

우리나라는 현재 저출산, 고령화로 인하여 고연령근로자 들의 비율이 점점 늘어나고 있다. 통계청의 자료에 의하면 〈도표 3-3〉과 같이 2050년도에 우리나라 65세 이상 인구비율이 40%가 넘을 것으로 예측하고 있다. 그럴 경우 우리나라는 노동인력의 절대부족 현상을 가져올 것이며 외국근로자에 의존도가 높아질 것으로 보여 이에 대한 대책의 일환으로서 고령인력의 활용도를 높여야 한다.

〈도표 3-3〉 우리나라 연령계층별 인구구성비

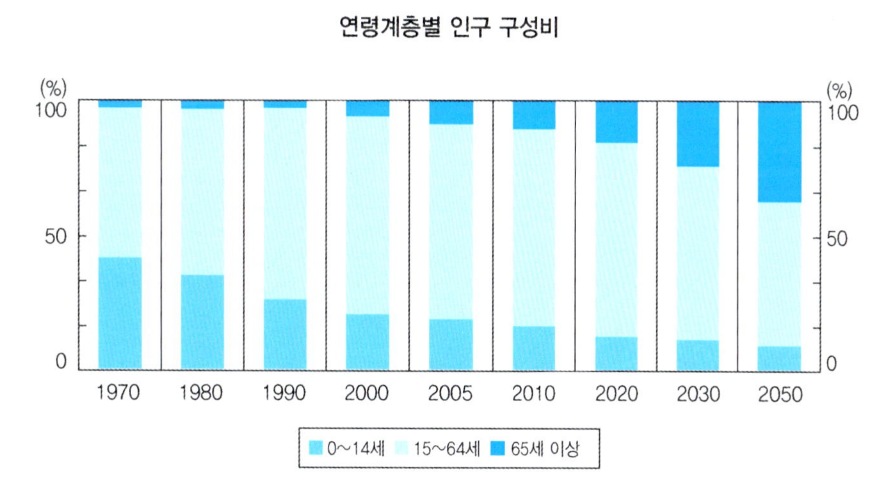

자료 : 통계청(2010), 장래인구 추계

오늘날과 같이 변화속도가 빠른 사회에서는 대부분의 사람들이 나이가 들수록 생산성이 감소한다고 생각하는 것이 일반적이다. 나이가 많은 근로자들 역시 그들의 경험이 더 이상 활용할 기회가 없다고 불평한다. 그리고 많은 고령근로자들이 나이로 인해 차별을 경험한 적이 있다고 말한다. 그러나 경험이 많은 근로자일수록 결근율이 낮고 이직률 역시 낮다. 가정의 안정을 지키기 위해서도 그렇지만 현재의 직장을 떠나서 새로운 직장을 구하기가 쉽지 않기 때문이다. 반면 소규모의 기업들은 연륜있고 경험이 많은 근로자를 더 우대하기도 한다.

나이가 들면 체력적으로 힘이 들고 도전의식 없이 직무에 임할 수 있다는 등의 이유로 대개의 기업들이 젊은 인력을 선호하는 것이 오늘의 현실이다. 그러나 기대수명이 늘어나고 고령화 추세에 따라 젊은 사람들 못지 않게 새로운 것을 찾고 배우려는 고연령자들이 많아지고 있으므로, 많은 노인들이 연령으로 인한 편견을 극복하고 능력을 인정받을 수 있도록 국가적인 차원에서 제도가 마련되어야 한다.

3 신체적 장애(disabled person)

많은 연구결과를 보면 장애인들의 80%가 고용되기를 원하고 있으나 장애인들이 비장애인들보다 일을 더 잘하거나 비슷한 업무과정을 보임에도 불구하고 장애인들의 75%는 고용되지 않은 상태에 있는 것으로 나타나고 있다.

〈도표 3-4〉 민간기업 장애인 고용 현황(2011. 12월 말)

구 분	사업체 수	장애인 수	고용률	2010년 대비 증감
계	23,452	103,026	2.22	0.03
50~99명	11,579	15,796	2.42	0.08
100~299명	8,924	31,985	2.63	0.03
300~499명	1,370	10,457	2.38	0.01
500~999명	951	12,499	2.29	0.07
1,000명 이상	628	32,289	1.78	-

자료 : 고용노동부

2012년도 고용노동부 조사에 따르면 〈도표 3-4〉에 나타난 바와 같이 대기업일수록 장애인 고용을 외면하고 있는 것으로 조사됐다. 종업원 1000명 이상 대기업의 장애인 고용률은 1.78%로 저조하다. 전체 민간기업의 장애인 고용률(2.22%)을 밑도는 수준이다. 이에 정부는 장애인 고용률이 낮은 대기업들이 자회사를 통해 장애인들을 직접 고용케 하고, 장애인 의무고용 미 이행 시 부담금 부과를 강화하는 등의 정책시행을 통하여 장애인 고용률을 높이려 하고 있다. 이러한 정부의 장애인고용 촉진정책으로 향후 기업의 장애인 고용현황은 계속 늘어날 것으로 보이며 기업 또한 기업이미지 제고 차원에서도 직무에 저해되지 않는 적정수준에서 고용을 늘리는 것이 바람직하다. 그러나 신체조건과 업무의 난이도 등의 이유로 고용비율이 제한적인 것이 현실의 한계라 할 수 있다.

4 민족성(ethnicity)

민족성이란 어떤 민족이 생성, 발전하는 과정에서 생기는 구성원들의 문화적 상호작용의 결과로서 나타나는 민족의 고유한 특징을 말하며 여기에는 인종, 문화 등이 포함된다. 21세기 지식사회로 들어와 각 국가는 세계화의 영향으로 국가마다 타 국민, 타 인종이 늘어나고 있으며 조직내 구성원들의 출신 성분도 다양해지고 있다. 2014년도의 통계청의 예측자료를 보면 한국내 외국인 관광객수가 1400만을 넘고 〈도표 3-5〉에서 보는 바와 같이 외국인 취업자도 85만명을 넘고 취업자비율도 늘어날 것으로 예상하고 있다.

〈도표 3-5〉 외국인 취업률 추이

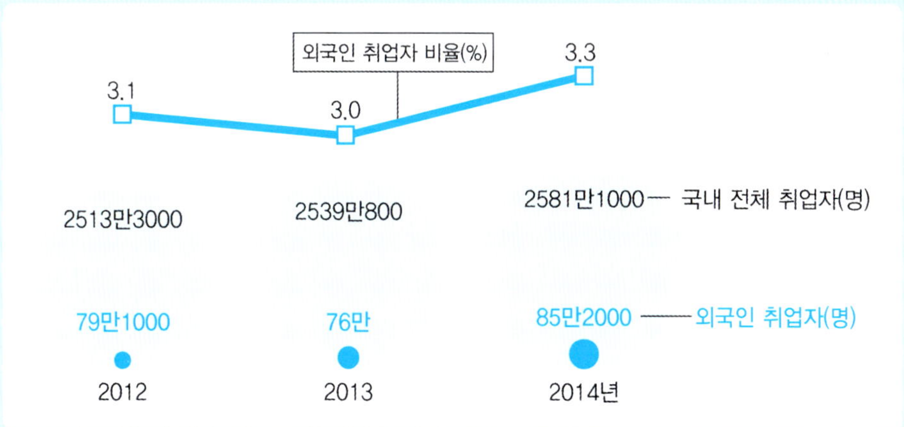

자료 : 통계청

미국을 비롯한 여러 나라들에서도 인종 및 문화의 다양성이 증가하고 있다. 미국의 경우 〈도표 3-6〉에서 나타나고 있는 바와 같이 1970년 미국 인구의 87.5%나 됐던 백인 인구 비율은 히스패닉 등 유색인이 늘어나면서 2010년 63.7%로 줄었다. 2050년 유색인 인구는 백인을 추월할 것으로 예상된다.

〈도표 3-6〉 미국 백인과 유색인 인구비율 변화

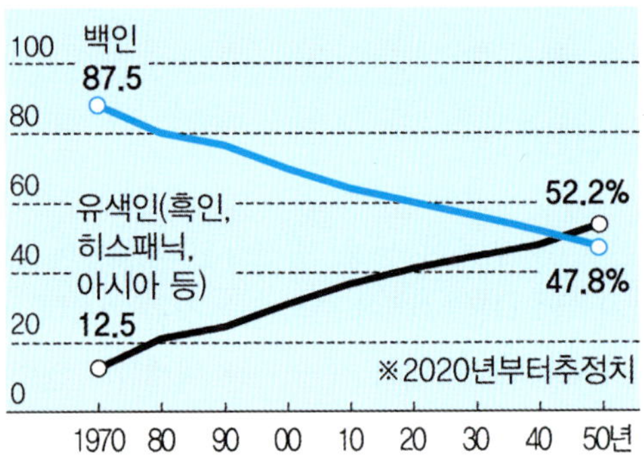

자료 : 미국 인구센서스

홉스테드 (G.Hofstede)는 72개국의 IBM 사원 116,000명을 상대로 수집한 국가별 문화적 성향을 조사한 것을 바탕으로 각 국의 국민성을 다섯 가지 차원으로 분류하였다.

① 개인주의-집단주의 차원

집단주의(collectivism)가 강한 사회일수록 구성원들의 능력보다 조직에의 협조와 충성을 강조한다. 그러나 개인주의(individualism)가 강한 사회에서는 자신의 능력과 자격 때문에 회사가 자기를 채용했다고 생각하고 모든 것을 자기가 결정해야 된다고 믿는다.

② 권위주의-평등주의 차원

권위주의 성향이 큰 사회에서는 부하들은 상사의 명령에 절대 복종해야 한다고 믿고 있으며, 상사가 권한을 크게 가진 것에 대하여 당연하게 받아들인다. 그러나 권위주의 성향이 낮은 사회에서는 상사라도 능력이 없다면 그의 권위를 인정하려 들지 않는다.

③ 모험선호-모험회피 차원

불확실성의 회피성향(uncertainty avoidance)이 큰 사회에서는 직업의 안정성을 중시하고, 규정이나 규칙을 중시하며, 보고계통과 역할분담도 명확하다. 이에 반해 모험을 선호하는 사회에서는 불확실성에 덜 민감하고, 모호함에 대해서 다양한 의견과 해석을 인정하며, 새로운 변화에 대한 수용이 크며 동적인 경향을 보인다.

④ 물질주의-정신주의 차원

물질주의 인간보다 물질을 숭상하고 단호한 결단력과 진취성을 가진 문화를 말하며, 정신주의란 타인에 대한 배려가 크고 물질보다는 삶을 중시하는 성향을 뜻한다. 물질주의적 가치관을 가진 사회에서는 목표, 성과, 이익중시 등 물질적 성과에 가치를 둔다 이에 반해, 정신주의적 가치관을 중시하는 사회에서는 물질적 성과 뿐만 아니라 종업원의 직무만족 등 정신적 가치를 중시한다.

⑤ 미래중심-현재중심 차원

미래중심(long-term)사회에서는 장기적이고 도덕과 삶의 가치를 중요시하며 현실적 어려움을 인내하는 힘도 강하다. 그러나 현재중심(short-term)사회에서는 미래의 비전보다는 현재를 중시하고, 보수적이며, 장기보다 단기목표 달성에 치중한다.

홉스테드의 연구결과를 보면 〈도표 3-7〉에서 알 수 있듯이 사람마다 성격과 능력이 다르듯 국가별로도 가치관이 모두 다르다.

〈도표 3-7〉 국가간 가치관의 차이

국가	개인주의	권위주의	모험회피	물질주의	미래주의
중국	L	H	M	M	H
프랑스	H	H	H	M	L
독일	H	L	M	H	M
홍콩	L	H	L	H	H
인도네시아	L	H	L	M	L
일본	M	M	M	H	M
네덜란드	H	L	M	L	M
러시아	M	H	H	L	L
미국	H	L	L	H	L
서부아프리카	L	H	M	M	L

H : 높다 M : 중간 L : 낮음(개인주의가 낮다는 것은 집단주의가 강하다는 의미

자료 : G.Hofstede, "Cultural Constraints in Management Theories," Academy of Management Executive, February, 1993. p. 91

예를 들어 중국은 집단주의적이며 권위주의적인 문화를 가지고 있으나 미국은 개인주의적이며 탈권위적인 문화를 가지고 있다. 만일 미국회사가 중국에서 사업을 하는 경우 이러한 국가간의 문화적 차이는 경영활동 및 인적자원관리의 제약요인으로 작용할 것이다. 또한 국가별로 존재하는 문화적 성향차이는 조직내 차별을 유발할 수 있다. 서로 다른 국적의 사람들로 이루어진 팀이나 회사의 경우 서로가 상대방의 문화적 특성을 알고 이해해주지 않는다면 조직의 효율적 운영은 더욱 어려워진다. 따라서 후술하는 IBM 사례에서 볼 수 있듯이 각 기업들은 다양성이 가져다 주는 장점, 즉 구성원들의 다양한 지식, 아이디어, 창의력 등의 활용을 극대화함으로써 업무효율성을 높이고 조직경쟁력을 강화할 수 있도록 적극적인 다양성 관리가 필요하다.

사례 IBM의 다양성정책

"인종, 피부색 또는 신념에 상관없이 주어진 업무를 완수하는 데 필요한 인성, 재능 및 배경을 가진 사람이라면 누구라도 고용한다는 것이 IBM의 정책입니다."

– Thomas J Watson Jr., 1953

위의 문구에서도 볼 수 있듯 인간의 다양성을 인지하고 이를 잘 활용하고 있는 기업은 IBM이다. 실제로 다양성 관리를 선구적으로 도입 및 실행해온 IBM에서는 다양성관리를 사업성과 향상에 연계하는 프로그램을 적용하여 많은 성과를 거두고 있다. 전 세계 170개국 이상에서 다양한 인종과 민족들을 대상으로 사업을 수행하는 IBM은 자국 및 현지의 우수 인재들이 피부색, 국적, 나이, 성별, 성적정체성 장애여부 등에 관한 차별없이 업무에 몰입할 수 있는 업무환경과 정책을 도입 및 실행하고 있다. 특히 1995년 8개(아시아계, 아프리카계, 히스패닉계, 아메리카원주민계 등)의 다양성 범주별로 임원급의 태스크포스팀을 조직하여 다양성 관리 프로그램과 사업성과 향상을 연계시키는 노력을 경주하고 있다. 이러한 다양성 관리정책과 사업성과 연계 노력의 결과 8개 범주집단에 해당하는 고객 기반 개척에 성공하였으며, 이처럼 확대된 고객기반으로 구성된 중소규모 시장에서의 수익을 연 천만달러에서 연 억달러 규모로 성장시킬 수 있었다. 이러한 사업 성공으로 인해 1993년 이후 10년간 여성 임원은 3.7배, 소수인종 임원은 2.3배 증가하여 선순환의 상승효과를 거두고 있다.

참고문헌

1. R.P. Quinn, G.L. Staines and M.R. McCullough, Job Satisfaction : Is There a Trend? Washington, D.C. : U.S. Government Printing Office, 1974.
2. 임창희, 『조직행동』, 비앤엠북스, 1974, p. 64.
3. 양춘희 외, 『문화와 커뮤니케이션』, 북코리아, 2009, pp. 53-56.
4. 앨런피즈·바바라 피즈 저, 이종인 역, 『말을 듣지 않는 남자 지도를 읽지 못하는 여자』, 가야넷, 2000.
5. R.A. Posthuma and M.A. Campion, "Age Stereotypes in the Workplace : Common Stereotypes, Moderators, and Future Research Directions, " Journal of Management, 35, 2009, pp. 158-188.
6. Kaiser, S. B., The Social Psychology of Clothing : symbolic appearance incontext (2nd Ed.), NY : Macmillan, 1990.
7. J.H. Langlois, L.A. Roggman, and L.A. Reiser-Danner, "Infants' Differential Social Responses to Attractive and Unattractive Faces," Developmental Psychology, 26(1), 1990, pp. 153-159.
8. Barocas, R. & Karoly, p., Effect of physical appearance on social responsiveness, Psychological Report, 1972, pp. 495-500.
9. 임창희, 전게서, pp. 66-69.
10. D. Hamermesh and J. Biddle, "Beauty and the Labor Market, "American Economic Review, 84(5), 1994, pp. 1174-1194.
11. N. Persico, A. Postlewaite and D. Silverman, "The Effect of Adolescent Experience on Labor Market Outcomes : the Case of Height, " The Journal of Political Economics, Chicago, 112, 2004, pp. 1019-1053.
12. 임창희, "직장여성의 외모가 승진에 미치는 영향 — 자아존중감과 대인관계수준의 매개역할을 중심으로", 「경영학연구」 한국경영학회, 36(3), 2007, pp. 597-621.
13. E. Hatfield and S. Sprecher, Mirror, Mirror : The Importance of Looks in Everyday Life, Albany State University of NY Press, 1986.
14. M.E. Heilman and L.R. Saruwatari, "When Beauty is Beastly : The Effects of Appearance and Sex on Evaluations of Job Applicants for Managerial and Nonmanagerial Jobs", Organizational Behavior and Human Performance, 23(3), 1979, pp. 360-372.
15. L.M. Watkins and L. Johnston, "Screening Job Applicants : The Impact of Physical Attractiveness and Application Quality, "International Journal of Selection and Assessment, 8(2), June 2000, pp. 76-84.
16. Kaiser, S. B. (1990), The Social Psychology of Clothing : symbolic appearance in context (2nd Ed.), NY : Macmillan).
17. 신효정(2002), "현대 여성의 아름다운 외모에 대한 질적 연구", 건국대학교 대학원 박사학위논문, p. 9.
18. Stephen p. Robbins, and Mary Coulter, "Management," Prentice-Hall, 2005, pp. 77-85.
19. Lois Joy, "advancing Women Leaders : The Connection between Women Corporate Board Directors and Women Corporate Officers." Catalyst, 2008.

04

개인행동의 이해

학습목표

1. 인간관계에 영향을 미치는 개인적 행동유발요인에 대한 기본적인 개념 및 주요 이론을 설명할 수 있다.
2. 지각의 의미, 과정, 지각에 영향을 미치는 요인을 알아보고 지각과 관련한 주요이론을 설명할 수 있다.
3. 태도의 의미, 형성요인, 가치관과의 관계를 알아보고, 태도변화와 관련한 주요이론을 설명할 수 있다.
4. 퍼스낼리티의 의미를 알아보고 퍼스낼리티에 영향을 미치는 요인 및 제 유형을 설명할 수 있다.
5. 학습의 의미와 주요이론을 살펴보고 학습을 강화하기 위한 방안을 설명할 수 있다.

4 개인행동의 이해

생각 열기 누가 내 치즈를 옮겼을까?

두 마리 생쥐, 스니프와 스커리 그리고 두 꼬마아이 헴과 허가 한 집에 살고 있다. 넷은 매일 맛있는 치즈를 찾기 위하여 미로 속을 열심히 뛰어 다닌다. 방법은 조금 달랐지만 치즈를 찾기 위하여 열심히 뛰어다닌다는 것만은 모두 같았다. 결국 어느 날 두 마리 생쥐와 두 꼬마아이는 좋아하는 치즈가 가득한 창고를 찾게 된다.

치즈가 가득한 창고를 발견한 후 그들에게는 작은 변화가 일어난다. 스니프와 스커리는 좋아하는 치즈가 쌓여있는 창고를 찾았음에도 매일 미로 속을 뛰어다니는 것을 게을리하지 않는다. 이와 달리 헴과 허는 더 이상 미로 속을 뛰어다니지 않고 그들이 찾아낸 치즈를 누리며 즐거운 하루 하루를 보낸다.

그러던 어느날 영원히 가득할 것만 같던 그들의 치즈 창고에 치즈가 몽땅 사라져버린다. 텅 비어버린 치즈창고 앞에서 그들이 보인 행동은 너무 달랐다. 스나프와 스커리는 매일 그들이 해왔던 것처럼 즉시 다른 치즈창고를 찾아서 미로 속을 뛰어다녔다. 두 생쥐에게는 이 치즈창고가 비어버린 것이 아쉬웠겠지만 그리 좌절할 일이 아니었다. 그러나 영원할 것 같았던 치즈창고의 안락함에 취해버린 두 꼬마 헴과 허는 비어버린 창고에 대한 미련과 어디 있는지 알 수 없는 미로에 대한 불안감으로 빈 창고를 떠나지 못한다.

본 이야기는 스펜서 존스가 쓴 유명한 저서인 "Who moved my Cheese?"의 줄거리이다. 동일한 상황에서도 생각을 어떻게 바꾸느냐에 따라 행동이 달라지고, 달라진 행동이 습관화되면 인생이 변하게 된다.

개인행동에 영향을 미치고 있는 조직행위론의 연구대상에는 지각(perception)과 태도(attitude), 가치관(values), 퍼스낼리티(personality), 모티베이션(motivation), 학습(learning) 등이 있으며, 이러한 요소들이 상호간에 영향을 주고받는 심리적 과정(psychological process)을 도시하여 설명하면 다음과 같다.

〈도표 4-1〉 개인행동에 영향을 미치는 요인

환 경	→	개 인	→	행 동	→	결 과
대상물 인 간 인 물		지각 · 태도 가치관 모티베이션 퍼스낼리티		사 고 결 정 평 가 커뮤니케이션		유리하거나 또는 유리하지 못하

여기서 환경은 개인을 중심으로 하는 대상물과 인간 및 사물 등의 다양한 자극요인을 말하며, 이러한 환경요인은 개인을 직접적으로 자극하고 있다. 이때에 자극은 개인에 의해 수동적으로 받아들여지지 않고 오히려 개인의 지각과 태도, 가치관, 퍼스낼리티, 모티베이션(욕구) 등의 측면에서 감수성에 영향을 주고 있으며, 이는 사고와 의사결정, 평가 및 커뮤니케이션과 같은 인간의 인지 및 행동과정에 영향을 미치게 된다.

이와 같은 모형은 개인적 행동의 결과유형을 보여주고 있는 것이다. 행동의 결과는 개인에게 바람직할 수도 있고 또 경우에 따라서 바람직하지 못한 상태로 나타날 수도 있지만, 학습 또는 반복되는 과정에서 바람직하거나 또는 만족한 상태로 접근하게 된다. 특히 개인에게 불쾌하고 불만스러운 상태라고 생각된다면 개인은 이를 시정하기 위해서 즉시 새로운 행동을 시도하게 될 것이다.[1)]

따라서 이상에서 언급된 심리적 과정 중에서 다음과 같은 심리적 요인, 즉 지각, 태도, 가치관, 퍼스낼리티, 모티베이션은 행동의 전반적인 내용을 이해시키는 데 도움이 될 것이다.

본 장에서는 개인행동에 영향을 미치고 있는 조직행위론 연구대상 요소 중 지각(perception), 태도(attitude) 및 가치관(value), 성격(personality) 및 학습(learning)에 대하여 알아보고자 한다.[2)]

제 1 절 지 각

1 지각의 의미 및 과정

지각(perception)은 개인이 속해 있는 환경에 어떤 의미를 부여하기 위하여 감각적 인상을 조직화하고 해석하는 과정을 말한다. 이론적으로 이를 정리하면 지각이란 환경으로부터 오는 자극을 선택(selection)하고, 조직화(organiza-tion)하며, 해석(interpretation)하는 총체적인 심리적 과정이라고 할 수 있다.

이 과정을 체계적으로 이해하기 위해 행위와 연관시켜 하나의 시스템으로 파악하면 〈도표 4-2〉와 같이 설명할 수 있다.

〈도표 4-2〉 지각프로세스

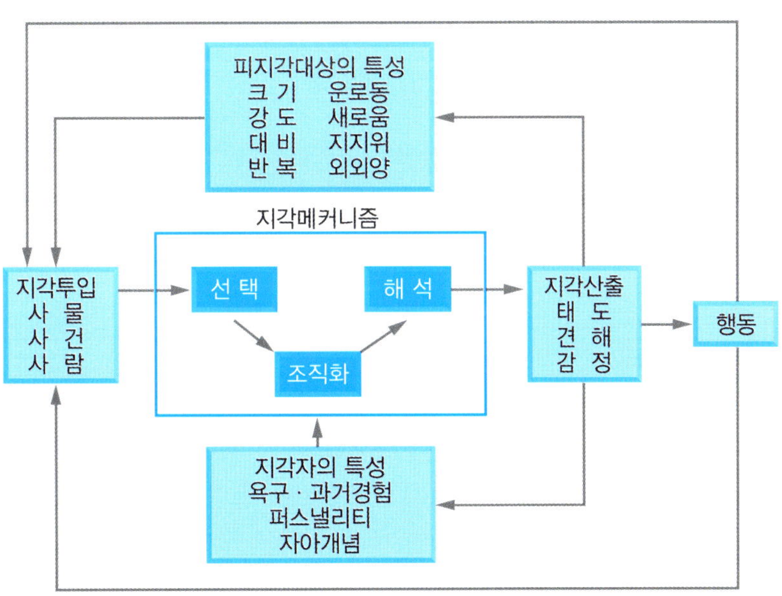

자료 : K. H. Chung and L. C. Megginson, *Organizational Behavior : Developing Managerial Skills* (New York : Harper & Row Pubilishers, 1981), p. 112.

① 대상투입(reception)

지각의 투입은 우리의 감각기관을 통하여 들어온다. 즉, 외부환경 가운데 지각의 대상이나, 사건, 사람에 대하여 시각, 청각, 후각, 촉각, 미각 등 오감을 통하여 우리의 지각세계로 들어온다.

② 지각메커니즘(processing)

대상, 사건, 사람 등 외부로부터 들어온 투입요소들은 지각메커니즘에 의해 처리된다. 즉, 지각대상이 지각자에게 의미가 있게끔 선택하고, 조직화하며, 해석하는 과정을 통하여 비로소 지각이 형성되게 된다.

③ 지각산출(output)

지각대상이 지각메커니즘을 거쳐 지각이 형성되면 이에 대한 결과로서 태도나 견해, 감정 등이 보여지게 된다. 이와 같은 산출요소는 행위에 영향을 줄 뿐 아니라 지각투입요소들이 장래에 지각하게 될 방식에도 영향을 미치게 된다.

④ 지각영향변수(influence)

지각에 영향을 주는 요인은 지각의 주체 특성, 지각의 대상 특성 및 상황 등을 들 수 있다. 지각의 주체 특성에는 개인의 욕구, 과거경험, 자아개념, 퍼스낼리티 등이 지각에 영향을 주게 되고, 지각의 대상 특성에는 강도, 대비, 반복 등이 지각에 영향을 주며, 평가가 이루어지는 상황요인은 지각대상 위치, 시간, 장소, 온도, 조명 등 다양한 요인이 지각에 영향을 준다.

⑤ 반응(reaction)

지각자가 어떤 지각대상에 대하여 지각메커니즘을 거쳐 태도나 감정을 산출하게 되면 이는 일정한 행위로 이어지고, 이러한 행위는 지각대상으로부터 반응을 유발하게 된다. 이러한 반응은 일련의 새로운 지각의 투입요소(reception)를 형성하여 새로운 지각과정을 밟게 된다.

위의 지각과정에서 알 수 있듯이 지각대상을 선택하고, 조직화하며, 해석하는 과정에서 개인 간의 차이가 발생하기 때문에 같은 외부환경이라도 개인 나름대로의 독특한 지각이 형성된다. 그리고 개인의 행위는 이러한 각 개인의 독특한 지각에 입각하여 이루어지므로, 동일한 사건이나 사실이라도 지각하는 바에 따라서 사람마다 다르게 행동을 하게 된다.

2 지각에 영향을 미치는 요소

일상생활에서 사람들이 똑같은 것을 다르게 지각하는 현상을 흔히 볼 수 있는데, 이는 사람의 지각을 형성하는 과정에서 다음과 같은 요인이 작용하기 때문이다.

1) 지각의 주체(perceiver)

사람이 어떤 대상을 보고 그것을 이해하기 위해 해석을 하는 과정에는 그 사람의 개인적 특성이 영향을 미치게 된다. 즉, 개인의 태도, 성격, 동기, 관심, 과거경험, 기대 등이 모두 지각에 영향을 미친다. 예를 들어, 급한 성격을 가진 상사가 그렇지 않은 상사보다 업무처리 속도가 느린 부하를 쉽게 지각을 하고 부하에게 일처리를 빨리 하도록 재촉하는 경우를 들 수 있다.

2) 지각의 대상(target)

지각의 대상이 지닌 특성도 지각과정에 영향을 미친다. 만일 지각대상이 복잡하거나 멀리 있는 경우 정확히 판단하기 어려울 것이다. 학급에서 조용한 학생보다 시끄러운 학생을 쉽게 지각하는 것도 그 예이다. 이처럼 지각은 우리의 감각기관을 자극하는 외부시각대상의 움직임, 크기, 친숙성 등에 의하여 영향을 받는다.

3) 상황(situation)

어떤 사물이나, 사람, 사건을 지각함에 있어서 상황요인 또한 영향을 미친다. 낮보다 밤에 불빛을 더 잘 지각한다거나, 동일한 충고라도 혼자 있을 때는 충고로 받아들이지만 남과 같이 있는 경우 비난하는 것으로 받아들이는 것이 그 예이다. 이와 같이 지각대상의 위치, 시간, 장소, 조명, 온도, 상황요소의 종류 등 상황요인에 따라 지각이 달라지게 된다.

3 지각의 오류

인간이 개인적 차원에서 타인을 정확하게 평가하는 방법이 다양하지는 못하다. 왜냐하면 인간은 평가과정에서 최선의 지름길을 지각과정이라고 생각하고 있으나, 이러한 과정에서 다음과 같은 지각적 오류가 발생하기 때문이다. 즉, 인간은 사회적 판단의 척도로 흔히 상동적 태도(stereotyping), 투사(projection), 기대(expectancy), 후광효과(halo effect) 등을 이용하여 평가를 위한 지각과정을 단순화하고 있는데, 이는 때로 정확한 평가를 그릇되게 한다.[3)]

따라서 여기서는 이에 관한 내용을 체계적으로 살펴보기로 한다.

1) 상동적 태도(stereotyping)

상동적 태도는 타인에 대한 평가가 그가 속한 특정 사회적 집단에 대한 지각을 기초로 해서 이루어지는 것을 말한다. 이러한 상동적 태도는 과거에 학습된 평가적 체제(evaluative frameworks)와 사용하는 표식(using labels)에 의해 사람을 분류하는 것이다. 만일 인간이 특정한 사람에 대해서 알고 있는 사실이 있다면 이를 다른 사람에게 특성이나 행동으로 나타내게 된다. 상동적 행동과 특성은 다른 사람을 상세히 평가하는 과정을 단축시켜 주기 때문에 경제적인 이점을 가지고 있다. 따라서 상동적 태도는 다른 사람의 행동에 대한 예측을 용이하게 하여 주고 있다. 그러나 그러한 평가는 때로는 부정확성을 가져오기 쉽다.

2) 후광효과(halo effect)

후광효과(현혹효과)는 상동적 태도와 다소 유사성이 있다. 후광효과는 평가과정에서 일반적인 인상(general impression)을 보고 평가대상자의 전반적인 평가요소를 획일적으로 평가하는 경향이라고 정의되고 있다.[4)]

즉, 개인이 갖고 있는 유일한 특성과 개인의 특정 유리점(장점)이나 불리점(단점)이 그 사람의 전체적 평가에 기초를 이루고 있음을 뜻한다.

물론 이러한 평가의 결과는 불합리성이 있을 뿐 아니라 객관성을 잃게 된다. 즉, 이는 실제적인 능력의 투입요소와 결과의 산출요소를 정확하게 파악하지 못하고, 또 계량적인 분석과 평가 없이 특정한 개인에 대한 부분적인 관점에 따라 전반적이고 획일적인 인상을 형성하게 되는 것을 의미한다.

3) 투사(projection)

투사란 바람직하거나 바람직하지 못한 자신의 특성을 다른 사람에게 귀인시키는 행위를 말한다. 예를 들면, 권위주의적 퍼스낼리티를 설명할 수 있는 특성을 파악하기 위하여 집중적인 연구결과를 보면[5] 독재적인 사람은 전통적인 중산계급의 가치관에 엄격하리만큼 집착하고, 그가 속하고 있는 집단의 도덕적 권위에 복종하며, 인습적이고 전통적인 가치관을 가진 사람을 비난하고 배척한다. 또 권력과 지위에 편견을 가지고 있고, 권력이 있는 사람과 제휴하려는 경향이 있으며, 일반적으로 외부집단의 구성원에게는 적대적이다. 여러 연구의 결과에 의하면 고도로 권위주의적인 사람은 다른 사람도 자기 자신과 같은 가치관을 가지고 있으며, 다른 사람도 권위적인 특성의 대부분을 높게 평가하고 있는 것으로 가정하고 있다고 한다. 그러므로 우리 자신의 특성을 다른 사람에게 투사하거나 다른 사람에 비추어 기술할 수 있다.

4) 기대(expectancy)

기대란 인간이 바라고 있거나 추구하는 것은 얻을 수 있다는 확신을 주는 일련의 정신적 요인으로 정의할 수 있다. 따라서 기대는 인간이 자신이 소망하는 것을 이룩할 수 있다는 확신이며, 이를 자성적 예언 또는 자기충족적 예언(self-fulfilling prophecy)이라고도 한다.

물론 기대는 개인의 지적인 상태를 기초로 할 경우에는 그 효과가 크게 나타나며, 동시에 능력과 재능을 겸비한 상태에서의 기대는 가능성과 확실성을 증대시키고 있다.6) 그러나 기대는 일반적으로 개인의 능력과 재능 및 지적인 측면을 감안하지 못한 상태에서도 항상 충동되고 있다. 따라서 기대는 지적인 요소를 기반으로 하는 상태에서 가능성과 확실성을 크게 할 수 있는 것만을 학문적 가치에 포함시키게 된다.

4 귀인이론(attribution)

귀인이란 다른 사람이 행한 행동의 원인을 추론하는 것을 말한다. 보통 인간은 특정한 일을 할 때에, 무엇 때문에 그와 같은 방법으로 행동을 하고 있는지의 이유를 평가하는 경향이 있는데, 이때의 원인조사를 위한 탐색은 내적 또는 외적 요인(internal or external factors)에 초점이 주어진다.[7] 물론 다른 사람의 행동에 대한 우리의 판단은 내·외적 요인 중에서 어떤 요인을 받아들이느냐에 따라 상당한 차이가 있다. 이에 관해서 지속적인 연구가 있었는데, 그 중 몇몇 연구에서는 여성이 성공을 할 때에는 그 성공은 기술과 능력보다는 운이나 용이한 과업 또는 노력의 결과로 귀인시키는 경향이 있다는

것을 발견하였다.[8)]

대부분의 원인이나 귀인은 직접적으로 관찰할 수 없기 때문에, 인간의 개인적 지각에 의존된다. 따라서 귀인은 행동을 설명하는데 사용된 실질적인 결정요인이라기보다는 지각된 요인이다. 그러나 어떤 상황이 여러 요인의 결과라고 할지라도, 인간이란 단일원인에 의한 설명을 선호하는 경향이 있으며, 이러한 사실이 다른 사람의 행동을 부정확하게 평가하도록 유인할 수 있다. 개인의 행위에 대한 귀인을 결정할 때는 〈도표 4-3〉에서와 같이 다음 세 가지 요소, 즉 특이성, 합의성 및 일관성에 의존하게 된다.

〈도표 4-3〉 귀인이론

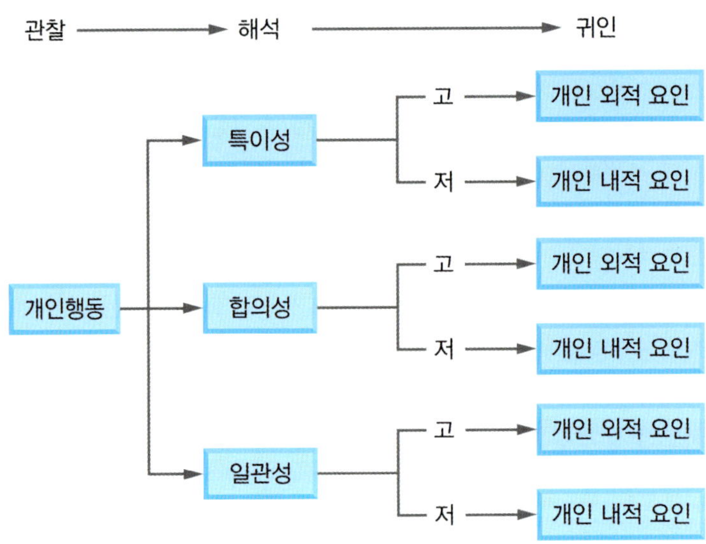

1) 특이성(distinctiveness)

특이성은 개인의 행위가 여러 상황에서 동일하게 나타나는 것인지 또는 동일한 상황에서 특이하게 나타나는 것인지에 대한 것이다. 따라서 이러한 특이성을 통해 알고자 하는 것은 개인의 행동이 정상적인 것인지 아닌지이다. 만약 정상적인 것이 아니라면, 즉 특이성이 높은 경우라면 그러한 개인의 행동에 대한 귀인을 개인 외적인 환경적 요인으로 볼 것이며, 특이성이 낮은 경우에는 개인 내적 요인으로 판단하게 된다.

2) 합의성(consensus)

합의성이란 하나의 특정 사건에 대하여 다른 사람들이 얻은 결과와 비교하여 귀인하려는 성향을 말한다. 만약 동일한 상황에서 모든 개인들이 동일한 반응을 보인다면, 행동에 있어서 합의성을 보인다고 말할 수 있다. 만약 동일한 작업과정에서 일을 하는 모든 종업원들이 작업수행속도가 늦게 나타난다면 이러한 종업원들의 행동에는 합의성을 보인다고 할 수 있다. 이러한 종업원들의 행동을 외적인 요인으로 그 귀인을 결정하는 경우에는 합의성이 높을 것이며, 반면 다른 종업원이 동일한 작업과정의 일을 정시에 수행하였다면 행동에 있어 합의성이 낮게 되고 그 귀인을 개인 내적인 요인에 의한 것으로 결정하게 될 것이다.

3) 일관성(consistency)

일관성이란 개인의 행동이 규칙적으로 나타나고 일관적으로 보여지는가를 설명하는 것으로, 동일한 개인의 동일한 상황에서 시간의 경과에도 불구하고 동일한 행동을 보이는 경우 행동에 있어 일관성을 보인다고 할 수 있다. 어떤 종업원이 10분 지각을 하였을 경우, 예전에는 지각한 적이 없고 이번이 처음이었다면 행동에 있어 일관성이 적은 것으로 보아 그러한 행동에 대한 귀인이 개인 외적인 요인에 의한 것으로 결정할 수 있다. 즉, 그가 게을러서 지각을 했다고 보기보다는 차가 고장 나서 늦은 것으로 볼 수 있다. 이와는 다르게 매일같이 지각을 하고 오늘 역시 지각을 하였다면, 이러한 행동에는 일관성이 높다고 할 수 있다. 따라서 그 귀인이 개인 외적인 환경적 요인보다는 개인 내적 요인에 있다고 보게 된다.

이러한 귀인이론에서 살펴볼 수 있는 보다 흥미 있는 점은 귀인을 왜곡시키게 되는 오류나 편견이 있다는 것이다. 예를 들어, 다른 사람의 행동에 대하여 판단을 내릴 때 외적인 요인의 영향은 낮게 평가하고 내적인 요인의 영향을 높게 평가하는 경향이 있다. 이것을 기본적 귀인오류(fundamental attribution error)라고 하는데, 판매담당자가 판매원의 낮은 판매실적을 신제품 부재나 경쟁심화 등과 같은 요인보다는 판매원의 게으름이나 능력부족으로 보는 경향이 있다는 것을 설명해준다. 또한 개인은 성공에 대해서는 자신의 능력이나 노력 등 개인 내적 요인으로 돌리고, 실패에 대해서는 운과 재수 등과 같은 외적인 요인의 탓으로 돌리게 된다. 이것을 이기적 편견(self-serving bias)이라 하며, 종업원들의 업무수행에 제공된 피드백이 긍정적인지 부정적인지에 따라 해당 종업원에 의해 왜곡될 수 있다고 본다.

제 2 절 태도와 가치관

1 태도의 기본개념

태도(attitude)는 '환경의 자극에 대한 반응, 즉 자신이 처한 환경에 대응하여 행동하려고 하는 개인의 감정(feelings), 사고(thoughts) 및 경향(predisposition) 등의 규칙성(regularities)'이라고 정의된다.[9)]

즉, 태도는 ① 인간이 가지고 있는 사고, 아이디어 및 신념을 말하는 인지적 구성요소(cognitive component), ② 인간의 감정요소라고 할 수 있는 감정적 구성요소(affective component) 및 ③ 태도와 일치하도록 행동을 하려고 하는 경향을 의미하는 행동적 구성요소(behavioral component)로 구성되어 있다.

"인간차별은 나쁜 것이다"라고 생각하는 것은 개인이 가지고 있는 신념이나 가치관에서 비롯되는 태도의 인지적 요소의 예이다. "나는 특정 교수의 과목을 좋아하지 않는다" 하는 것은 개인의 감정적 요소의 예라 볼 수 있고, "나는 상사의 말을 따르지 않겠다"고 하는 것은 행동적 성향을 말한다. 결론적으로 볼 때, 태도란 인간이 살아가면서 사고하고, 느끼며, 행동하는 방법이라고 할 수 있다.

〈도표 4-4〉 지각, 태도, 행동의 상호관계

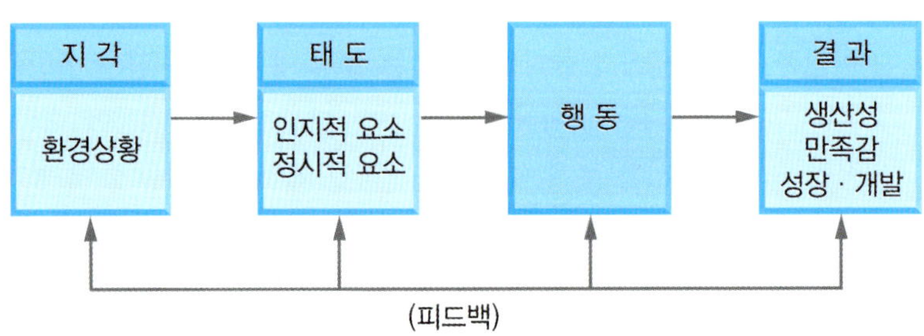

2 태도형성의 영향요인

광의적으로 볼 때 인간의 태도는 문화의 산물이며, 좀 더 구체적으로 말하면 태도는 개인생활의 많은 상황이나 환경에서 학습되는 것이다. 태도의 가장 중요한 원천은 가정에서의 성장배경이다. 어떤 가정에서 자라났느냐에 따라 종교, 정치, 소수민족집단 등과 같은 대상에 대한 태도가 영향을 받는다. 또한 가족과의 인간관계가 미래의 대인관계에 대한 어떤 패턴을 결정하게 된다. 왜냐하면 부모나 형제관계에 대한 태도가 그 이후의 생활에서의 대인관계 접촉에서도 일반화되어 사용되기 때문이다.

그리고 태도는 그가 생애를 통하여 소속되어 있는 집단에 의하여 다시 구조화 된다. 이러한 준거집단은 매우 다양하며 이에 의하여 태도는 계속 강화, 수정, 학습된다.

3 태도와 행동

태도의 변화가 실제적인 행동을 변화시킬 수 있는가? 또 태도변화와 행동이 이에 상응하는 변화(shift)에 따를 수 있는가 하는 문제는 매우 중요한 과제가 아닐 수 없다. 전술한 바와 같이 태도는 감정적·인지적 및 행동적 요소로 구성되어 있다. 따라서 태도를 변화시키기 위해서 우리는 이러한 구성요소가 어떤 조건 하에서 어떻게 변화되는가를 이해하지 않으면 안 된다.

1) 인지부조화이론

그동안 많은 학자들은 태도에 대한 연구에서 사람이 구두로 표현하는 내용과 자신의 행동 간의 불일치 행위에 관심을 갖고 연구해 오고 있다. 1950년대 후반 페스팅거(Leon Festinger)는 태도와 행동이 특수한 조건 하에서 일치하고 있는 이유를 규명하는 인지부조화이론(theory of cognitive dissonance)을 제시하였다.[10] 그의 이론에 따르면, 태도와 행동이 일관되지 못한 상태를 보일 때에 개인 자신이나 개인행동에 대한 지식이나 의견 및 신념과 같은 인지적 요인과의 불일치의 현상이 나타나며, 이는 개인에게 심리적인 불편함을 가져다 준다. 따라서 개인은 심리적인 불편을 해소하기 위하여 불일치를 감소시키려고 노력하는데, 이러한 부조화를 줄이려는 욕망의 강도는 다음과 같은 세 가지 속성에 의해서 결정된다고 하였다.

(1) 부조화를 만들어내는 요소의 중요성

부조화를 일으키는 요소가 그다지 중요하지 않다면 부조화를 줄여야 한다는 부담도 낮을 것이다. 예를 들어, 휴일근무를 강요하는 상사의 요구에 의하여 출근하는 부하의 경우 휴일에 쉬고 싶은 욕구에도 불구하고 출근하여야만 하는 상황으로 인하여 태도와 행동이 일치하지 않는 인지부조화를 느끼게 된다. 따라서 출근을 하지 않을 경우 인지부조화를 줄일 수 있으나, 이 경우 해고당할지 모른다고 느끼면 상황이 중대성을 감안하여 인지부조화의 상태를 감수하려고 할 것이다.

(2) 해당요소에 대하여 행사할 수 있는 영향력의 정도

만일 부조화를 일으키는 요소에 대하여 자신이 통제할 수 있는 정도가 매우 작다면 태도를 변화시키려는 생각을 하지 않을 가능성이 높다. 앞의 예에서 볼 때, 자신이 가지고 있는 신념이나 의지대로 휴일에 쉴 수 있도록 상사에게 영향력을 전혀 행사할 수 없다고 판단할 경우, 인지부조화를 줄이기 위하여 상사의 지시에 벗어나 출근을 하지 않고 집에서 쉬고 싶다고 건의함으로써 인지부조화를 해소하려는 시도를 하지 않을 것이다.

(3) 부조화로 인하여 얻는 보상의 크기

부조화로 인하여 얻는 보상이 클수록 부조화를 줄이려는 욕구가 줄어든다. 앞의 예에서 볼 때, 휴일에 출근함으로써 상사로부터 임금이나 승진에 대한 보상이 주어지는 경우 비록 인지부조화 상태에 있을지라도 보상이 크기 때문에 그 상태를 유지하려고 할 것이다.

2) 행동주의이론[11)]

행동주의이론은 앞장에서 설명한 학습이론에 기반을 두고 있다. 즉, 태도의 변화도 자극과 반응의 원리에 의하여 학습된다는 것으로서, 학습이 없는 한 개인의 태도는 불변인 채 지속되지만 설득과 같은 새로운 자극을 통하여 새로운 태도(반응)를 갖게 할 수 있다는 것이다. 일단 설득하면(자극 : Stimulus) 새로운 태도가 형성되고(반응 : Response), 그 결과(Consequence)가 더 이롭다고 평가되면 태도가 새로운 방향으로 변화한다는 것이다(S-R-C 모형). 카네기(D. Carnegie)는 본 이론을 적용하여 실제로 태도를 변화시키는 방법을 제시하고 있다. 그의 견해에 의하면, 어떤 사람의 행동을 변화시키기 위해서는 우선 그 사람으로 하여금 변화되었을 때의 새로운 행동에 대하여 긍정적인 태도를 갖게 만들어야 하며, 이것은 변화시키는 사람의 주도적인 노력이 필요하다는 것이다.

3) 장(場) 이론[12)]

장이론(field theory)은 레윈(K. Lewin)이 개발한 이론으로서, 그는 제2차세계대전이 시작된 직후 미국이 식육용 고기 부족으로 곤란을 겪고 있을 때 즉 주부들로 하여금 소의 내장에 대하여 꺼리는 태도를 바꾸어 즐겁게 사서 먹게 만드는 임무를 맡았다. 그러나 아무리 설득을 해도 주부들은 사회적 편견때문에 좀처럼 태도가 바뀌지 않았다. 이때 레윈은 주부들끼리의 토론회를 개최해 놓고 레윈 편의 협력자들을 토론에 참석시켜 새 의견에 찬성하니까 쉽게 동조했다. 즉 한 사람의 주부만 놓고 일대일로 설득하면 설득자의 영향력만 그 주부에게 미치기 때문에 설득자의 힘은 규범보다 약하지만, 집단으로 설득하면 집단의 다른 주부들이 조금씩 바뀐 영향이 각 각의 주부에게 미치기 때문에 영향력이 크다. 이런 식으로 개개인의 태도를 바꾸는 데 집단 속으로 들어가서 영향을 미치니 그 영향력은 순식간에 퍼져 나갔던 것이다.

장(場)이란 개체와 그 주변을 모두 포함하여 일컫는 말이며, 집단 속의 개인들은 상호영향을 받기도 하고 영향을 미치기도 하면서 태도를 변화해 가는 것이다. 일반적으로 볼 때 여성이 남성보다 더 장(場) 의존적이라는데, 여성이 남성보다 유행에 더 민감한 것도 그런 까닭이다.

4 태도와 가치관

가치관(values)이란 여러 가지 대안 행위 중에서 하나의 행위를 선택할 때 사용되는 판단의 기준이나 표준을 말한다. 로키치(M. Rokeach)는 "가치관이란 어떤 구체적인 행동양식이나 존재양식이 그 반대의 행동양식이나 존재양식보다 개인적으로 혹은 사회적으로 더 바람직하다는 신념"으로 정의하고 있다.[13)] 가치관은 어떤 것이 옳고 선하며, 바람직한지에 대한 판단을 내리는 개인적인 신념을 담고 있다. 따라서 가치관은 세계에 대한 개인적 관점을 위한 기초를 형성하며 생활에 대한 집착과 일관성의 감정을 제공하여 준다.

그리고 가치관은 이상적인 관계나 상태의 개인적 관념을 나타내므로 이는 옳고 그름을 판단하는 수단으로 이용되고 있다. 이와 같은 가치관은 비교, 평가, 결정 및 행동의 지침이 되는 표준을 제공하여 준다.

가치관은 우리의 태도나 행동에 영향을 미친다. 가치관은 태도나 지각, 성격, 동기유발 등을 이해하는 데 기초가 되므로 조직행동의 연구에 있어서 매우 중요한 위치를 차지한다. 가치관은 하나의 가치가 일련의 태도를 형성하기 위한 조직화된 주제로 역할을 할 수 있다는 의미에서 태도와 연결되어 있다.[14)]

어떤 가치가 내면화되면 그 가치는 관련되는 대상 및 상황에 대하여 태도의 형성 에 영향을 주고 태도의 유지를 위한 하나의 기준과 표준이 된다.[15)]

결론적으로 가치관은 비교적 안정적이고 지속적인 속성을 가지고 있다. 물론 가치관이 일생동안 한 번도 바뀌지 않는 것은 아니다. 가치관은 특정 사건이나 사실을 계기로 하여 일정하고 지속적인 반복과정을 통하여 변화될 수도 있다. 또한 어떤 가치관이 한 집단 안에서 대부분의 멤버들 사이에서 매우 오랫동안 지속될 때 그것은 문화의 일부분이 된다. 그러므로 한 집단의 문화는 사실 여러 가치관의 집합이라고 볼 수 있으며, 각 가치관은 문화 안에서 보존되고 지속된다.

제 3 절 퍼스낼리티

1 퍼스낼리티의 정의

퍼스낼리티(personality)의 정의는 학자들의 견해와 관점에 따라 다소 내용에 차이가 있다. 알포트(G. W. Allport)는 퍼스낼리티란 특정 개인 내에 존재하면서 환경에 대한 개인의 독특한 적응을 결정하는 정신물리적(psychophysical) 제조직의 동태적 체계(dynamic system)로 규정하고, 개인이 가지고 있는 신경적, 심리적 특성에 따라 퍼스낼리티가 표현되는 것이라는 견해를 밝히고 있다.[16)]

2 퍼스낼리티의 결정요인

퍼스낼리티는 〈도표 4-5〉에서 볼 수 있듯이 ① 유전적 요인, ② 문화적 요인, ③ 가족과 사회집단의 영향, ④ 상황적 요인 등에 의하여 영향을 받아 형성이 된다.

〈도표 4-5〉 퍼스낼리티 결정요인

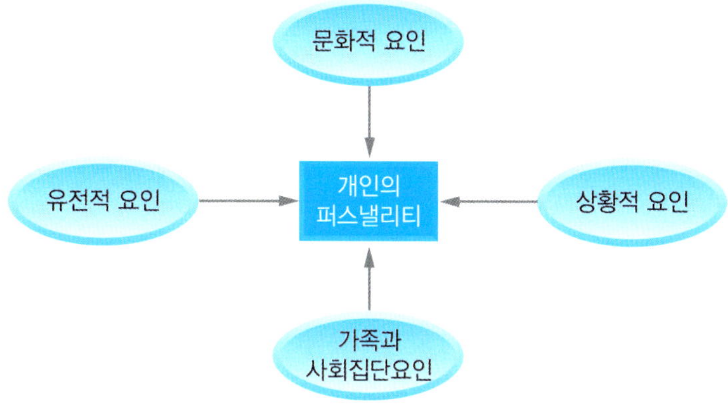

1) 유전적 요인

유전(heredity)이라 함은 개인의 통제영역 밖의 요인으로서 몸매, 얼굴의 특징, 성, 성격, 근육의 구성, 체력 및 생리적 조건 등의 원천(부모)을 받고 있음을 의미한다. 따라서 퍼스낼리티 자체가 유전이 되는가에 대해서는 궁극적으로 퍼스낼리티의 특질을 좌우하는 유전인자의 생물학적 과정이 밝혀져야 하므로 명백히 규명하기가 어렵다. 그러나 유전이 신체적 및 심리적 제특성의 형성에 중요한 역할을 한다는 데 있어서는 유전학자들 간에 견해가 일치되고 있다.[17)]

2) 문화적 요인

사람들이 살아가는 사회에는 사회마다 독특한 특성을 지니고 있는 공통의 가치, 규범의 체계나 행동양식 또는 생활양식이 있다. 이러한 공통의 가치체계나 행동—생활양식은 조상으로부터 전승해 내려온 사회적 유전이라고 보는데, 이를 우리는 문화(culture)라고 부른다. 이는 개인의 퍼스낼리티를 형성하는데 압력요인으로 작용을 하게 된다. 사회 속에 존재하는 개인은 이러한 문화를 학습해 가면서 사회화를 이루고 자기의 퍼스낼리티를 형성해 간다. 예컨대, 서양문화는 일반적으로 자주적이고 경쟁적인 사람을 높이 평가하는 데 반하여, 동양문화는 그렇지 못하다. 서양문화권에서 성장한 사람과 동양문화권에서 성장한 사람은 서로 다른 퍼스낼리티를 지니게 된다.

3) 가족과 사회집단의 영향

가족과 사회집단은 퍼스낼리티의 형성에 가장 중요한 영향력을 미치게 된다. 특히 부모는 초기의 퍼스낼리티를 발전시키는 동일화 과정에서 중요한 역할을 담당하고 있다. 즉, 유아의 사회화(socialization)는 가정에서 어머니와의 접촉에서부터 시작된다. 그리하여 다른 가족으로부터 사회화되고, 후에는 성원집단 등 사회적 집단의 영향을 받아서 사회화가 이룩된다.

4) 상황적 요인

특정 개인의 퍼스낼리티는 안정적이고 지속적이기는 하지만 상황에 따라 변화하고있다. 더욱이 행동을 일상적으로 유발해 나가는 인간의 항상 상황과의 복잡한 상호작용을 하게 된다. 따라서 퍼스낼리티는 상황에 의해서 크게 영향을 받게 된다.[18)]

이상에서 언급된 정의와 결정요인에 따라 일반적으로 심리학자들 사이에 인정되고 있는 퍼스낼리티의 특성을 살펴보면 다음과 같이 요약된다.[19)]

- 퍼스낼리티는 개인의 독특한 개성을 나타내는 전체적인 개념이다.
- 퍼스낼리티는 개인별로 관찰이 가능하고, 또 측정할 수 있는 특유의 유형을 형성하고 있다
- 퍼스낼리티는 생리적 기초 위에 사회·문화환경과 작용하는 과정에서 형성된다.
- 퍼스낼리티는 팀의 리더가 되고자 하는 것과 같이 표면적인 측면과 권위와 같은 개인의 심정에 깊숙히 묻혀 있는 핵심적인 측면으로 구성되어 있다.
- 퍼스낼리티는 주어진 사회 환경 범위 내에서 공통적인 특성과 개인별로 상이하고 또 독특한 특성을 포함하고 있다.

3 퍼스낼리티 유형

개인적인 퍼스낼리티 유형을 파악하기 위해서는 일반적으로 통제위치, 권위주의, 마키아벨리즘, 자긍심, 자기모니터링, 위험감수성향 등을 통하여 파악할 수 있다.[20)]

1) 통제위치(locus of control)

사람들이 자신의 운명을 통제한다고 믿는 것으로, 그 위치에 따라 내부통제위치

(internal locus of control)와 외부통제위치(external locus of control)로 나눌 수 있다. 내부통제위치는 개인의 행동에 대한 통제가 자신에게 있다고 보는 것으로 어떠한 일이나 상황이 발생했을 경우 그 원인이나 대처할 수 있는 힘이 자신에게 있다고 보는 경우이다. 외부통제위치는 자신의 행동에 대한 통제가 외부에 있는 것으로 행운이나 운명과 같은 외부환경에 의해서 자신에게 일어나는 일이 결정된다고 본다.

2) 권위주의(authoritarianism)

조직 내에서 구성원 사이에는 지위와 권한의 차이가 있어야 한다는 경우로 반드시 상급자에게는 복종을 하고 하급자에게는 명령을 해야 한다고 믿는다.

3) 마키아벨리즘(machiavellianism)

이러한 성격은 자신의 목적을 달성하기 위하여 다른 사람을 이용하고 상황을 조작하려는 것으로, 의사결정에 있어 독단적이고 다른 사람과 감정적인 거리를 유지하며 목적이 수단을 정당화한다고 믿는 성격을 말한다. 예를 들면, 범죄영화에서 3인조 악당이 은행을 털고 나서 그 돈을 분배하는 과정에 있다고 가정해 보자. 한 명이 제안하길 다른 한 명을 분배 과정에서 제외시키면 두 명에게 돌아오는 몫이 커지므로 함께 연합을 하자고 한다. 이러한 제안을 받은 사람은 세 명이서 똑같이 나누어 가질까 아니면 한 명을 제거하고 두 명이서 더 많은 몫을 나눌까 하는 고민을 가지게 된다. 이때, 앞서 제안했던 사람이 다른 한 명을 제거하면 6대 4로 더 많은 몫을 준다고 다시 제안을 한다. 바로 이러한 성격을 나타낸다고 할 수 있다.

4) 자긍심(self-esteem)

자긍심이란 일반적으로 자신의 능력이나 스스로에 대한 인식에 대한 것으로 개인이 언제나 가지고 있는 성격적 특성이다. 이와 비슷한 의미로 자신감(self-efficacy)을 들 수 있는데, 이는 어떤 개인이 정해진 상황에서 특정한 일을 얼마나 잘 할 수 있는지에 대해 스스로 인식하는 것을 말한다. 이에 반해 자긍심은 일반적인 인식을 말한다. 자긍심이나 자신감이 높은 개인이 그렇지 못한 사람보다 더 높은 성과를 보이는 것으로 알려져 있다.

5) 자기 모티너링(self-monitoring)

자기 모니터링은 자신의 행동을 외적 또는 상황요인에 적응시키는 개인의 능력을 말한다. 서로 다른 상황에 맞춰 그에 적합한 상이한 행동을 보이고 또한 그 적합성이 높은 경우 자기 모니터링적 성격이 크다고 하겠다. 이에 반해 모든 상황에 동일한 행동을 보이는 경우는 자기 모니터링적 성격이 적다. 예를 들면, "이렇게 행동하는 사람은 바로 그 사람이다"라든자 "그 사람은 언제나 이렇게 행동한다"라는 행동에 있어 일관성을 보이는 경우를 말한다.

아직 이러한 자기 모니터링에 대한 연구가 시작단계에 있지만 변화하는 환경에 맞춰 적합한 행동을 보이는 개인이 관리직에 있어 더 높은 성과를 보인다고 할 수 있다. 그것은 다른 사람의 행동에 더 많은 관심과 주의를 기울일 수 있기 때문이라고 하겠다.

6) 위험감수성향(risk taking)

어떠한 의사결정을 내릴 경우 위험을 감수하려는 의지는 개인에 따라 상이하게 된다. 동일한 문제에 대한 의사결정 시, 그 대가는 적지만 안전한 대안을 택하는 경우도 있고 위험은 높지만 그에 대한 보상이 높은 대안을 선호하는 경우도 있다. 이러한 위험감수성향은 의사결정을 하는데 필요한 시간과 요구되는 정보의 양에 영향을 미친다. 대체로 위험감수성향이 높을 경우, 보다 신속한 의사결정이 이루어지고 보다 적은 정보를 이용한다고 보고 있다.

제 4 절 학 습

고전에서의 학습에 대한 이야기

학습은 인간 삶의 시작이요 과정이라 할 수 있다. 공자는 논어에서 맨 처음 언급한 것이 "學而時習之 不亦悅乎(학이시습지 불역열호)"라고 하였다. 즉, "배우고 때때로 익히면 기쁘지 아니 한가"라는 뜻이다. 또한 맹자는 "上無例下不學, 賤民興, 喪無日矣(상무예하불학, 천민흥, 상무일의)"라 했다. 즉, "위에 있는 사람이 예의가 없고 밑에 있는 사람 이 배우지 아니하면 도적들이 흥하여 근심이 끊이지 않을 날이 없다"는 것이다. 또한 중용 에 "好學近乎知, 力行近乎仁, 知恥近乎勇(호학근호지, 역행근호인, 지치근호용)"이라 하였다. 즉, "배움을 좋아하는 것은 지혜에 가깝고, 힘써 행하는 것은 어짐에 가깝고, 부끄러움을 아는 것은 용기에 가깝다"는 것이다. 이처럼 배움은 사람의 마음을 기쁘게 하며 사회를 이 끌어 가는 데 안정과 질서를 유지시켜 주는 작용도 아울러 하고 있다. 또한 배움은 지혜 있는 자가 행하는 과정이라고 할 수 있다. 학습은 변화를 받아들이는 과정이다. 따라서 급변하는 현대를 슬기롭게 헤쳐 나가기 위한 학습의 과정을 이해하고 효과적인 학습방법을 수행하는 것이 필요하다.

1 학습의 개념

학습(learning)은 개인행동형성에 기본적인 과정으로서 반복적인 연습이나 경험을 통해 이루어진 영구적인 행동변화를 말한다.[21] 개인의 행동은 동태적이면서 변화를 전제로 하기 때문에 개인은 모두 학습 과정을 거쳐 지식과 기술은 물론, 신념과 가치관, 그리고 정서적 감정과 태도 등을 얻게 된다. 이러한 학습의 주요 요소는 행동변화, 영구적 변화, 연습과 경험, 강화작용 등으로 요약된다.

1) 행동변화(behavioral change)

행동변화는 행동형성의 요인인 퍼스낼리티와 지각 그리고 동기와 태도 등의 변화를 의미한다. 학습은 행동의 개선과 효율적 성과를 상징하지만, 긍정적인 변화와 성과만을 포함하지 않고, 나쁜 습관과 편견, 상동적 태도와 현혹효과 등 바람직하지 않은 행동을 습득하는 내용도 포함하고 있다.

2) 영구적 변화(permanent change)

영구적 변화는 학습의 영구적인 성격을 의미한다. 행동의 변화로 임시적 적응행동이 아니라 영구적이고 바람직한 성과를 전제로 해야 한다.

3) 연습과 경험(practice and experience)

연습과 경험은 자연적인 행동변화나 임시적 조작에 의한 행동변화가 아니고, 실제 연습과 실습 그리고 실제 경험에 의해 변화가 이루어져야 한다.

4) 강화작용(reinforcement)

강화작용은 연습이나 경험이 영구적인 변화를 가져오려면 반복되는 강화작용이 따라야 한다.

2 학습이론

학습과정(learning progress)은 자극-반응이론(stimulus-response theory)을 기초로 하는 행태적 학습과정이론과 인지적 이론(cognitive theory)을 기본으로 하는 인지적 학습과정이론으로 구분해서 검토될 수 있다.

1) 행태적 학습과정이론

행태적 학습과정이론(behavioral learning process theory)은 조건화 이론이라고도 하며 형태주의 심리학자들에 의해 주장된 이론이다. 이 이론에는 고전적 조건화의 이론을 전개한 파블로프(I. Pavlov)와 조작적 조건화의 이론을 전개한 스키너(B. F. Skinner) 등이 있다. 이들은 모두 조건화(conditioning)의 개념을 통하여 학습과정을 설명하려는 데 그 특성이 있다. 이때 조건화 또는 조건형성이란 자극과 반응의 연쇄과정에서 하나의 행동패턴(pattern of behavior)을 발전시키는 것을 말한다.

(1) 고전적 조건화

고전적 조건화(classical conditioning)는 노벨상 수상자인 소련의 파블로프의 실험결과

와 같이 반사적으로 나타나게 된다는 것이다.[22)]

파블로프는 개에 대한 실험에서 개에게 음식물을 줄 때마다 종을 울렸더니 나중에는 음식물을 주지 않고 종만 울려도 개는 침을 흘리는 것을 보고 일정한 자극을 지속적, 반복적으로 하는 경우 일정한 반응을 유도하게 됨을 알았다. 이 경우 종소리에 의하여 침을 흘리는 것은 학습을 통한 조건자극에 대한 조건반응(conditioned response)이다. 그리고 음식물이라고 하는 무조건자극을 개체에게 제공할 때 이는 강화요인(reinforcer)이 되고, 일정한 반응행동을 얻을 수 있도록 하기 위하여 유기체에 자극을 가하는 것을 강화(reinforcement)라고 한다.

(2) 조작적 조건화

조작적 조건화(operant conditioning)는 스키너(B. F. Skinner)에 의해서 개발된 개념 23)으로서, 행동을 그에 따른 결과의 함수라고 보는 견해이다. 사람이 환경에 작동하고 그가 미래에 다시 똑같은 방식으로 작동할 것인가의 여부에 영향을 주는 어떤 결과를 나타내기 때문에 조작적 조건화라는 이름이 부쳐진 것이다.

〈도표 4-6〉 조작적 조건화의 일반적 과정

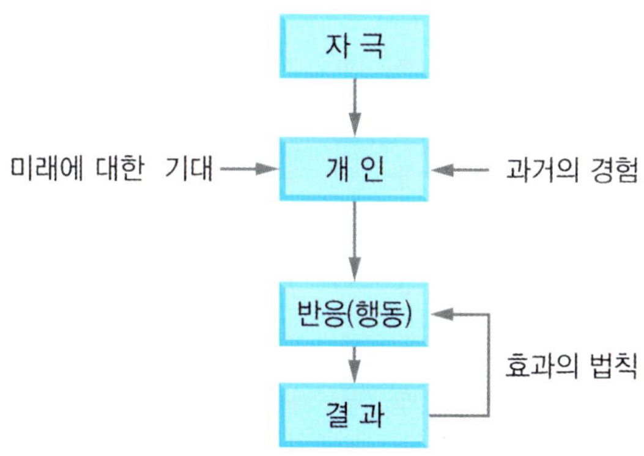

자료 : W. J. Duncan, *Organizational Behavior*, 2nd ed.(Boston : Houghton Mifflin Co., 1981), p. 120.

2) 인지적 학습과정이론

인지론적 학습과정이론(cognitive learning process theory)은 학습을 자극과 반응 간의 연결관계로 파악하는 행태적 학습과정이론과 달리 학습을 지각, 문제해결, 통찰력 등 인간의 인지활동의 중요성을 강조하는 이론이다. 이 이론은 크게 관찰학습과정(observational learning process)과 인지학습과정(cognitive learning process)으로 나누어 볼 수 있다. 이들 두 학습과정은 보상이나 처벌과 같은 외적 요인뿐만 아니라 인지와 지각과 같은 내적 요인의 중요성을 강조한다.[24)]

(1) 관찰학습

관찰학습이란 타인의 행동을 관찰하고 그 행동의 결과를 평가함으로써 자신의 행동 여하를 결정하는 것을 말한다.[25)] 즉 학습자는 다른 사람의 어떤 행동을 관찰하고, 그 같은 행동에서 유리한 결과나 보상이 보장되면 자신도 그 같은 행동을 유발하고, 반대로 타인의 행동에서 불리한 결과가 나타나게 되면 자신과 그 같은 행동을 되풀이하지 않는 경우를 말한다. 관찰학습은 밖으로 드러나는 행동, 즉 명백한 반응(overt response)을 필요로 하지 않는다는 점에서, 학습자에게 직접적인 결과가 따르지 않는다는 점에서, 고전적 조건화와 조작적 조건화 과정과는 다르다. 예컨대 어떤 종업원이 다른 종업원의 높은 성과에 대한 보상을 보고서 그 종업원은 자기 자신이 실제로 보상되지 않으면서도 성과와 보상 사이에 정의 관계를 학습하게 되는 것이다.

(2) 인지학습

인지학습이란 행동의 주체자인 개인이 어떤 주제나 행동을 보고, 그것에서 유리한 보상이나 결과가 기대된다고 인지될 때 그 같은 행동을 유발하는 경우를 말한다. 교실에서 이루어지는 학습의 대부분은 인지학습이다. 학생들은 어떤 주제에 대한 개념이나 이론을 학습하게 되고 보상이 수반되는 경험이나 연습 없이도 바람직한 결과를 가져오리라는 행동을 인식하게 된다.

인지학습은 자동적으로 바람직한 행동 내지 기능(skills)이 뒤따르는 것은 아니다. 이들 행동 내지 기능은 연습과 보상을 통해서 습득되어야 한다. 그리고 습득된 행동이 다시 반복될 것인가의 여부는 학습자에 의하여 경험된 그 행동의 결과에 크게 의존하게 된다. 그러나 인지학습은 중요한 것이다. 왜냐하면 인지학습은 학습자가 시간이 걸리는 조작적 조건화의 과정을 거치지 않고도 곧바로 올바른 일을 처리할 수 있는 기회를 증가시켜 주기 때문이다. 다시 말해서 인지학습은 지루하고도 좌절을 느낄 수 있는 시행착오적 경험을 최소화시킨다.[26)]

3 강화(reinforcement)

앞에서 언급한 바와 같이 학습이 일어날 수 있도록 조건(여건)을 만들어 주는 것을 조건화(conditioning)라 하는데, 강화란 조건화를 통하여 개인의 행동을 증가하거나 소멸시키는 행동변화 방법을 말한다. 즉, 강화란 행동변화를 위하여 학습대상자에게 일정한 자극을 주는 것을 말하며, 강화가 없을 때 행동의 발생이나 변화는 있을 수가 없다. 따라서 부하의 행동에 변화를 기대할 경우 상사는 부단한 강화를 실현해야 한다. 그렇게 함으로써 상사는 부하의 행동을 조직목표 지향적으로 유인할 수 있기 때문이다.[27]

이와 같이 행동에 영향력을 행사하기 위하여 사용할 수 있는 강화전략에는 ① 적극적 강화, ② 부정적 강화, ③ 소거 및 ④ 처벌 등 네 가지 유형이 있다.

적극적 강화 및 부정적 강화는 바람직한 행동을 촉진하기 위하여 사용되고, 소거 및 처벌은 바람직하지 못한 행동을 감소시키기 위하여 사용된다.

1) 긍정적 강화

긍정적 강화(positive reinforcement)는 바람직한 행동의 빈도나 범위를 증가시키기 위하여 사용된다. 행동에 따른 보상이 적극적 강화요인이고, 그 행동의 빈도를 증가시킬 수 있다. 그러나 모든 보상이 적극적 강화요인이라고는 할 수 없다. 보상이 행동의 빈도를 증가시켜 주지 못하면 강화요인이 못된다.

보상이 효율적인 강화요인이 되기 위해서는 두 가지 조건을 충족시켜 주어야 한다.

첫째, 보상은 성과와 결부되어야 한다. 그렇지 못할 경우 보상은 인간을 동기부여시킬 수 없다. 둘째, 보상은 직무대행자의 욕구와 결부되어야 한다. 그렇지 않으면 행동을 강화시킬 수 없다.

2) 부정적 강화

부정적 강화(negative reinforcement)는 불쾌한 결과나 벌을 제거함으로써 어떤 행동의 빈도를 증가시키기 위하여 사용된다. 보상의 부여보다 벌이나 벌의 위협의 제거를 부정적 강화라고 한다. 부정적 강화의 방법이 효과적이기 위해서는 다음과 같은 두 가지 조건이 갖추어져야 한다.

첫째, 벌의 제거나 불편한 자극이 강화하고자 하는 행동과 결부되어야 한다. 예컨대 한 죄수의 석방이 그의 모범수로서의 행동과 결부되어 있을 때, 그것은 선행을 강화시키게 된다.

둘째, 특정 행동을 하고 난 후에 제거될 수 있는 불쾌한 결과(처벌 또는 처벌의 위협)가 있어야 한다.

3) 소 거

소거(extinction)란 강화작용의 결여로 말미암아 조작적 행동이 유지되지 못하는 현상을 말한다. 행동이 보상받지 못하게 되면 그의 빈도가 감소되어 마침내는 사라지고 만다. 일상생활에서 인간은 타인의 행동을 무시함으로써 소거를 하게 된다. 예컨대 교사가 파괴적인 학생을 무시하면 그 학생은 교사의 주의를 끄는 행동을 그만두게 되는 것과 같다.

소거는 불쾌한 결과, 즉 처벌을 직접 적용하는 것이 아니기 때문에 실제 처벌보다 덜 고통스러울 것으로 생각될 수 있으나, 경우에 따라서는 소거는 실제 처벌과 마찬가지로 가혹할 수도 있다. 예컨대 다른 종업원들은 모두 봉급인상이 되는데 어떤 한 사람의 종업원만이 그렇지 못할 경우 그는 고통을 경험하게 될 것이다.

4) 처 벌

처벌(punishment)은 바람직하지 못한 행동에 대해서 불쾌한 결과를 주거나 적극적 강화요인을 제거하는 것을 말한다. 늦게 출근하는 부하를 꾸짖는 것은 불쾌한 결과를 주는 것이고, 늦게 출근하는 것을 이유로 시간외 근무의 기회를 주지 않고 따라서 특근수당을 주지 않는 것은 적극적 강화요인을 제거하는 것이 된다. 인간은 어떤 처벌을 수반한 과거의 경험이나 다른 사람이 특정 행동으로 말미암아 처벌되는 것을 관찰함으로써 회피행동을 학습하게 된다. 이와 같은 학습을 회피학습(avoidance learning)이라고 하며, 그것은 처벌행위와 밀접하게 관련되고 있다.

5) 합성전략

이상에서 살펴본 네 가지 강화전략은 개별적으로 사용되기도 하지만 합성되어 사용될 때 보다 효과적이다. 이와 같은 합성전략에는 다음과 같은 두 가지 방법이 있다.[28)]

첫 번째 방법은 적극적 강화(보상)와 처벌을 혼용하는 것이다. 즉, 바람직한 행동을 강화하기 위해서는 보상을 이용하고, 바람직하지 못한 행동을 소멸시키기 위해서는 처벌을 사용하는 것이다. 이 전략은 당근과 채찍(carrot and stick)이라는 말로 표현되는 방식으로서 경영자들에 의하여 자주 사용되고 있다.

두 번째 방법은 적극적 강화와 소거를 혼용하는 것이다. 처벌은 가끔 부작용을 동반하기 때문에, 처벌의 사용에 따른 부작용을 제거하면서 바람직하지 못한 행동을 약화시키기 위하여 처벌 대신 소거를 사용한다. 즉, 소거는 바람직하지 못한 행동을 약화시키고, 적극적 강화는 바람직한 행동을 강화시켜준다. 따라서 종업원은 자신이 바라는 보상을 얻을 수 있고, 조직은 바람직하지 못한 행동을 제거할 수 있다는 이점이 있다.

참고문헌

1. Chung, K. H. and I. C. Megginson, Organizational Behavior : Developing Managerial Skills, New York : Herper & Row Publishers, 1981, p. 112.
2. 신형재 외, 조직행동론, 무역경영사, 2013, pp. 26-50.
3. Milton, C. R., Human Behavior in Organizations, Three Levels of Behavior, Englewood Cliffs, N.J. : Prentice-Hall, Inc., 1981, p. 25.
4. Yoder, D., Personnel Management and Industrial Relations, Prentice-Hall, Inc., 1961, p. 373.
5. Secord, p. F. and C. W. Backman, Social Psychology New York : McGraw-Hill, 1964, p. 80.
6. Rosenthal, R., Experimenter Effects in Behavioral Research, New York : Appleton Century-Crofts, 1966, .
7. Kelley, H. H., Attribution in Social Interaction, Morrustown, N. J. : General Learning Press, 1971.
8. Heilman, M. E. and R. A. Guzzo, "The Perceived Cause of Work Success as a Mediator of Sex Descrimination in Organizational, "Organizational Behavior and Human Performance, 21, June 1978, pp. 346~357.
9. Secord and Backman, op. cit., p. 95. Also see M Fishbein and I. Ajzen, Belief, Attitude, Intention, and Behavior : An Introduction to Theory and Research, Reading, Mass. : Addison-Wesley, 1975.
10. Festinger, L., A Theory of Cognitive Dissonance, Stanford Calif. : Stanford University Press, 1957, and Second and Backman, op. cit., pp. 115~119.
11. 임창희, 조직행동, 비앤엠북스, 2014, pp. 111-112.
12. 임창희, 전게서, pp. 112-113.
13. Milton, R., The Nature of Human Values, New York : Free Press, 1973, , p. 5.
14. Jay, M., "Attitudes Values and Related Concepts : A System of Classification, "Social Science Quarterly, 55, No. 4, March 1975, pp. 889~900.
15. Milton, R., "A Theory of Organization and Change Within Value-Attitude Systems," Journal of Social Issues, 24, 1968, p. 16.

16. Allport, G. W., Personality : A Psychological Interpretation, New York : Holt, Reinhart & Winston, 1937, p. 48 ; S. R. Maddli, Personality Theories : A Comparative Analysis, Homewood, Ill. : The Dorsey Press, 1980, p. 41.
17. Kaplan, L., Foundations of Human Behavior, New York : Harper & Row, 1965.
18. Milgram, S., "Some Conditions of Obedience and Disobedience to Authority, "Human Relations, February 1965, pp. 56~57.
19. Gibson, J. L., Invancevich, J. M. and J. H. Donnelly, Jr., Organizations, Plano, Texas : Business Publications, Inc., 1982, pp. 56~57.
20. 유기현 외, 경영학원론, 무역경영사, 2013, 218-220.
21. Gibson, J. L., Invancevich, J. M. and J. H. Donnelly, Jr., Organizations, Plano, Texas : Business Publications, Inc., 1982, pp. 63~64.
22. Pavlov, I., Lectures on Conditional Reflexes, New York : International, 1927, p. 62.
23. Skinner, B. F., Science and Human Behavior, New York : The MacMillan Co., 1953, pp. 30~35.
24. Chung & Megginson, Organizational Behavior : Developing Managerial Skills, New York : Harper & Row Publishers, 1981, p. 87.
25. Bandura, A., Principles of Behavior Modification, New York : Holt, Rinehart and Winston, 1969.
26. Chung & Megginson, op. cit., p. 88.
27. 김석회, 조직행동, 무역경영사, 2001, p. 264.
28. 김석회, 전게서, p. 265.

05

인간관계의 형성

학습목표

1. 인간관계의 형성 이유와 상호의존성에 대해 설명할 수 있다.
2. 인간관계 형성과 발전에 작용하는 중요 요인들에 대해서 설명할 수 있다.
3. 인간관계의 친화과정을 설명할 수 있다.
4. 인간관계의 소원화과정을 설명할 수 있다.

5 인간관계의 형성

생각열기

직장인 94% "직장생활에서 나만의 생존 처세술 필요"
필요한 이유 1위는 "원만한 인간관계의 유지"!

케이블 TV 드라마 '미생'의 오 과장(이성민 분)이 직장생활에서의 처세술, 그 중요성에 대해 다시 생각하게 하고 있다. 오 과장은 업무능력이 뛰어나지만 상사와의 관계에서 처세를 잘 하지 못해 만년 과장에 머물러 있다. 현실에선 어떨까?

24일 온라인 취업포털 사람인(www.saramin.co.kr)이 직장인 651명을 대상으로 조사한 결과 94.5%가 '직장생활에서 나만의 생존 처세술이 필요하다'고 답했다.

그 이유로는 '원만한 인간관계를 유지하기 위해서'(66.7%, 복수응답)가 1위를 차지했다. 이어 '처세도 하나의 능력이라서'(46.8%), '업무 능력만으로는 인정받기 어려워서'(42.8%), '근무가 편해질 수 있어서'(28.1%), '능력 이상으로 인정받을 수 있어서'(25.9%) 등을 꼽았다.

직장에서 가장 필요한 처세술로는 '몸을 낮추는 겸손한 자세'(14%)를 들었다. '인사성, 미소 등 밝은 태도'(13.7%), '감정을 잘 나타내지 않는 포커페이스'(13.5%), 어떤 질디도 이겨내는 정신력'(11.4%), '끊임없는 자기계발'(9.6%), '앞장서서 일을 처리하는 적극성'(7.6%), '무슨 일이든 참고 처리하는 책임감'(5.5%), '어제의 적이 오늘은 친구라는 오픈마인드'(4.7%) 등이 있었다.

실제로 응답자 중 65.8%가 '나만의 생존 처세술'을 갖고 있었다. 직급별로 살펴보면, '대리급'(72.7%), '부장급'(70.2%), '임원급'(64.7%), '과장급'(64.4%) '사원급'(62.7%) 순으로 처세술을 갖고 있다고 답했다. 이들은 처세술로 인해 '사내 인간관계가 돈독해졌다'(57.9%, 복수응답), '성과향상 등 업무상 도움을 받았다'(28%), '직속 상사에게 인정받았다'(26.2%), '인사고과에서 좋은 평가를 받았다'(24.3%) 등 긍정적인 영향을 받았다고 밝혔다.

여성들은 처세술에 약한 것으로 드러났다. 응답자들은 직장 내 생존 처세술이 뛰어난 인물로 '과장급'(31.6%)과 '남성'(79.3%)을 꼽았다.

- 2014년 11월 24일, 국민일보에서

제 1 절 인간관계의 형성

1 인간관계 형성의 이유

사람은 관계를 형성한다. 지극히 상식적인 질문이지만 왜 그럴까? 관계를 형성하는 이유도 우리는 경험을 통해 체득하고 있다. 우리는 혼자서는 살 수 없는 사회적 존재이기 때문이다. 즉 남과 더불어 살아가야 한다는 말이다. 요람에서 무덤까지 우리는 관계 속에서 살아가며, 그 과정에서 기쁨, 슬픔, 다름과 동일함, 사랑, 이혼, 헤어짐, 배반, 등 수많은 형태의 감정을 경험하는 것이다. 남과 더불어 산다는 것은 결국 서로 의존하며 산다는 것이다. 이 과정에서 우리는 서로 감정이 이입되고, 서로에게 의지하게 되는 상호의존성을 키우며, 의도적이던 비의도적이던 관계를 통해 성장해가는 것이다. 그러니 자연스럽게 사람들은 집단을 형성하게 되고, 집단을 통해서 기본적인 욕구를 충족하게 되는 것이다. 매슬로우(A. Maslow)도 그의 욕구단계이론에서 생리적 욕구와 안전욕구를 충족하면 바로 관계욕구가 중요한 욕구로 대두된다고 피력한 것과 같이, 남과 관계를 맺는다는 것은 인생에서 매우 중요한 것이 아닐 수 없다.

성공적 인간관계란 어떤 인간관계를 말하는 것일까? 수 많은 인간관계에서 나에게 도움이 되는 나에게 이로운, 나를 행복하게 하는 관계만을 가질 수 있을까? 성공적인 인간관계란 어떤 특성이 있는 관계이고 그런 관계를 가지려면 어떻게 해야 하는 것일까? 나는 선택적으로 택일하여 좋은 관계만을 가질 수 있을 것인가? 우리는 이러한 질문에 답할 수 있을까? 적어도 우리는 이 문제를 진지하게 고민하고 사색해 본적이 몇 번이나 있을까? 유대감을 통한 안정감, 남으로부터 인정받는 다는 것 등, 결국 행복함이 답이 아닐까? 나도 행복하고 나와 관계를 가지는 사람들도 행복하다는 것은 저절로 생기는 것은 아닐 것이다.

우리가 맺는 관계는 나를 행복하게 하고 나를 발전시키는 긍정적인 관계도 있지만, 나를 불행하게 하고 고통을 주는 부정적인 관계도 있다. 성공적인 관계는 유대감과 안정감, 인정, 사랑 등 심리적인 행복을 제공해 주는 관계이지만, 실패한 관계는 우리에게 소외감과 고독감을 주며, 불안정, 불인정, 미움, 공포 등 심리적 불행을 우리에게 가져다 준다는 점에서 관계의 문제는 우리의 생존에 결정적인 영향을 주는 중요한 문제가 아닐 수 없다.[1] 결국 우리는 관계를 통해 자아를 실현할 수 있으며 행복을 추구하는 것이다.

고슴도치의 딜레마 (Hedgehog's Dilemma)

고슴도치의 딜레마는 독일의 철학자 쇼펜하우어(Schopenhauer, Arthur 1788~1860)가 63세에 기술한 인생론집 "여록과 보유(Parerga und Paralipomena)"에 나오는 우화이다.

겨울 추위에 견디지 못한 고슴도치들이 서로의 몸을 기대어 온기를 나누었는데 이 과정에서 고슴도치가 너무 가까워지면 서로의 침에 찔리게 되고, 아픔을 피하고자 서로 너무 떨어져 있으면 다시 추워지게 되고, 추워지게 되면 고슴도치들은 다시 온기를 나누기 위해 가까이 하려 하고, 그러면 다시 바늘에 찔려 아프게 되고, 그러면 다시 떨어지고, 또 추워지면 가까워지고, 이러한 과정을 무수히 반복하게 되는 딜레마에 빠진다는 것에서 고슴도치의 딜레마라는 말이 유래되었다고 한다. 결국 고슴도치들은 이 과정을 되풀이 하면서 아픔도 참을만하면서도 추위도 참을만한 어떠한 적정한 거리를 발견하게 되는데, 이 우화는 우리의 인간관계에도 많은 점을 시사해주고 있다.

고슴도치의 가슴에는 가시가 많이 없어서 고슴도치가 새끼를 안을 수 있다고 한다. 가슴에서 우리는 심장을 연상하기도 한다. 가슴으로 다가오고 다가가는 관계가 중요하다는 것을 고슴도치를 보면서 생각해 본다.

http://upload.wikimedia.org/wikipedia/commons/8/8a/Schopenhauer.jpg

2 자아와 인간관계

사람의 관계는 어머니의 뱃속에서 시작된다고 한다. 어머니의 뱃속에서 어머니와 편함과 불편함, 좋음과 나쁨에 대해 상호 작용을 하면서 시작된다고 하는 것이다. 우리는 가정에 있어서는 부모, 형제, 자매와의 관계를 비롯하여 어린 시절부터 또래와의 관계, 학교에 들어간 후부터는 선생님과 제자와의 관계, 친구들과의 관계, 청소년기 이후에는 이성과의 애인관계, 결혼 후에는 부부관계, 직장에 들어가서는 상사와 부하와의 관계, 직장 동료들과의 관계, 고용주와 고용인의 관계, 고객과의 관계 등 수 많은 관계 속에서 살아간다. 사람은 일생 동안 사회와 인간관계를 떠나서는 한 시도 살 수 없는 것이다.

관계의 시작이라 할 수 있는 부모와의 관계를 보면, 부모와 자녀의 상호작용은 자녀의 대인행동과 밀접한 관계가 있으며 특히 청년기 이후의 자녀의 성격 및 대인행동에 커다란 영향을 준다고 한다. 즉 대인관계의 첫 대상인 부모와의 상호작용에서 대인행동의 양식을 배우고 타인과의 관계를 맺을 때 이런 대인행동 양식이 작동한다. 따라서 부모와의 상호작용에서 형성된 애착은 안정성을 가지고 있기 때문에 향후에 타인과 관계를 맺을 때도 영향을 미칠 수 있다. 이처럼 삶의 전 과정 동안 사람과의 대인관계가 이루어진다고 볼 수 있으므로, 인간의 성격, 정서 및 행동은 인간관계적인 맥락에서 이해되어야 한다. 사람은 태어나서 죽기까지 유아기, 아동기, 사춘기, 청년기, 장년기, 노인기 등을 거치는데, 진정한 의미의 올바른 인간관계는 자아개념의 정립에서부터 찾아야 한다.

3 상호의존성과 감정의 교환

인간관계는 분명 타인과의 상호작용의 과정이다. 인간관계는 관계의 대상이 있고 관계를 맺고 발전시키기 위해서는 상대방과의 작용이 필수적인데, 우리는 이 과정에서 상대방에게 상처를 주기도 하고 상처를 받기도 한다. 더불어 산다는 것은 무엇을 말하는 것일까? 관계를 맺고 관계가 진전되고 관계를 통해 우리는 무엇을 얻고 무엇을 잃고 살아가는가? 우리는 자의든 타의든 생의 모든 단계에서 타인과 더불어 관계를 맺으면서 살아간다. 이는 인간은 타인을 필요로 하기 때문이다. 사랑하기 위해서 필요하고 사랑받기 위해서 필요로 한다. 이는 자신과 타인에 대하여 더 많은 것을 알고 상호 간의 수용과 성장을 촉진함으로써 발전된다. 긍정적인 인간관계는 인간으로 하여금 이들이 생산적으로 협동하고 효과적으로 배울 수 있는 분위기에서 타인과 의사소통을 하도록 돕는다.[2]

인간관계 연구에서 자신의 자아에 대하여 더 많은 관심과 이해를 갖는 것은 타인과 더 좋은 관계를 맺는 데 있어 가장 기본적인 요인이기 때문이며, 실질적으로 긍정적인 자기존재와 타인과의 상호작용 모두를 강조하는 상호의존성은 건전하고 자신감에 넘치는 긍정적인 자아개념으로부터 출발하는 것이다. 이러한 상호의존성은 긍정적인 인간관계 개발에 있어서 중요한 요소로서 인간관계를 이해하기 위한 첫 단계이다.

직장인 불행한 이유, 금전보다 인간관계

직장인 47%가 인간관계의 어려움 때문에 불행하다고 답했다.
지난 12월 전자세금계산서 사이트 비즈니스온커뮤니케이션의 스마트빌이 회원 1, 333명을 대상으로 조사한 결과에 따르면 직장인 47%는 직장인으로서 불행하게 생각되는 이유로 직장 내 어려운 인간관계를 꼽았다. 그 밖에 열심히 일해도 인정받지 못하는 것 22%, 업무 능력 부족 16%, 쥐꼬리 같은 월급이 14%으로 나타났다.

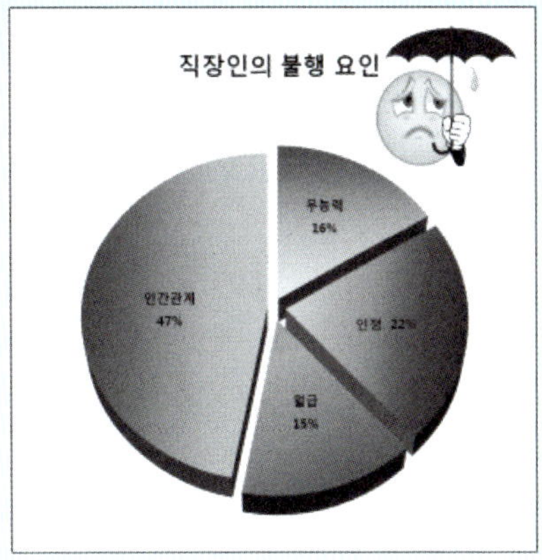

이에 대한 결과로, 직장인으로서 행복하기 위해 필요한 가장 중요한 요인으로 직장 내 좋은 인간관계를 유지하는 것이라고 답한 직장인이 41%였다. 자신의 능력을 인정받는 것이라는 답변이 29%, 수입 20%, 적합한 업무 제시가 8%로 각각 나타났다. 이처럼 직장인들은 직장 내 능력, 급여보다 인간관계가 행복에 가장 큰 영향을 준다고 생각하는 것으로 나타났다.

또한, 직장인으로서 행복해지기 위해 업무능력 개발을 한다는 답변이 58%로 가장 많았고, 조직문화 적응이 20%, 가족에 충실한다는 답변이 16%, 재테크 등 돈 모으기가 4%로 뒤를 이었다. 이는 직장인들이 직장 내 인간관계를 행복의 중요한 요인으로 뽑으면서도 실제로는 업무 능력 개발에 더욱 치중하고 있는 것으로 보여진다.

한편 행복의 빈도를 묻는 질문에서는 가끔 행복하다는 직장인이 57%로 가장 많았고, 항상 행복하다는 직장인이 14%, 거의 행복하지 않는다는 직장인이 27%, 아예 행복하지 않다고 생각하는 직장인은 0%로 직장인 71%가 삶에서 행복을 느끼는 것으로 조사됐다.

– 2013년 1월 7일 라이프팁, 한경닷컴

제 2 절 관계형성과 발전에 작용하는 중요 요인

1 관계 형성

사람들은 서로의 상호작용을 통해 앞으로도 더욱 친밀하고 가까운 관계를 가질 것인지에 대해 끊임없이 생각하고 선택할 수 있는데, 사람들이 타인과의 관계를 형성하는 과정에 작용하는 여러 요인들에 대해서 수 많은 연구가 다양한 분야에서 이루어져 왔다. 개인이 가지고 있는 태도, 성격, 가치관, 능력, 친화성, 직업, 신체적 매력, 배경 등은 타인과의 관계에서 그 개인에 대한 매력과 호감에 중요한 영향을 미친다. 이러한 개인적 요인들 이외에 다음의 몇몇 요인들은 관계가 어떻게 형성되는지를 설명하는데 있어서 매우 중요한 요인들이다.[3)]

1) 근접성(Proximity)

근접성이란 장소적, 시간적, 순서적, 발생적으로 가까움을 의미한다. 즉 가까운 거리를 표현하는 개념으로 사람들이 함께 어울리고 관계를 가지기 위해서는 쉽게 접근 가능해서 상호작용할 수 있어야 한다는 것이다. 즉 물리적 근접성이 필요하다는 것이고 '눈에서 멀어지면 마음마저 멀어진다'(Out of sight, out of mind)는 말과 통하는 개념이다. 사회심리학 분야 등에서의 많은 연구를 통해 알려진 사실은 서로 가까운 거리에 있으면 먼 거리에 있을 경우와 비교해서 상호작용이 더 많이 발생하며 더욱 가까워지기도 하고, 멀어지기도 하는데 물리적 접근성에 의해 싫어지기 보다는 좋아지는 경우가 더 많다고 한다.

http://blog.naver.com/PostView.

근접성과 관련된 개념으로 단순노출효과(Mere exposure effect)라는 개념이 있다. 단순노출효과란 심리학자 로버트 자이언스(Robert Zajonc)가 제시한 개념으로, 어떤 자극에 계속적으로 노출되면 결국 그 자극에 애착을 가지게 된다는 것으로 친숙한 대상에게 더 큰 호감을 갖는 이유를 설명해 준다.[4)] 결국 인간 관계형성에 있어서 사람들은 자주 접촉하거나 만날수록 타인에 대해 더 많은 호감을 갖는다는 것을 설명해 주는 개념이다. 사람들이 실제의 인물이나 사진들을 더 자주 볼수록 호감이 증가한다는 것이며 이러한 현상은 사람의 경우뿐 만이 아니라, 건축물이나 예술품, 노래, 꽃 등에 대한 호감도 에서도 나타난다고 한다.

그러나 처음부터 매우 부정적인 인상을 주는 대상이나 갈등되는 관계나 성격을 가진 사람에 대해서는 빈번한 접촉의 기회도 적으며, 빈번한 접촉이 이루어져도 호감은 증가하지 않는다. 결혼한지 오래된 부부간의 관계에서 권태기를 말할 때, 노출효과, 친숙성 효과가 가지고 있는 한계로 설명하기도 한다. 즉 과도한 노출은 친숙성을 높이는데 부정적으로 작용하는 측면도 있다는 것이다. 분명한 것은 근접성 또는 반복적인 노출은 비호감을 호감으로 만들 수 있는 힘을 가지고 있다.

에펠탑 효과(Eiffel tower effect)

http://photo.naver.com/view

에펠탑을 모르는 사람은 거의 없을 것이다. 에펠탑은 프랑스 파리의 센 강 서쪽 강변에 드넓게 펼쳐진 샹 드 마르스 공원(Champ de Mars)에 세워져 있는데, 1889년 프랑스 혁명 100주년을 기념해 개최된 파리만국박람회의 조형물로 에펠탑 건설계획이 발표되었을 때, 파리의 지식인들과 시민들은 철제구조물이 파리의 분위기를 해친다는 이유로 극심하게 반대하였다고 한다. 우여곡절 끝에 20년 후 철거를 약속한 후 공사를 진행하게 되었다. 20년 기한이 끝나는 1909년 헤체될 예정이 었으나, 무신진신 전화용 안네나로 활용할 수 있다는 사실로 해제가 중단되었고, 라디오 방송을 시작한 이후 없어서는 안 되는 존재가 되었고, 파리의 야경을 아름답게 채색하는 '빛의 탑'으로 사람들을 매료시키게 되었다. 시민들의 반응과 평가는 긍정적으로 변했고, 파리를 대표하는 상징의 하나로 애착을 보이기 까지 이르렀다고 한다. 파리 전역에서 반복적으로 볼 수 있었던 에펠탑에 대해 반감과 무관심이 호감으로 바뀌게 되었다는 것이다. 이러한 심리적 효과를 단순노출효과 혹은 에펠탑 효과라고 한다.

2) 유사성(Similarity, Birds of a feather)

유사성이란 사람들은 자신과 유사한 태도나 가치관, 흥미, 배경, 성격, 매력과 호감도의 수준 등을 가진 사람들을 그렇지 못한 사람보다 더 좋아하는 경향이 있다는 것이다. 유유상종이라는 말을 많이 들어보았을 것이다. 서로 유사한 사람들이 서로 끼리끼리 모이게 되고 함께 잘 지낸다는 말인데, 유사성과 의미적으로 서로 통하는 말이라 생각된다. 유유상종은 현실에서는 다소 부정적인 어감을 가지고 사용되는 듯하다. 유사성은 사람들이 서로 호감을 가지고 결속하도록 하며 상호작용을 촉진시키는 면이 있다.

3) 상보성(Complementarity)

상보성은 원래 물리학 특히 양자역학의 핵심개념으로 1928년 덴마크의 물리학자인 닐스 보어가 발표한 것인데, 빛이 상황에 따라 파동처럼 행동하기도 하고 입자처럼 행동하기도 하는 이중성을 가지고 있다는 것을 설명하기 위해 제시한 개념이다. 쉽게 설명하면 전체를 이루는 두 그림이 서로보완적인 관계를 가지므로 전체를 아름답고 조화롭게 한다는 것이다. 즉 두 가지의 어떤 측면이나 요인을 동시에 관찰하기는 불가능하지만 이 두 가지 측면을 합치면 어느 한가지 입장을 취할 경우보다도 더욱 완전한 설명을 할 수 있다는 원리를 설명해주는 개념이다.

우리는 종종 '너와 나는 손발이 척척 맞는 환상의 파트너'라는 말을 듣는다. 두 사람간에 서로에게 도움을 줄 수 있는 요인을 각자가 가지고 있을 경우 서로로부터 욕구를 충족시킬 수 있으며 서로 만족하고 원만한 관계를 가질 수 있다. 서로의 부족함을 보완해 줄 수 있는 상보성은 관계형성과 진행에서 매우 중요한 요소이다.

4) 상호성(Reciprocity)

상호성이란 사람이 자신을 좋아하는 사람을 좋아하고, 싫어하는 사람을 싫어하는 현상을 의미한다. 사람은 타인으로부터 호감을 받거나 칭찬을 들을 때, 이를 상대방에게 되돌려 주려는 경향이 있다고 한다. 적대감이나 비난을 받을 경우도 마찬가지이다. 사람들은 호감을 받고 있다고 믿는 사람들에 대해서 더 많이 마주치려 하며, 더 다정한 언어와 어조를 사용하고 자기자신을 더 많이 개방하려 한다는 것이다.

2 관계 진행

관계가 형성되면 관계의 진행 내지는 발전을 위한 서로의 노력이 필요한데, 관계향상을 위해 도움이 되는 기본적인 태도들과 행동들을 검토하고 실행에 옮기는 것이 필요하다. 우리는 다음과 같은 요인들을 잘 검토해서 관계를 향상시키기 위해 활용할 수 있는 방법을 강구할 수 있다.[6)]

1) 역할에 대한 현실적 기대

우리는 관계하는 상대방으로부터 어떤 역할을 기대하며, 이와 마찬가지로 상대방도 나에게 어떤 역할을 기대하고 있다. 상호간에 가지고 있는 상대방에 대한 기대에 못 미치는 행동을 보일 경우에는 원만한 관계에 부정적인 영향을 미칠 것이다. 특히 이러한 기대의 근저에는 기본적인 예절과 에티켓이 중요하게 작용하며, 친한 친구일수록 예절을 지키라는 말은 이러한 상황을 보여주는 말이다. 서로의 역할에 대해서는 현실적인 역할 인지를 통해 기대를 형성하여야 하며 이를 위해서 서로간의 명확하고도 솔직한 커뮤니케이션이 중요한 것이다.

2) 민감성과 협조적 자세

민감성(Sensitivity)이란 타인들의 지각이나 관점들에 대해 내가 가지고 있는 인식이나 센스가 어느 정도로 빠르게 반응하는가 하는 개념으로, 관계에서 민감성은 남에 대한 주의나 관심에서 생긴다. 관심을 많이 가지고 주의를 할수록 민감성은 높아진다. 어머니는 자녀들의 얼굴 표정과 태도, 감정상태 등 신체적 혹은 심리적인 문제와 고통 등에 매우 민감하여 문제가 생길 때 매우 빨리 이를 파악하는 능력이 있다.

이와 마찬가지로 친구나 애인에 대해 민감한 사람들은 원만하고 다정한 관계를 이룩하고 오랜 기간 동안 유지할 수 있다는 것이다. 또한 관계는 서로의 노력과 희생을 수반하는 것으로 필요하고 부족한 부분을 채워주는 협조적인 자세를 바탕으로 하여야 한다.

3) 적절한 자기주장

건전하고 건강한 관계는 합리적이고 적절한 자기주장을 필요로 한다. 양보와 참는 것이 미덕은 아니라는 것이다. 건강하게 자기가 원하는 것과 자신의 상태를 표출하는 것은 관계를 건강하게 한다. 적절한 자신의 주장 없이 참고 넘어가고 수동적이 되는 것은 결국 그 사람의 욕구충족을 방해하며, 좌절을 경험하게 하고 종국적으로 분노를 표출하게 한다. 이러한 상황은 나뿐만이 아니라 상대방에게도 좋지 못한 것이며 결국 관계에 해를 줄 것이다.

4) 지원적인 태도와 행동

건강한 관계, 이상적인 관계는 관계를 맺고 있는 당사자들이 서로 부족함을 채우며 서로 도움을 주고받는 관계라 할 수 있다. 경청하는 자세를 보여주는 것도 지원이며 함께 공감하고 관심과 걱정을 표현하는 것은 상호 감사하는 돈독한 관계를 이루는 지름길이다.

5) 솔직한 정서의 표현

정서는 언어적인 표현과 비언어적인 표현을 통해 전달되며, 솔직하면서도 상대방의 정서상태를 고려하여 적절히 표출하는 것이 중요하다. 특히 중요한 긍정적인 정서로 애정, 온정, 용서 등이 있는데, 이들 정서는 긍정적이고 발전적인 관계를 위해 매우 중요한 가치를 가지고 있으며, 상황에 따라 적절한 행동으로 표출되어야 한다.

6) 설득과 협상기술

관계를 맺고 있는 사람들은 여러 가지 이유로 갈등을 경험한다. 우리는 갈등을 해결하기 위한 각자의 상황에 따른 효과적인 해결 방법을 가지고 있어야 한다. 특히 설득과 협상기술은 건강하고 긍정적인 관계를 위해서 중요한 것으로 이에 대해서는 8장에서 자세하게 다루기로 한다.

인간관계, 특히 대인관계에 있어서 매력과 호감에 영향을 미치는 위의 요인들은 관계를 시작하고, 유지하거나 개선하는 등의 전 과정에 관여하고 있으며 또한 관계를 예측하게 해주는 점에서 매우 중요하다.

기업 인사담당자 93% "인상 때문에 감점 준 적 있어"

기업 인사담당자들은 채용 면접 때 지원자들의 인상을 중요하게 여기는 것으로 나타났다. 기업 인사담당자의 93.1%가 지원자의 인상 때문에 감점 혹은 가점을 준 경험이 있다고 답했다.
온라인 취업포털 사이트 사람인은 기업 인사담당자 262명에게 '지원자의 인상이 면접 평가에 영향을 미치는가'라고 질문한 결과, 응답자의 93.5%가 '그렇다'라고 답했다고 23일 밝혔다.

이유로는 응답자의 46.9%(복수 응답)가 '지원자의 대한 신뢰도에 영향을 미쳐서'를 1위로 꼽았다. 다음으로'지원자의 성격을 파악할 수 있어서(37.1%)', '자기관리도 능력이라서(31.4%)', '입사의지를 확인할 수 있어서(26.9%)'순이 뒤를 이었다.

LG U플러스의 신입사원 공채 면접 모습/조선일보DB

평가에 긍정적인 영향을 미치는 지원자의 면접 태도로는 남성과 여성이 차이를 보였다. 남성 지원자는'자신감 있고 당당한 표정(72.2%)'이 1위로 꼽혔고, '단정한 옷차림(53.5%)', '미소 짓는 표정(38.8%)'이 뒤를 이었다. 여성 지원자는 '미소 짓는 표정'과'단정한 옷차림(각각 58.8%)'이 가장 긍정적인 영향을 미치는 것으로 조사됐다. 다음으로 '자신감 있고 당당한 표정(52.7%)', '깔끔한 머리 모양(30.6%)'이 뒤를 이었다.

반면 남성 지원자에게는'자신감 없고 불안한 표정(66.9%)'이, 여성 지원자에게는 '부적절한 옷차림(55.1%)'이 평가에 부정적인 영향을 주는 것으로 조사됐다.

감점 요인으로는 '불성실한 태도면접'이 가장 큰 것으로 나타났다. 취업 포털 사이트 잡코리아는 기업 인사담당자 176명에게'지원자 면집 감점요인'에 대해 질문한 결과, 응납자의 61.9%가 가장 큰 감점 요인으로 불성실한 면접태도를 꼽았다고 밝혔다. 다음으로'대답에 신뢰가 가지 않을 때(40.3%)', '지각(35.2%)', '자신감 부족(34.7%)', '동문서답(32.4%)' 순이 뒤를 이었다.

잡코리아는 면접에서 긴장한 나머지 이유 없이 웃고 다리를 떠는 모습은 불성실한 태도로 오해받을 수 있다고 설명했다. 또한 질문에 대한 대답은 되도록 구체적으로 답하라고 조언했다.

– 2014년 5월 23일, 조선닷컴

제 3 절 인간관계의 진행

"회자정리" "거자필반" 우리의 관계는 헤어지기도 하고 다시 만나기도 하면서 사회구성원의 한 사람으로서 다른 사람들을 만나고 활동하며 인간관계를 형성하고 있다. 인간관계를 처음 맺을 경우 상대방의 무엇을 보는가? 상대방의 어떤 점에 매력을 느끼게 되어 관계를 갖고자 생각하게 되는가? 매력을 느끼는 대상이 외형적인 것인가 또는 내재적인 것인가? 우리가 관계를 가지고자 할 때는 일련의 과정을 밟으면서 관계를 형성해 가는 것으로 이해되는데, 냅과 반젤리스티는(Knapp & Vangelisti)는 대인관계를 대상으로 '관계발달모델(Model of Relationship Development, Staircase model)을 개발하면서 인간관계의 진행과정을 친화과정(coming together)과 소원화과정(coming aChapter)으로 구분하여 설명하였다.[7]

1 인간관계의 친화과정

친화과정은 시작단계, 실험단계, 심화단계, 통합단계 및 결합단계로 구성되어 있다.

1) 시작단계(Initiating)

시작단계는 관계가 시작되는 단계로, 상대방에게 매력을 느끼고 관계를 갖고자 하는 마음을 먹는 것으로부터 시작한다. 즉 어떤 사람이 일단 상대방을 관찰한 다음 그에게 접근할 것인가에 대한 결정을 내리는 단계인데, 접근이 가능한 상황이라 하더라도 상대방에 대한 매력을 느낄 때 관계가 가능한 것이므로, 접근 가능한 상황이면서 매력을 느낄 때 관계를 가지려는 시도가 가능할 것이다.

시작단계는 매력을 느끼는 사람에게 적절한 상황에서 접근하고 계속 가까이 할 수 있을지를 탐색하는 단계이다. 처음에 관계가 시작될 때는 다음의 한가지로 관계를 설정하게 된다고 한다. 더 이상 관계를 하지 않겠다는 것 혹은 피상적인 수준에서 인사나 대화를 나누는 정도의 관계를 유지하는 것, 또는 피상적인 수준에서가 아닌 더 깊은 수준의 대화와 더 깊은 사적인 관계의 필요성과 가치가 인정될 때 상대방과의 관계를 발전시킬 결심을 하게 된다.[8]

2) 실험단계(Experimenting)

실험단계는 시작단계를 통한 관계의 시작 후에, 잘 모르는 상대방의 특성에 대해서 발견하려고 노력하는 단계를 말한다. 실험단계는 타인과의 관계의 가능성을 계속 알아보는 단계로 정보수집과 관계촉진을 위해 많은 시간을 보내는 단계이다.

상대방에 대한 정보 수집유형은 문화적 정보(cultural information), 사회적 정보(sociological information), 심리적 정보(psychological information)등이며, 실험단계를 통해서 서로의 공통점을 찾고, 공통점을 계속 발견함으로써 관계의 진전이 이루어지게 되는데, 대부분의 인간관계는 이 단계에서 벗어나기 힘들다는 특징이 있다.

중요한 것은 상대방에게 초점을 맞추어야 하며, 상대가 보내는 신호에 반응하고 주의 깊게 경청하고 존중하여야 하며, 나와 다른 믿음이나 가치 또는 생활양식을 인정하여야 한다.

3) 심화단계(Intensifying)

심화단계는 단순히 '아는 수준' 에서 '친한 수준'으로 넘어가는 단계로서, 이 단계의 특징은 적극적인 참여와 관계 진전을 자각한다는데 있다. 관계의 심화는 서로가 마음과 시간을 투자하여 관계를 발전시키고, 상호간의 친밀성과 신뢰수준을 증가시켜야 가능한 것으로, 이 결과 개인적 개방도 증대되며 자신의 결점, 두려움, 실패, 좌절, 편견과 같은 은밀한 비밀들도 쉽게 개방될 수 있다.

심화단계에서 나타나는 특징으로 상호간의 호칭도 친해지고 말을 편하게 하게 되고, '우리'라는 표현을 일반적으로 사용하며, 개인적 상징이 개발(농담, 은어와 같은 자기끼리 통하는 말) 되고, 같이 보내는 시간도 증가하게 되고 함께 나누는 것들이 증대된다. 또한 몰입에 있어서 보다 직접적 표현을 사용하며, 긴 대화 대신에 동작 하나로 해결되기도 한다든지, 태도나 입장이 일치하는 경우가 많다든지 하는 등의 비언어적 메시지 전달에 있어서의 정교화가 또한 증대된다.

관계가 심화될수록 각각의 상대방의 성격에 친화하는 동시에 자신의 독특성을 드러내게 되며 상호 간의 관계가 심화될수록 각각의 개인은 자신의 개성을 드러내게 되고, 동시에 상대방의 개성과 자신의 개성을 융합시키게 되는 것이다.

4) 통합단계(Integrating)

통합단계는 심리적으로 하나가 되는 단계로 관계가 더욱 심화되고 더 많은 것을 공유하게 되고, 개성이 혼합되고 두 사람 간의 차이는 최소화되는 단계이다. 통합단계에서는 서로간의 신뢰와 자기노출이 더욱 심화됨으로써 서로의 관계가 최고조로 깊어지게 된다. 통합의 언어적 또는 비언어적 표현은 다음과 같이 다양한 형태로 나타나게 된다.

① 타인들과 구분되는 둘만의 태도, 의견, 관심, 취향 등이 활발히 생성
② 소속된 사회적 집단이 합체되고 타인들이 두 사람을 동일체로 간주
③ 친함의 '전리품(trophies)'을 교환(상대방의 사진, 핀, 반지 같은 것을 착용)
④ 버릇, 의상, 언어적 행태에 있어서의 유사점이 둘의 동일성을 강조
⑤ 종종 '우리 노래', 공동은행계좌, 공동저작과 같은 공동의 소유물을 의도적으로 만듦
⑥ 감정이입의 과정이 최고점에 올라 행동의 설명과 예측이 보다 용이
⑦ 신체리듬과 일상사가 고도의 일치성에 도달

통합단계가 진행된다 하더라도, 통합이 완전한 하나됨 혹은 개성의 상실을 의미하는 것은 아니며, 얼마간의 자신의 독특성이나 개성의 유지는 가능한 것으로, 통합단계에서 자신의 다양한 측면을 심화하고 최소화한다는 것을 발견할 수 있다. 또한 타인과 통합단계로 도달했다는 것은 또 다른 개인이 된다는 것에 동의한 것은 아니다. 통합단계 동안 사회적 상호작용에서 일어나는 외형적인 대인적 행동과 아울러 내적이며 주관적 과정인 정서적 교환과 탐색과정을 수반하게 되는데, 이를 통해 사회적 침투과정(Social penetration process)을 공유하게 된다.

5) 결합단계(Bonding)

통합단계 다음으로 결합단계를 경험하게 되는데, 결합단계란 일종의 공식화된 계약단계로서 앞선 과정과 단계를 거치는 동안의 결론이 만족스러웠다면 이제 관계를 '공식화'하고 '계약'하여 공고히 할 필요가 생기는 단계를 의미한다.

예를 들면, 이성 간의 관계에서는 애인관계, 약혼, 결혼과 같은 단계를 말하며, 일반적인 인간관계에서는 굳이 '공식화'의 절차를 거치지 않고도 어떠한 모양으로든 관계를 '형식화'하는 절차를 밟게 된다. 이러한 형식화를 통해서 서로의 관계유지와 발전을 이루게 되며, 또한 서로에 대한 무한한 기여와 헌신을 필요로 하게 된다. 이 과정에서 새로운 규정 혹은 새로운 행동규율이 정해지기도 한다.

결합단계는 관계에 대해 사회적이고 제도적인 지지를 얻는 방법으로서 두 사람이 법률, 정책, 선례에 의지할 수 있게 하며, 관계의 본질을 좋게 혹은 나쁘게 변화시키는 데 있어서의 중요한 강력한 특징을 갖고 있다.

이상에서 살펴 본 친화과정에 대한 단계별 대화유형의 예는 〈도표 5-1〉과 같다.

〈도표 5-1〉 친화과정 단계별 대화유형

과정	단계	대화유형
친화과정	시작	"안녕하세요, 어떻게 지내십니까?" "아, 안녕하세요, 잘 지내고 있습니다."
	실험	"고향은 어디세요? " "저는 ㅇㅇ입니다." "아, 그러세요? 저도 ㅇㅇ인데요" "스키타기를 즐기시는군요, 저도 무척 좋아합니다." "그래요? 반갑네요. 주로 어디로 타러 가십니까?"
	심화	"당신을 사랑합니다." "저도 당신을 사랑해요."
	통합	"당신 생각이 머리에서 떠나질 않아요." "저도요. 우리는 항상 하나인 것 같은 기분이에요."
	결합	"항상 당신과 함께 있고 싶군요." "그럼 우리 결혼할까요."

2 인간관계의 소원화과정

인간관계는 모든 관계에 있어서 항상 친화과정으로 발전하는 것은 아니며, 경우에 따라서는 관계를 정리하는 단계를 거치게 되는데, 이 과정을 소원화 과정이라 하며, 차이감지, 겉돌기, 침체, 회피, 이별의 단계로 나타난다.

1) 차이감지단계(Differentiating)

차이감지단계는 헤어짐의 첫 단계로 차이에만 초점을 두고 관심을 가지는 단계이다. 즉 개인 간의 차이점은 관계발전의 어떠한 단계와도 관련 있는 것으로 관계를 발전시키기 위해서는 유사점을 찾고 동질성을 찾고자 노력한 반면에 차이감지 단계는 개인 간의 차이점에만 주목하는 상황을 말한다.

우리라는 개념보다는 나와 너라는 개념이 중시되며, 많은 시간과 노력을 서로 얼마나 다른가를 이야기하고 생각하는 데 보내게 된다. 따라서 이 단계에서 이루어지는 의사소통은 일반적으로 다툼이나 갈등을 수반하며 서로의 태도나 관심사, 구체적인 행동을 대상으로 차이를 감지하고 서로 다름을 느끼는 것이다.

2) 겉돌기 단계(Circumscribing)

차이감지단계 이후에는 대화가 단절되기 시작하고 피상적으로 진행되는 단계인 겉돌기 단계로 들어간다. 이 단계에서의 대화는 서로간의 정보교환이 양적으로도 질적으로도 감소하며, 대화의 내용도 조심스러워 지며 매우 제한적인 객관적인 사실에 국한하여 한정되게 된다. 이러한 상황은 대화를 제한시키고, 공적인 혹은 사회적 생활에도 영향을 미치게 되어 사회적 모임도 겉돌게 하며 제3자가 있을 때만 관계가 원만한 것처럼 보이게 행동하게 할 수도 있다.

3) 침체단계(Stagnating)

침체단계는 행동이 없어지거나 소극적이 되는 단계로 구두로 의사소통을 하는 대신에 피상적인 대화를 하게 되고 더 이상 어떤 것에 대한 대화는 불필요하다고 생각하는 일이 많아져서 많은 영역들이 폐쇄되고 효과적으로 의사소통을 하려는 노력도 감소하고 정지하게 된다.

비언어적 의사소통을 통해서 불유쾌한 감정상태를 전달하기도 하며, 의사소통은 점차로 형식화되고 어려워지고, 때로는 완고해지고 불분명하고, 어색해지고, 협소해지게 된다. 침체단계는 이성 간의 관계뿐만 아니라 부모와 자녀 간에도 나타날 수 있으며, 이혼 전, 구애기간에도 나타날 수 있다. 즉 침체기간은 정서적인 방황을 수반하고 관계의 기로에서 현재의 고통보다 관계의 정리로부터 오는 고통이 더 클 것이라고 생각하기 때문에 관계를 다시 회복시킬 수 있기를 희망하면서 이별에 이르는 것을 회피하는 측면에서 행동을 안하고 소극적으로 대처하는 단계이다.

4) 회피단계(Avoiding)

회피단계는 시작단계의 정반대 현상으로 이해하면 되는데, 이 단계에서는 의사소통이 서로 대면적이거나 직접 이루어지지 않게끔 특별하게 고안되어 이루어진다. 즉, 생각이 표면화되어 나타나게 되는데 "더 이상 당신을 보기 싫다.", "더 이상 관계를 유지하는

데 관심이 없다.", "당신과는 더 이상 의사소통을 하기 싫다."는 식으로 이루어지게 되며, 이런 의미에서 보면 헤어짐의 보다 강력한 징후를 보여 주고 이러한 사실을 더욱 확고하게 하는 단계라 할 수 있다. 따라서 회피단계에서의 의사소통은 상대방에 대해 적대감이나 불친절한 의미를 함축한 내용으로 이루어 지게 되고 상대방에게 회피하고 있다는 감정적 정서를 전달하게 된다.

5) 이별단계(Terminating)

사실 사람과의 만남은 만나고 나서 바로 종료되기도 하고 혹은 20여 년간의 만남 후에도 종료될 수 있는 것이다. 이별단계는 두 사람간의 사회적 혹은 기타 다양한 차이가 점차 증대되면서 발생되는 최종 결과라 할 수 있다.

이별단계에서 이루어지는 대화는 서로에 대한 거리감(distance)의 구축과 학인, 즉 의사소통에 있어서 심리적인 동시 물리적 장애물을 구축하는 것을 내용으로 하며, 또한 이 결과로 개별적 인생에서 상대방의 존재를 더 이상 필요로 하지 않으며, 각자의 관심사나 서로의 차이를 강조하는 메시지에서 발견되는 분열(disassociation)로 이어진다. 결과적으로 이별단계에서는 의사소통은 양극화되어 침체단계에서 나타난 바와 같이 형식화되고, 완고해지고, 모호해지고, 어색해지고, 협소해지게 된다. 향후 관계를 지속하지 않으려는 상래에 대한 메시지를 교환하며, 그러한 의도와 행동을 보여주게 되는데, 간혹 많은 시간을 필요로 하기도 한다.

우리는 이별단계를 이해할 때, 이별은 새로운 시각과 열망 내지는 정신적 성장을 통한 또 다른 행복으로 나아갈 수 있다는 점에서 이를 부정적인 것으로만 이해할 필요는 없다.

이상에서 살펴 본 소원화과정에 대한 단계별 대화유형의 예는 〈도표 5-2〉와 같다.

〈도표 5-2〉 소원화과정 단계별 대화유형

과정	단계	대화유형
소원화 과정	차이감지	"나는 이런 대규모 모임은 질색이다." "가끔씩 당신을 이해 못하겠어요. 이것도 우리의 차이점 중 하나군요."
	겉돌기	"출장은 어땠어요?" "저녁밥은 도대체 언제 줄 거야?"
	침체	"도대체 무슨 소릴 하는 거야?" "당신이 그런 소릴 할 줄 알았어요."

	회피	"요즘 바빠서 당분간 만나기 힘들거야, 내 시간 나면 전화하지." "전화해도 혹시 못 받을지 모르니 이해해 줘요."
	이별	"아무래도 우리 헤어지는 게 좋겠어. 서로 미련 없이 …" "누가 미련 갖는다고 그래요? 걱정 말아요."

관계발달 단계를 냅과 반젤리스티(Knapp & Vangelisti)의 모델을 중심으로 친화과정과 소원화과정으로 구분하여 살펴보았는데, 관계형성의 상호작용을 도식화하면 다음 〈도표 5-3〉과 같다.

〈도표 5-3〉 상호작용의 계단모형

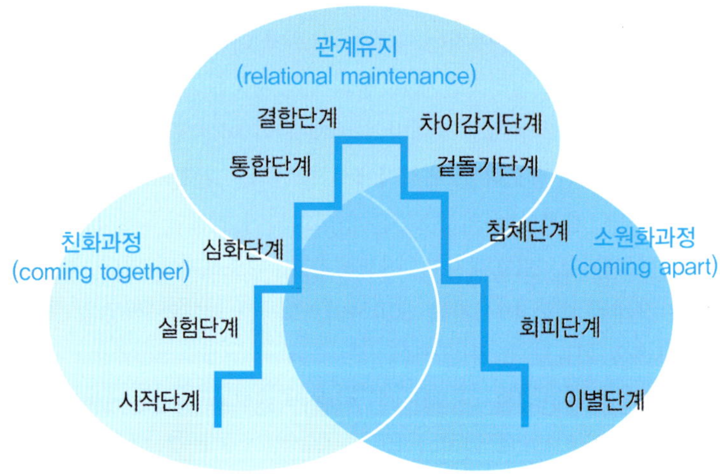

상호작용 계단모형에서 다음과 같은 행동은 얼마든지 발생할 수 있다.

① 각 단계의 이동은 일반적으로 체계적이고 연속적이다 즉, 관계를 형성하거나 혹은 관계를 정리한다는 것은 계속적이며, 유동적으로 발생하는 것이다.

② 각 단계로의 이동은 앞으로 전개되기도 하며 후퇴하기도 하는데, 관계형성단계뿐만 아니라 관계정리 단계에서도 동일하게 적용된다. 즉 친화과정 중에 통합단계에 도달했다고 해서 반드시 결합단계로 이행하는 것은 아니며 그 이전단계로 후퇴되기도 한다.

③ 이동의 속도는 상황에 따라, 느릴 수도 있고 빠를 수도 있다.

영화이야기

Cast Away (2000) : 극한의 상황에서 보여준 인간의 생명력과 삶에 대한 의지!

세계적인 택배회사 FedEx사의 직원인 척 놀랜드는 약혼녀인 켈리 프레어스의 가족과 함께 크리스마스 저녁을 함께하던 중 급한 호출을 받고, 말레이시아 행 화물 비행기를 타게 된다. 주인공이 탄 비행기는 폭풍우를 만나 바다에 추락하게 되고, 파도에 휩쓸려 도착한 무인도에서 표류하게 된다. 화물 몇 가지와 작은 보트 및 노 같은 몇몇 물품만 있을 뿐. 놀랜드는 그 화물들을 하나하나 다 뜯어서 자기가 최대한 활용한다. 하지만 단 한 상자만은 무슨 이유에서인지 뜯지 않고 보관한다. 인적 하니 없는 섬에서 코코넛과 게, 생선들을 잡아먹던 놀랜드는 불을 만드는 과정에서 실패, 손을 크게 다치게 되고 홧김에 추락한 화물에서 떠내려온 배구공을 잡아 던져버리게 된다. 하지만 끝내 외로움에 지쳐 배구공에 남겨진 핏자국을 이용해 사람얼굴을 그리고, 그것을 윌슨이라 부르며 친구로 삼는다. 마침내 불을 만드는데 성공한 놀랜드는 점차 무인도 생활에 적응해 나간다.

혼자만의 생활이 너무나 외로워, 배구공을 윌슨이라는 친구로 삼게 되었지만 딱 한 장면 윌슨과 대화하던 중 울분에 받혀 윌슨을 던져버린 적이 있었다. 하지만 이내 정신을 차리고 밤의 해변을 맨발로 질주해 윌슨을 다시 찾고 오열하기도 했다. 그리고 다시 보금자리로 돌아와서 윌슨을 보고 "이제 우리 화해한 거다."

– http://blog.naver.com/sapiensmath.

영화이야기

The Social Network (2010) : 5억 명의'친구'가 생긴 순간 진짜 친구들은 적이 되었다!

2003년 가을, 하버드대의 컴퓨터 천재 '마크'는 비밀 엘리트 클럽의 윈클보스 형제에게 하버드 선남선녀들만 교류할 수 있는 '하버드 커넥션' 사이트 제작을 의뢰 받는다. 하지만 여기서 획기적인 아이디어를 생각해낸 '마크'는 인맥 교류 사이트 '페이스북'을 개발, 절친 '왈도'의 도움으로 사이트를 오픈한다. '페이스북'은 순식간에 모두의 마음을 사로잡고, 유명한 냅스터의 창시자 '숀'의 참여로 전세계로 번지면서 '마크'는 기업가치 58조원, 전세계 최연소 억만장자가 된다. 하지만 그 순간 윈클보스 형제는 물론 '왈도'마저 전대미문의 소송을 제기하면서 하버드 천재들간의 치열한 아이디어 전쟁이 시작되는데……

영화 속 주인공인 마크는 5억 명의 사람과 인맥을 만들었지만 그 과정에서 정작 하나뿐인 친구를 잃어버리고, 이성 간의 만남은 쉬워졌지만 그가 그리워하는 옛 여자친구에겐 또 거절당할까 두렵다.

http://movie.daum.net/moviedetail/
http://news.kmib.co.kr/article/

참고문헌

1. 홍대식, 성공적 인간관계, 박영사, 2011, p. 181.
2. 박연호, 이종호, 임영제 공저, 2013, 현대인간관계론, 박영사, p. 109.
   Knapp, Mark L. & Vangelisti, Anita L., Interpersonal Communication and Human Relationship. Boston, MA : Pearson Education, 2009.
3. 홍대식, 2011, 전게서, pp. 202~204.
4. Zajonc, Robert B., Attitudinal Effects of Mere Exposure. Journal of Personality and Social Psychology, 1968
5. 홍대식, 2011, 전게서, pp. 205~210
6. 박연호, 이종호, 임영제 공저, 2013, 전게서 pp. 111~119.
7. 설기문, 인간관계와 정신건강, 학지사, 1997

06

커뮤니케이션

학습목표

1. 커뮤니케이션의 개념과 진행과정 및 유형에 대하여 설명할 수 있다.
2. 커뮤니케이션에 사용되는 매체의 특징을 이해하고 매체풍요성을 설명할 수 있다.
3. 정보통신기술의 발달이 인간관계와 커뮤니케이션에 미치는 영향에 대해 설명할 수 있다.
4. 사이버 공간에서의 인간관계와 커뮤니케이션의 특징을 설명할 수 있다.
5. 커뮤니케이션의 장애요인과 활성화 방안에 대해 설명할 수 있다.

6 커뮤니케이션

생각 열기

교황 "상대방에 마음 못 열면 대화가 아니라 독백"……소통 중요성 역설

프란치스코 교황이 상대방에게 우리의 생각과 마음을 열 수 없다면 대화가 아니라 독백이라며 소통의 중요성을 역설했다. 방한 4일째인 프란치스코 교황이 17일 오전 충남 서산시 해미성지 소성당에서 열린 '아시아 주교들과의 만남'에 참석, 연설을 하고 있다. 사진=연합뉴스 제공

프란치스코 교황이 상대방에게 우리의 생각과 마음을 열 수 없다면 대화가 아니라 독백이라며 소통의 중요성을 역설했다.

프란치스코 교황은 17일 충남 서산 해미 순교성지 성당에서 아시아 주교단을 상대로 한 연설을 통해 "공감하고 진지하게 수용하는 자세로, 상대방에게 우리의 생각과 마음을 열 수 없다면 진정한 대화란 있을 수 없다"며 "자신의 정체성을 명확히 의식하고 다른 이와 공감하는 것이야말로 모든 대화의 출발점"이라고 밝혔다.

이어 "대화는 아시아 교회 사명의 본질적인 부분으로 많은 다양한 문화가 생겨난 이 광활한 대륙에서 교회는 유연성과 창의성을 발휘하여 대화와 열린 마음으로 복음을 증언하라는 요청을 받고 있다"며 "다른 이들, 다른 문화와 대화를 시도할 때 출발점과 근본 기준은 그리스도인이라는 우리의 정체성으로 우리의 정체성을 의식하지 않는다면 진정한 대화를 나눌 수 없다"고 강조했다.

또 "우리의 대화가 독백이 되지 않으려면 생각과 마음을 열어 다른 사람, 다른 문화를 받아들여야만 한다"고 덧붙였다.

이어 "진정한 대화는 마음과 마음이 소통하는 진정한 만남을 이끌어 낸다"며 "다른 이들의 지혜로 우리 자신이 풍성해질 뿐 아니라 마음을 열고 다른 이들과 함께 더 큰 이해와 우정, 연대로 나아갈 수 있게 된다"고 부연했다.

프란치스코 교황은 "다른 이들에 대한 열린 마음으로, 아직 성좌와 완전한 관계를 맺지 않고 있는 아시아 대륙의 몇몇 국가들이 모두의 이익을 위하여 주저 없이 대화를 추진해 나가기를 희망한다"고 말했다.

- 2014 8. 17일자, 연합뉴스

제 1 절 커뮤니케이션의 개념과 과정

1 커뮤니케이션의 개념과 기능

1) 커뮤니케이션의 개념

커뮤니케이션(communication)은 라틴어 'communis'에서 유래한 것으로 'common(공동의)'이란 뜻을 가지고 있는 것으로, '둘 이상의 사람들 사이에 사실, 생각, 의견 또는 감정의 교환을 통하여 이해를 공유하여 수신자 측의 의식, 태도, 행동 등에 변화를 일으키게 하는 일련의 행동'이다. 즉 한 사람에서 다른 사람에게로 의미가 전달되는 활동을 말하는데, 이 결과 이해를 공유하기 위해서는 송신자가 보낸 메시지의 진정한 내용이나 의미에 대한 수신자의 오해나 편견이 발생하지 않도록 이해의 명료성을 갖출 필요가 있는 데, 이러한 조건을 충족하는 커뮤니케이션을 효과적 커뮤니케이션(effective communication)이라 한다.

커뮤니케이션의 개념을 좀더 상세히 정리하면, 커뮤니케이션은 ① 의사나 정보를 가지고 있는 자가 그것을 받아들이려는 타인에게 전달하고 해석되어지는 과정이며 ② 언어적 수단보다 비언어적인 신체적인 표현이나 억양에 의해 영향을 받고 ③ 의사를 소통하고, 정보를 교환하며, 감정을 이입시키는 행위의 수단으로, 문화도 넓은 차원에서 보면 커뮤니케이션에 포함될 수 있다. 따라서, 커뮤니케이션은 일방적인 과정이 아닌 상호작용적 과정이며, 단순한 사실의 전달만이 아닌, 정보와 정서, 감정의 교환활동을 의미하는 것이다.

2) 커뮤니케이션의 기능

커뮤니케이션은 개념 정의에서 본 바와 같이, 본질적으로 두 사람 사이에 사실이나 생각, 의견 또는 감정을 교환하고 공유하는 활동으로, 커뮤니케이션 활동을 통해 정보가 전달되고, 이와 함께 감정과 정서가 전달되는 것으로 다음과 같은 기능을 수행한다.

① 정보전달기능

커뮤니케이션은 개인과 집단 또는 조직에 정보를 전달해 주는 기능을 수행한다. 의사소통은 여러 가지 대안을 파악하고 평가하는데 필요한 정보를 제공해 줌으로써 의사결정을 원활히 이루어지게 한다.

② 동기유발기능

커뮤니케이션은 개인과 조직 구성원들의 동기유발을 촉진시키는데 사용된다. 개인이 해야 할 일, 조직구성원이 해야 할 일, 직무성과를 개선하고 달성하기 위해서 어떻게 해야 하는지, 다른 구성원들과 어떻게 협동해야 하는지 등을 구체적으로 알려주는 매개체 역할을 함으로써 목표를 지향하는 과정에서 구성원들 간의 협동과 몰입을 불러일으키기 위해 커뮤니케이션을 활용한다.

③ 통제기능

커뮤니케이션은 개인의 행동을 조정·통제하는 기능을 한다. 커뮤니케이션을 통해 개인의 의무를 명확히 하고 권한과 책임에 관한 기준을 설정하게 하여 개인의 행동이 특정하는 방향으로 움직이도록 통제하는 기능을 한다.

④ 정서기능

커뮤니케이션을 함으로써 자신의 감정을 표출하고 타인과의 교류를 넓혀 이를 통해 사회적 욕구를 충족시켜주는 역할을 한다. 즉 커뮤니케이션을 통해서 자신이 속한 집단이나 조직에서 이루어지는 자신의 고충이나 기쁨, 만족감이나 불쾌감 등을 토로하고 다른 사람들과의 교류를 넓혀 나가는 것이다.

2 커뮤니케이션 과정

커뮤니케이션이 성립하기 위해서는 어떤 의미나 의도를 전달하는 발신자와 그것을 받아들이는 수신자, 그리고 그들 사이의 소통을 매개하는 기호(symbol)가 필요하다. 커뮤니케이션 과정은 누가(who) 무엇을(says what) 어떤 방법으로(by what way) 누구에게(to whom) 전달하는 가에 대한 과정으로, 커뮤니케이션 과정 내의 구성 요소들이 상호 작용하여 서로 영향을 주고받는 동태적 개념으로 이해해야 하는데, 커뮤니케이션 과정을 구성하는 요소들을 요약하면 다음과 같다.[1)]

〈도표 6-1〉 커뮤니케이션 과정

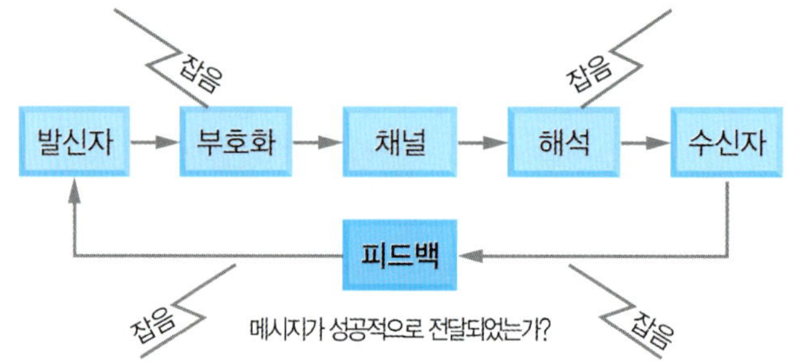

자료 : S.P.Robbins, D.A. DeCenzo and M. Coulter, Fundamentals of Management, Essential Concepts and Applications, 7th ed., PEARSON, 2011, p. 347

① 발신자(sender, 송신자)

발신자란 아이디어를 제공하고, 정보를 전하는 등의 의사전달을 시도하는 사람으로 발신자의 전달의도가 커뮤니케이션의 시발점이다.

② 메시지(message)

메시지는 발신자가 수신자에게 전하려는 아이디어나 사실, 의미, 요구사항 및 감정이나 정서 등을 말한다.

③ 부호화(encoding)

부호화란 발신자가 자신의 생각이나 의도를 보낼 수 있는 도구들로 변화시키는 것을 말하는데, 예를 들면 언어(말)나 숫자, 제스처(몸짓) 내지는 어떤 상징 등으로 구체화하는 것을 말한다.

④ 매체(channel, medium)

매체 혹은 채널은 발신자가 선택하는 메시지의 전달수단을 말한다. 발신자는 공식적인 매체를 선택할 지 혹은 비공식적인 매체를 선택할지를 결정하는데 있어서 전달하려는 메시지의 내용에 따라 신중하게 선택하여야 하며, 매체의 선택은 커뮤니케이션의 유효성을 제고하는 측면에서 특히 중요하다.

⑤ 수신 및 해석(receiving & decoding)

수신은 수신자가 발신자로부터 부호화된 메시지를 받는 것이며, 해석은 수신자가 자신의 과거 경험이나 준거기준 등에 근거하여 부호화된 메시지를 해석하는 과정을 말하는데, 해석된 메시지가 발신자의 의도와 일치할수록 커뮤니케이션의 효과는 증대한다.

⑥ 피드백(feedback)

피드백은 발신자로 하여금 메시지가 제대로 전달되고 이해되었는지를 알게 해주는 수신자의 반응을 말하는 것으로, 메시지가 발신자의 원래의 의도대로 얼마나 성공적으로 전달되었는지를 점검하는 것이다. 메시지에 대한 수신자의 반응은 대화나 표정 등에 의해 직접 표현되기도 하고, 커뮤니케이션후의 결과(참여율, 사기, 이익 등)에 의해 간접적으로 나타날 수도 있다.

⑦ 소음(noise)

소음은 메시지가 명확하게 전달되는 것을 방해하는 장애요인이다. 즉 원활한 커뮤니케이션을 방해하는 모든 요소를 통칭하는 것으로 물리적 방해물, 어의상 문제점, 문화적 차이, 피드백 부재 등과 같이 커뮤니케이션 과정 어디에서나 발생할 수 있다.

제 2 절 커뮤니케이션의 유형

1 커뮤니케이션의 유형

1) 조직차원의 커뮤니케이션 유형

조직차원의 커뮤니케이션의 유형은 다음과 같이 공식적 커뮤니케이션과 비공식적 커뮤니케이션으로 구분할 수 있다.

〈도표 6-2〉 조직차원의 커뮤니케이션 유형

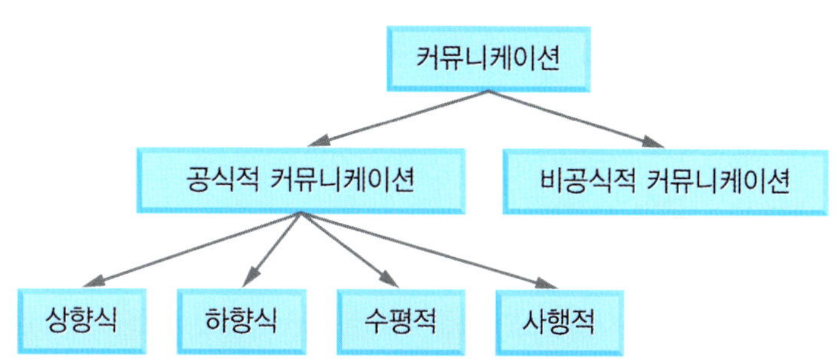

(1) 공식적 커뮤니케이션(Formal communication)

공식적 커뮤니케이션은 집단내의 공식적인 채널을 이용하는 커뮤니케이션으로서 조직의 명령계통과 일치하는 것으로, 주로 구성원의 업무와 관련된 메시지를 전달하는데, 업무와 관련한 공식적 커뮤니케이션은 수직적(상향적·하향적) 커뮤니케이션, 수평적 커뮤니케이션 및 대각적 커뮤니케이션으로 분류된다.

① 상향식 커뮤니케이션(Upward communication)

상향식 커뮤니케이션은 커뮤니케이션이 집단이나 조직의 하위계층에서 상위계층으로 이루어지는 것으로, 하급자의 자발적인 의사전달과 일선경험을 통한 실무적인 아이디어의 전달 등을 위해 사용되는 커뮤니케이션 유형이다. 상향식 커뮤니케이션은 상위계층에 피드백을 제공하고, 목표달성 정도를 알리며, 현재의 문제 등을 보고하기 위해 사용된다.

② 하향식 커뮤니케이션(Downward communication)

하향식 커뮤니케이션은 수직적 커뮤니케이션의 한 형태로서 지시적 커뮤니케이션이라고도 하는데 전통적인 커뮤니케이션의 개념으로서 첫째, 업무와 관련된 상급자의 의견이나 전달사항이 공식적인 경로를 거쳐 하급자에게 전달되는 것을 의미하고 둘째, 명령체계와 라인의 권한, 즉 조직의 최고 경영자에서 하위 감독 층까지 지위에 따라 형성되는 유형이며, 셋째, 주로 조직의 목표와 정책, 또는 절차를 대상으로 이루어지는 커뮤니케이션 유형이다.

③ 수평적 커뮤니케이션(Horizontal communication)

수평적 커뮤니케이션은 조직 내에서 같은 지위에 있는 구성원 간의 또는 동등한 부서간의 커뮤니케이션을 말하는 것으로 효과적인 조직이 되기 위해서는 수평적 커뮤니케이션이 원활히 이루어져 한다. 수평적 커뮤니케이션은 동등한 부서간 커뮤니케이션이기 때문에 최근 조직구조 변화의 계층 단축화와 더불어 그 중요성이 한층 더 강조되는 커뮤니케이션의 유형으로 정보의 공유에 효과적인 커뮤니케이션 유형이다.

④ 사행적(대각적) 커뮤니케이션(Diagonal communication)

사행적 커뮤니케이션은 조직구조상 집단이나 계층을 달리하는 사람들간의 커뮤니케이션 유형이다.

(2) 비공식적 커뮤니케이션(Informal communication)

비공식적 커뮤니케이션은 비공식적인 경로를 통한 커뮤니케이션으로 공식적인 구조와 동시에 발생하지 않고 공식적으로 규정된 경로가 아닌 비공식적 경로를 통해 이루어지는 커뮤니케이션을 말한다. 비공식적 경로는 자발적, 자연발생적으로 생성되며, 개인적인 선택에 대한 반응으로서 생성되는 특징이 있다.

비공식적 커뮤니케이션은 포도넝쿨(grapevine)로도 비유되는 데, 커뮤니케이션의 메시지로는 사적인 대화, 루머, 잡담, 뒷담화, 비밀이야기, 불평 등이 포함되며 비공식적 커뮤니케이션을 통해 개인적인 관계를 유지하거나, 개인의 이익을 충족하기도 하며, 이를 통해 비공식 집단을 유지한다. 즉 비공식적 커뮤니케이션은 공식적 커뮤니케이션과 같이 정보전달 기능을 수행하며, 정서와 감정 등의 전달이 이루어 지는 등 조직에서 필연적으로 발생하는 것으로, 소문 등의 형태로 전달되기 때문에 커뮤니케이션 과정에서 왜곡의 소지가 많은 특징이 있어서 부정적인 영향을 미치기도 한다.

비공식적 커뮤니케이션은 공식적 정보획득이 어려운 상황에서 불확실성을 감소하려는 개인의 욕구충족을 위해 발생하는 경우가 많고, 때로는 타인을 음해하기 위해서도 발생하는 것으로, 상대적으로 전파의 속도가 빠른 특징이 있다. 좋은 정보는 빠르게 흐르며, 나쁜 정보는 더 빠르게 돌아다닌다는 것이다. 비공식적 커뮤니케이션의 순기능으로는 유익한 정보의 신속한 전달과 확산, 소속감과 안정감의 제공, 욕구와 정서를 비공식적인 방법으로 분출하는 하나의 방법을 제공한다는데 있다.

포도넝쿨의 유래 Grapevine

그레이프바인은 조직 전체에 퍼져 있는 비공식적 의사소통 네트워크를 말하는 것으로, 미국의 남북전쟁 당시 전신체제가 엉망이어서 정보의 전달과 수신상태에 문제가 발생한 데에서 유래한 것으로, 비공식적 의사소통체계를 포도넝쿨을 닮았다 하여 '그레이프바인(grapevine)'이라 칭한다.

비공식 의사소통의 경로는 직선적인 것이 아니라 포도넝쿨과 같이 얽힌다는 의미에서 포도넝쿨에 비유한 것으로 전달속도가 빠르며, 정보전달에 있어서 선택적이고, 임의적이며, 사람들이 불안하거나, 변화에 직면했을 때 사용하고, 상당히 높은 정확성을 보인다고 한다.

2) 대인간 커뮤니케이션 유형

(1) 언어 커뮤니케이션(Verbal communication)

언어 커뮤니케이션은 가장 직접적인 의사소통의 방법인데, 구두(oral) 커뮤니케이션과 문서(written) 커뮤니케이션으로 구분된다, 언어커뮤니케이션의 예로는 면담, 회의, 전화통화, 공문, 편지 등이 있으며, 구두(oral) 커뮤니케이션과 문서(written) 커뮤니케이션의 각각의 내용과 장단점은 다음과 같다.

① 구두 커뮤니케이션(Oral communication)

구두 커뮤니케이션은 말로 하는 커뮤니케이션으로 생각 등을 양적으로 풍부하게 전달할 수 있어서 속도와 피드백 측면에서 장점이 있으나, 문서 커뮤니케이션과 비교해 보면 메시지가 왜곡될 가능성이 높은 단점이 있다.

② 문서 커뮤니케이션(Written communication)

문서 커뮤니케이션은 간접적인 매체로서 보고서, 공문, 편지, 품의서 등의 형태로 하는 커뮤니케이션으로, 메시지를 눈으로 보고 확인할 수 있으며, 오랫동안 저장할 수 있는 장점이 있어 메시지의 내용에 어떤 의문이 생길 경우에는 그것을 다시 찾아볼 수 있지만, 구두 커뮤니케이션과 비교 시, 메시지 작성에 상대적으로 많은 시간이 소요되며, 즉각적인 피드백에 한계가 있는 등의 단점이 있다.

구두 커뮤니케이션과 문서 커뮤니케이션은 이와 같이 각각의 장점과 단점을 지니고 있는 것으로 발신자가 수신자에게 어떤 메시지를 보낼 경우에, 발신자와 수신자가 처한 상황을 감안하여 어떤 언어 커뮤니케이션을 사용할 지를 신중히 생각해 보아야 한다. 표현의 정확성이 필요할 때, 혹은 수신자가 가까이 없을 때, 또는 기록으로 남길 필요가 있을 때, 수치나 그래픽으로 표현할 필요가 있을 때에는 문서 매체가 더 효과적인 커뮤니케이션 수단이 된다.

③ 전자매체 커뮤니케이션(Electronic communication)

정보통신기술이 비약적으로 발달함에 따라 우리가 이용하는 커뮤니케이션의 매체로 스마트 폰, 전자메일(이메일), 인트라넷, 엑스트라넷, LAN(근거리통신망), WAN(원거리 통신망), 화상회의, 전자게시판(web board) 등의 사용이 비약적으로 늘고 있다. 전자매체를 통한 커뮤니케이션은 시공간의 제약 없이 다양한 커뮤니케이션이 가능하다는 강력한 장점이 있는 반면에, 비언어적 표현이나 감정과 느낌의 전달이 불가능해서 삭막하고 비효율적인 수단이 될 수 있는 문제점을 가지고 있다. 따라서 전자매체는 근본적으로 비언어적 표현 등의 전달에 한계를 가지기 때문에 전달하고자 하는 메시지의 내용 등에 따라 선택적으로 사용되어야 할 것이다.

- 전자메일(E-mail)

  우리는 전자메일을 매우 많이 활용하고 있다, 직장인들은 출근과 동시에 처음으로 하는 업무가 전자메일을 확인하는 것이라고 한다. 전자메일은 쉽게 작성하고, 편집 저장할 수 있으며, 많은 사람에게 쉽게 전달 가능하며, 특히 수신자가 편리한 시간에 읽을 수 있고 인쇄된 형태보다 비용이 저렴한 장점들이 있으나, 동시에 비인간적인 매체로서 특히 감정을 담지 못하며, 때로는 보안성이 문제가 되어 개인 프라이버시가 침해되는 등의 문제점을 가지고 있다. 대부분의 일반 회사들도 전자메일의 보안성 확보를 위해 회사 내에서는 회사메일 이외에 개인메일의 사용을 금지하고 있는 경우를 많이 볼 수 있다.

• 메신저(Instant messaging)

메신저는 일종의 실시간 이메일이다. 이메일 시스템에서 설정된 특정 집단 내의 연결을 보다 강화하기 위해 개발된 장치로서, 실시간으로 전자메일을 통해 서로 연결되어 있는 구성원들간에는 신속하고 저렴하게 커뮤니케이션을 할 수 있는 수단이다. 메신저는 연결 대상이 상대적으로 많은 직장인과 학생 집단이 주로 이용하며, 상대방의 상태(부재 등)를 확인하면서 실시간으로 대화를 나눌 수 있는 장점이 있다. 메신저로 커뮤니케이션을 할 경우, 보통 한 두 줄의 메시지를 선호하는 경향이 있고, 저장할 필요가 있는 긴 메시지의 경우에는 전자메일 보다는 부적합한 특징을 가진다. 메신저 역시 비인간적인 매체로서 특히 감정을 담지 못하며, 때로는 보안성이 문제가 되어 개인 프라이버시가 침해되는 등의 문제점을 가지고 있다. 특히 업무현장에서 업무시간 중의 개인적 사용은 업무를 방해하고 사람들의 주의를 분산시키는 문제가 있다.

• 인트라넷

인트라넷이란 한 기업 내에서만 사용되는 정보네트워크를 통한 전자매체에 의한 커뮤니케이션 수단으로, 해당 조직의 구성원에게만 접속 권한을 부여하며, 주로 내부 메시지를 전달하는데 사용되는 특징이 있다. 글로벌화의 진전과 함께 전세계적으로 산재한 기업의 조직구성원들을 연결시켜 보다 효율적으로 커뮤니케이션을 하기 위한 대표적인 방법이 인트라넷이다.

• 엑스트라넷

엑스트라넷이란 조직 구성원뿐만이 아니라 조직의 외부와도 연계시킨 통신망으로서, 주로 공급처, 고객을 포함하며 전략적인 제휴 파트너를 포함시켜 커뮤니케이션을 동시에 수행할 수 있는 네트워크를 말한다.

• 화상회의(Video Conferencing)

최근 화상회의의 사용이 대중화되고 있는데, 화상회의는 인트라넷이나 엑스트라넷 시스템을 활용하여 원거리의 구성원들과 회의를 가능하게 하는 도구로서 비용과 시간이 많이 드는 출장의 대체물로서 그 사용이 늘고 있는 커뮤니케이션 방법의 하나이다. 화상회의를 통하여 물리적으로 한 자리에 있지 않는 구성원들간에 상호작용적 회의가 가능하며, 보다 새로운 기술을 갖춘 컴퓨터에도 접속 가능한 커뮤니케이션 수단이다.

글로벌 컨퍼런스 콜 http://blog.naver.com/ar......

- 소셜 네트워크(Social network service)
  소셜 네트워크는 컴퓨터나 스마트폰과 같은 전자장비를 사용하여 전세계적으로 커뮤니케이션을 할 수 있는 전자매체이다. 대표적으로 페이스북(Facebook), 마이스페이스(MySpace), 트위터(Twitter), 라인(Line) 등을 들 수 있는데, 사람들을 전세계적으로 공간적으로 연결시키는 수단으로서, 그 이용 범위와 이용자들도 급증하고 있는 전자매체의 하나이다. 소셜 네트워크의 특징은 연결된 누구나가 자기의 메시지를 보낼 수 있는 동시에, 불특정 수신자들도 발신자가 보낸 메시지를 누구나 쉽게 볼 수 있다는 점이다.
- 블로그(Blogs)
  블로그란 개인의 관심사를 칼럼, 일기, 기사 등의 다양한 형태로 자유롭게 만들어 인터넷에 올리는 1인 미디어 웹 사이트를 말하는데, 블로그 이용자들은 상호간의 블로그 방문을 통해서, 또는 자신의 일상을 공개함으로써 관계를 유지하고 새로운 관계를 형성하기도 한다.

"이메일 에티켓 5계명을 아시나요?"

LG전자가 직장인들의 일상적 업무 수단으로 자리잡은 이메일의 효율적인 사용을 위한 '이메일 에티켓 5계명' 캠페인을 펼치고 있다.

23일 LG전자에 따르면 최근 한 달간 LG전자의 국내외 임직원들이 발신 또는 수신한 이메일은 총 4500만여 건으로 전체 임직원이 평균 일주일에 1100만여건, 하루 220만여 건을 주고받았다. 이에 따라 업무 담당자를 명확히 지정해 작성 목적과 핵심 내용을 한눈에 파악할 수 있는 이메일로 업무 효율을 극대화하자는 것.

LG전자가 꼽은 이메일 에티켓 5계명의 첫 번째는 '수신자 지정은 명확히'. 자체 설문조사 결과 전체 직원의 90% 정도가 일주일에 업무상 관련 없는 이메일을 한 차례 이상 받는 것으로 나타났다. 이메일을 직접 받는 사람과 참조 용도로 받는 사람 등 업무의 연관 정도에 따라 수신자를 명확히 지정하면 불필요한 메일 수신을 줄일 수 있다는 것이다. To(직접 수신), Cc(참조), Bcc(비밀참조) 기능을 적절히 사용하는 것이 이메일 에티켓의 시작이라고 LG전자는 설명했다.

LG전자는 또 '업무협조'나 '보고', '결재요청' 등 이메일 제목에 머리글을 사용하면 제목만으로도 이메일 작성 목적과 업무 우선순위 등을 한눈에 파악할 수 있다며 이를 생활화하도록 권했다. 아울러 '내용은 짧고 명료하게' 하되 '24시간 이내에 회신'하는 것도 중요한 에티켓으로 제시됐다. 자체 설문조사에서 전체 임직원의 45%가 A4용지 반장 분량의 이메일이 읽기에 가장 적당하다고 생각하는 것으로 나타났다. 이밖에 수신함을 정리해야 하는 수고를 덜기 위해 회신 시 용량이 큰 첨부 파일을 제거하는 방안이 제안됐다.

– 2006년 8월 23일자, 국민일보

(2) 비언어적 커뮤니케이션(Nonverbal communication)

비언어적 커뮤니케이션은 언어를 사용하지 않고 비언어적 수단을 통하여 정보를 전달하는 커뮤니케이션으로, 얼굴표정, 바디랭귀지(body movement, body language), 눈 맞춤(eye contact), 제스처, 자세, 발신자와 수신자 간의 공간적 거리와 같은 가시적인 요소와 음성의 고저, 크기, 속도, 억양과 같은 준 언어적 요소를 주로 하는 커뮤니케이션이다. 우리는 구두에 의한 커뮤니케이션을 하면서도 수많은 형태의 비언어적 커뮤니케이션을 동시에 하고 있다. 따라서 비언어적 커뮤니케이션을 이해하여야 보다 효과적인 커뮤니케이션이 가능하다.

① 비언어적 커뮤니케이션의 특성

비언어적 커뮤니케이션을 통해 우리는 타인과 함께 있는 동안에 설사 그가 아무 말도 안 한다 하더라도 그의 기분이나 상태를 표정이나 몸짓을 통해서 알 수 있다. 우리는 언어커뮤니케이션 보다는 부지불식간에 비언어적 커뮤니케이션을 더 많이 사용하고 있다. 또한 비언어적 커뮤니케이션은 문화에 따라 달리 해석되며, 상황에 따라 모호하다는 특성을 가지고 있다. 경우에 따라 언어적 메시지가 애매하여 오해가 생길 수 있듯이, 비언어적 메시지도 상황에 따라 잘못 이해될 수도 있으며 이로 인해 갈등이나 다툼이 유발될 가능성도 상존하는 것이다.[2)]

② 비언어적 커뮤니케이션의 기능

비언어적 커뮤니케이션은 반복, 대체 및 보완의 기능을 수행하는데, 먼저 반복적인 메시지를 보내는 기능을 수행한다. 즉 사람들은 어떤 물음에 대한 답으로 "예"라고 말을 해 놓고 고개를 끄덕이는데, 이는 언어적 커뮤니케이션을 비언어적 커뮤니케이션으로 반복하는 경우이다.

다음으로 경우에 따라서는 말로 "예"라고 대답하는 대신에 고개를 끄덕이는데 이것은 대체의 예이다. 대체란 비언어적 커뮤니케이션을 이용해 언어를 대신하여 사용하는 경우를 말한다.

마지막으로 우리는 흔히 남에게 미안함을 느끼거나 쑥스러울 때 언어적 표현과 함께 머리를 긁적이는 경우가 있다. 이러한 경우는 비언어적 커뮤니케이션이 언어적 커뮤니케이션을 보완하는 기능을 하는 것이다.

③ 비언어적 커뮤니케이션의 형태

㉠ 바디랭귀지(Body language)

어떤 의미를 제공하는 무의식적 혹은 의식적인 신체의 움직임을 말하는 것으로 신체언어라고도 하는데, 이를 통해서 개인이 다른 사람을 좋아하고 그 사람의 견해에 관심을 갖는 정도를 전달할 수 있다. 우리는 좋아하는 사람과 의사소통 시 더 가까이 다가 간다거나, 환하고 즐거운 얼굴표정을 하는 경험을 누구나 다 해 보았을 것이다. 또한 수신자와 전달자 사이에 지각된 상대적인 지위에 대한 메시지도 신체언어를 사용하여 전달 할 수 있는데 상대적 지위가 높은 사람은 편안히 다리를 꼬거나, 의자에 비스듬히 눕듯이 기댈 수도 있다.

중요한 것은 몸의 자세나, 움직임은 그 자체로는 보편적인 의미는 없는 것이지만, 구어(spoken language)가 전달자의 비언어적 메시지와 함께 전달 될 경우에는 보다 풍부한 의미를 부여한다는 것이다.

㉡ 음성의 고저와 억양

구두에 의한 커뮤니케이션에서 준 언어적인 요소, 예를 들면 억양이 바뀌면 의미도 변하는 것으로 음성의 고저와 억양의 변화, 음성의 크기와 속도 등의 준 언어적인 요소가 주는 의미를 이해하여야 보다 효과적인 커뮤니케이션이 가능하다.

㉢ 얼굴표정

커뮤니케이션 과정에서 발신자와 수신자가 주고 받는 얼굴표정은 언어 커뮤니케이션에 더하여 많은 정보를 제공해 준다. 얼굴표정은 커뮤니케이션 당사자들의 감정과 정서를 반영하는 것으로 메시지와 피드백에 의미를 부여한다.

㉣ 발신자와 수신자 간의 공간적 거리

발신자와 수신자가 커뮤니케이션을 할 경우, 두 주체간의 공간적 거리의 정도는 커뮤니케이션에 영향을 미친다. 즉 얼굴표정이나 제스처 등의 비언어적인 커뮤니케이션이 어떤 의미를 전달하는 것과 같이 커뮤니케이션에서 개인이 유지하는 거리는 또 다른 커뮤니케이션의 수단이라는 것이다. 이에 대한 대표적인 연구중의 하나가 문화인류학자인 에드워드 홀(E. D. Hall)의 공간활용에 대한 연구이다. 에드워드 홀(E. D. Hall)은 1959년에 그의 저서 '침묵의 언어 (The silent language)'를 통해 인간 공간학(proxemics, 근접학)에 대한 관심을 일으키면서, 다른 문화와 상황하에서 개인간의 공간적 거리에 대한 연구를 통해 사람은 타인과 관계를 맺을 때 그들과의 거리를 감지해 내는 능력이 있으며, 모든 개인은 모두 자기 나름의 공간적 영역을 필요로 한다고 주장하였다.

에드워드 홀의 연구는 대인관계에 대한 새로운 이해를 가능케 했는데, 홀은 인간의 공간 이용은 타인과 관계를 맺고 그들과의 거리를 감지해 내는 능력에 의존한다고 가정하고 모든 개인은 모두 자기 나름의 영역을 필요로 한다고 주장하면서 이러한 공간을 〈도표 6-3〉과 같이 네 가지로 구분하였다.[3)]

〈도표 6-3〉 개인간 공간의 유형

공간유형	내 용
근접공간(intimate distance : 15~45cm)	사람이 자신의 소유물처럼 보호하는 지역이므로, 모든 거리 중에서 가장 중요하다. 오로지 그 사람에게 정서적으로 가까운 사람만이 그 안으로 들어가는 것이 허용된다. 연인, 부모, 배우자, 자식, 친한 친구, 친척 등이 여기에 해당된다. 육체적인 접촉 시에만 발을 들여 놓을 수 있는 거리이다.
개인공간(personal distance : 46~1.2m)	칵테일 파티나 사무실 파티, 각종 사교모임, 친구모임 등에서 다른 사람과 유지하는 거리이다.
사회공간(social distance : 1.2~3.6m)	낯선 사람이나 배관공 혹은 집을 수리하는 목수, 우편배달부, 가게 주인, 새로 고용한 고용인, 잘 모르는 사람들과는 이 정도 거리만큼 떨어져 있길 원한다.
공중공간(public distance : 3.6m 이상)	우리가 많은 사람들에게 연설하려고 할 때 서 있고 싶어 하는 편리한 거리이다. 영역이란 한 개인이 그것이 마치 신체의 연장인 것처럼 자기 자신의 것이라고 주장하는 구역, 혹은 공간이다.

2 매체의 선택과 커뮤니케이션 효과

커뮤니케이션의 과정모델에서 본 바와 같이 발신자, 부호화, 매체, 수신자, 해석, 피드백 등의 모든 요소는 커뮤니케이션의 효과성에 직접적으로 관련되는 요소인데, 특히 매체의 선택은 효과적인 커뮤니케이션을 위해 매우 중요하다고 볼 수 있다. 커뮤니케이션의 효과를 높이기 위해서는 정보를 전달하는 능력과 상황에 따라 신중하게 매체를 선택하여야 한다. 매체가 다수의 정보나 단서, 예를 들면 언어나 자세, 얼굴표정, 동작 및 억양 등을 동시에 다룰 수 있고, 신속한 피드백이 용이하며, 개인적으로 이용할 수 있을수록 매체의 충실성(channel richness)이 높은 것이다. 매체의 충실성이 높으면, 커뮤니케이션의 효과는 높아질 것이다.

1) 매체의 선택

커뮤니케이션의 효과성을 높이기 위해서, 커뮤니케이션 목적을 달성하기 위해서는 어떤 매체를 선택하여야 할 것인가? 매체(경로)의 선택은 먼저 매체가 가지는 충실성을 고려한 후에 보내려는 메시지가 일상적인 것인가 혹은 비일상적인 것인가에 따라 달라진다.

일상적인 메시지는 일상적인 상황에서 항상 사용하는 메시지다. 예를 들면 데이터, 통계자료 등이 일상적인 메시지인 반면, 비일상적인 메시지는 비일상적인 상황하에서 특정한 상황을 반영하는 것으로 상대적으로 복잡하고 모호할 수 있으며, 그 결과 오해의 소지도 많을 수 있는 메시지를 말한다. 예를 들면, 대규모 구조조정, 급여동결 혹은 삭감, 정책 혹은 절차의 갑작스러운 변동 등은 비일상적인 메시지이다.

일상적 메시지는 매체의 충실성 혹은 풍부성이 낮은 매체를 통해서도 효과적이며 효율적으로 메시지를 전달할 수 있는 반면에, 비일상적이 메시지는 매체의 충실성이 보다 높은 매체를 통해서 커뮤니케이션 하여야 커뮤니케이션의 효과성을 높일 수 있다. 대규모 구조조정에 대한 메시지를 대상자들에게 메일 한 통만 보내는 것으로 한다면 수신자들은 그 메시지에 대하여 어떤 생각을 가질까?

2) 매체의 충실성과 커뮤니케이션 효과

최근 연구에 의하면, 커뮤니케이션 매체(채널)를 무엇으로 선택하느냐에 따라 커뮤니케이션의 효과가 달라지는 것으로 나타났다. 또 커뮤니케이션 매체도 그 물리적 특성에 따라 전달할 수 있는 정보의 양과 종류가 달라질 수 있다. 정보를 얼마나 충실하게 전달할 수 있느냐 하는 매체 충실성(medium richness, channel richness)은 커뮤니케이션을 하는 동안에 정보를 전달할 수 있는 용량의 크기를 말한다. 매체충실성은 첫째, 여러 개의 정보단서를 동시에 전달할 수 있는 능력, 둘째, 쌍방적 피드백을 신속히 할 수 있는 능력, 셋째, 커뮤니케이션에 집중할 수 있는 능력에 의해 결정된다. 〈도표 6-4〉는 상황에 따른 커뮤니케이션 매체 충실성의 정도를 보여 준다.[4)]

〈도표 6-4〉 상황에 따른 커뮤니케이션 채널 충실성

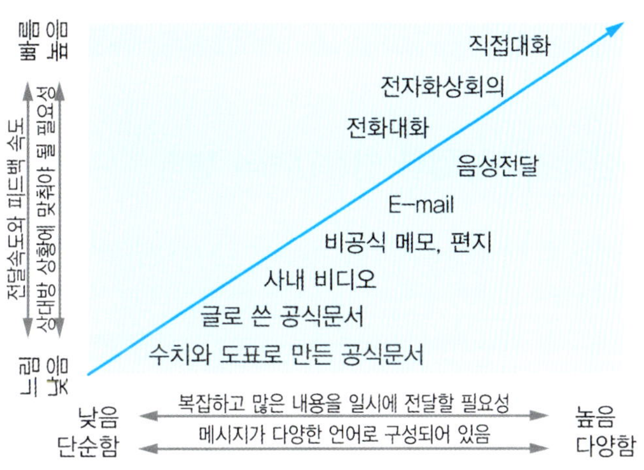

자료 : R.L. Daft & R.H. Lengel, Organizational Information Requirements, Media Richness, and Structural Design, Management Science, 1986

매체 충실성의 측면에서 커뮤니케이션 매체별 특징을 정리하면 다음과 같다.

① 직접 대화(대면적 대화) : 채널 충실성이 가장 높고 피드백도 즉시 이루어진다. 그리고 대화 중 여러 개의 정보단서를 동시에 주고받을 수 있다. 반면에 대화 내용을 사전에 심사숙고 하거나, 내용을 기록으로 남기기가 힘들며, 대량으로 동시에 전파하기 어렵다.

② 전화, 이메일, 인터넷 등 : 커뮤니케이션의 속도가 빠른 반면 대면적 대화와 같은 현장감은 부족하고, 또한 신체언어(body language)의 사용도 불가능하다.

③ 편지, 메모 등 : 발신자로부터 수신자 개인에게 전달되지만, 종이 위에 쓰여진 정보만을 전달할 수 있기 때문에 피드백이 매우 늦다.

④ 보고서, 정기간행물 : 비개인적이고 일방적이며 피드백이 잘 이루어 지지 않아 채

널 충실성이 가장 낮은 반면에 정보의 내용을 기록으로 남기거나 사전에 심사 숙고하여 작성하고, 대량으로 전파할 수 있다.

요약하면 커뮤니케이션의 효과성을 높이기 위해서, 송수신자들은 각 채널마다 장단점이 있고, 환경변화에 따라 효과적인 커뮤니케이션 수단이 바뀔 수 있다는 점을 이해하여야 한다.

제 3 절 정보통신기술의 발달과 커뮤니케이션

1 정보통신기술의 발달과 인간관계의 변화

현대사회를 흔히 정보사회(information society)라 한다. 정보사회란 정보가 모든 것의 가치를 가늠하고 정보 자체가 가장 중요한 자원 또는 권력의 원천이 되는 사회를 의미한다. 정보의 창출과 전달 및 공유는 정보통신기술의 발달, 특히 인터넷의 발달과 새로운 공유방식의 창출을 통해 가속화되고 있다.

우리나라의 경우 한국인터넷진흥원이 실시한 '2014년 인터넷이용실태 조사보고서'를 보면(도표 6-5), 2014년 7월말 현재 만 3세 이상 인구의 인터넷이용률은 83.6%로서 4천백만 명이 이용하고 있고, 연령별 이용률은 10대에서 40대에서 인구대비 97%~99%가 인터넷을 사용하고 있다고 한다. 인터넷 이용장소도 스마트폰을 통해 장소에 구분 없이 사용하고 있으며, 이용용도는 자료 및 정보접근(검색)이 전체이용 용도 중 91%를 차지하였다.[5)]

인터넷에 대한 인식을 보면(도표 6-6), 일상생활에서 인터넷이 중요하며(75.8%), 일상생활이 편리해졌고(75.6%), 내 삶을 효율적으로 만들어 주고(61.8%) 즐거움을 준다고(57.3%)조사되었으며, 특히 인터넷 이용자의 약 절반이 '인터넷이 나의 대인관계를 넓혀준다'고 답한 것으로 조사되었다.

〈도표 6-5〉 인터넷 이용 용도

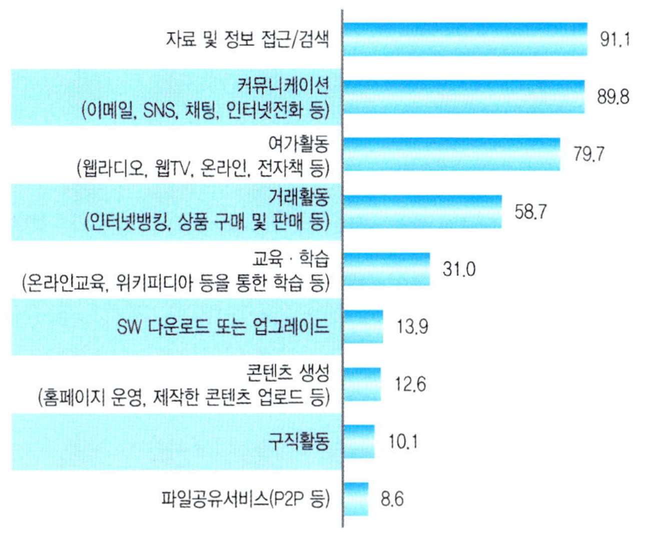

자료 : 2014년 인터넷이용실태 조사요약보고서, 미래창조과학부, 한국인터넷진흥원

〈도표 6-6〉 인터넷에 대한 인식

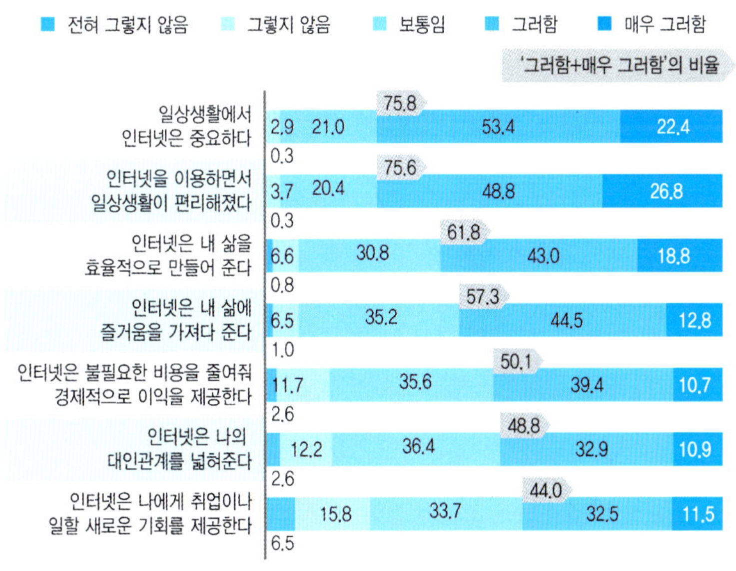

자료 : 2014년 인터넷이용실태 조사요약보고서, 미래창조과학부, 한국인터넷진흥원

정보통신기술의 발전은 인간관계를 형성하고 유지, 발전시키는 방법에도 수많은 변화를 가져왔고, 많은 것을 변화시킬 것으로 예상된다. 전통적으로 인간은 대인간의 접촉을 통하여 인간관계를 형성하여 왔으며, 사회경제의 발전에 따라 그에 상응하는 방법으로 관계를 맺어왔다. 미디어의 발전은 인간관계를 맺기 위해 사람들의 직접적인 만남을 필요로 하지 않게 하였는데, 이 과정에서 정서나 감정을 동반하는 인간관계가 아닌 다른 형태의 인간관계가 형성되게 되었다.

1990년대 중반 인터넷을 통한 이메일의 이용이 일상화되면서, 인터넷은 인간의 삶의 영역을 확장시켰는데, 특히 젊은 세대들은 주로 사람들과 교류하기 위해, 즉 온라인 관계를 형성하기 위해 인터넷을 이용하며, 이메일, 채팅, 게시판, 블로그, 커뮤니티 등을 통해 현실공간을 넘어 만나지 못하거나 만날 수 없는 사람들과 관계를 형성하고 있다. 이와 같이 모바일, 인터넷, 소셜네트워, 페이스북 등 정보통신기술에 기반한 수많은 커뮤니케이션 도구들은 많은 사람들의 커뮤니케이션에 이용되고 있으며 전자적 상호교류를 통한 인간관계의 개념과 범위를 확장시키고 변화시키고 있다. 자신의 관심사나 신념을 공유하는 사람들과 그룹 찾기, 다양한 인종 혹은 민족적 배경을 가진 사람들과 접촉(연결)하기, 다양한 경제적 배경을 가진 사람들과 접촉(연결)하기, 다양한 연령이나 세대와 접촉(연결)하기 등 다양한 관계형성을 위한 활동이 이루어지고 있다.

사이버 인간관계, 온라인상의 인간관계는 현실에서의 대면관계 못지않은 신뢰감과 친밀감의 구축을 가능하게 하는 등, 인터넷을 통하여 많은 관계가 형성되고 있지만, 분명 정서나 감정교류에 한계를 가지고 있는데 화상커뮤니케이션을 통해 언어적, 비언어적 커뮤니케이션의 수행도 가능하기는 하나, 사이버상의 커뮤니케이션은 대부분 언어적 커뮤니케이션이며, 비언어적인 커뮤니케이션의 사용이 극히 제한적이기 때문이다.

또한 정보통신기술의 발달로 새롭게 열린 사이버 공간은 프라이버시의 침해, 정보의 유출 등 윤리성에 문제를 제기하는 등, 많은 부작용을 가지고 있는 것 또한 사실이다. 예를 들면 이메일을 주고 받을 때는 보통 가명이나 별명, ID를 통해서 서로의 신원을 확인할 수 있는데, 본명을 밝히지 않을 수도 있어서 상대방의 직업이나 사회적 지위, 외모, 나이 등을 파악하기에는 제한이 있고 이러한 제한은 신분을 평등화한 상황하에서의 교류를 가능하게 하는 측면이 있으나, 상대방의 정체를 파악할 수 없는 사회적 익명성 상태에서의 비인격화된 관계형성을 유발하기도 한다. 관계형성에 있어서 익명성이 보장된다는 점은 자유롭고 솔직한 의견 교환이 가능할 수 있고, 교류과정도 특정인이 독점적으로 지배하는 경우가 적어서 보다 평등한 참여가 보장되는 등 긍정적인 점도 있지만, 익명성을 가면으로 잘 못 인식할 경우에는 무책임한 비방과 험담을 하거나 왜곡되고 과장된 표현을 하고, 모욕적인 표현을 하는 등, 긍정적인 관계를 훼손시키게 된다. 따라서 익명성이 강한 디지털상의 관계는 공식적이며 업무 지향적이고 탈 인격적인 교류에 적합하다는 평가가 많다.[6]

단절적이고 비인격적인 관계가 만연한 현대사회에서, 신뢰는 개인에게 존재론적 안정감을 제공하여 주는 기반이 될 뿐만 아니라 사회의 안정성과 응집성의 형성을 촉진시켜 건전한 사회질서를 만드는 데 필수적이다. 그런데 정보사회가 고도화되어 사이버 공간이 활성화되면, 익명성을 기초로 한 사회관계가 주를 이루게 되고, 대면적 접촉이 결여된 디지털 공간에서는 익명성이 유지되므로, 이러한 익명성은 인간관계의 기초가 되는 상호개방성에 문제를 야기한다. 상호개방성과 신뢰성의 손상은 진정한 의미의 인간관계 형성을 저해하며 건전한 사회질서의 기초를 위협할 수 있으므로 중요한 사회적 이슈가 아닐 수 없다.[7]

2 사이버 인간관계와 커뮤니케이션

사이버 인간관계는 컴퓨터, 모바일 등이 매개하는 인간관계로서, 현실에서의 대면적 인간관계와 많은 차이점을 가지고 있는데, 대면적 인간관계에서 형성되는 대면 커뮤니케이션의 속성은 발신자와 수신자 간의 직접적인 관계형성이 이루어진 이후에 본격적인 커뮤니케이션이 가능하다는 점, 언어적 표현과 비언어적 요소를 통한 정보교환으로 커뮤니케이션이 이루어진다는 점, 그리고 상대방과의 관계설정과 대인 효과를 중시한다는 점으로 요약된다.

이와는 달리, 사이버 인간관계는 시간과 공간적 제약을 뛰어넘어 융통성 있는 자유로운 관계를 가능하게 한다. 따라서 사이버 인간관계에서의 커뮤니케이션은 시간과 공간을 초월하는 상황을 허용하며, 물리적으로 원격지간의 송수신자를 연결하며, 언어보다는 주로 글로 표현된 메시지를 통해 커뮤니케이션이 이루어지는 특성을 가지고 있다. 또한 교환되는 메시지를 저장, 편집할 수 있으며, 송수신자들의 물리적 관계형성이 요구되지 않는다. 즉 대화 상대방의 신원을 모른 채 익명성을 유지하면서도 커뮤니케이션이 진행된다는 것이다. 이와 같이 사이버에서 형성되는 커뮤니케이션은 기존의 커뮤니케이션 기능을 확장시키고, 새로운 기회를 제공하는 등의 차별성을 가지고 있다.

1) 사이버 커뮤니케이션의 특징

사이버 공간은 네트워크에 접속하고자 하는 누구에게나 개방되어 있는 공간이기 때문에, 개인적인 욕구나 필요에 따라 언제든지 자유롭게 네트워크에 접속하거나 중단할 수 있다는 특징을 가지고 있다. 따라서 사이버 공간에 접속하여 활동하는 사람들은 언제나 유동적이며, 이로 인해 현실세계와 달리, 사이버 공간에서 상호작용을 하는 대상 역시 고정되어 있지 않을 뿐만 아니라, 그들과의 상호작용 역시 일시적이거나 일회적인 경우가 대부분이라고 할 수 있다.

사이버 공간에서 발생하는 대부분의 인간행동은 행위자의 자발성에 의해, 즉 자발적인 참여에 의해 나타나는 것이다. 물론, 사이버 공간에서의 인간행동 모두가 자발적인 것, 즉 외재적 보상이나 압력 등이 아닌 순전히 내재적 동기만으로 발생하는 것으로 보기는 어렵지만, 기본적으로 사이버 공간 내에 존재하는 누구도 다른 사람의 행동을 강요하거나 강제할 수는 없다. 왜냐하면, 모두가 자신의 필요에 따라 사이버 공간에 개별적으로 그리고 자발적으로 접속한 사람들이기 때문이며, 현실에서의 힘이나 권력 혹은 지위 등과 관계없이 사이버 공간에서는 모두가 동등한 위치에 설 수 있기 때문이다. 따라서 사이버 공간의 경우에는 주로 수평적인 관계에서 다른 사람들과 상호작용하게 되며, 만약 그러한 상호작용을 원치 않을 경우에는 언제든지 자발적으로 관계를 중단할 수 있다.

사이버 공간의 개방, 참여 및 공유의 특성에 의하여, 사이버 공간에서 생산된 정보는 한 사람에게서부터 다른 사람들에게로 보다 빠른 속도로 확산되어간다는 특징이 있다.[8)]

사이버 공간에서 이루어지는 인간관계 및 커뮤니케이션의 주요 특징은 다음과 같다.

① 시공간적 제약을 초월한 동시적 교류가 가능하여 더 이상 공간상의 거리가 인간관계와 커뮤니케이션의 장애가 될 수 없다.

② 전통적인 면대면 커뮤니케이션 상황에서의 인적 네트워크는 반복적인 접근이나 밀접한 사회관계를 기반으로 하는 강한 연계관계를 기본으로 형성되어 있는 것인 반면, 사이버 공간에서의 인간관계는 기본적으로 서로가 서로를 잘 모르는 사람들간의 약한 연계(weak tie)의 유대관계를 기반으로 한다.[9)]

③ 현실세계의 사회적 관계 및 위계와 관계없이 상호 간 동등한 위치에서 1대 다수의 상호작용을 할 수 있다.

④ 현실세계와 비교할 때 상대적으로 보다 솔직하고 객관적인 의사표현을 할 수 있다.

⑤ 자발적이고 수평적인 정보제공 및 지식정보의 자유로운 유통 및 무상제공 현상, 그리고 집단 간 경계를 이완시키는 현상 등을 유발하는 원천으로도 작용한다.[10)]

⑥ 특정 장소나 위치와 상관없이 '가상의 끈'에 묶여 있는 것처럼 사람들은 언제 어디서나 연결 가능성을 염두에 두고 생활한다.

⑦ 직접적이고 즉시적 연결이 가능하며, 동시에 어느 순간에 망설임도 없이 쉽게 관계를 해체할 수도 있다.

⑧ 말 한마디 하지 않고 누군가와 커뮤니케이션이 가능하고, 말에 의한 소통이 아니라 문자 메시지나 이메일에 의한 소통이 일어난다.

2) 사이버 커뮤니티와 커뮤니케이션

커뮤니티란 '적어도 상당한 기간 이상으로 영역(area)을 공유하고, 구성원 간 서로 공동의 어떤 연대를 가지고 사회적인 상호작용을 하는 일군의 집단'을 말하는데, 반드시 친족 관계나 이웃에 거주함을 요구하지 않으면서 어떤 공감대를 중심으로 구성할 수 있는 사회적 연결망(social network)의 형태로 존재한다. 따라서 사이버 공간에서도 이러한 커뮤니티는 커뮤니티의 요건인 동질성이나 관심사에 따라 참여자들이 연결됨을 충족하는 한 물리적인 만남 없이 커뮤니티를 형성할 수 있다. 사이버 공간에서는 커뮤니티를 형성하려는 의노와 주제만 있으면 보다 신속하고 광범위한 다양한 커뮤니티를 형성하고 유지할 수 있다.

붉은 악마와 같은 특화된 영역에서의 사이버 커뮤니티, 취미활동을 위한 커뮤니티에서 특정 주제에 대한 토론의 공간, 동일 지역의 주민커뮤니티 등 사이버 커뮤니티의 형태는 실로 다양하다. 정보화 사회 속에서 살아가는 인간은 더욱 관계 속에서 살아갈 수밖에 없는데, 사이버 커뮤니티는 접근성과 편리성을 무기로 한 번도 만난 적이 없는 사람들과의 관계를 구축하게 해준다.

사이버 커뮤니티에서의 인간관계는 참여자 자신들이 정체성을 파악할 수 있는 영역을 만들어 동질성을 느끼는 다른 참여자들을 모여들게 함으로써 집단 정체성을 가지는 관계를 발전시킬 수 있는 반면에, 지나친 집단정체성은 내부자와 외부자 간의 장벽을 높이고 협소화, 경계화, 또는 폐쇄화를 강화하여 열린 커뮤니티로서의 성장과 응집을 약화시킬 수 있으며, 이 경우 폐쇄적인 사회적 관계만을 추구하는 모임으로 전락할 수 있다.[11)]

많은 직장인들은 왜 직장 내 소통이 원활하지 않다고 생각했을까요?

얼마 전 잡코리아에서 직장인을 대상으로 직장 내 커뮤니케이션에 대한 설문조사를 실시했습니다. 60.9%의 직장인이 직장 내 직원들 간의 소통이 원활하지 않다고 응답했는데요.

순위	항목	비율
1	수직적인 조직문화 때문에	48.1%
2	서로의 의견을 잘 이야기 하지 않아서	27.0%
3	팀 내 혹은 사내 이슈가 잘 공유되지 않아서	14.1%
4	개인적으로 하는 업무가 많아서	9.7%
5	미팅 혹은 회의를 자주 하지 않아서	1.1%

직장 내 소통이 원활하지 않은 이유로 절반에 가까운 직장인들이 수직적인 조직문화(48.1%)를 1위로 꼽았습니다. 그 외에 서로의 의견을 잘 이야기 하지 않아서(27.0%), 팀 내 혹인 사내 이슈가 잘 공유되지 않아서(14.1%) 등의 항목이 뒤를 이었는데요.

기업별 형태로 살펴보면 중소기업 직장인중 직장 내에서 소통이 잘 되지 않는다고 답한 응답자가 63.1% 비율로 가장 많았으며, 대기업(60.5%), 공기업(51.9%), 외국계기업(47.1%) 순으로 나타났습니다. '직장 내 커뮤니케이션에 어려움을 겪은 적이 있습니까'라는 질문에는 직장인 10명 중 9명에 달하는 92.1%가 '그렇다'고 답했는데요.

순위	항목	비율
1	상사와 의견이 다를 때	60.4%
2	다른 팀과 업무를 진행할 때	16.1%
3	메일로 업무를 처리할 때	8.9%
4	후배에게 업무를 지시할 때	6.1%
5	팀 내 회의할 때	3.6%

직장 내 커뮤니케이션이 가장 어려웠던 순간에 대해서는 '상사와 의견이 다를 때'가 60.4%로 가장 높았고, 다음으로 '다른 팀과 업무를 진행할 때'가 16.1%로 그 뒤를 이었습니다. 이처럼 많은 직장인들이 직장 내 커뮤니케이션이 원활하지 않다는 것을 인지하고 있음에도 '직장에서 본인의 의견을 잘 말하는 편인가'라는 질문에 56.9%가 '그렇지 않다'고 답했는데요.

순위	항목	비율
1	의견을 얘기해도 들어주지 않을 거란 생각때문에	28.9%
2	수직적인 조직문화 때문에	24.9%
3	말실수를 하게 될까봐	13.3%
4	딱히 내세울 의견이 없어서	10.4%
5	회사에서 불이익을 당할까봐	8.7%
6	의견을 제시한 만큼 일이 많아져서	7.5%

직장 내에서 자신의 의견을 말하지 않는 이유는 '의견을 얘기해도 들어주지 않을 거란 생각 때문에'가 28.9%로 가장 많았고, 이어 '수직적인 조직문화 때문에'(24.9%), '말실수를 하게 될까봐'(13.3%) 등의 의견이 뒤를 따랐습니다. – 잡코리아 2014.8.19일 홈페이지 기사에서

제 4 절 커뮤니케이션의 장애요인과 활성화 방안

커뮤니케이션은 발신자와 수신자 상호간에 교환되는 정보나 아이디어, 메시지가 발신자가 애초에 의도한 내용과 의미대로 수신자에게 적시에 왜곡되지 않고 정확하게 전달되고, 수신자도 발신자가 보내는 의미를 정확히 이해하여야 하는 것으로, 이를 효과적인 커뮤니케이션(Effective Communication)이라 한다.

커뮤니케이션의 과정에서 설명한 바와 같이, 커뮤니케이션 모든 과정에는 기본적으로 소음(noise)이 있어서 발신자가 의도한 정보메시지가 그대로 수신자에게 이해되지 않음으로써 의도했던 의미가 실제로 이해된 내용과 차이가 생기는 경우가 많고, 결과적으로 커뮤니케이션의 효과성을 저해하기도 한다. 4절에서는 커뮤니케이션의 여러 장애요인에 대해 알아보고, 이러한 장애요인을 어떻게 극복하여 커뮤니케이션의 효과성을 제고하는지에 대하여 정리하기로 한다.

1 커뮤니케이션의 장애요인

사람과 사람 사이의 의사소통에는 많은 장애요인이 존재하고 있는데, 의사소통의 효과성을 저해하는 대표적인 장애요인은 다음과 같다.

1) 매체해독의 오류

커뮤니케이션 과정에서 어려운 전문용어 혹은 애매한 표현과 제스처 등 매체(언어 또는 비언어)에 대한 해석이 달라 발신자의 의도와는 다르게 수신자가 해석할 수 있는데 이를 매체해독의 오류라고 한다.

2) 여과

여과(filtering)란 발신자가 보낸 메시지를 수신자가 더욱 선호하도록 만들기 위해서 발신자가 스스로 의도적으로 사실의 일부를 누락시키고 걸러서 수신자에게 보내는 것을 말한다. 즉 여과란 수신자가 더욱 선호 할만한 정보로 만드는 계획적인 조작을 의미하는

데, 예를 들면 정보가 상위계층으로 올라갈수록 하급자에 의해 정보는 줄어들고 압축되는 경우가 발생한다. 보고단계가 많을수록 여과의 기회는 증가하게 되는데, 이메일의 효과적인 사용은 여과를 줄여준다.

3) 정보의 간소화 경향

사람들은 일반적으로 복잡한 것을 간소화하고 균형이 잡히지 않은 불규칙적인 자극은 균형이 잡힌 것으로 보고자 하는 심리적 경향이 있다. 이러한 현상을 간소화의 법칙이라고 한다. 즉 전달된 내용의 의미가 전체 혹은 일부가 불명료하여 듣는 사람이 완전히 이해하지 못하는 경우 말의 내용이 임의로 재구성되어 버린다. 또한 커뮤니케이션의 내용이 너무 복잡한 경우에는 그것이 그대로 상대방에 전달되지 않고 간소화되어 버린다.

4) 정보의 독점 및 누락

개인은 널리 보급시켜도 좋은 정보를 혼자 간직(독점)함으로써 타인에 대한 통제력을 행사하고자 할 수도 있다. 누락은 전달자가 의도한 메시지의 일부만이 수신자에게 전달됨을 뜻한다. 누락은 전달자가 고의로 의사소통의 내용을 여과(filtering)할 때라든가 전달자가 전 메시지를 파악하지 못함으로써 불충분한 정보를 수신자에게 전달할 때 발생한다. 또 고의가 없더라도 조직이 고층구조를 지녀 의사소통단계가 길어지게 되면 불가피하게 누락은 발생한다.

5) 선택적 지각(selective perception)

커뮤니케이션에서 발생하는 선택적 지각이란 발신자가 전달한 내용을 수신자가 보거나 들으면서 모두 지각하지 않고 자신의 욕구나 동기부여 상태, 지식과 경험 등의 개인적인 특성에 따라 보고 듣는 기준을 설정하여 정보의 일부만을 선택적으로 받아들이는 현상으로 수신자의 욕구, 경험, 배경과 같은 개인적 특성에 어울리는 것만을 수용한다는 것이다.

6) 감정상태

극단적인 감정의 상태에서 효과적인 커뮤니케이션이 가능할까? 커뮤니케이션 당사자

(발신자, 수신자)의 감정 상태에 따라 커뮤니케이션이 달라질 수 있다. 즐거울 때 또는 우울할 때에 따라서 같은 메시지를 다르게 받아들일 수 있다는 것이다. 따라서 객관적인 사고가 불가능할 정도로 화가 난 상황 등에서 커뮤니케이션을 한다면 메시지에 즉각적으로 반응하지 않는 것이 좋을 것이다.

7) 가치관의 상이

발신자는 동일한 내용을 전달했다 하더라도 수신자의 심적 태도나 가치관에 따라 그것이 상이한 내용으로 전달된다. 즉 준거체계의 차이가 커뮤니케이션의 장애요인이 되는 것이다.

8) 정보과부화(시간과 정보량, information overload and time limit)

한 사람이 처리해야 할 정보량이 자신의 정보처리능력을 초과할 경우 이를 정보 과부하라고 하는데, 사람들은 정보를 저장하는데 근본적인 한계를 가지고 있는 것이 보통이기 때문에, 전달되어야 할 메시지의 양이 너무 많거나, 커뮤니케이션을 위해 필요한 시간이 촉박한 상황 등도 효과적인 커뮤니케이션의 장애요인으로 작용한다. 사람들은 너무 많은 정보를 전부 완벽하게 이해하는 것이 불가능하기 때문에 과도한 정보의 전달은 정보의 무시, 정보의 누락을 수반하는 부분적인 이해 혹은 일부 정보를 잊어버리게 되어 비효율적인 커뮤니케이션을 하게 된다.

9) 평가적 경향

이는 수신자가 발신자로부터 메시지를 전부 받기 이전에 그 메시지의 전반적인 가치를 평가해 버리는 경향을 의미한다. 이러한 경향은 발신자에 대한 평소의 태도나 과거 경험 등에 근거하는 것이다.

10) 성별

성별은 커뮤니케이션에 어떤 영향을 미치는가? 다른 성별간에 커뮤니케이션 하는 방법이 동일한 성별간의 커뮤니케이션 방법과 다를까? 커뮤니케이션에서 남녀가 반응하는 방법은 다를 수 있으며, 효과적인 커뮤니케이션을 위해서는 서로에 대한 이해와 적응을 바탕으로 한 노력이 중요하다. 커뮤니케이션의 방법이 좋고 나쁨이 아니라 서로에 대한 이해가 중요하다는 것이다.

왜 남성과 여성은 서로 의사소통하기가 어려운가?

사회학자 데보라 타넨(Deborah Tannen)은 우리에게 대화 스타일에서 남성과 여성의 차이에 대한 중요한 통찰력을 제공해 준다. 남성은 지위를 강조하면서 대화를 하는 반면에 여성은 관계(connection)를 형성하기 위해 대화를 한다는 것이다. 물론 데보라의 결론은 모든 남성이나 모든 여성에게 적용되는 것은 아니다. 의사소통은 서로 상충하는 친밀성과 독립성에 대한 요구 속에서 계속적으로 균형을 유지하는 행동이다. 친밀성은 친근함과 공통성을 강조하는 반면, 독립성은 분리와 차이를 강조한다.

이와 관련하여 재미있는 사실이 있다. 여성은 관계와 친밀성의 관점에서 말을 하고 듣고, 남성은 지위, 권력, 독립성의 관점에서 말을 하고 듣는다. 그래서 많은 남성들에게 대화는 주로 계층적 사회질서 속에서 독립성을 보존하고 지위를 유지하기 위한 수단이다. 반면에 많은 여성들에게 대화는 확신과 지지를 추구하고 제공해 주는 것으로 친근한 관계를 형성하기 위한 협상이다.[12)]

〈영화, 남과여 Un home et Une Femme, (1966년)의 한 장면〉

– http://movie.daum.net/moviedetailPhotoView

2 커뮤니케이션 활성화 방안

앞에서 살펴 본 커뮤니케이션의 장애요인을 극복하고 효과적인 커뮤니케이션을 하기 위해서는 어떻게 하여야 하는가? 커뮤니케이션을 효과적으로 하는데 도움을 주는 활성화 방안은 다음과 같다.

1) 피드백의 활용

메시지를 전달한 후 수신자에게 질문이나 의견을 제시하도록 함으로써 메시지가 제대로 이해되었는지를 언어와 비언어적인 수단을 통해서 확인하는 것으로 이를 통해서 이해의 정도와 정확성의 정도 등을 확인할 수 있다. 커뮤니케이션에서의 피드백은 현재의 행동을 강화하거나 행태의 변화를 지적하는 것이어야 한다. 즉 피드백은 지원적이거나 교정적인 성격을 가져야 한다. 개인적인 피드백은 사람들에게 자신에 대해 타인이 느끼는 감정을 알게 해 주고, 타인이 자신에 대해 생각하는 것을 알게 해 줌으로써 자신의 행동을 다시 되돌아 보게끔 해 준다.

효과적인 피드백을 위해 도움이 되는 원칙은 다음과 같다.[13)]

- 피드백은 전달자와 수신자 사이의 신뢰를 기반으로 해야 한다.
- 피드백의 내용은 일반적인 것보다는 구체적이고 명확하여야 한다.
- 피드백은 수신자가 이를 받아들일 준비가 되어 있을 때 행해져야 한다.
- 전달자는 자신이 의도한 내용이 맞는지를 알아 보기 위해서 수신자에게 피드백의 내용을 다시 한 번 말하도록 해야 한다.
- 피드백에는 수신자가 할 수 있는 일들이 포함되어야 한다.
- 피드백은 어떤 특정 시점에서 다룰 수 없는 것을 포함해서는 안 된다.

2) 적절한 매체의 선택

커뮤니케이션의 긴급성과 비용 등을 고려하여 각 상황에 적합한 매체를 선택하여야 한다. 특히 정보의 충실성(information richness)은 특정 정보 자체가 가지고 있는 정보의 양과 의미 있는 정보를 전달할 수 있는지에 대한 잠재력을 말하는 것으로 피드백의 신속성, 정보전달 매체(경로) 등 여러 요소의 영향을 받는데, 특히 상황의 중요성과 긴급성에 따라 적절한 매체를 선택하는 것은 커뮤니케이션의 효과성에 절대적인 영향을 미친다. 대면을 하고 언어적이면서 비언어적인 커뮤니케이션이 모두 필요한 상황에서 단순히 문자 몇 줄을 보낸다면 커뮤니케이션의 효과성을 저해할 것은 분명한 것이다.

3) 적절한 언어의 사용

수신자의 연령, 배경, 지적 수준, 경험, 감정 등을 고려하여 적합한 표현을 사용하는 것은 효과적인 커뮤니케이션을 가능하게 한다. 즉 수신자가 이해할 수 있도록 적절한 단어를 선택하고 메시지를 구성해야 하는 것으로 수신자를 고려한 메시지구성이 필요하다. 전문적 용어나 자기 집단어는 피하고 이해하기 쉬운 말을 사용하고 상대의 이해 정도를 고려하면서 표현 방식이나 속도를 조절하여야 한다. 병원에서 의사선생님들이 환자에게 진단 결과를 설명할 경우 의사들이 사용하는 고유단어만을 열거한다면 환자는 그 내용을 쉽게 잘 이해할 수 없을 것이다. 은어나 전문어, 자기 집단에서만 사용하는 언어들은 이것을 사용하는 그 집단 내에서만 사용할 때 이해될 수 있으나 집단 밖에서 사용할 경우에는 많은 커뮤니케이션의 문제를 야기한다. 요즈음 청소년들이 사용하는 단어를 보면 매우 압축된 단어의 사용과 은어들이 많고, 그들의 대화를 들을 경우 쉽게 이해하지 못하는 경우가 많다.

4) 적극적 경청(active listening)

수신자의 입장에서 발신자의 말에 귀를 기울이는 자세를 경청이라고 한다. 단순히 듣는다는 의미, 귀를 기울인다는 의미를 넘어서 발신자의 메시지에 집중을 하고 그 내용뿐만이 아니라 의도와 의미를 찾는 활동이 경청이다. 따라서 경청을 하기 위해서는 집중과 적극적인 자세가 필요하며, 발신자의 말을 중단하지 않도록 하고, 마음을 편안하게 해주며, 관심의 영역을 찾아 기록을 하거나 반응을 보이는 등 총체적인 노력이 필요한 것이다. 그러므로 경청은 어려운 것이다.

경청을 증대시키기 위해서는 발신자의 입장에서 생각해보는 것이 중요한데, 이렇게 함으로써 발신자의 의도와 태도, 욕구와 흥미, 수신자에게 바라는 기대 등을 이해하는 정도가 증대되며 발신자와의 공감을 형성할 수 있다. 이를 통하여 커뮤니케이션을 통해 발신자가 보내는 메시지 등에 대한 의미를 파악하는 능력을 향상시킬 수 있는 것이다.

5) 감정의 억제

발신자와 수신자는 항상 이성적일 경우에만 커뮤니케이션을 하는 것일까? 물론 그렇지는 않을 것이다. 감정은 커뮤니케이션 과정에 큰 영향을 미치는 것으로 때로는 효과적일 수 있으나, 때로는 메시지의 의미를 왜곡시키고 메시지를 통해 전달하려는 바와는 다르게 의미전달에 실패하는 경우를 자주 볼 수 있다. 따라서 효과적인 커뮤니케이션을 위해서는 상황에 맞게 감정을 조절하여야 하며, 또한 비언어적인 단서의 전달도 언어적인 메시지의 전달과 일치시켜야 할 것이다.

6) 효과적인 자기 노출

자기노출이란 개인이 의식적으로 언어적 혹은 비언어적 수단을 통하여 자기 자신에 대해 타인과 의사소통하는 정도를 말한다. 사람들은 종종 일상적인 말이나 타인에게 자신을 설명하는 방식으로 자기 자신을 무의식적으로 나타내곤 한다. 지나치게 노출을 꺼리거나 과도한 노출의 경우는 모두 바람직하지 않다.

7) 효과적 시간설정

시간의 압박은 효과적 커뮤니케이션의 방해요소가 되기 때문에 사전에 충분한 대화가 될 수 있는 시간을 정해 놓고 커뮤니케이션이 되도록 해야 한다.

참고문헌

1. S.P. Robbins, D.A. DeCenzo and M. Coulter, Fundamentals of Management, Essential Concepts and Applications, 7th ed., PEARSON, 2011, p. 347
2. 설기문, 인간관계와 정신건강, 학지사, 1997, pp. 188-198.
3. 박연호, 이종호, 임영제 공저, 현대인간관계론, 박영사, 2013, p. 144~145.
4. R.L. Daft & R.H.Lengel, Organizational Information Requirements, Media Richness, and Structural Design, Management Science, 1986
5. 2014년 인터넷이용실태 조사요약보고서, 미래창조과학부, 한국인터넷진흥원
6. 김유정, 디지털 존수 변화하는 인간관계(SERI연구에세이 071), 삼성경제연구소, 2007, pp. 45~47.
7. 권기헌, 정보사회의 논리(나남신서 556), 나남, 2000
8. 이호영, 정은희, 이장혁, 웹2.0시대 디지털 콘텐츠의 사회적 확산 경로연구 2007-12, 정보통신정책연구원, 2007-12
9. 나은경, 온라인과 오프라인 세계의 상호작용 : 온라인 사회연결망의 이질성과 오프라인 면대면 만남이 민주적 시민태도에 미치는 영향, 한국언론학보, 2007, p. 51.
10. 김명준, 자기표현의 출구로서 사이버공간에 관한 연구 : 사회자본관의 연관성을 중심으로, 사이버커뮤니케이션학보, 2007, p. 22.
11. 김유정, 2007, 전갈서, pp. 50~52
12. S.P. Robbins and Timothy A. Judge, Organizational Behavior, 14th ed., PEARSON, 2011, p. 395
13. 박연호, 이종호, 임영제 공저, 2013, 전게서 p. 141.

07 갈등관리

학습목표

1. 갈등의 의미를 알고 갈등을 바라보는 관점에 따라 관리방법이 다름을 알 수 있다.
2. 갈등의 유형을 분류하고, 갈등의 원인을 인적요이, 과업관련요인, 및 조직적 요인으로 나누어 설명할 수 있다.
3. 갈등의 과정을 이해하고 갈등의 순기능 및 역기능 결과를 구분할 수 있다.
4. 갈등을 관리하는 방안을 갈등조장과 갈등감소로 나누어 전략을 설정할 수 있다.

7 갈등관리

생각열기

갈등의 씨앗, 지배 심리

모든 갈등에 깔려 있는 지배심리와 우위다툼이 있다.

〈갈등 사례〉

경영대가의 명언 탐방

경영학의 대가 톰 피터스는 이렇게 말했다.

"두 사람이 업무에 대해서 항상 같은 의견만 갖고 있다면, 둘 중 한 사람은 불필요한 사람이다."

다른 방향으로 생각하고 다르기 때문에 생기는 갈등은 그래서 축복이다. 사고의 폭이 확장되기 때문이다. 갈등을 해결하는 과정 속에서 인간관계는 새롭게 조명되고 깊어지며 조직의 창조적 생산성이 높아진다.

같은 방향(목표)을 바라보지만 서로 다른 회전방향(의견, 사고방식) 때문에 수 없이 발생하는 것이 갈등이다. 갈등이 없다면 일은 아주 순조롭게 진행되겠지만, 또한 순조롭게 망할 가능성도 높아질 수 있다. 충분한 가설과 실험, 검증 없이 그냥 되는 일은 원래 없다.

이처럼 갈등은 우리의 삶을 좀 더 풍부하게 만들어준다. 극적인 스토리는 언제나 갈등 속에서 태어난다. 마치 질서는 혼돈 속에서 잉태되듯이.

그러나 사람들은 갈등이 발생하면 내가 옳은지 네가 옳은지를 따진다. 그래서 누가 잘못했다고 해석을 내린다. 사실 삶을 살다보면 누구의 잘잘못을 따질 일이 필요하다. 그것보다 더 중요한 것은 갈등의 원인은 사람보다는 구조나 시스템 때문인 경우가 많다.

자료 : 강정욱의 학습공간 코치앤터치에서 수정인용.[1)]

인텔의 성공원동력

(Andy Grove)는 인텔의 성공 원동력을 "격렬한 논쟁과 갈등"이라고 말한다. 회사 내부나 외부에 쟁점이 있을 때 이를 없는 듯 덮어두지 않고 적극적으로 제기해, 열띤 토론과 논쟁을 거쳐 발전적으로 해소하는 논쟁유도방법이 인텔을 성공으로 이끌었다는 것이다. 앤디 그로브가 사퇴한 지금도 인텔은 이 같은 '건설적 대립(Constructive Confrontation)'을 조직문화의 가장 큰 원칙으로 삼고 있다.

제 1 절 갈등관리 개요

1 갈등의 개념 정의

'갈등(conflict, 葛藤)'이란 단어에서 갈(葛)자는 칡나무 덩굴을 의미하고 등(藤)은 등나무를 의미한다. 칡나무와 등나무는 위로 회전하면서 자라는 성질이 있는데. 칡나무 덩굴은 시계방향으로 타고 오르고, 등나무 덩굴은 그 반대쪽인 왼쪽으로 회전하며 자란다. 같이 심으면 서로 꼬이면서 반대로 자란다고 하여 반대 개념인 갈등이란 말이 유래되었다.

칡나무 갈(葛) + 등나무 등(藤) = 갈등(葛藤)

갈등이란 말의 사전적 정의를 보면 다음과 같다. "갈등이란 칡과 등나무가 서로 엉키는 것과 같이, 개인이나 집단사이의 목표나 이해관계(利害關係)가 달라 서로 적대시하거나 충돌함, 또는 그런 상태 "를 말한다.

갈등은 둘 이상의 갈증 주체 사이에 발생하는 현상이다. 사람이 모여서 어떤 목표를 추구하는 조직에서는 어느 개인이 생각하는 목적달성을 타인이 방해하는 경우에 불쾌감과 좌절감을 느낀다. 이러한 두 주체 간에 생기는 불일치나 불화는 목표, 가치관, 생활환경, 역할 및 신분의 차이 때문에 생긴다. 심리학에서는 개인 내 갈등에 초점을 맞춘다. 개인의 내적 갈등은 마음 속에 존재하는 두 개 이상의 모순된 욕구나 희망이 충돌할 때 발생한다.

따라서 갈등은 갈등주체나 대상의 범위에 따라 다양한 정의가 존재한다.

"갈등이란 한 당사자가 관심을 가지고 있는 것에 대해 다른 당사자가 부정적인 영향을 미치거나 부정적인 영향을 미치려고 한다는 것을 지각할 때 시작되는 과정"이 정의는 광범위하다. 갈등이 어떤 격리된 사건이 아리라 원인, 동기유발, 해결책을 가지고 있다는 것을 위미하기 위해 과정이라는 용어를 사용한다.[2)]

한 편 다른 정의를 보면, "갈등이란 어떤 사람이(혹은 집단이) 다른 사람(혹은 집단)과의 상호작용이나 활동으로 인해 상대적 손해를 인지한 결과 다툼이나 적대감이 발생하는 상황이다"[3)]

갈등을 조직내부로 한정하여 정의하면, "조직에서의 갈등(conflict)은 희소자원이나 업무의 배분이 불균등하거나 가치관과 처지, 목표, 가치관, 및 인지가 달라서 두 주체 간에 발생하는 대립적인 상호작용"을 말한다.

조직에서 발생하는 갈등에는 몇 가지 특징이 있다.[4]

① 갈등은 어떤 하나의 사건이 아니라 과정을 의미한다. 이것은 과거의 어떤 사건으로부터 시간이 경과함에 따라 발전된 것이다. 갈등의 원인은 어떤 사건의 발생에서 시작된 것이지만 갈등은 시간이 흐름에 따라 형성된다.

② 갈등은 당사자들이 갈등이 되는 사건이나 현상을 지각할 때 비로소 이를 갈등이라고 부른다. 제3자의 입장에서 두 사람의 대화 내용으로 볼 때 갈등이 존재한다고 인지함에도 불구하고 두 사람이 이것을 갈등이라고 느끼지 않는다면 이것은 갈등이 아닌 것이다.

③ 갈등에는 적대적인 감정이 존재한다. 가까운 친구들이 편을 나누어 야구시합을 하면서 경쟁하지만 쌍방에 대한 적대감이 없다면 이것을 갈등으로 보기는 어렵다.

〈도표 7-1〉 갈등의 유래와 어원

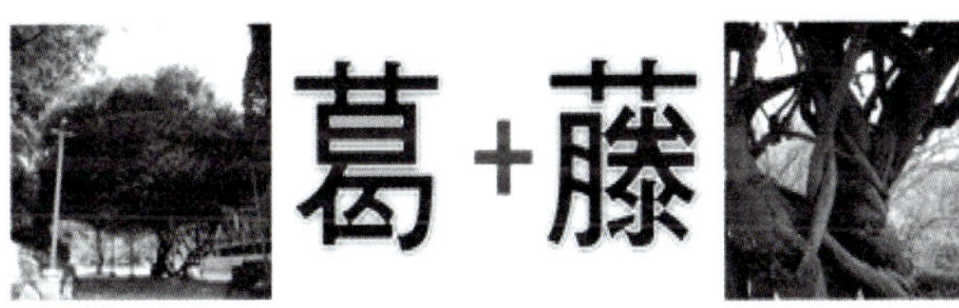

2 갈등관점의 변천

갈등은 해롭고 나쁜 것인가? 이 질문에 대한 상반적인 견해가 제시되고 있다. 전통적 견해에 의하면 갈등은 무조건 나쁜 것이고, 없어야 한다는 견해이며 전통적 관점이라고 한다. 다른 관점은 인간관계적 관점으로, 갈등은 집단이나 조직에서 자연스럽게 나타나는 현상이다. 이것은 반드시 나쁜 것만은 아니고 생산성과 창의성에 긍정적 자극이 될 수도 있다고 보는 견해이며 행동과학적 관점이라고도 부른다. 가장 최근에 주장되는 견해는 갈등의 상호작용적 관점으로 어떤 갈등은 갈등이 조직의 추진력에 오히려 필요하다는 견해가 대두되었다.

1) 전통적 관점

전통적인 갈등관은 1930년과 1940년 사이 보편적인 견해로서 고전적 조직이론과 초기 인간관계론적 접근방법에 입각한 견해이다. 사람들은 갈등을 부정적으로 보았고, 폭력, 파괴, 비합리성 등과 유사한 개념으로 간주했다. 갈등은 의사소통이 안되며, 열린 경영을 하지 않고, 종업원의 욕구를 무시할 때 생기는 것으로 파악했다. 따라서 관리자는 갈등을 최소화하기 위해 노력해야 하며 협력과 화합만이 가장 이상적인 상태라는 가정을 한다.

2) 행동과학적 관점

1950년대에서 70년대 사이의 갈등관점은 갈등이 부정적인 측면이 있기는 하지만 조직에서 불가피한 현상으로 수용하는 입장이다. 갈등은 가끔 문제해결에 유용한 순기능을 발휘하기도 한다고 인정한다.

3) 상호작용적 관점

1970년대 이후 최근에는 그간의 통념과 다르게 갈등이 오히려 조직의 창의성과 활력의 원천이 될 수도 있다는 견해를 제시한다. 조직구성원들 사이의 상호작용을 강조하는 학자들은(interactionist) 구성원들이 조직 안에서 상호작용하는 과정에서 경쟁도 하고 신뢰도 주고 받으면서 갈등의 순기능을 체험할 수 있다는 것이다.[5)]

상호작용적 견해에 의하면, 집단의 리더는 집단을 생기 있게 유지하기 위해 최저수준의 갈등을 지속적으로 유지시키도록 장려하는 것도 필요하다고 주장한다. 결국 갈등의 순기능적 측면과 역기능적 측면을 모두 수용하되 순기능적 측면을 조직의 창의적 발전의 원동력으로 이용하는 것을 권유한다.

제 2 절 갈등의 유형

개인 간 혹은 조직에서 일어나는 갈등은 대상과 주체에 따라 다음과 같이 분류할 수 있다.

1 갈등대상에 따른 분류

1) 과업관련 갈등

조직에서 과업을 수행하는 과정에서 발생하는 갈등. 예를 들면, 업무량과다, 직무목표 수준의 비현실성 및 직무 간 권한이 불명확할 때 생기는 갈등.

2) 인간관계 갈등

조직 내 인간관계, 즉 상사의 관리스타일이 부하에게 맞지 않거나, 동료 간의 성격이나 업무스타일 등이 다를 때 생기는 갈등.

3) 조직의 제도관련 갈등

조직 내 새로 도입되는 제도나 조직개편으로 인해 새롭게 권한 책임을 설정할 때 생기는 갈등

2 갈등주체에 따른 분류

갈등주체에 따른 갈등은 개인적 갈등, 대인적 갈등, 조직 갈등으로 분류할 수 있다.

1) 개인적 갈등 (intra-individual conflict)

개인 내부에서 두 가지 상충되는 욕구가 생길 때, 또는 욕구가 충족되지 못할 때(좌절), 주어진 직무의 장단점이 다를 경우, 갈등과 긴장이 생긴다. 개인적 갈등은 욕구좌절

에 의한 갈등과 목표에 의한 갈등, 및 역할갈등으로 분류된다.

(1) 욕구좌절에 의한 갈등

동기부여가 된 욕구가 목표에 도달하지 못하고 방해를 받을 때 생긴다. 이때 방어기제(defense mechanism)를 이용하는데 공격, 철회, 집착, 및 타협을 통해 갈등을 해소하려 한다.[6)]

〈도표 7-2〉 욕구좌절 모형

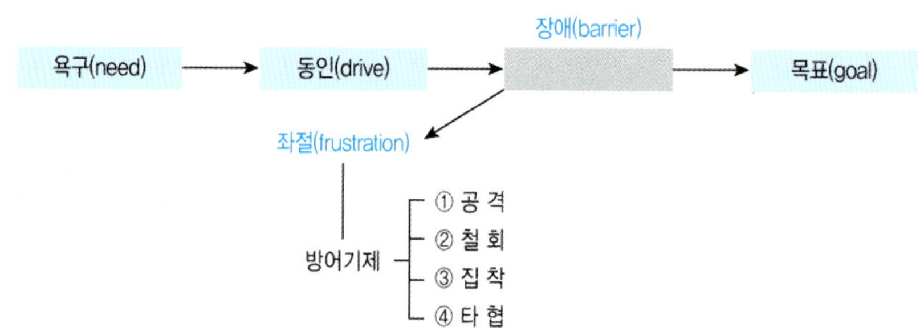

자료 : Luthans(2008 : 256).

좌절은 조직에 항상 부정적인 영향만을 끼치는 것은 아니며 강한 성취동기를 가진 구성원이 좌절을 느낄 경우에는 오히려 장래를 극복하고자 더욱 열심히 업무에 몰입함으로써 실적향상에 도움을 줄 수도 있다.

(2) 목표갈등

목표갈등(goal conflict)은 목표가 긍정과 부정적 양면을 동시에 가지고 있을 때, 그리고 둘 이상의 경쟁적인 목표가 병존할 때 발생한다. 좌절갈등은 하나의 욕구가 목표에 이르기 이전에 방해를 받는 경우를 말한다. 이에 반해 목표갈등은 둘 이상의 욕구가 상호 장애가 되는 경우이다. 목표갈등은 다음과 같이 3가지로 다시 분류할 수 있다.

① 접근–접근 갈등

둘 이상의 긍정적이지만 상호배타적인 목표에 의해 동기부여 될 경우 발생한다. 이것은 조직행동에 나쁜 영향은 아니지만 개인에게 약간의 불안정 상태를 일으킨다. 그러나 오래지 않아 갈등이 해소된다.

② 접근-회피 갈등

하나의 목표가 개인에게 긍정적이고 부정적인 성격을 모두 포함하고 있을 때 발생한다. 즉, 조직의 목표는 개인에게 구성원에게 긍정과 부정 양측면을 동시에 가지고 있으므로 개인에게 갈등의 소지가 있다. 실제로 개인은 긍정적 측면과 부정적 측면이 비슷하게 나타날 때 불안한 상태로 망설임이 생긴다.

③ 회피-회피 갈등

이것은 둘 이상의 부정적이며 바람직하지 않은 목표 간에 선택해야 할 경우 생기는 갈등이다. 두 개의 부정적인 목표에 직면한 개인은 그 중 하나를 선택하지 않거나 그 상황에서 떠나 버리면 갈등이 해결되므로 조직에는 심각한 영향을 미치지 않으며 보통 쉽게 해결된다. 개인이 그 상황을 떠날 수 없는 경우, 예를 들어 교도소의 수감자나 병원 입원환자나 군인 등과 같이 강제적 조직에 속해 있는 사람들이 겪는 갈등이 이에 해당된다.

(3) 역할 갈등

역할갈등(role conflict)은 역할이 모호하거나 개인이 맡은 역할이 과다할 경우에 심리적 불안감 및 압박감으로 인해 생긴다. 개인이 갖는 이러한 역할들은 그 요구와 기대가 각기 다르기 때문에 유발된다.

2) 대인적 갈등(inter-personal conflict)

대인적 갈등은 개인과 개인 간에 생기는 갈등이다. 일테면 상사의 부적절하고 비합리적인 리더십으로 인한 상사와 부하 간 갈등이 있고, 동료 간 의견이 상충되어 갈등이 발생한다. 구성원 개인 간 겪는 갈등은 구성원들 상호작용에서 매우 중요하며 이직의 주된 원인 중 하나이기도 하다. 이러한 인적 갈등을 분석하는 기법으로는 교류분석과 조하리의 창이 있다.

3) 조직 갈등

조직적으로 발생하는 갈등은 집단 간 갈등과 조직구성 부문 간 갈등이 있다.

(1) 집단 간 갈등(inter-group conflict)

영업팀과 경리팀과 같이 부서 간에 생기는 갈등이다. 또는 명령계통인 라인(line : 현장

부서)과 참모인 스탭(staff ; 지원부서)간 갈등 및 부서에서 인력충원과 배정과 관련하여 인사부서와 각 부서 간 발생하는 갈등도 이에 속한다.

(2) 계층 간 갈등 (inter-hierarchy conflict)

조직의 여러 계층 간에 생기는 갈등이다. 즉, 수직적으로는 관리층과 일반사원 간에 발생하는 갈등이 있고, 동일한 계층 간에 일어나는 갈등이 있다. 그리고 대각적 계층 간 갈등도 있다.

(3) 조직 간 갈등(inter-organizational conflict)

회사 측과 노조 측 간의 임금협상 및 근로조건의 단체협상과 관련하여 생기는 갈등, 경쟁기업 간 갈등, 모기업과 하청기업 간 갈등이 있다.

제 3 절 갈등요인과 결과

1 갈등의 원인

조직은 다양한 사람이 모여 조직목표를 향해 함께 직무를 수행하면서 부딪치는 문제가 많다. 일테면 가치관, 직위, 처지나 역할은 상대방과 다르고 이러한 여러 가지 원인으로 인해 갈등이 생긴다.

갈등의 원인은 크게 인적 요인, 과업관련 요인, 조직 요인으로 대별된다.[7)]

〈도표 7-3 〉 갈등의 원인

1) 갈등의 인적요인

(1) 성격과 가치관 및 행동특성 차이

개인의 성격이 조급하고 독선적일 때 타인과 자주 다툰다. 함께 일을 하면서 중요한 의사결정을 할 때 판단의 준거가 되는 가치관이 다를 때 갈등이 생긴다. 가치관이나 성격이 다르면 행동특성이 다르게 되어 자신이 허용할 수 없는 행동으로 인해 갈등이 표출된다. 아주 사소한 특징, 예컨대, 목소리, 웃음, 제스추어 등이 갈등의 원인이 되기도 한다.

(2) 역할 기대의 차이

조직에서 자신의 부서나 위치는 중요하다고 역할을 기대하고 평가하지만 반대편에서는 그렇게 평가하지 않을 수도 있다. 예를 들어 라인부서는 제품제조의 주요라인이라 가장 중요하다고 생각하고 지원부서인 스탭부서를 보조기능을 수행한다고 여긴다. 그러나 스텝부서는 기업조직체를 전체적으로 기획하고 연구하여 전문적으로 관리하는 중요한 역할을 한다고 하여 서로 역할기대가 달라 갈등이 생긴다.

(3) 커뮤니케이션의 비효율성

커뮤니케이션에서 생기는 장애와 오류로 인해 갈등이 생긴다. 언어적 혹은 비언어적 커뮤니케이션의 도구를 잘못 사용하여 제대로 된 메시지 전달이 되지 않아 오해가 발생하기도 하고, 전체적인 해석을 하지 않고 부분적인 해석을 하여 갈등이 생기기도 한다.

2) 갈등의 과업관련 요인

(1) 목표의 인식 차이

개인의 목표가 조직이 설정한 목표와 차이가 날 때, 또 조직단위 각부서가 추구하는 목표가 다를 때, 또 조직 이해관계자간 목표가 상이할 때 갈등이 생긴다.

(2) 구조적 분화와 전문화 (기능적 갈등)

기업조직은 기능별로 분화되어 있다. 즉 생산부서, 영업부서, 재무자금부서, 연구개발부서 등이 기능에 따라 부서를 구성한다. 부서의 기능이 상이하므로 한정된 자원을 배분할 때 우선순위를 부여해야 할 때 부서 간 갈등이 생긴다. 예를 들어, 시장상황을 주장하는 영업부서와 제조 메뉴얼과 제조방법의 한계를 주장하는 생산부서 간 갈등이 빈번히 발생할 수 있다. 또한 매출액 증대를 중시하는 마케팅 부서는 매출이익을 강조하는 재무부서와 갈등이 생긴다.

(3) 업무의 상호의존성

업무가 한 사람의 선에서 완결된다면 갈등문제는 없다. 그러나 조직의 업무는 타인이나 타 부서와 공조되어 상호 유기적으로 연결된 경우가 많다. 이 때 상호의존관계가 많을수록 갈등이 많아진다. 예를 들면, 어떤 프로젝트가 여러 사람이 분업하여 공동 수행할 때 상호 처리속도나 처리방법이 다르거나 한 작업은 종료되었으나 타인이나 타부서가 진행이 느릴 때 병목현상이 발생하며 갈등이 발생한다.

(4) 역할 및 권한의 모호성

타인과 함께 일을 하다 보면 업무의 역할과 책임 및 권한이 정확히 정의되지 않거나, 정의되었다 하더라도 서로 인지를 다르게 할 때 갈등이 생긴다. 번거롭거나 귀찮은 일은 서로 미루고 생색이 나거나 공로가 빛나는 것을 서로 맡으려 하거나, 권한을 앞 다투어 행사하려 하고 일에 문제가 발생할 때 책임지기를 회피하려 한다면 갈등은 더욱 가중된다.

3) 갈등의 조직적 원인

조직구성원이 조직의 수준에서 제도와 정책 및 상황과 구조로 인해 갈등이 발생할 수 있다.

(1) 자원의 한정성

조직의 자원은 필요로 하는 양보다 공급되는 양이 부족할 때가 많다. 조직자원에는 인적, 물적, 정보 및 기술 자원 등이 있는데, 해당부서는 필요로 하는 자원을 적시에 공급받고자 하지만 공급하려는 총량이 적어 경쟁적 행동이 생기며 조직정치와 갈등이 발생한다.

(2) 관리스타일

조직은 업종과 조직문화에 따라 리더십 및 관리스타일이 다르지만, 한 사람의 독재적 관리는 그 권한을 가진 사람의 주변에 경합을 벌이는 사람 간에 갈등이 생길 수 있다. 또한 상사의 관리스타일이 부하에게 비인격적일 경우 상사와 부하 간 갈등이 생긴다.

(3) 보상제도의 신뢰성

조직구성원은 보상체계와 승진제도로 인해 동기가 유발된다. 그러나 조직의 승진규정과 실행이 공정하지 않다고 지각하거나, 보상체계가 불공정하다고 느끼거나, 새롭게 도입되는 보상제도나 승진제도가 불합리하다고 지각할 때 갈등이 유발된다.

(4) 조직구조상의 문제

조직의 구조가 어떻게 편성되어 업무가 수행되는가에 따라 갈등이 생긴다. 결재처리 절차가 복잡할 경우, 권한 중앙집권적이어서 의사결정을 부서수준에서 처리하지 못할 경우에 갈등이 생긴다. 또한 조직구조가 전통적 피라미드조직이 아닌 매트릭스 조직인 경우, 업무추진과 창의성은 고취되지만 두 사람의 상사 명령을 받고 수행하는 부하직원은 갈등을 느낀다.

2 갈등의 과정

갈등은 갈등요인이 발생하고 갈등이 표출되기 까지 여러 단계과정을 거친다.[8)]

1) 1단계 : 잠재적 대립 혹은 상충단계(latent conflict)

갈등원인이 싹트는 단계이다. 즉, 갈등이 일어날 수 있는 상황이 잠재적으로 존재하게 된다.

2) 2단계 : 갈등 인지와 개인화 단계 (perceived conflict)

갈등이 잠재적으로 존재하더라도 어떤 행위에 대한 상대방 입장이 갈등을 개인화하고 인지하게 되면서 비로소 갈등상황으로 설정된다. 예를 들어 어떤 상사가 혼자 화가 나서 소리 질러도 상대방이 무반응이거나 인지를 못하면 갈등상황으로 개인화되지 않는다.

3) 3단계 ; 해결의도 단계 (felt conflict)

갈등을 인지하고 나서 행동하고자 하는 결정을 내렸다면 그 다음에는 행동 직전단계인 해결의도 단계가 선행된다. 의도는 어떤 방향으로 행동하고자 하는 의사결정이다. 갈등으로 반응하려 할 때 일단 상대방의 의도를 추정해야 하는데 의도와 행동사이에는 차이점이 있다. 해결의도는 상대와 자신의 만족우선비중에 따라 분류되는 여러 해결방법 중, 타협할지 복종과 양보를 할지, 회피하거나 절충할지 아니면 협동할지를 선택하게 된다.(갈등해결의 방식에서 2차원도표로 상세히 설명할 예정.)

4) 4단계 : 갈등 표출 (manifest conflict)

이 단계에 이르러 갈등이 내면의 생각에서 드디어 겉으로 드러난다. 언어로 표출하다가 본래의 의도와는 다르게 갈등이 증폭되기도 한다. 언성이 높아지는 논쟁의 수준에서 강도가 높아지면 공격적 파괴행동에 이르기도 한다.

〈도표 7-4 〉 갈등정도에 따른 행동변화

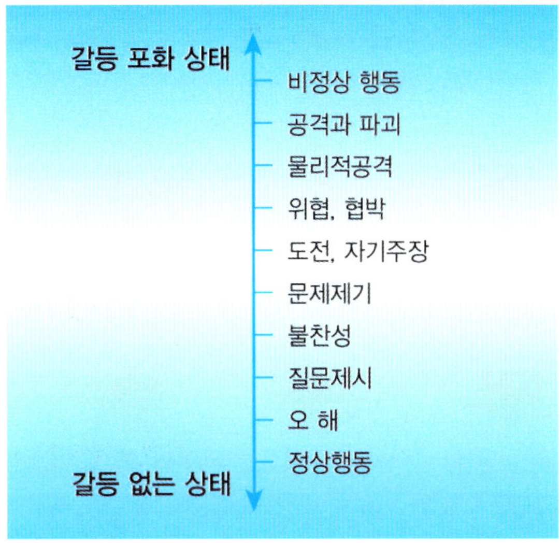

자료 : S, p. Robbins, 1974, Managing Organizational Conflict; A nontraditional Aooroach (Upper Saddie River, NJ; prentice Hall, pp. 93-97. and F. Glasi. "The Process of conflict Escalation ad the Roles of Third Chapteries", in G.B.J.Bomers and R. Teterson (eds.), Conflict Management and Industrial Relations(Boston : Kluwer-Nijholf, 1982, pp. 119-140.

5) 5단계 : 갈등의 여파 (conflict aftermath)

갈등의 여파는 긍정적으로 조직성과를 향상시킬 수 있는 기능을 하기도 한다. 내면의 갈등을 속 시원히 드러내고 해결의 실마리를 푼다는 측면이 있다. 반면, 어떤 형태의 갈등 표출은 부정적인 결과를 가져오고, 개인의 심리적 상처가 될 수 있으며, 조직성과를 감소시킬 수도 있다.

3 갈등의 결과

조직에서 다양한 사람들이 모여 직무를 수행하면 갈등은 발생하기 마련이다. 갈등은 긍정적이거나 부정적인 결과를 가져온다. 개인 간 갈등은 긴장과 적대감이 형성되어 스트레스가 발생하고 지속될 때는 조직의 협동체계는 손상을 입는다.

집단 간 갈등이 발생할 경우, 두 가지 방향에서 구성원들의 태도 및 행동변화가 일어난다. 집단 간 갈등이 고조되면 집단구성원들은 상대방 집단을 제압하고 상대 집단의 공격에 대한 방어 메커니즘이 작동되어 아래와 같은 양상을 보인다는 연구가 있다.[9)]

① 집단응집력의 강화

집단 내 나타나는 결과로서 집단응집력이 증가되고, 집단에 대한 충성심이 높아지며, 집단의 과업지향적 행동이 강화되고, 강력한 리더를 필요로 하는데, 구성원들은 그가 집단을 일사불란하게 끌고 가기를 원하게 되는 것이다. 왜냐하면 상대방 집단에 대항하기 위해 해당 집단구성원이 가지고 있는 에너지를 극대화시켜야 하기 때문이다. 이렇게 하기 위해 조직 내 질서는 엄격해지고 구성원 행동의 통일성이 강조된다.

② 적대감과 편견의 증가

상대 집단에 대해서는 적대감을 보이며, 부정적인 편견이 증가하게 된다.

③ 감시행동증가

상재 집단과 커뮤니케이션이 감소될 뿐만 아니라, 상대 집단의 활동을 엄격하게 감시하게 된다.

1) 갈등의 순기능과 역기능

(1) 순기능적 결과

갈등의 관점 중에서 상호작용적 관점에 의하면 갈등은 집단의 혁신과 창조의 힘이 될 수 있는 순기능을 한다고 할 수 있다.

갈등이 시작되면 처음에는 불쾌감을 느끼고 긴장하게 되지만 자신의 취약점을 인지하게 된다. 그리고 긴장을 풀기 위해 새로운 해결법을 모색하게 되어 자신이 가진 고정관념을 탈피할 수 있는 기회의 기능을 한다.

갈등이 생기면 개인이나 집단은 무사안일에서 벗어나 새롭게 움직이려는 활력의지가 생기고, 조용한 무기력한 태평성대의 침묵에서 벗어나 시끄럽지만 효율성을 추구하는 활발한 논의가 생겨 집단사고(group thinking)에 빠지는 것을 예방한다.

집단이 외부와 갈등관계에 놓이면 오히려 집단 내부에서는 응집력이 강화되며 집단은 과업 지향적이 된다.

(2) 역기능적 결과

갈등으로 인해 조직의 리더십은 독재화가 될 가능성이 있다. 왜냐하면 갈등상황에서는 규정으로 사람을 관리하며 더욱 엄격한 통제가 이루어진다. 결국 갈등상황에서는 힘 있는 독재자를 찾게 되고 그러한 상황이 독재를 합리화시키기도 한다.

조직구성원들은 갈등으로 인해 심리적으로 불안을 느끼고 서로 불신하게 되면서 혼란스러워서 갈등해소를 위해 시간과 에너지를 쓰게 된다. 구성원간의 대립으로 인해 집단목표를 상실할 수도 있다.

조직의 갈등이 심해지면 커뮤니케이션이 감소되지만, 부정적 결과가 생기는데, 상호비방과 공격적 태도와 행동이 빈발하게 된다.

〈도표 7-5〉 갈등의 순기능과 역기능

순기능	역기능
• 문제발견, 해결실마리 발견 • 무사안일 탈피, 집단사고 예방 • 도전적 분위기와 혁신풍토 조성 • 변화인식 증가 • 다양성과 창조성 증대	• 리더십의 독재화 우려 • 심리적 안정감 위협 • 조직의 공식화 수준 증대 • 적대감과 공격적 행동 • 혼란으로 인한 목표의식 결여

2) 갈등수준에 따른 성과

갈등은 조직의 성과와 어떤 상관성을 가질 것인가? 조직의 성과는 갈등이 없는 평화스러운 상태에서 최고수준일까? 아니면 갈등을 조장할 때 조직성과가 높을까? 앞에서 갈등의 순기능과 역기능을 살펴보았는데, 갈등의 성질과 갈등의 수준과 연관시켜 조직의 성과를 검토해볼 수 있다.[10)]

〈도표 7-6〉에서 보는 바와 같이 갈등과 조직성과 간의 관계는 역 U자형의 포물선 곡선관계를 가진다. 이 그림에서는 갈등의 양이 아주 적은 것에서 중간상태 및 많은 것으로 나누어 구간별로 성과가 차이가 있다. 갈등의 수준이 아주 낮거나 아주 높을 때는 조직성과는 낮게 나타나고, 갈등의 양이 적정한 중간수준일 때 조직성과는 가장 높게 나타난다. 그것은 다음과 같은 이유로 설명할 수 있다.

(1) 갈등의 양이 너무 많은 구간

갈등이 너무 많으면, 조직이나 집단은 서로 분열하고, 파당이 형성되며, 상호불신이 난무한다. 구성원은 불안해지고 때로는 응집력이 떨어져 협동체계가 무너진다. 이런 상황에서 공동의 목표가 상실되면서 개인은 경계태세를 갖게 되고 최저수준만 노력하게 되므로 성과는 낮을 수밖에 없다.

(2) 갈등의 양이 너무 적은 구간

어떤 조직이 갈등의 양이 너무 적으면 지나치게 한가하며, 어렵고 도전적인 이슈를 제안할 필요성을 느끼지 않으며 느낀다 해도 제시하지 않는다. 새로운 문제를 접하지 않는 상황이 지속되면, 사고방식이 획일적으로 흐르며 무사안일에 빠지게 되어 성과는 낮아진다.

(3) 갈등의 양이 적정수준인 구간

갈등은 긴장을 수반하는데 갈등의 양이 적정수준인 경우, 집단은 문제가 발생하게 되면 즉시 대처할 수 있고, 활발한 반응을 하면서 문제를 해결하려 한다. 집단분위기는 창의적이며 혁신적인 접근을 하게 되고 적극적으로 공동의 목표를 달성하는 방향으로 노력을 하게 된다.

〈도표 7-6〉 갈등수준과 조직성과간의 관계

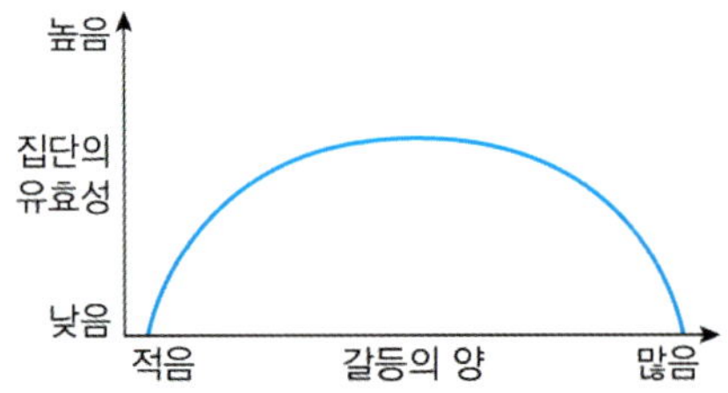

갈등 과소	적정수준	갈등 과다
적응력 둔화 획일성 무사안일 포기 · 침체	변화지향 창조적, 다양성 도전적 목표실천 행동	혼란 · 분열 투쟁, 비협조 불만, 위협 목표의식 결여

자료 : Brown I. D., 1986, Managing conflict at organizational interfaces, Reaking, MA : Addison-Wesley Puliishing co., Inc.

제 4 절 갈등의 관리방안

조직은 갈등의 상황을 피할 수 없으며, 적정수준의 갈등은 조직성과에 기여하는 부분도 있다. 경영자는 조직갈등의 수준을 적정하게 유지한다는 것인데, 좀 더 면밀히 살펴보면, 갈등이 심한 부분은 해소전략을 써야 하고, 현재 상황에서 무사안일한 조직분위기라면 갈등을 조장해야 할 것이다.

〈도표 7-7〉에서 보는 바와 같이, 갈등수준이 적절하도록 유지하는 것이 갈등의 순기능을 극대화하여 작동하게 하는 것이다.

〈도표 7-7〉 갈등의 양과 갈등관리 방향

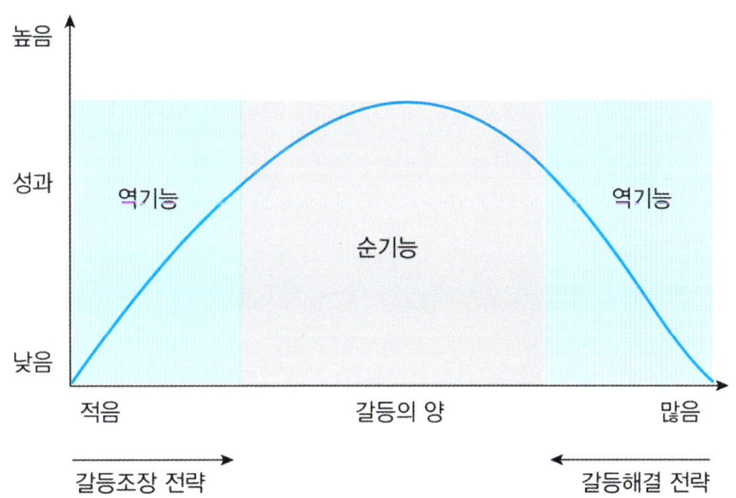

갈등의 역기능 공간은 도표에서 양극단에 위치한다. 갈등이 아주 적은 경우에는 갈등을 조장하여 적정수준으로 만들고, 갈등이 아주 많은 경우에는 갈등을 감소시키는 방안을 강구해야 한다.

1 갈등의 조장전략

〈갈등조장사례〉 : 양식장의 메기와 미꾸라지

양식장의 미꾸라지가 자꾸만 죽어나가고 병에 걸리자 양식장주인은 근심이 되었고 원인을 분석해보았다. 지나치게 편안한 양식장은 야생의 상태가 아니라 어떤 천적도 없고 때가 되면 먹이가 제공되므로, 구태어 힘들게 움직이며 활동할 이유가 없으니, 태평스럽게 나른한 시간을 보내도 가능한 것이다.

그러던 어느 날, 친구의 충고로 메기를 양식장에 넣었다. 주로 사료만 받아먹던 미꾸라지들은 메기에게 잡아먹히지 않으려고 민첩하게 움직여야만 했다. 메기를 피해 마구 헤엄쳐 다니고 나면 먹이도 맛있고, 활동량이 늘어나니 미꾸라지의 신체도 튼튼하며 통통하게 살이 찌는 것이었다.

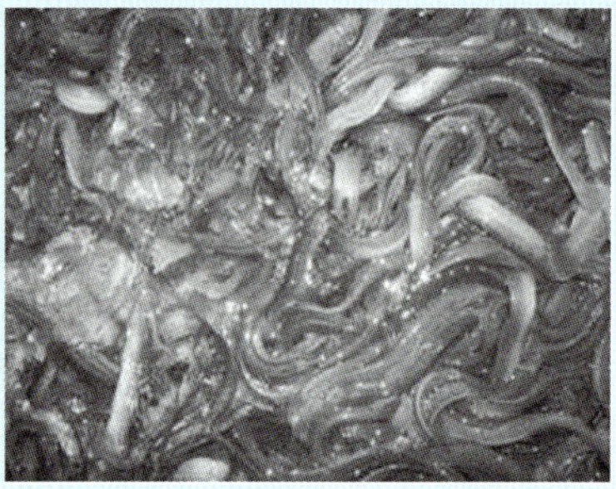

사례에서 보는 것처럼 갈등관계에 있지만, 메기는 미꾸라지에게 생명력을 북돋아주는 힘으로 작용한 것이다.

이와 같이 창의적이고 혁신적인 조직을 만들기 위해 관리자는 적절한 순기능적인 갈등을 조장할 필요가 있는데, 아래에 몇 가지 방안이 제시된다.

(1) 경쟁을 조성하는 인사제도

보상제도와 승진제도는 조직구성원에게 매우 중요한 인사제도인데, 전통적인 연공급체계를 성과급연봉제로 바꾸거나, 연공승진을 능력승진으로 바꾸는 경우가 이에 해당한다.

(2) 의사전달경로의 변경

이것은 커뮤니케이션을 이용하여 갈등을 조장하는 방법으로, 공식적 비공식적 의사전달경로를 의식적으로 변경시켜 갈등을 조장하는 방법이다.

(3) 이질감 조성

이것은 서로가 갈등없이 무사안일하게 눈감아주며 지나치는 분위기를 쇄신하고자, 긴장을 유발하기 위해 외부인을 유입하는 것이다. 즉, 기존 구성원과 다른 가치관, 경험 및 배경을 가진 외부인을 투입하는 것이다.

(4) 악마의 지원자 활용

중세의 카톨릭교회에서 성직자의 사후에 심사를 하여 성인(聖人)의 칭호를 내리는 결정을 할 때 혹은 여러 신부(神父) 중에서 추기경을 천거할 때 그 후보의 성인추대에 반대하는 역할을 악마의 조수(devil's advocacy)격인 특정인에게 맡겨 항상 성인후보와 갈등 상태에 있게 한다. 즉 후보가 생전에 행한 오점을 가능한 한 많이 들춰내어 비판도 하고 유혹도 하며 훈련도 하도록 한다. 이렇게 함으로써 후보신부는 항상 언행을 조심하게 하고 행여 적당히 추기경을 선출하지 못하도록 하는 방법이다.[11]

(5) 반대 제안법

이것은 그리스 철학의 일파인 플라톤학파가 진리를 발견해 가는 방법으로 제안한 것으로 항상 반대하는 제안을 하여 원래의 제안의 한계점과 단점을 보완하게 하려는 것이다. 반대를 통해 본래의 제안은 진실의 완결성이 더욱 견고해진다.

2 갈등의 해결전략

갈등이 발생하면 두 주체 당사자는 어떤 형태로 대응하는가?

1) 역기능적 갈등의 예방

이는 아직 갈등이 발생하지 않았지만, 앞으로 발생할 가능성이 충분히 있는 역기능적 갈등을 미연에 방지하는 것이다.

역기능적 갈등을 사전에 방지하려면 아래의 방법이 제시된다.

- 균형 있는 자세를 유지한다.
- 상호의존성에 입각한 조직이라면 의존도를 줄이도록 조직을 변경한다.
- 불필요한 경쟁을 자제한다.
- 공동의 적을 설정한다.

2) 갈등의 대응방식

조직에서 발생하는 갈등의 원인이 다양하지만, 상당수는 커뮤니케이션의 오류와 성격 및 가치관의 차이로 발생한다. 또한 자원의 희소성으로 인한 경쟁적 제로섬 게임 때문에 발생한다.

갈등이 생긴 상황에서 두 주체는 어떤 태도나 행동을 취해야 하는데, 갈등대응을 위한 Thomas의 이차원 모형에 의하면 자신의 관심충족(Y축, 독단성)과 상대방의 관심충족(X축, 협력성) 중에서 어떤 배합의 방식을 추구하느냐에 따라 갈등대응 유형은 5가지로 분류된다.[12)]

〈도표 7-8 〉 Thomas의 갈등대응 모델

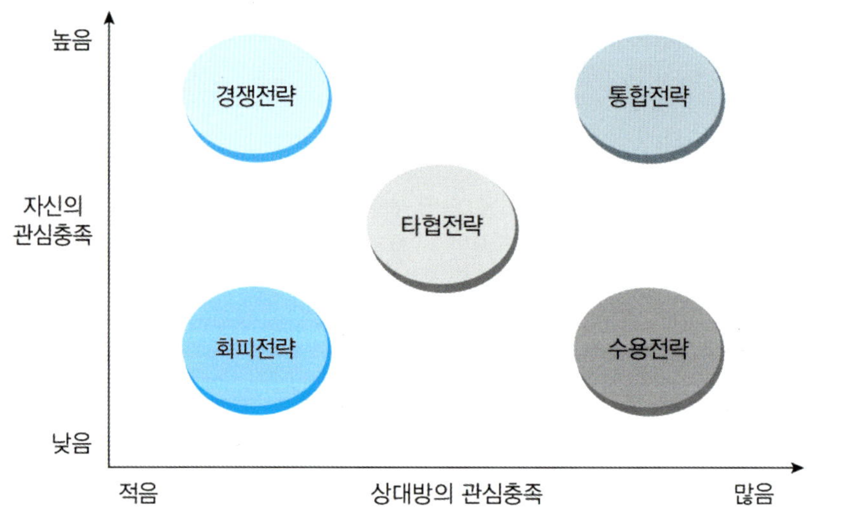

자료 : K.W.Thomas, 1992, Conflict and Negotiation Process in Organizations, in M. D.Dunnette, (ed.)Hnadbook of Industrial and Organizational Psychology 2nd ed. Chicago Rand, McNally.

(1) 회피전략

회피전략(avoiding strategy)은 갈등의 양 당사자들이 갈등문제를 다루지 않겠다고 선택함으로써 갈등을 연기시키거나 그 문제에서 회피함으로써 관련된 갈등문제들을 무시하는 소극적이고 비협력적인 방식이다. 자신의 것뿐만 아니라 상대방이 원하는 것 모두가 충족되지 않는다.

그러나 이러한 전략은 다음의 상황에서는 효과적일 수 있다.[13)]

- 현재의 갈등대상보다 다른 사안이 더 중요하다 판단되는 경우
- 자신이 원하는 것이 충족되기 어렵다고 판단되는 경우
- 갈등과 관련된 객관적 입증정보를 수집하는 것이 우선시될 때
- 갈등해결에 따르는 비용(물질적, 감정적 등)이 결과보다 클 경우

(2) 수용전략

수용전략(accommodating strategy)은 어느 한 쪽이 상대방의 기분이나 입장을 이해하고 맞추어 주려하고, 자신의 주장을 양보하는 것이다. 관계를 원만히 하고자, 한 쪽이 자신을 희생하는 것이다. 대개 상대방을 이길 수 없다고 생각할 경우 후일을 기약하면서 자신이 후퇴하는 것이다. 이 전략은 우선 상대방을 인정하고 수용하면 다음에는 그도 내게 협조할 것이라는 기대를 할 수 있는 장점이 있지만, 심리적으로는 패배감을 가져올 수도 있다.

그러나 이 전략은 다음의 상황에서는 효과적일 수 있다.

- 갈등 상황에서 자신도 잘못이 있었음을 발견하고, 차라리 확실하게 상대방에게 양보함으로써 그로 하여금 자신의 합리성을 입증하고자 할 때
- 일단 이번에는 완전하게 양보하여 상대로 하여금 부채감을 갖게 하되, 작은 것은 양보하고 나중에 더 큰 것을 받아내고자 할 때
- 현재의 리더의 위치에 있거나, 이해관계가 있을 때 개인 간 문제보다 소속공동체의 화합이 더 중요하다 판단되는 경우

(3) 경쟁전략

경쟁전략 (competing strategy)은 상대방이 받을 충격은 상관없이 자신의 이익이나 관심을 충족하고자 논쟁, 권위, 위협이나 심지어는 물리적 강제력을 통해 상대를 압도하여 희생시키는 것이다. 이 전략은 신속하게 의사결정할 수 있다는 점은 좋지만, 상대방의 감정과 자존감의 손상을 유발할 수 있다.

그러나 이 전략은 다음의 상황에서는 효과적일 수 있다.

- 비상사태와 같이 신속한 결정과 실행력을 요구할 때
- 비용감축, 조직개편, 가격협상 등 사안을 처리할 때
- 자신의 결정과 의견을 확신하고 조직에 공헌한다고 믿을 때

(4) 타협전략

타협전략(copmpromising strategy)은 서로 희생을 절반정도 양보하여 자기만족을 극대화가 아닌 어느 정도만 취하는 것이다. 이 방식은 현실적으로 빈번하게 선택하는 것으로 효과적인 상황은 아래와 같다.

- 갈등 주체가 비슷한 영향력을 가지고 있어, 어느 일방의 관심사만 충족시키는 것이 곤란할 때
- 시간압박으로 인해 문제해결을 즉시 해야 할 때
- 다른 유형의 갈등해결 전략이 실패했을 때
- 자신이 상대를 이겨서 얻는 이득이 기대에 못 미칠 때

(5) 통합전략

통합전략(collaborating strategy)은 갈등이슈에서 양 당사자가 자신의 관심사를 모두 만족시키는 가장 협력적인 방식이다. 이 전략은 가장 이상적인 것이지만 조직현실에 적용하기는 쉽지 않다. 이 전략은 다음의 상황에서 가능하다.

- 갈등의 주체 각자에게 갈등이슈가 매우 중요하여 절충할 수 없고 협력해야 할 때
- 서로 다양한 관점과 자원을 가지고 있어서 결합하는 것이 시너지효과가 있을 때

이들 다섯 가지 양식 중에서 어느 것이 가장 효과적인가는 개인의 선호방식이나 조직의 상황에 따라 다르다. 또한 상대방이 어떻게 대응해 오는가에 따라서도 갈등대응방식은 다를 수 있다.

이 외에도 조직에서 사용할 수 있는 갈등 감소전략이 있는데 아래에서 몇 가지 방안들이 제시된다.

3) 조직의 갈등 감소전략

갈등해소기법은 앞의 여러 가지 대응방식에서 설명하였다. 그 이외에도 조직에서는 다음의 방법을 통해 갈등을 감소시킬 수 있다.

(1) 문제해결을 위한 토론의 장 마련

이 방식은 갈등주체가 직접 만나서 기탄없이 의견을 발제하고 토론을 통해 갈등의 이슈를 해결하려는 노력이다.

(2) 상위목표의 설정

상대방의 협조를 해야만 달성할 수 있도록 두 주체의 관심보다 더 크고 상위에 속하는 목표를 설정하는 것이다.

(3) 자원의 증대

희소한 자원, 예컨대, 물질, 자금, 승진T/O, 사무실 공간배치 등에서 갈등이 발생하므로 이러한 자원을 늘리는 것도 갈등감소방안이 된다.

(4) 권위적 명령

경영진은 공식적으로 부여받은 권한 범위 내에서 갈등당사자에게 명령한다.

(5) 조정과 중재

갈등당사자에 대한 제 3자의 중재와 조정을 시도하는 것이다.

갈등 해결 워크샵-숨은 욕구(Interest)를 파악하라

15세기 일본의 전국시대. 미천한 신분을 딛고 최고 권력자 등극을 앞둔 도요토미 히데요시는 입지를 굳히기 위해 당시 2인자였던 마쓰히데와의 전투를 준비했다. 훗날 야마자키 전투로 불리는 이 날을 위해 도요토미는 당시 세력이 큰 귀족 중 한 명이었던 쯔쯔이준케에게 참전을 요구했다. 하지만 쯔쯔이준케는 도요토미의 승패가 확실하지도 않은 상황에서 무턱대고 편을 들 수는 없다는 생각에 그의 부탁을 거절했다.

그러나 알려진 대로 도요토미는 이 전쟁에서 승리를 거뒀고, 드디어 일본 최고 권력자가 된 그는 괘씸한 마음을 품고 쯔쯔이준케에게 날이 밝는 대로 성으로 들어오라고 명했다. 쯔쯔이준케를 죽임으로써 다른 귀족들에게 본때를 보여주겠다는 생각이었다. 죽음의 위기에 처한 쯔쯔이준케는 밤새 도요토미의 화를 풀 묘안을 생각해냈다. 이는 무엇이었을까?

쯔쯔이준케는 낡은 찻잔 하나를 가지고 들어가 도요토미에게 바치며 "집안 대대로 내려오는 찻잔을 주군이신 성주님께 바친다"라고 이야기했다. 일본 제 1의 권력자임에도 태생에 대한 깊은 콤플렉스를 가지고 있었던 도요토미에게 일본 최고 귀족이었던 쯔쯔이준케는 자신의 집안을 상징하는 찻잔을 바침으로써 목숨을 구할 수 있었던 것이다. 도요토미의 숨은 욕구, 즉 인터레스트(Interest)를 읽어낸 탁월한 해결책이었다 할 수 있다.

자료 : http://portal.changwon.ac.kr/minihome/hkkwon/11237 15)

참고문헌

1. 강정욱의 학습공간 코치앤터치
2. Robbins Stephen p. & Judge Timothy A 지음, 김광점 외 옮김, 조직행동론, 시그마프레스. 2010.
3. Miles, R., Macro Organizational Behavior, Pacific Palisades, California : Goodyear Publishing, 1980.
4. 박경규, 조직행동, 홍문사. 201.
5. 임창희, 조직행동 5판, 비앤엠북스, 2013.
6. Luthans, Organizational Behavior, McGraw-Hill, 2008.
7. 박경규, 전게서, 2014,
8. Jones Gareth, 2010, Ortanizational Theory, Design and Change, PEARXON, pp. 412-416.
9. 임창희, 전게서, 2013.
10. Brown I. D., 1986, Managing conflict at organizational interfaces, Reaking, MA : Addison-Wesley Puliishing co., Inc.
11. 임창희, 전게서, 2013.
12. Thomas, K. W., 1992, Conflict and Negotiation Process in Organizations, in 〉. D. Dunnette, (ed..) Handbook of Industrial and Organizational Psychology 2nd ed. chicago Rand, Mcnally.
13. 박경규, 전게서, 2014.
14. http://portal.changwon.ac.kr/minihome/hkkwon/11237

08

설득과 협상

학습목표

1. 설득의 개념을 이해하고, 설득과정의 중요 구성요소를 설명할 수 있다
2. 효과적인 설득방법을 설명할 수 있다.
3. 협상의 개념과 중요성을 이해하고 협상과정과 협상전략을 설명할 수 있다.
4. 협상기법에 대해 설명할 수 있다.

8 설득과 협상

생각 열기 영화이야기

제인 오스틴의 설득 (2007) 8년의 세월 속에 숨겨놓은 그리움

우유부단하고 소심한 성격을 지닌 여성은 쉽게 설득당할까? 결단력이 없는 여성도 그러한가? 마음으로 느끼는 서로간의 진정함을 확인하고 공유하기 위해서는 많은 희생과 시간이 필요하다!!

모두가 바스로 출발하자 앤은 동생 메리 집에 가서 잠시 머문다. 그런데 그 곳에서 8년 전 그녀에게 사랑을 고백한적 있는 웬트워스 대령을 만난다. 당시 앤도 그를 좋아했으나 표현을 못하던 중 가난한 대령을 싫어하는 주변의 만류로 그 둘은 결합하지 못했다.

8년 만에 재회하게 된 두 연인. 하지만 웬트워스 대령도 이제는 애써 그녀를 무시하고 메리의 시누이 루이자에게 관심을 보인다. 앤 또한 서먹서먹한 상태로 지내다가 루이자가 계단에서 추락히는 사고를 당하자, 그녀는 가족이 있는 바스로 간다. 바스에서 앤은 사촌 윌리엄 엘리엇을 만나고 그의 매너와 박식함에 이끌린다. 그러나 윌리엄은 가산을 탕진하고 켈린치의 저택을 노리고 그녀에게 접근한 것이었는데~

NAVER영화 중에서
http://movie.naver.com/movie

제 1 절 설 득

1 설득의 개념

우리는 대상과 상황을 불문하고, 관계 속에서 수없이 설득을 당하기도 하고 상대방을 설득하기도 한다. 가족간에 부모님에 대한 설득, 자녀에 대한 설득, 친구간이 설득, 영업사원의 고객에 대한 설득, 조직에서 관리책임자들이 조직구성원들을 격려하고 좋은 결과를 이끌어내기 위한 설득, 관계를 보다 친밀하게 하고 마음을 사로잡기 위한 설득 등 매우 다양한 상황에서 설득이 필요하다. 우리는 세상을 살면서 필요한 모든 것을 타인을 통해 얻으며, 타인과 함께 나누고 공유한다. 이렇게 타인과 잘 지내고 또 의사소통을 원활히 하며 함께 생활해 나가기 위해서는 그에 적합한 대화와 설득기술을 익혀야 한다.

우리는 6장에서 인간관계와 커뮤니케이션에 대하여 알아보았다. 대화와 커뮤니케이션 그리고 설득의 차이는 무엇일까? 대화는 커뮤니케이션의 한 수단인가? 설득도 대화이며 커뮤니케이션이지 않나? 물론 그렇다. 대화나 커뮤니케이션 그리고 설득은 공통의 많은 요소를 가지고 있다. 이 장에서는 설득과 협상에 대하여 알아보고자 하는데, 먼저 대화와 커뮤니케이션, 설득의 여러 개념간의 관계에 대하여 먼저 살펴보고, 다음으로 설득에 대해 구체적으로 공부하기로 한다.

대화, 커뮤니케이션, 설득의 차이에 대하여 간략히 설명하면, 대화는 사람과 사람 사이에서 어떤 이야기가 이루어지는 것으로 그 내용도 매우 다양한 주제를 동시적으로 포함하는 것이라 한다면, 커뮤니케이션은 상대방의 의사나 태도, 감정 등을 파악하고 공유하는 것을 말하는 것이다. 즉 커뮤니케이션은 대략적으로 어떤 주제가 정해지고 이에 대해 나와 상대방의 생각을 소통하여 공유하는 것으로, 커뮤니케이션은 대화에 비해 특정 주제나 이야기의 범위가 제한적이며 수렴 되가는 특징을 가지고 있는 것이다. 대화나 커뮤니케이션에 비교하여 설득은 분명한 의도나 목적내지는 동기적 요소를 가지고 있는 특징이 있다. 즉 커뮤니케이션은 특정 주제에 대해 "내 생각은 이런데 네 생각은 어떠니" 하면서 서로의 내용을 소통하고 공유하는 것이라면, 설득은 서로의 생각을 교환하는 수준을 넘어서 "내 생각은 이런데 너도 내 생각을 따라주었으면 해" 라는 의도를 가지는 개념이라 할 수 있다.

설득의 사전적 의미를 보면, 내용이나 상황을 나의 뜻을 따르도록 잘 설명하거나 타이르는 것 또는 상대편이 나의 뜻을 따르도록 깨우쳐 말하는 것을 의미한다. 설득은 한 사람의 태도나 행동이 강박 당함 없이 다른 사람과의 의사소통을 통해 영향 받는 것으로, 결국 상대방의 마음을 움직이는 일이라 할 수 있다. 보다 구체적으로 설득의 정의를 정리해 보면, 설득이란 '설득자의 의사전달을 통해 피설득자가 어떤 행동, 신념 또는 태도를 택하게 끔 영향을 주는 과정'[1)]이라 할 수 있는데, 주요 정의를 요약하면 다음과 같다.[2)]

① 브렘백(Brembeck)과 호웰(Howell) : "사전에 계획된 목적을 향해 사람들의 동기를 조작함으로써 사람들의 생각과 행동을 바꾸려는 의식적인 시도"

② 칼 호블랜드(Cal Hovland) : "언어적 자극을 통해 설득원이 바라는 어떤 목표를 달성하고자 수용자들의 의도된 행동을 유발하는 역동적 과정"

③ 베팅하우스(Bettinghaus, E.P.)와 코디(Cody, M.J) : "어떤 메시지를 전달하여 또 다른 개인이나 집단의 태도, 신념, 행동을 변화시키려는 지속적 시도"

④ 앤더슨(Andersen) : "커뮤니케이터가 그의 수용자로부터 원하는 응답을 이끌어내는 커뮤니케이션 과정"

⑤ 쉐이델(Scheidel) : "청자와 화자가 결합하여 화자는 시청각적인 상징적 자극을 전달함으로써 계속적으로 청자의 행동에 영향을 미치기 위해 시도하는 행동"

⑥ 스미스(Smith) : "메시지의 교환을 통해 새로운 인지 요소나 행동의 양상을 자발적으로 받아들이도록 하거나 내면화시키려는 목적의 상징적인 행동"

⑦ 오키페(Daniel J. O'Keefe) : "일정한 자유를 가진 피설득자를 대상으로 그의 관념, 생각에 영향을 미치려는 의도적 노력"

⑧ 차배근 : "설득커뮤니케이션은 본래부터 다른 사람들(피설득자)의 태도나 의견, 신념 또는 행동 등을 변화시키려는 것을 그 궁극적 목적으로 하는 의도적으로 계획된 커뮤니케이션이다."[3)]

이상을 종합해 보면, 설득은 한 사람 또는 그 이상의 사람들이 주어진 커뮤니케이션 상황 속에서 기존의 신념이나 태도, 의도, 동기, 행동 등의 반응을 내가 원하는 방향으로 창출, 보강, 조정, 혹은 제거하는데 참여하는 활동이자 그 과정을 의미한다고 이해할 수 있다. 설득의 개념을 간단히 정리하면 다음 〈도표 8-1〉과 같다.

〈도표 8-1〉 설득의 개념

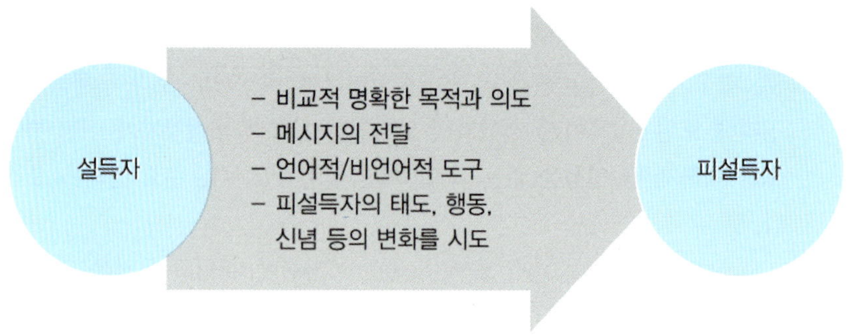

설득은 일상적인 생활의 한 부분이다. 설득은 친구와 오늘 점심을 뭘 할지를 이야기할 때, 자기소개서를 작성할 때, 상업적인 광고지의 작성, 공공기관의 광고 홍보를 작성할 때 등 생활에서 매우 흔하게 접하는 우리의 일상사인 것이다. 우리는 일상적으로 대화를 나누면서 매우 빈번히 설득을 시도하고 있다. 대화하면서도, 소통을 하면서도 혹은 어떤 주제를 가지고 프레젠테이션을 하면서도 우리는 설득을 하며, 설득을 받으며 살아간다. 이처럼 설득은 어느 특정 전문가만이 할 수 있는 특별한 영역이 아닌 우리의 일상생활에서 매우 다양한 장면에서 상당히 다양한 사람들간에 매우 다양한 목적으로 흔히 일어나는 것으로, 우리의 인간관계에서 매우 빈번히 일어나는 하나의 주제이다.

2 설득과정 구성요소

설득은 커뮤니케이션의 한 형태이다. 설득의 과정을 구성하는 중요 요소인 설득자와 피설득자, 메시지를 중심으로 요약하면 다음과 같다.

1) 설득자

설득자는 피설득자를 설득하려는 주체로서 설득자의 특성은 설득효과에 영향을 미친다. 설득자의 중요 특성으로는 전문성, 신뢰성, 침착성, 매력성, 집단소속여부 등이 있으며 이러한 요인들은 설득력에 관련되어 있다.

(1) 전문성(expertness)

전문성은 설득자가 가지고 있는 해당분야에 대한 전문지식 정도를 의미하는 것으로, 설득의 주제에 대하여 설득자가 전문성을 가지고 있는가의 여부는 피설득자를 설득하는데 중요하게 관련되어 있다.

(2) 신뢰성(trustworthiness)

신뢰성은 설득자가 특정 주제나 이슈에 대해 아무런 사심 없이 순수한 동기에서 그 자신의 입장이나 생각 또는 의견 등을 솔직히 제시하고 있다고 사람들에게 받아들여지는 정도를 의미한다. 설득자가 아무리 자신의 분야에 대해 전문적 지식이 있다고 평가받는다 하더라도, 설득자에 대한 신뢰성이 낮다면 설득효과도 당연히 낮아질 수밖에 없을 것이다. 피설득자의 입장에서 설득자에게 부여하는 믿음인 신뢰성은 설득자가 전문성을 가지고 있으면서 동시에 이해관계에 따른 편파적인 주장을 하지 않는 객관적 사실을 제시한다고 믿을 때 생기는 것이다. 신뢰성은 타인들이 설득자를 신뢰롭고, 양심적이고, 확신감 있다고 지각하게 되는 개인적인 관계들과 직업적 관계들을 통해 장기적으로 획득된다.

(3) 침착성(composure)

침착성은 메시지 전달에 대한 주의 깊은 계획, 메시지 내용에 대한 이해 및 효과적인 메시지 전달을 위한 연습 등의 결과 생성되는 것으로 설득자의 자신감과 확신감에 의해 나타내지는 것이다. 침착성은 전문성과 신뢰성에도 큰 영향을 미친다.

(4) 매력성(attractiveness)

설득자의 외모(복장, 옷차림), 제스쳐(자세), 행동(매너나 예의) 및 신체매력, 또는 설득자와 피설득자간의 유사성(유사한 생각이나 태도 혹은 행동을 의미) 정도는 설득자의 매력성으로 작용한다. 매력적이거나 호감이 가는 사람들이 그렇지 못한 사람들보다 더 설득력이 있을 수 있다. 매력과 관련해서는 외모가 가장 중요한 요소로 인식된다. 이는 대인 커뮤니케이션 상황에서 신체적 매력의 힘이 매우 크게 작용하기 때문인데, 실제로 외모는 첫인상에 큰 영향을 미치며, 한번 형성된 첫인상은 쉽사리 바뀌지도 않으며, 나아가 외모가 좋은 사람에게 다른 좋은 특성도 많이 있다고 믿는 후광 효과(halo effect)마저 발생한다. 일반적으로 설득자와 피설득자 사이에 심리적 거리감이 작을 때, 즉 친근한 느낌을 줄 때 매력이 증대된다.

(5) 집단소속

피설득자가 '설득자는 자신과 동일한 집단에 속해 있다'라고 지각할 경우, 피설득자는 설득자와 자기 자신이 유사하다고 보고, 설득자에 대해 동일시하고, 설득자의 주장을 자기의 것으로 받아 들일 수 있다, 학연, 지연, 혈연 등의 연고관계로 구성된 집단은 사람들이 크게 영향을 받는 준거집단의 예이다.

2) 메시지

메시지의 특징들은 설득효과에 영향을 줄 수 있는데, 메시지의 신뢰성, 서로 다름(상위)의 정도, 메시지의 일방적 주장 혹은 양방적 주장여부, 결론제시의 방법을 중심으로 요약하면 다음과 같다.[4)]

(1) 메시지의 신뢰성

제시되는 주장의 내용이 피설득자에게 인지되는 신뢰성 정도는 수용성에 영향을 미치고 결과적으로 설득효과에 결정적인 영향을 미친다. 메시지 내용이 피설득자의 신념과 일치할 때는 수용이 쉽지만 반대의 경우에는 수용 자체가 어려울 수 있다. 따라서 피설득자에게 인지되는 신뢰성 정도가 높을 경우 수용성은 높을 것이다.

(2) 서로 다름(상위)의 정도

기본적으로 설득의 메시지는 피설득자의 입장과는 차이가 있는 주장들로 구성되는 바, 메시지로 제시되는 입장과 피설득자의 입장이 얼마나 다른가 하는 다름의 정도(상위)는 설득 결과에 영향을 미친다. 일반적으로 극단이 아닌 중간 정도의 상위한 입장의 제시가 가장 효과적이다.

(3) 메시지의 일방적 주장 혹은 양방적 주장여부

이 주제에 대한 연구결과는 일반적으로 피설득자가 메시지의 찬성적 주장에 대해 긍정적인 태도를 가지고 있다면 반대적 주장이 없이 찬성적 주장만을 제시하는 것이 좋으나, 피설득자가 설득자와 반대되는 입장을 가지고 있다면 반대되는 입장을 지적하고 그것을 반박한 후에 찬성하는 입장을 주장하는 것이 좋다고 알려져 있다. 설득자와 반대되는 입장을 견지하는 피설득자의 경우, 설득자로부터 설득자의 입장만을 반영한 메시지를 받을 경우에 피설득자는 '설득자가 편향되어 있다'고 판단할 수 있으며 이것은 심리적인 반발(psychological reactance)을 느끼게 하여 설득자의 입장을 거부하게 할 수 있게 한다.

(4) 결론제시의 방법

메시지를 제시하면서 결론을 명백하게 진술하는 것이 좋은가 혹은 피설득자로 하여금 스스로 결론을 내리도록 하는 것이 좋은가와 관련해서 관련 연구결과들은 설득자에 의해 결론이 명백하게 제시될 경우 더 큰 설득력이 있다고 한다. 또한 메시지의 반복적 제공은 메시지에 대한 정보처리와 기억을 향상시켜 설득력을 증가시킨다.

3) 피설득자

설득은 설득의 대상자가 존재한다. 설득에서는 피설득자라는 대상의 중요성이 매우 크다. 설득과정에 작용하는 모든 요인들이 설득의 성공과 실패의 정도에 영향을 미치는 것이지만, 결국 설득의 성공 정도, 즉 설득의 효과는 설득자가 전하는 메시지를 피설득자가 어느 정도 수용하는가 하는 피설득자의 수용 정도로 결정되는 것이기 때문에 피설득자라는 요소는 매우 중요하다. 설득은 결국 설득자의 메시지에 의해 "피설득자에게 발생한 것"이므로 설득이 발생할 지 아닐지를 결정하는 주체는 피설득자이다. 농담과 같은 비의도된 메시지라 할지라도 이것이 피설득자의 태도나 신념, 행동에 영향을 준다면 설득적이라고 볼 수 있으므로 비의도된 메시지도 매우 중요하게 작용하고 있다.

피설득자들은 그들에게 주어진 어떤 설득적인 커뮤니케이션 자극들을 무조건 받아들여서 그에 대한 반응을 즉각적으로 나타내는 것은 아니며, 그 자극들을 그들 나름대로 여러 단계를 거쳐 처리해서 선별적으로 수용한 다음, 그 자극들에 대한 반응을 나타낸다. 피설득자들은 수동적 존재가 아니라 능동적인 존재로서 동일한 커뮤니케이션 자극에 대해서도 자신들이 지니고 있는 개인적 속성이나 성향에 따라 달리 처리하고, 수용해서 반응을 하기 때문이다.

피설득자가 어떻게 듣고 수용해서 설득자의 의견을 따라 줄 것인가에 따라 설득의 효과가 달라지기 때문에 설득의 효과를 높이기 위해서는 설득자가 어떤 메시지를 보낼 경우 피설득자에게 어떻게 들리고 이해되고, 반응할 것인지를 모니터링 하는 것이 매우 중요하다. 설득을 함에 있어서는 먼저 관찰과 경청이 중요하다고 하는 이유가 여기에 있는 것이다.

그러므로 동일한 메시지도 보다 효과적이기 위해서는 피설득자에 따라 동일한 내용도 다르게 표현되어야 할 지, 어느 부분에 중점을 두어야 하는지 주의를 기울여야 하는 것이다.

3 효과적인 설득 방법

중국의 춘추전국시대 한나라의 신하였던 한비자는 국가통치에 있어서 필요한 법과 관련 제도를 정리한 "한비자"를 기술하여 이를 통해 법가사상을 정립해 놓은 것으로 유명한 사람인데, 한비자는 설득하기 위해서는 상대방의 마음을 얻어야 하며, 시간과 공을 들여야 하며, 특히 설득과정에서 상대방의 역린(아픈 곳)을 건드리지 말라고 하였다. 설득이란 이론으로 무장한 논리적인 접근, 탁월한 언변보다는, 상대방의 마음을 먼저 알아야 한다는 것이고, 따라서 논리보다는 감성이 중요하며, 상대의 미묘한 감정문제를 제대로 파악하는 것이 출발점임을 강조하고 있다. 설득은 역동적인 과정이며, 설득을 하려다가 반대로 설득을 당하기도 하며, 강하게 설득하려 할수록 상대방은 강하게 방어하려고 할 수도 있다.

"내가 하고 싶은 말에 너무 지나치게 초점을 두고 있지는 않는가? 설득효과는 내가 요구하는 것에 대상자가 응할 때 나타나는 것으로서, 왜 듣는 사람(대상자)의 생각, 의견, 감정 및 상태에 관심을 두지 않는가?" 라는 말은 설득과 관련해서 중요한 의미를 가지고 있는데 설득을 하려는 자는 먼저 듣고, 관찰하고, 피설득자와 내용을 공유해야 설득효과를 높일 수 있기 때문이다. 우리는 일반적으로 설득은 상당히 이성적이고 객관적이고 논리적인 것으로 생각할 수 있지만, 실제 일상적인 설득과정은 논리적인 부분도 중요하나, 비의식적 비논리적인 차원도 매우 중요함을 간과해서는 안 된다. 설득은 정답이 존재하는 수학문제가 아니며, 이성적이고 논리적인 주장과 객관적인 근거가 언제나 설득에 효과적인 것도 아니다. 우리가 다른 사람의 이야기에 얼마나 집중하고 얼마나 고민하는가를 생각해 보면, 무엇을 어떻게 말하는지 보다는 상대방이 그것을 어떻게 이해하는가가 더 중요하며, 따라서 정서적, 감정적인 부분들이 매우 중요하다는 것을 명심해야 한다. 효과적인 설득을 위한 설득의 심리과정을 소개하면 다음과 같다.[5)]

1) 논쟁(argument)을 피하라

'논쟁에서는 승자가 없다' 인간은 누구나 반대되는 의견이나 생각에 부딪치게 되며 이에 자연적으로 대처하는 방법은 반대의견을 펴는 것일 것이다. 논쟁은 상대방을 자기의

견에 따르도록 유도하는 것이 아니라 굴복시킴으로써 그의 자아에 심한 타격을 주게 되며, 쌍방에게 자기의 주장이 옳다는 것을 더욱 확신시키고 끝나게 마련이므로, 논쟁에서 이긴다는 것은 불가능하다는 것을 명심하여야 한다. 말의 정중성이 가장 필요한 때가 바로 남하고 토론할 때라는 것을 잊지 않아야 한다.

2) 인간성과 잠재의식에 설득의 기반을 두어라

사람은 남으로부터 공격을 받으면 본능적으로 방어자세를 취하게 되며, 본래 자기에게 적의를 품고 있는 의견을 받아들이려 하지 않는 것이다. 따라서 진정한 설득은 인간의 잠재의식을 움직일 때 가능하다.

① 상대방에게 그의 의견을 말하게 하라

자기의 이야기가 다 끝나기 전에는 다른 사람의 말 같은 것은 귀에 들어오지 않기 때문에, 중간에서 말허리를 자르지 말고 끝까지 정성껏 청취하여야 한다. 설득의 시작은 경청이라는 말은 이를 이름이다. 상대방으로 하여금 요점을 다시 한 번 반복해 주기를 청하면 단지 가슴에 쌓여 있는 응어리를 털어놓는 것만으로도 그의 적대감은 경감될 것이다.

② 상대방의 잘못을 지적하지 말라

토론을 시작하면 자기의 의견은 완전히 옳고 상대방의 의견은 모두가 잘못된 것이라는 것을 입증하려고 하는데, 설득력이 있는 사람은 어떤 점을 양보함으로써 의견의 일치점을 찾으려고 하며 자기도 허점이 있고 또 틀릴 수도 있다는 것을 인정하는 자세에서 겸손한 태도를 보인다.

③ 자기의 의견을 부드럽고 또 확실하게 말하라

사람들은 자기의 의견이 막상 반대에 부닥치게 되면 상대방에게 억지로 납득시키려고 하는 경향을 가지고 있다. 상대방의 생각을 바꾸게 하려면 협박이나 강압적인 방법보다 사태를 냉정하게 또 침착하게 설명하는 것이 훨씬 효과적이다.

④ 자기의 의견을 제3자를 통해 말하게 하라

사람들은 자기 자신을 위하여 변명하는 사람을 이상하게 생각하는 습성이 있는데, 본인의 입으로 자신을 옹호하는 것보다 이해관계가 직접적으로 얽혀지지 않는 제3자를 통해 말하게 하는 것이 효과적이다.

⑤ 상대방이 우선 합의할 수 있는 화제를 찾도록 하라

쌍방의 견해 표명을 통하여 문제점의 전모가 노출되면 우선 서로의 의견이 일치되는 문제, 즉 풀기 쉬운 문제부터 시작하여 그것을 끊임없이 강조하면서 대화를 진행시켜 나가야 한다. 서로가 같은 목적을 향하여 노력하고 있다는 점을 상대방에게 이해시키도록 하고 견해 차이는 다만 방법일 뿐이라고 강조해야 하는 것이다. 처음에는 상대방이 '네'라고 답할 문제만을 취급하여 되도록 '아니오'라는 말이 나오지 않도록 하여야 하며, 처음부터 '네'라고 답하게 하는 방향으로 이야기를 끌고 나가는 것이 몹시 중요하다. 즉, 상대방의 심리를 긍정적인 방향으로 움직이게 하여야 한다.

⑥ 상대방에게 새로운 생각이 떠오르게 하라

사람은 남에게서 나온 의견보다는 자기 자신의 머리에서 떠오르는 생각을 더 중요하게 취급하는데, 상황에 따라서는 결론의 제시가 더욱 효과적일 수 있으나 상대방에게 암시를 주어 토론의 결론은 상대방에게 내리게 하는 편이 훨씬 현명한 방법이다.

⑦ 상대방의 면목을 세워 주라

상대방은 일단 반대의견을 표명한 경우 여간해서 그는 자신의 의견을 바꾸려 하지 않을 것이다. 뛰어난 설득력을 가진 사람은 상대방에게 체면을 손상시키지 않고 의견을 바꾸게 할 수 있는 탈출구를 만들어 놓으며, 토론 도중에도 사람의 감정을 상하게 하는 말투를 사용하지 않는다. 감정을 상하게 하거나, 위협에 호소하는 방식은 적절하게 사용할 경우 수용자 태도와 행동을 의미 있게 변화시킬 수 있지만, 공포감을 조성하면 오히려 효과가 떨어진다. 이는 너무 부정적인 메시는 피설득자의 외면을 초래해 부메랑 효과(boomerang effect)를 일으키기 때문이다.

4 설득의 결과

설득의 정의를 다시 한번 상기해 보자. 설득은 '설득자의 의사전달을 통해 피설득자가 어떤 행동, 신념 또는 태도를 택하게 끔 영향을 주는 과정' 내지는 "어떤 메시지를 전달하여 또 다른 개인이나 집단의 태도, 신념, 행동을 변화시키려는 지속적 시도"이다. 즉 설득은 〈도표 8-2〉와 같이 피설득자의 인식, 태도, 행동을 변화시키려는 분명한 목적을 가지고 있다.

"설득을 통해 한번에 모든 것을 변화시킬 수 있을까?" 변화가 일어나는 것은 시간이 필요하며, 대개의 경우 쉽지 않다. 이제까지 생각해 보지 못한 측면을 생각해 보게 하거나, 자기의 의견과 상반되는 주장에 대해 왜 그들은 그런 주장을 하는지에 대해 생각해 보게 하거나, 고민하게 만드는 것이 먼저이며, 이를 통해 피설득자의 인지적인 변화가 나타나도록 해야 한다. 설득의 속성에는 기본적으로 피설득자의 자유성이 담겨있다. 피설득자에 의한 선택의 자유가 주어져야 한다. 명령이나 지시 등을 메시지로 사용하여 피설득자의 자유 선택이 주어지지 않고 강제적으로 받아들이게 된다면 이는 설득이라고 할 수 없는 것으로, 이러한 상황에서의 변화는 향후 지속적인 태도와 행동변화를 담보하지 않기 때문이다.

부단한 시간과 노력의 투입을 통한 지속적인 설득은 피설득자의 인지적인 변화를 태도의 변화와 행동의 변화로 옮겨가게 할 것이다. 한번의 설득으로 설득자가 바라는 행동으로 변하고 변한 행동이 지속되는 것은 간단한 일이 아니다. 설득은 지속적인 시도의 과정이라는 점에서 먼저 행동의 변화를 기대하지 않고 피설득자의 생각이나 인식의 변화를 추구하는 지속적인 노력이 필요하다. 행동의 변화가 일어난 이후에도 이를 지속적으로 유지하는 일련의 노력도 설득의 중요한 과정이다.

〈도표 8-2〉 설득의 결과

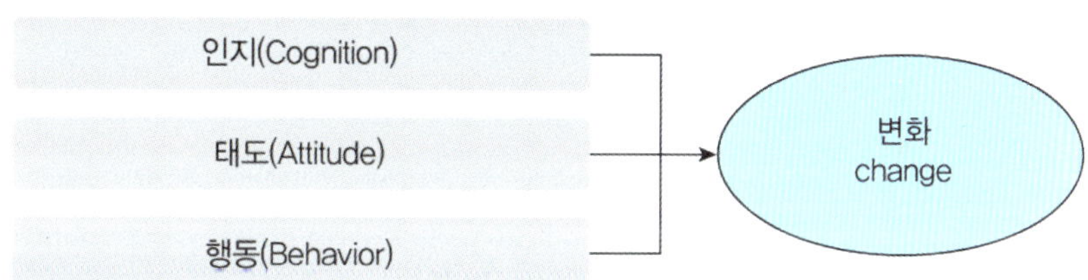

영화이야기

이오지마에서 온 편지(Letters From Iwo Jima, 2006) vs. 아버지의 깃발 (Flags Of Our Fathers, 2006)

"이오지마에서 온 편지"는 유황도(이오지마) 전투를 일본의 입장에서 그린 영화이고, "아버지의 깃발"은 같은 전쟁을 미국의 입장에서 그린 영화이다. 설득은 설득자와 피설득자의 가치와 생각 등의 다른 패러다임을 서로 공유하는 것이 매우 중요하다.

이오지마에서 온 편지(Letters From Iwo Jima, 2006)
수리바치가 함락되자, 아다치는 쿠리바야시에게 연대원들과 모두 자살을 하겠다고 허락을 구하나, 쿠리바야시는 그에게 현장에서 철수해 북쪽 동굴의 군대와 합류하라고 명령한다. 결국 명령을 어기고 아다치와 연대원들이 자살을 하자 시미즈와 사이고는 도망쳐 북쪽 동굴까지 찾아간다. 그러나 이토는 이들을 동료들

과 함께 죽지 않고 도망친 비겁한 병사들이라며 목을 베어 죽이려 한다. 그 순간 쿠리바야시가 나타나 자신이 철수를 명령했다며 이들의 목숨을 구해준다. 시미즈와 사이고는 함께 탈영하여 항복하기로 하지만, 먼저 탈영한 시미즈가 미군에 의해 사살되고 만다. 결국 남은 병사들은 모두 작전 본부로 돌아가지만, 이미 무기와 식량은 동이 난 상태다. 최후의 일제 공격과 모두가 죽음을 맞이한 뒤, 마지막에 혼자 살아 남은 사이고는 미군에게 발견되어 안전하게 후송된다~

아버지의 깃발 (Flags Of Our Fathers, 2006)

제2차 세계대전, 일본의 요새 이오지마에 상륙한 미군해병은 전투 중 의례적으로 성조기를 꽂는다. 그러나 이 순간을 담은 사진 한 장은 희망을 갈망하던 국민들을 사로잡아 끝나지 않은 것 같은 전쟁의 종식을 알리는 의미가 되었고, 아들이 전쟁터에서 살아 돌아오리란 희망을 품게 했고, 자식을 잃은 부모들에게는 위안과 자부심이 되었다.

NAVER영화 중에서
http://movie.naver.com/movie/bi/mi/basic.nhn?code=45709

제 2 절 협 상

1 협상의 개념과 중요성

협상(negotiation)이란 혼자서 목표를 이룰 수 없을 때, 상대방과 의사소통을 통해 내리는 의사결정 과정으로 지속적인 관계를 유지하면서 서로 win-win(윈-윈)하는 것을 말한다. 즉 협상은 결국 협상 당사자들(개인간, 집단간, 조직간, 혹은 국가간) 이 서로 목표하는 것을 얻기 위한 노력의 과정으로서 그 본질은 협상 당사자들 쌍방의 상호 기대수준을 상호 일치시켜 나가는 공동의 노력이라 할 수 있으며 서로 다른 선택, 다른 목표를 가지고 있는 둘 이상의 협상 당사자가 공동의사결정을 하고 합의를 이뤄내야 하는 과정이다.

협상과 유사한 개념으로 설득, 타협, 흥정, 교섭 등의 개념이 있는데, 완전히 분리되어 있는 개념이라 할 수 없고 서로 교환되어 사용되기도 하는데, 구체적인 개념 차이를 정리하면 다음과 같다.

설득은 내용이나 상황을 자기편의 뜻을 따르도록 잘 설명하거나 타이르는 것, 또는 상대편이 이쪽 편의 뜻을 따르도록 깨우쳐 말하는 것을 의미하고, 타협은 누가 어떤 대상과 서로 좋도록 절충하여 협의하는 것, 또는 두 편이 어떤 일을, 또는 한 사람이 다른 사람과 어떤 일을 서로 좋도록 절충하여 협의하는 것을 의미한다. 흥정은 지속적인 관계 유지가 필요 없는 일회적인 협상을 의미하는 점에서 관계의 지속성을 고려하는 협상과 차이가 있다. 교섭은 어떤 일을 이루기 위하여 또는 어떤 일이 이루어지도록 서로 의논하고 절충하는 것을 의미한다. 어떤 학자들은 협상과 타협을 서로 같은 의미로 사용하기도 한다.

협상, 타협 및 설득은 서로 관련되어 있는 개념으로 협상의 기저에는 설득이 있고 협상의 결과로서 정점에는 타협이 있다. 설득과 타협 자체는 협상이 아니라 할 수 있는데, 설득이 지나치게 되면 상대방에게 피해나 위험을 주게 되며 의사소통 자체의 의미도 상실되게 되고, 타협은 서로간에 진정한 목표와 이익을 포기하게 되거나, 상대방과 보다 의미 있는 관계로의 진전이 어렵기 때문에 잠재적인 피해의식을 간직 할 수 있게 된다.

협상은 하나의 기술인가? 협상력 또는 협상의 기술이란 무엇인가? 협상은 전략이며 나아가 삶의 지혜로 이해함이 바람직하다. 허브 코헨(Herb Cohen)은 그의 명저 "협상의 법칙" (원제목 ; You can negotiate anything)에서 세상의 80%이상이 협상이라 하면서 자신, 가정, 직장 그리고 사회에서의 모든 관계에서 거의 모든 것이 협상이라고 하였다.[6)]협상은 본질적으로 나와 상대방의 서로 다른 패러다임을 상호 일치시키는 과정으로, 협상 과정에서는 반드시 협상에 참여한 상대방과의 다양한 형태의 상호작용들이 발생하게 된다. 협상 당사자들간에 얼마만큼 어떻게 작용할 지, 그리고 협상과정에서 사회적인 관계를 유지하는 것이 얼마나 중요한 문제인지에 대한 고려, 그리고 협상을 위해 윤리적으로 행동하여야 하는가 하는 등의 문제가 대두되며, 이러한 문제들은 협상 내지 교섭의 결과만큼 인간관계에서 중요한 영향을 미친다.

협상은 당신에게 무엇인가를 바라는 상대방으로부터 당신에 대한 호의 혹은 당신이 원하는 무엇인가를 얻어내는 일이며, 따라서 그것이 명성이던, 자유, 돈이나 정의, 사랑, 사회적 지위, 신체적 안전 등의 무엇인가에 대해 우리가 원하는 모든 것을 협상을 통해 얻어낼 수 있는 것이다. 협상은 혼자 하는 것이 아닌, 협상 당사자간의 상호 협력이 수반되어야 가능한 것으로 협상을 통한 이익에 대한 기대, 타결에 대한 기대가 있는 것이다. 그러므로 협상을 해야 할 때와 안 해야 할 때를 알아야 한다.

협상의 전제가 되는 상황적 특성은 중개자가 없이 두 주체가 맞대고 있으며, 따라서 두 주체간의 이해관계가 상충되고 있으며, 두 주체가 싸움보다는 타협이 유리하다고 생각하는 동시에 타협의 결과로 인하여 두 주체의 입장이 달라 질 수 있는데, 두 주체가 상호의존관계에 있기 때문에 관계를 무작정 단절할 수 없다는 것이다. 협상은 기술이나 지식이 아닌 지혜의 개념으로 신뢰와 양보 및 창의성이 중요하며, 협상과정에서 이성적인 접근도 중요하나 그 보다는 감성적인 접근이 더 중요하며 무엇보다도 상호신뢰를 전제로 한다. 협상은 상호양보와 인내를 요구한다는 점에서 우리의 삶에서 매우 중요하다고 할 수 있다. 가족간, 친구간, 그리고 직업과 일에 관계된 업무를 수행하는 과정 등에서도 우리는 협상을 하고 있다. 따라서 협상을 잘 할 수 있는 방법을 안다면 우리는 우리의 삶의 질을 더욱 풍부하게 할 수 있는 것이다.

협상이 실패하는 가장 큰 원인은 의사소통의 실패다. 그리고 의사소통이 실패하는 가장 큰 원인은 바로 인식의 차이다. 그렇다면 인식의 차이가 생기는 원인은 무엇일까? 그것은 사람마다 관심사와 가치관 그리고 감성이 다르기 때문이다. 우리는 종종 자신의 인식체계에 맞지 않는 정보들은 무시한다. 그리고 협상을 할 때 자신의 관점을 뒷받침하는 정보를 선택적으로 수집하고 기억한다. 인식 차이는 동서고금을 막론하고 거의 모든 갈등의 주요 원인이다. 그래서 인식 차이가 갖는 중요성은 아무리 강조해도 지나치지 않다.[7]

2 협상과정

일반적인 협상과정은 〈도표 8-3〉과 같이 (1) 준비와 계획, (2) 기본규칙의 결정, (3) 해명과 정당화, (4) 협상과 문제해결, (5) 종료와 실행의 5단계로 구성되어 있다.[8]

협상의 주체를 기준으로 협상이 개인간의 협상인지, 조직간의 협상인지 혹은 국가간의 협상인지 등에 따라 각 단계별 구성과 내용의 범위 등은 상당한 차이를 보일 것이다. 협상과정의 단계별 설명은 다음과 같다.

〈도표 8-3〉 협상과정

1) 준비와 계획(Preparation and Planning)

협상과정의 시작은 협상의 준비와 계획수립이다. 협상은 무엇을 위하여 하는가? 협상의 배경이 있는가? 협상을 하여야 하는 본질이 무엇인지를 명확히 하고, 협상의 당사자는 누구이며 당사자들의 입장은 무엇이고 무엇을 원하고 있으며, 나는 상대방에게 무엇을 얼마만큼 줄 수 있는가, 각자가 협상을 통해 달성하고자 하는 목표는 무엇인가? 등을 명확히 정의하여야 한다.

준비와 계획단계를 통해 다양한 상황에 따라 협상의 상대방이 어떻게 반응 할 것인지를 예상하고, 그에 대비할 수 있는 방안 등을 세울 수 있게 된다. 정보를 수집하고 계획과 전략을 수립함에 있어, 다양한 상황하에서 협상 상대방이 어떻게 행동할 것인가, 어떻게 반응할 것인가를 미리 예상해 보아야 하며 상대방이 가지고 있는 협상 결과에 대한 최고의 대안 수준(BATNA : Best Alternative to a Negotiated Agreement)을 결정하여야 한다.

협상 결과에 대한 최고의 대안 수준은 협상 당사자가 협상 결과로서 받아들이려고 하는 최소한의 가치(The "Bottom line" for negotiation)를 결정해 준다. 이 말은 BATNA보다 높은 어떠한 제안도 당사자를 협상에 남아있게 한다는 의미일 것이다. 즉, BATNA보다 높은 어떤 제안도 당사자에게는 협상의 여지를 남긴다는 것이며, 한쪽이 상대방의 BATNA보다 더 좋은 제안을 할 수 없을 경우에는 협상을 성공시키기 어려울 것이다.

2) 기본규칙의 결정(Definition of ground rules)

협상을 위한 계획과 전략이 수립되면 상대방과 함께 협상의 기본적인 규칙과 절차를 정해야 한다. 구체적으로는 협상에 누가 참여하고, 어디서 하고, 시간제약은 어떠하며 협상주제는 어느 선까지 국한할 것인지, 협상이 교착에 빠지면 어떤 구체적인 절차를 밟을 것인지 등의 기본적인 규칙을 결정하여야 한다.

3) 명백화와 정당화(Clarification and Justification)

준비와 계획 및 기본규칙의 결정 단계 다음으로, 협상의 당사자들은 각각의 입장에서 처음의 요구에 대해 설명하고 부족한 부분은 보완하고, 해명을 통해 각각의 주장과 요구를 정당화하는 단계에 들어간다. 명백화와 정당화 단계에서는 협상의 당사자들이 반드시 적대적일 필요는 없으며 각각의 주장과 요구를 해명하고, 정당성에 대한 정보를 상대방에게 전달하는 것이 핵심이다.

즉 협상 당사자들 각자에게 있어 자기들의 요구가 왜 중요하며 왜 그런 요구를 하는지를 알려주는 기회를 제공하는 단계이며, 이 단계에서는 필요한 정보를 문서로도 제공할 수 있다.

4) 협상과 문제해결(Bargaining and problem solving)

협상타결을 이끌어내기 위해 앞의 여러 단계를 밟아왔고, 그 다음으로는 협상의 타결을 위해 활발한 의사소통을 통한 의견 교환이 이루어져야 하는데, 필요할 경우 상호간의 양보 과정이 이루어지는 단계가 협상과 문제해결 단계이다.

5) 종료와 실행(Closure and Implementation)

종료와 실천단계는 협상과정의 마지막 단계로 합의된 협상결과를 문서화하여 공식화하고, 실행과 감독에 필요한 절차를 만드는 과정이다. 협상의 대상이 중요할 경우(예를 들면 노사합의, 중요재산계약 등) 공식 합의서에 세부사항이 추가된다.

이상을 요약하면, 협상의 본질은 쌍방의 패러다임을 상호 일치시켜 나가는 공동의 노력이다. 상대는 나와 다른 패러다임을 갖고 있다. 나와는 다른 가치관의 총체적인 틀을 가지고 있는 상대방의 패러다임을 이해하면 객관적으로 본질을 파악할 수 있고 이를 통해 전술적, 전략적 대응이 가능하고 상대도 만족시키면서 나도 원하는 것을 얻을 수 있는 성공적 합의에 도달할 수 있게 되는 것이다.

3 협상전략

협상에 대한 일반적인 접근 방법은 배분적 협상(distributive bargaining)과 통합적 협상(integrative bargaining)이다. 배분적 협상은 정해진 것을 나누어 갖는 방식의 협상으로 협상 당사자들의 관심방향은 반대이고 주로 단기적인 인간관계에서 나타나는 협상을 말하며, 통합적 협상은 협상의 목적 내지 협상 대상의 크기를 늘려서 양쪽 모두의 이득을 추구하는 협상이다.[9]

1) 배분적 협상

배분적 협상은 협상의 일방에서 얻은 이익은 상대방의 손실을 수반하는 제로섬 상황(Zero-sum, Win-Lose)에서 이루어지는 협상이다. 즉 협상의 당사자 중 누가 파이의 얼마를 차지 할 것인가에 대해 협상을 하는 것으로 협상의 상대방을 적으로 생각하고 자신의 입장을 고수하는 상황에서의 접근방법이다.

배분적 협상에서 협상 당사자들은 각자가 이루고자 하는 목표(target point)가 분명하며, 또한 최소한 받아들일 수 있다고 생각하는 결과를 의미하는 저항점(resistance point)도 분명하다. 협상 당사자들이 가지고 있는 저항점이 어느 정도 겹쳐질 때 비로서 협상 당사자들의 기대를 충족시킬 수 있는 여지가 존재하게 되는데 협상 당사자들이 각각 가지고 있는 저항점간 범위를 협상범위(settlement range, bargaining zone)라고 한다. 이 경우 협상은 협상범위 내에서 이루어지게 된다.

배분적 협상에서는 협상대상에 대한 객관적인 정보를 충분히 파악하여 협상에 임하여야 하며, 특히 협상 마감시간이 얼마나 남았는지에 대한 시간정보는 상대방에게 노출되지 않도록 하여야 하고, 나보다는 상대방이 차지하고 있는 지위와 권한의 정도를 가늠하는 것이 협상 목적 달성에 매우 중요하다.

2) 통합적 협상

통합적 협상은 협상의 결과가 협상의 당사자들 모두에게 손실이 없도록 하는 협상(Plus-sum, win-win)으로 먼저 상대방이 원하는 것이 무엇인가를 이해한 다음, 내가 원하는 것을 충분히 만족시킬 수 있는 상태에서 상대가 원하는 것은 수용 가능한 정도로 만족시키는 협상을 말한다. 통합적 협상은 적어도 하나의 타협이 협상 당사자 모두를 위한 상생의 해결안으로서 도출 가능하다는 가정하에서 이루어지며, 장기적 관계의 형성을 촉진시키는 점에서 일반적으로 분배적 협상보다 바람직한 협상이다.

통합적 협상의 성공을 위해서는 서로 경쟁하는 것보다 협력하는 것이 모두에게 이익이라는 믿음과 지식을 공유하여야 하며, 상대방의 입장과 태도를 인정하고 대우하면서 협상하여야 하며, 서로 오해가 발생할 가능성을 줄이기 위해 정확한 의사소통이 필요하며, 협력적 협상의 기초로 상대의 친화와 협력을 유도하는 신뢰조성이 요구된다.

〈도표 8-4〉 협상전략의 비교

협상의 특성	배분적 협상	통합적 협상
목표	가능한 한 많은 몫을 추구	양 당사자가 만족할 수 있도록 몫을 확대
동기	나는 승리, 너는 실패	나도 승리, 너도 승리
초점	위치(나는 이 이슈에 대해 이 지점을 넘어갈 수 없다)	관심(이 이슈가 당신에게 왜 중요한지를 설명해 주시겠어요?)
이해, 관심	대립	일치
정보공유	낮음(정보공유는 상대방을 유리하게 만들 것이다)	높음(정보공유는 각 당사자들이 서로의 이익을 충족시킬 수 있는 방법을 찾게 한다)
관계의 지속기간	단기적	장기적

자료 : S. p. Robbins and T. A. Judge, Organizational Behavior. 14th edition, PEARSON, 2013, p. 493

생각해 보기

협상 당사자의 개인적 특성의 차이는 협상결과에 어떤 영향을 미치는가?

• 성격과 협상은 어떤 관계가 있을까?

비호의적이고 내성적인 사람은 친화적이거나 외향적인 사람보다 분배적 협상에서 더 성공적인 합의안을 도출한다. 친화적이거나 외향적인 사람은 협력하는 방법을 찾는데 더 많은 관심을 가지며 우호적인 성향이 정보를 보다 더 많이 공유하고자 하는 경향으로 나타나기 때문에 통합적 협상에서 더 좋은 합의안을 도출하는 것 같다.

자아가 강한 사람은 자신이 유능하고 성공적으로 보이는데 많은 관심이 있어서 모든 사람들에게 최선의 합의안을 도출해 내기 보다는 개인적으로 좋게 보이는 결과를 위해 협상할 수 있다.

협상에 앞서 자신의 자아를 억제할 수 있는 사람은 협상이 배분적 협상 혹은 통합적 협상이든지 자신과 다른 사람을 위해 더 좋은 합의안을 도출할 가능성이 있다.

• 성 차이는 협상과 어떤 관계가 있을까?

여성과 남성의 협상태도는 다를까? 남성들보다 여성이 협상에 더 협력적일까?

여성과 남성은 각각 협상 결과에 대해 상이한 가치를 부여하는데 여성들은 인간관계를 형성하고 유지하는 것을 더 중요하게 생각하는 것 같다.

남성은 여성보다 더 좋은 결과를 이끌어 내지만, 그 차이는 크지 않다.

성에 관계없이 권력이 적은 경우 협상 상대방을 달래면서 직접적인 대결과 위협보다는 부드럽게 설득하는 방법을 사용하는 경향이 있어 보인다.

협상에서 여성은 부드럽고 남성은 강인하다는 스테레오 타입이 작용할 때, 이것이 자기충족적 예언이 되어 남성과 여성 협상자간의 성별 차이에 대한 선입견을 강화시키는 것 같다.[10)]

4 갈등에서 벗어나는 협상기법

협상과정에서 살펴본 바와 같이 협상의 시작은 준비와 계획이고, 정해진 절차와 규칙에 따라 협상을 진행하여 소기의 목적을 달성하여야 하겠지만, 협상도 인간관계의 산물이라는 점에서 기계적이 될 수 없으며, 냉철한 규칙이 전적으로 적용되기 보다는 전 과정을 통해 심리적인 갈등과 감정 또한 표출되는 것이다. 따라서 갈등에서 벗어나기 위한 협상기법 내지는 유의사항을 아는 것은 협상목적 달성을 위해서도 중요하다.

1) 협상의 위한 여유 확보

협상의 기본전략은 동의와 양보의 여지를 인정할 수 있는 여유에서 시작하는 것으로 상호 동의와 양보의 여지를 인정하는 과정에서 해결책을 모색하여야 한다. 특히 협상은 동의와 양보를 전제로 하는 여유를 보이고 수용하는 태도를 갖는 것이 중요하며 협상은 주고받는 것인 만큼 받는 것보다 준다는 생각을 앞세우는 사고가 바람직하다.

2) 수용 가능한 요구나 제시에서 출발

협상에서 요구되는 내용은 상식선을 벗어나지 않아야 하며 많은 여유와 양보가 요구된다. 특히 상대방이 받아들일 수 있는 상식선을 고려하면서 협상요소를 제시하고 동시에 협상의 장애요인을 자연적으로 제거하면서 요구사항을 제시하는 것이 바람직하다.

3) 기대수준을 올려라

갈등해소를 위한 기대는 높게 설정하고, 자신의 요구를 확실히 하여야 하는데, 자신의 기대수준을 높게 세운 사람은 낮게 세운 사람보다 목표달성이나 성취도 높게 나타난다.

4) 단계적인 양보

점진적인 단계를 통한 만족한 의견 일치를 이루어야 하며, 처음부터 너무 많은 것을 양보하게 되면 나중에는 더 이상 양보할 것이 없어져서 협상이 결렬되기 쉽다는 점을 간과하여서는 안 된다.

5) 협상과 양보의 한계 제시

상호간에 적의를 주지 않고 신뢰를 바탕으로 양보의 한계를 제시하는 것은 현실적인 기대목적의 달성 가능성을 높여준다.

6) 최종기한 이용

협상과정에서 절대적이고 법률적인 최종기한을 제시하여야 하는데, 최종기한은 행동과 사고의 제약요인이 되면서 결정적인 행위를 유도하는 가이드가 된다.

7) 스스로 생각하는 시간

협상과정에서 성급한 사고와 행동은 조심해야 할 요건이다. 따라서 시간적 여유를 만들고 유리한 협상결과를 위한 자신의 시간을 갖는 것이 매우 중요하다.

8) 감정조절

협상에서 감정을 앞세우면 효과적 결과를 기대하지 못하게 될 가능성이 높으므로, 자기 통제가 가능하도록 노력하여야 한다.

9) 섣부른 행동이나 말을 조심할 것

일반적인 협상전략은 상대방에게 쉽게 양보하지도 않고, 또 상대방이 제시하는 내용을 즉각적으로 수용하지 않는 것이 원칙이다. 열정적인 지원자보다 조금 과묵하고 침착한 지원자가 협상을 성공시키는 확률이 더 높다. 따라서 충분히 청취하고 이해한 다음 자신의 목표에 이점과 불리점을 정리하고, 대응하는 언어와 방법을 고려한 다음에 신중하게 말하면서 행동하는 것이 협상전략의 핵심이다.

10) 최후통첩과 같은 결정적 요구

상대방의 목표를 확인하고 자신의 책임과 권한 범위 내에서 가능한 최종적인 요구를 하고 기다리는 자세가 필요하며, 지나친 요구나 상식을 무시한 요구는 상호 협력적인 해결의 장애물임을 명심한다.

11) 체면유지

협상은 상대방과 함께 일하는 분위기 조성에 조력하는 일이므로, 특히 상대방의 체면을 최대한으로 살려 주고, 또 상대방이 자신의 협상 분위기에 들어 올 수 있는 충분한 이유와 합리적인 요건을 주면서 좋은 분위기를 만들어야 한다.

참고문헌

1. 홍대식, 성공적 인간관계, 박영사, 2011, p. 139.
2. 김영석, 설득 커뮤니케이션, 나남, 2005, pp. 26-27.
3. 차배근, 설득 커뮤니케이션 이론, 서울대학교출판부, 1990
4. 홍대식, 2011, 전게서, pp. 147-151.
5. 박연호, 이종호, 임영제 공저, 현대인간관계론, 박영사, 2013, pp. 155-161.
6. Herb Cohen저, 강문희 옮김, You can negotiate anything (협상의 법칙 I), 청년정신, 2011
7. Stuart Diamond저, 김태훈 옮김, Getting More (어떻게 원하는 것을 얻는가?) B.O ㈜도서출판 세계사, 2011, p. 63.
8. R. J. Lewicki, "Bargaining and Negotiation", Exchange : The Organizational Behavior Teaching Journal 6, no. 2., 1981, pp. 39-40.
9. S. p. Robbins and T. A. Judge, Organizational Behavior, 14th edition, PEARSON, 2013, p. 493
10. S. p. Robbins and T. A. Judge, 2013, 전계서, pp. 498-500

09

가정과 인간관계

학습목표

1. 가정의 의미를 이해한다.
2. 가족관계의 역할과 관계를 이해한다.
3. 올바른 가족관계를 형성할 수 있다.

9 가정과 인간관계

생각 열기 부부가 잘 지내기 위해 마음속에 담아야 할 것들

정신과 의사들에게 어려운 심리치료가 무엇이냐고 물어보면 대부분 커플 심리치료를 거론한다. 필자도 진료실 방문을 부부가 열고 들어오면 속으로 신음을 삼킨다. 부부가 의자에 앉고 나면 물어본다. "무슨 일로 병원에 오셨나요?" 진료실은 잠시 침묵상태가 된다. 그러다 한사람이 얘기한다. "이 사람이...."로 시작하면서 무슨 문제 때문에 왔는지 설명하기 시작한다. 그럼 열사람이 "당신은 어떻고...."로 되받아치면서 더 큰 문제를 이야기 한다.

처음에는 의사 앞에서 점잖게 얘기하던 부부가 점점 언성이 높아지고 신랄한 얘기들이 오고가면서 상대방의 지적이나 질문에 대답은 없이 자기 주장의 강도만 세지면서 대화의 평행선이 계속된다. 의사가 개입할 틈을 주지 않고 진료실밖에는 대기하는 환자들만 늘어가고 있는 상황이 펼쳐지는 것이다. 이쯤되면 무조건 싸움을 끊고 들어가 말해야 한다. "상대의 이야기를 먼저 듣고 그 얘기에 해당하는 답을 하라"고. 부부사이에 중요한 이슈는 다양하고 좋은 명언도 찾아보면 쉽게 알 수 있기에 정신과 의사로서 한 가지만 얘기한다면 '역지사지(易地思之)'다. 상대방의 입장에 서보라고 얘기하고 싶다. 상대의 문제는 너무 잘 알지만 자기의 문제는 외면하고 싶은 것이 현실이다.

나의 고통은 온종일 얘기할 수 있으나, 상대의 고통은 잘 모른다. 상대가 얘기하는 와중에도 내가 어떤 얘기를 할지만 생각한다. 이건 대화나 소통이 아니라 각자 연설을 하고 있는 것이다. 내 기준대로 내 뜻대로 상대를 조정하거나 지배하려는 욕심이 가득하면 친구, 동료사이도 깨진다. 나랑 친한 친구를, 같이 일하는 동료를 떠올려 보라. 그네들에게 대하는 태도보다 나아야 하지 않을까. 간 쓸개 다 빼고 질질 끌려다니라는 얘기가 아니다. 상대를 파트너로 받아들이고 얘기를 듣고 공감하는 태도속에서 그 다음에 내 주장도 할 수 있다는 얘기다. 한쪽이 그런 태도를 시작하면 머지않아 식탁앞에서 그 사람도 변화를 보일 것이다.

자료 : 이규영, 월간 웨딩21 Expert column, 2014. 8월호 중에서

제 1 절 가정의 형성

1 가정의 의미

가정은 가족이 생활하는 공동의 공간이며, 일반적으로 가족은 부부를 비롯하여 함께 생활하는 혈연집단으로 구성된 사회구성의 기본단위이다. 따라서 가정은 남녀가 결혼을 하여 부부관계를 맺고, 자녀의 출생에 의하여 부모와 자녀관계(또는 입양에 의한 자녀관계)가 성립되며, 둘 이상의 자녀들간의 형제관계가 형성되고, 부모의 부모와 같이 동거를 하는 경우에는 조부모와의 관계가 형성된다.

가족 내 구성원이 증가할수록 인간관계는 급격히 증가하고 복잡하게 형성되며, 가족의 라이프사이클에 의하여 관계의 소원화, 친밀화의 일반적인 인간관계의 발전단계를 거치게 된다.

우리나라는 과거의 대가족제도에서 산업구조의 변화와 사회의 발전에 따른 가족 구성원의 변경이 이루어지고 있으며, 핵가족화가 빠르게 진전되고 있다.

〈도표 9-1〉 가구별 평균 가구원 수 추이

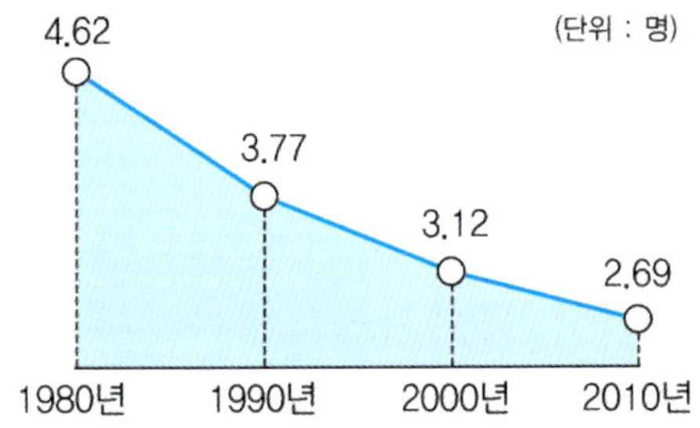

자료 : 통계청, 인구통계

가정(home)이란 부부 · 자식 · 부모 등 가족이 공동생활하는 조직체를 말한다. 가정의 정의는 사람에 따라 다를 수 있으나, 가족이 공동생활을 하고 있는 장소라고 보는 것이 보통이며, 가정과 집(house)을 비교해 보면, 전자가 인간이 만들어 낸 하나의 조직체, 즉 부부, 부자, 형제관계와 같이 인간관계를 가리키는 데 대해서 후자는 구체적인 형태를 가지고 있는 건조물을 가리키고 있어서 의미하는 바가 동일하지는 않다. 또, 집이라는 말은 가장(家長)을 중심으로 하는 가족제도를 의미하기도 하는데, 이런 뜻을 내포하고 있는 영어는 패밀리(family)이다. 그것도 낡은 의미의 패밀리이며, 현재와 같은 의미의 가정이라는 조직체와는 그 구성이 전혀 다르다. 패밀리는 가족이라고 번역할 수도 있고 가정이라고 할 수도 있는데, 가족은 구성원인 '사람'이 중심이 되는 반면, 가정은 구성원인 사람들이 만들어 내는 시스템을 의미한다(보통은 공동체의 사람들이 사는 장소를 의미함). 그러므로 엄밀하게 가족과 가정은 중점이 무엇인가에 따라 차이가 있다.

역사적으로 인간이 만들어내는 가족관계 · 가족공동체의 구성 · 운영방법 등은 생활에 필요한 물자의 조달방법이나 생산방법의 차이에 따라서 그 형태를 달리하여 왔는데, 부부라는 남녀가 모여서 상부상조하고 인간의 가능성을 최대로 발휘하는 조직체인 '가정'이 완성되는 것은 오히려 지금부터의 일이라 할 것이다. 또한 그렇게 됨으로써 비로소 사회를 구성하는 최소단위는 개인이 아니라 가정이 되는 것이다.[1)]

2 가정의 기능

가정의 기능은 사회의 변화에 따라 여러 측면에서 변화되었으며, 그 가정이 위치하고 있는 사회 조건에 따라 달라지기두 한다.

과거의 가정은 사회에 기능 집단이 발달하고 있지 않았기 때문에 인간의 생활에 필요한 거의 전부를 자급자족하고 있었다. 사회가 근대화하고 기능 집단이 발달함에 따라서 그때까지 가정이 가지고 있던 기능은 하나하나 기능 집단으로 흡수되어 갔다.

또한, 가정에 남겨진 기능도 사회의 발달에 따라 합리화 · 기계화되고, 가정생활은 현저히 변화하였다. 상하수도 · 도시가스 등의 보급, 전기 세탁기나 전기 밥솥 등 가정 전화 제품의 보급에 따라서 가사 노동은 경감되었다. 또한, 텔레비전이나 스테레오 등의 보급은 가정의 오락처 혹은 교양적 · 문화적 기능으로 변화시켰다. 전통적으로 가족이 수행해 왔던 기능은 성적 기능, 자녀출산의 기능, 생산과 소비를 함께 하는 경제적 기능, 양육(보호)의 기능, 교육(사회화)의 기능, 부양의 기능, 휴식과 오락의 기능, 종교적 기능 등이었다. 과거의 가족은 경제적 생산, 소비, 교육을 비롯하여 아주 포괄적인 기능을 수행해 왔다. 현대의 가족은 이들 많은 기능을 그것만을 전문으로 하는 다른 제도(기관)로 이관시켜 주었다. 그리고 가족은 가족이 아니면 수행할 수 없는 본질적 기능만을 주로 수행하고 있다. 따라서 가족성원의 역할도 변할 수밖에 없다. 전통적인 가족기능을 살펴 보면 다음과 같다.

1) 성적 기능(애정적 기능)

결혼을 통해 이룩되는 가정은 한 남자와 한 여자의 완전한 사랑의 결합을 요구한다. 완전한 사랑의 결합이란 정신적으로 육체적으로 완전한 결합을 말한다. 이러한 결합은 결혼으로서만 가능하며, 결혼이 이와 같은 완전한 결합을 가져오지 못할 때 그 결합은 위기를 맞게 된다.

2) 생식의 기능

완전한 사랑의 결합은 필연적으로 자녀의 출산을 가져온다. 자녀를 출산하는 생식의 기능은 가족이 갖는 가장 중요한 기능이며, 가족만이 갖는 유일한 기능이다.

3) 부양·보호적 기능

부모는 어린 자식을 양육하고 자식은 노부모를 부양한다. 이러한 부양·보호의 관계는 권리·의무의 관계 이전에 인간 본연의 사랑에서 우러나오는 자연적인 현상이다. 가족 중 환자·실업자·노령자 등의 보호는 보호적 기능의 대표적 예로 들 수 있다. 오늘날에는 경찰·병원·사회보장제도 등 사회와 국가에 의한 의존도가 높아지고 있다.

4) 교육적 기능

어린이는 태어나면서부터 부모의 애정 속에서 인간관계·생활양식·행위규범·가치체계를 습득하게 된다. 즉, 하나의 생물학적 개체가 하나의 인격적인 존재로 성장해 간다. 그래서 점차 사회의 일원으로서 적응하며 생활할 수 있는 필요한 기본적 인성(Personality)를 형성하는 것이다.

5) 경제적 기능

가족의 경제적 기능은 생산적 기능과 소비적 기능의 양면을 생각할 수 있다. 가족생활은 재산의 공동생산과 공동소비의 성격을 띠고 있으나 오늘날에는 점차 생산적 기능은 감퇴되어 간다. 오늘날 가족에서 남자는 생계를 위한 생산에 종사하며 수입면을 담당하고, 여자는 자녀를 낳아 기르고 의·식·주생활면을 관리하여 소비면을 담당하고 있다.

제 2 절 부모와 자녀의 관계

인간관계의 시작은 부모와 자녀의 관계로부터 시작된다. 출생의 순간부터 자녀들은 부모에게 의존하여야 생존할 수 있으며, 부모는 자녀들을 자신의 일부분으로 생각하는 경향을 가지고 있다.

특히 어머니와의 관계가 중요하며, 어머니는 아이의 성격형성에 있어 대부분의 영향을 미치고 있다.

일반적으로 유아의 양육은 모친 또는 모친 대리자가 담당하고 있는 것이 보통이다. 아동기 전반의 어린이 발달에서 어린이와 모친과의 관계는 밀접하며 중요한 역할과 기능을 가지고 있다. 가족은 성립 시기인 결혼과 함께 자녀의 출생, 성장, 발전, 확대 과정을 거쳐 자녀가 독립하거나 결혼함으로써 축소되어 최후에는 부부의 사망으로 소멸하는 전 과정을 거친다. 일반적으로 가족생활 주기는 서구의 핵가족에 해당하는 개념이다. 현대에 이르러서는 가족 구조, 가족의 역할 변화와 함께 가족생활 주기도 변화하고 있다. 즉, 산업 사회에 대처하기 위한 교육 및 직업 준비로 인한 결혼 연령 변화, 자녀 수의 감소, 터울 조절, 의학 발달과 공중위생의 개선, 식생활 향상으로 인한 평균 수명 연장 등이 가족생활 주기의 변화를 가져왔다.

추성훈이 한 공중파 방송의 육아 프로그램에 딸 추사랑과 함께 출연한 모습

1 부모의 기능

자녀관계의 기본적인 관계는 부모의 자녀에 대한 양육의 관계이다. 양육이라는 것은 단순하게 경제적인 측면에서의 고찰이 아니라, 자녀의 장래에 건전한 의식을 가지고 사회생활을 영위할 수 있도록 하는 것이 중요하며, 이를 위하여 부모는 자녀의 다양한 교육의 기회를 제공하여야 한다.

또한 가정은 자녀의 정신적인 발달의 장이 되어야 하며, 사회적인 측면에서 인간관계를 습득하는 매우 중요한 역할을 수행한다. 따라서 자녀가 가정안에서 건전한 자아의 발단과 인생태도를 가지며, 사회적 적응을 할 수 있도록 보살펴주어야 한다.

부모는 자녀가 건전한 사고를 할 수 있도록 하여야 하며, 사회생활을 영위하기 위한 지식을 습득하는 데 도움을 줄 수 있어야 한다. 다양한 사회적, 전문적인 지식을 배우며, 타인과 사물에 대한 올바른 인식을 할 수 있도록 하여야 한다. 부모는 자녀의 성격형성에 있어 가장 중요한 역할을 수행한다.

파슨즈(T. Parsons)는 부모의 기능으로 다음과 같이 두 가지 기능이 있다고 말하고 있다.[4)]

① 표현적 기능 : 애정과 공감을 주어 정서적 안정을 야기해 가족관계를 원활하게 유지하는 기능
② 도구적 기능 : 훈련, 통제, 상벌의 집행 등에 의한 적응능력과 어떤일을 수행할 수 있도록 능력을 발휘하도록 하여 건전한 사회생활을 영위할 수 있도록 하는 기능

2 자녀들에게 있어서의 가정

부모의 기능으로 볼 때 자녀들은 가정에서 다양한 것들을 습득해 간다. 부모(양육자를 포함)와의 관계를 기초로 하여 가정이라는 양육의 장을 통하여 지식과 사회적 가치관, 인간관계 등을 자연스럽게 습득한다. 이렇게 형성된 가치관을 바탕으로 인간관계를 형성하며, 학습을 통하여 많은 지적인 성장과 주체적인 판단을 통하여 지금까지 인식하여 왔던 많은 것들을 비판과 수용을 통하여 성인으로 성장하며 기정으로부터 독립해 간다.

따라서 가정은 개인에게 있어서 가치관 형성의 기초가 되고, 인관관계를 최초로 형성하는 것으로 모든 일에 있어서 준거의 기준으로 작용하며, 학습을 통하여 평생을 살아갈 수 있도록 하는 토대로 작용한다.

1) 인간관계 형성의 장

가정에서 아이들은 소중한 존재로 인식되고, 부모(가정)을 신뢰하며 의지하는 건전한 인간관계를 형성하게 된다. 부모와의 관계속에서 어떻게 하면 관심을 끌 수 있다던가, 어떻게 하면 칭찬을 받는지, 야단을 맞는지 등을 배우게 되며, 향후 인간관계를 맺는 방법을 습득하게 된다. 또한 가정은 자기존재의 안심감과 신뢰는 마음을 편안하게 하고 평안을 얻을 수 있도록 한다. 이러한 편안함은 긍정적인 인간관계를 형성할 수 있도록 하며, 점차 성장하면서 새로운 상황과 인간관계속에서 다양한 갈등과 긴장을 경험한다. 이러한 갈등과 긴장에 대처하고 극복하여 가면서 다양한 인간관계를 형성하고 사회인으로서 생활을 할 수 있는 기반을 마련한다.

2) 안락한 휴식의 장

가정은 부모의 표출적 기능에 대응해서 아이에게 있어서 전체를 에워싸는 편안함을 느끼는 장소로서의 기능을 한다. 가정은 아이들을 포용하고 무한한 신뢰를 제공하는 공간이다. 때로는 공감을 받고 응원을 받는 곳이기도 하다. 많이 지치고 어려움에 처한 경우에도 가정은 무한한 애정과 보살핌으로 다시 활력을 얻을 수 있도록 하며 회복과 치유의 장으로서의 역할을 수행한다.

3) 학습의 장

가정에서의 학습은 준거의 틀로서의 역할을 수행한다. 처음 경험하는 많은 것들이 가정을 통하여 판단의 기준이 형성된다. 아이들과의 정서적 기반을 바탕으로 다양한 학습이 일어난다. 아이들은 부모의 언어를 학습하고 많은 연습을 통하여 언어능력을 학습하고 사물에 대한 의미를 전달받아 단어들을 학습해 간다. 아이들은 받아들이는 입장에서 학습을 할 뿐만 아니라 더 적극적으로 부모의 일상적인 생활에서 행동하는 것을 관찰하면서 성인으로 성장하면서 어떻게 행동하여야 하는지를 학습하게 된다. 가정은 조직문화를 습득하는 처음으로서의 역할을 수행한다. 각 사회마다 독특한 특성이 있어 개인의 퍼스낼리티에 영향을 주고 있으며, 이러한 사회적 유전은 개인의 학습을 통하여 퍼스낼리티에 영향을 준다. 가족과 사회집단은 퍼스낼리티의 형성에 가장 중요한 영향력을 미치게 된다. 유아의 사회화는 가정에서의 어머니와의 접촉에서부터 시작되어, 다른 가족으로 나중에는 구성원집단이나 준거집단 등 사회적 집단의 영향을 받아서 사회화가 이룩되며, 사회화 과정에서 그는 다른 사람들과의 동일화 과정(identification process)을 통해서 타인을 닮아가게 되는 것이다.[5)]

4) 반항의 장

아이가 성장을 하여 청소년기가 되면 지적능력이 현저히 발달하게 되고, 부모를 비판할 수 있게 되고 의존적 관계에서 대등한 관계를 가지게 된다. 심리적 이유기가 되면서 자기결정과 자활적 태도로 이행되고 자력으로 선택, 결정하고 싶다는 욕구와 많은 갈등이 수반된다. 이 과정에서 사회적 산물에 대한 이해의 부족과 문제해결능력의 미숙으로 인하여 많은 방황과 시행착오를 겪게 되고 이러한 방황은 자신의 내면에 포함되어 있는 부모의 가치관을 비판의 대상으로 삼아서 부모를 부정하고 반항하는 태도를 보이게 된다. 부모에 대하여 자신의 능력을 시험하려하고 부모가 그것을 정당하게 평가해 준다고 하는 생각을 갖는 등 사회적 인식이 촉진되며, 자기중심성이 감소해 적절한 인간관계의 방식에 대한 이해가 깊어지게 된다. 결국 자기의지에 대한 적절한 표현을 학습하고 자기를 확립해 나가게 된다.

제 3 절 형제 관계

1 형제관계의 형성

형제간에는 보통 연령차가 존재한다. 관계적으로 볼 때 부모와의 관계가 수직적인 관계속에서 형성되고, 친구와의 관계가 수평적인 관계라고 할 때, 형제관계는 그 중간적인 관계를 형성한다. 형제관계에서 아이들은 성별, 연령, 형제의 수와 순서, 연령 차 등의 다양한 요인을 고려하여 주목하여야 한다. 이러한 관계속에서 형제관계는 친화적 또는 적대적인 관계를 유지하게 된다.

2 형제관계에서 차이

형제관계에서 고려해야 할 요인은 다양하다. 그 첫 번째로 출생차를 들 수 있는데 대체적으로 장남, 장녀는 책임감이 높고, 권위적인 측면이 많아서 지배적이고, 또 다른 측면으로는 타인을 잘 보살피려는 희생정신이 높다. 이에 반하여 차남, 차녀들은 도움을 잘 청하며, 장남, 장녀들에게 가 있는 부모들의 관심을 돌리기 위한 노력들을 많이 하는 편이다.

두 번째로 성차를 들 수 있는데 여자만의 형제에서는 여성적으로, 남자들만의 형제에서는 남성적이 된다고 보고 있으나, 구체적인 연구결과로 입증된 바는 없으며, 개개인의 상황에 따라 그 결과는 다르게 나타나고 있다.

셋째로 연령차에서는 연령이 가까우면 이해와 공감의 차이가 크지 않으므로 친할 것이라는 주장과 경쟁이 심해져서 다툼이 많은 것이라는 주장도 있다. 하지만 형제관계는 다양한 관계속에서 이루어지는 관계로 하나의 요인에 의하여 일반화되는 것은 아니다. 다만, 개개인의 특성에 따라 관계가 결정되지만, 일반적인 형제관계에서 나타나는 현상들에 대한 이해가 필요하다.[6)]

3 형제간의 싸움

현제관계는 외부와의 관계에서는 협력을 이루지만 내부적으로는 경쟁과 대립의 관계를 유지한다. 외부적인 위협과 도전에는 공동으로 연합하여 이를 물리치기 위한 행동을 하지만, 내부적으로는 부모의 관심을 얻기 위한 대립과 희소한 물건을 점유하기 위한 노력을 통하여 경쟁관계를 가진다. 이러한 경쟁과 대립을 통하여 갈등을 해결하고 협력과 조화를 이루어 가는 방식을 학습하고, 타인의 존재에 대한 이해, 배려와 합리적인 자기주장을 하는 방식, 사회의 규범 등을 학습해 나가게 된다.

1) 부모의 관심과 애정

부모의 관심과 애정을 받기 위한 형제간의 갈등은 아주 오래전부터 존재해 왔다. 고대에는 이러한 관심은 생존과도 관련이 있었으며, 가업을 승계함에 있어서의 갈등도 존재해 왔다. 고대 성경에서도 장자와 그 외의 자녀들의 관계에 대한 언급이 있으며, 프로이드는 부모의 관심과 애정을 얻기 위한 형제간의 싸움을 카인.아벨컴플렉스라고 하여 형제간의 적대적인 복합감정을 말하고 있다. 부모의 편애, 부모에 대한 투쟁 등 부모의 관심과 애정을 받기 위한 형제간의 싸움을 자주 볼 수 있는데, 부모의 이에 대한 명확한 인식과 충분한 배려가 필요하다.

2) 자기 존재의 인지에 대한 싸움

사춘기를 지나면서 다양한 계층의 사람들과 관계가 많아지면서 인지적, 사회적으로 매우 발달하며, 자기의 자아정체성을 확립해 나간다. 이러한 정체성의 확립시기에는 타인 특히 형제로부터의 정상적인 관계형성이 되지 못하는 경우에 자기 존재에 대한 인지에 부정적인 영향을 미치게 된다. 즉, 언어적 폭력이나 모멸적인 대우는 자기의 자유나 존재의미를 위협받거나 부정된다고 느끼게 될 때 갈등이 생기게 되고 싸움이 일어나게 된다.

4 형제간의 협력

형제는 싸우기도 하지만 함께 잘 놀기도 한다. 놀이를 하는 중에 상호협력을 익히고, 역할과 여러 가지 법칙을 습득하고 상상력을 발달시킨다. 또 동생을 보호하고, 형(누나, 언니)에게 의존하는 관계가 성립된다. 즉, 청년기가 되면 상호협력하고 일치하는 상호관계를 볼 수 있다.

놀이를 같이하는 친구로서 가정에서 연령차가 적은 형제와 같이 하는 경우가 많으며 함께 학교를 다니는 경우 생활하는 것이나 화제를 공유하는 경우가 많다.

따라서 형제간의 놀이를 통해서 인간관계의 존재방식을 습득하고, 정서적인 긴장관계를 풀 수 있다. 형제관계는 때로는 가정내에서 갈등상황이 존재할 수 있겠지만 외부적인 위협에 대하여 협력하고 상호의존적인 관계를 형성하는 관계로 성장하게 된다.

제 4 절 부부관계

1 결혼의 의미

배우자 선택 과정을 통하여 두 사람이 결혼을 하게 되면 새로운 가족이 형성된다. 결혼은 개인적으로는 인생의 동반자를 만나서 일상의 감정을 나누고 삶을 함께하는 새로운 관계를 형성하는 것이지만, 사회적으로는 사회구성원을 충원하여 사회의 요구를 충족시키는 제도로서의 의미도 있다. 스테펜(W. N. Stephens)은 결혼은 성적관계가 사회적으로 승인된 것, 결혼을 사회에 선언하는 것, 영속성이 전제되어 있는 것, 일정한 권리 의무관계가 형성되는 것으로 설명하고 있다.[7] 그러므로 결혼이란 서로 관계 없는 남녀가 자신들의 가정을 떠나 새로운 가정을 만들어 나가는 통과의례가 있고, 그 다음에 자녀 출산을 위해 상당 기간 지속되는 관계가 요구된다. 이것은 또한 관례에 따라 진행되고, 일반적으로 부인의 의무는 가사와 아이들을 돌보는 것이고, 남편의 의무는 경제적으로 가정을 부양한다는 법적 계약이다. 현대 서구사회에서 결혼은 이성간의 교제, 구혼기간, 그리고 약혼의 과정을 통해 이루어진 최종적인 결과이다. 이러한 의미에 정서적, 정신적 결합이라는 전인격적인 관계에 추가가 필요하다.

결혼은 젊은 남녀가 부부가 되는 것이다. 비록 둘의 역할이 분리되거나(각자는 자신의 고유한 역할, 인간관계를 갖는다), 혹은 공동적이라 하더라도, 둘의 관계는 일정한 사회단위를 형성하는 것으로서, 노동의 성적 분업은 사회의 일반적인 형태로 나타난다.

클로드 레비 스트로스(Claude Levi Strauss)인류학자, 사회학자

레비-스트로스(Lévi-Strauss)는 결혼을 여성들의 교환을 통한 남성집단의 통합이라고 보았다. 델피(Delphy)는 결혼을 여성의 노동력이 남편에 의해 착취되는 노동계약이라고 보았으나, 단순하게 교환을 통한 거래관계보다는 인격적인 통합에 대한 중요성이 더 필요할 것으로 보여진다.[8)]

2 대등한 관계로서의 부부관계

어떤 인간관계에서라도 각각의 욕구가 모두 충족되는 경우는 없다. 부부간의 관계에 있어서도 항상 이상적인 관계만을 가질 수 는 없으며, 부부는 서로 독립적인 존재라는 것을 상호인정하고 서로의 노력이 필요로 하는 것이다. 부부사이에 있어서의 역할은 그 역할이 실행되기까지의 이렇게 해주었으면 하는 역할기대가 있고, 그렇게 기대되어 진다는 것에의 역할지각, 그리고 그렇게 수행하고 있다는 역할수행으로 구별되는 데 이러한 역할기대, 역할시각, 역할수행이 일치되지 않으면 원만한 관계를 유지하기 어렵다. 따라서 이러한 역할에 있어서의 불일치가 될 수 있다는 것을 생각하여야 하며, 실제로 불일치가 되었을 때 이를 극복하기 위한 방안을 강구해야 한다. 부부관계를 잘 유지하기는 갈등이 발생하지 않는 것이 아니라 갈등이 발생하였을 경우 갈등을 극복하기 위한 부부간의 노력이 더 중요하다. 인간의 좋은 사회생활, 즉, 좋은 인간관계는 안정된 부부관계에 의하여 뒷받침이 된다. 화목한 가정이 생산성의 기본요건으로 장소적인 의무에서 동거를 하는 부부관계가 아닌 가정의 기본으로서의 기능적 의미에서 부부관계가 이루어져야 한다. 이러한 노력이 대등한 관계이고 부부관계의 존재방식이라고 할 수 있다.

3 부부관계를 행복하게 하는 10가지

사랑과 행복이 넘치는 부부관계는 누구나 다 추구하는 가정의 이상이며 목표이다. 이는 구성원 모두가 서로 노력해야 이뤄지는 것임은 두말 할 필요가 없다. 아름다운 부부관계를 유지하기 위해서는 상대방이 해주기를 바라지 말고 스스로 솔선수범하고 먼저 변하는 것이 쉽고 빠르다. 다음은 행복한 부부관계를 유지하기 위하여 남편과 아내가 해야 할 일을 정리한 것이다.

1) 아내가 해야 할 10가지

① 가정의 생명수를 준비 하라. 부부관계에서 가장 큰 생명수는 칭찬과 격려이다.
② 생명의 요리사가 되라. 부부관계를 가장 좋게 하는 양념은 사랑과 감사하는 마음이다.
③ 얼굴에 미소를 띠라. 미인계가 아니라 미소계를 써라.
④ 남편을 왕으로 만들라. 남편을 왕으로 받듦으로서 나는 저절로 왕비가 된다.
⑤ 남편만의 시간을 주라. 남자들은 밖에서 입은 상처를 아내에게 보이고 싶어 하지 않는다. 때로는 자신만의 동굴에서 휴식을 취하면서 스스로 상처를 치료하기도 한다.
⑥ 남편의 자존심을 세워 주라.
⑦ 잔소리를 하지 말라. 만성적인 불평과 잔소리는 상대방의 신경을 곤두서게 하는 가장 큰 독소이다.
⑧ 남편의 성적, 정서적 요구를 무시하지 말라. 지혜로운 아내는 남편이 필요로 하는 것을 안다.
⑨ 남편과 취미생활을 같이 하라.
⑩ 친정보다 시댁을 우선하라.

2) 남편이 해야 할 10가지

① 하루에 한 번씩 사랑한다고 말하라. 사랑은 사람에게 꼭 필요한 비타민과 같다.
② 여성에 대한지식을 가져야 한다. 남자와 여자는 사고방식, 행동방식에서 다름이 있다. 아내를 연구하여 아내가 필요로 하는 것이 무엇인지를 파악하라.
③ 최고의 리더십은 기도에서부터 시작된다. 잔소리와 꾸지람 대신 아내와 자녀를 위해 기도하라.
④ 사랑은 기다림이다. 서두르지 말라.
⑤ 서로에 대해 작은 관심을 기울여라. 부부생활을 하는 데 있어서 서로에 대해 조금만 더 관심을 기울인다면, 생일과 결혼기념일은 상대방에 대한 애정을 보여 줄 수 있는 절호의 기회가 된다.
⑥ 돈을 맡겨라. 돈은 애정의 척도가 된다.
⑦ 아내가 아니라 여성으로 대하라. 아내의 소유의 개념이지만 연약한 여성은 보호의 개념이다.

⑧ 가족들을 위해 보험을 들라. 가장 큰 보험은 시간보험이다.

⑨ 자기를 낮추고 예의를 지켜라. 행복한 부부생활을 위하기 위해서는 서로를 지배하려고 하기 이전에 먼저 자신의 자세를 낮추어야 한다.

⑩ 아내를 키우라. 그리고 아내와 생의 목표를 같이 나누라.

"재물 앞에 형제 없다"…반복되는 재벌가 분쟁

롯데그룹의 후계 구도를 놓고 경영권 분쟁 가능성이 제기되고 있다. 신동주 일본 롯데그룹 전 부회장이 경영권을 박탈당한 가운데 동생인 신동빈 롯데그룹 회장이 지난 10일 일본을 방문하는 등 상황이 급박하게 전개되고 있다.

양국 롯데그룹은 공식 입장을 내놓지 않고 있지만 업계에서는 신동빈 회장이 한국과 일본의 롯데그룹 경영권을 모두 차지할 것으로 보고 있다.

이에 대해 신동주 전 부회장이 소송을 제기하는 등 본격적인 경영권 분쟁이 벌어질 수 있다는 관측도 나오고 있다.

재벌가의 경영권 분쟁은 어제오늘 일이 아니다.

국내 여러 재벌의 경영권 승계 과정은 경영권 분쟁으로 얼룩졌다.

재벌 2곳 중 1곳 가까이는 혈족 간에 재산이나 경영권 다툼을 벌인 것으로 나타났다.

13일 재벌닷컴과 금융투자업계 등에 따르면 공정거래위원회 자산 기준 40대 재벌그룹에서 지금까지 총수 일가의 경영권 분쟁이 일어난 곳은 모두 17곳이었다.

신동주-신동빈 형제의 부친인 신격호 롯데그룹 총괄회장도 동생 신춘호 농심그룹 회장과 불편한 관계를 이어왔다.

신 총괄회장은 신춘호 회장과 라면 사업을 놓고 충돌한 것으로 전해진다.

업계에는 신격호 회장의 만류에도 신춘호 회장이 라면사업에 뛰어들면서 두 사람 사이에 앙금이 생긴 것으로 알려졌다.

신춘호 회장은 1965년 롯데공업에서 라면사업을 시작한 이후 사명을 농심으로 바꿨다.

지난 2010년에는 롯데마트가 롯데라면을 판매하면서 롯데와 농심 회장 형제 간의 '라면 전쟁'으로 비치기도 했다.

이번에 신격호 회장의 두 아들이 한국과 일본의 롯데그룹 경영권을 놓고 충돌한다면 2대 연속으로 형제간 갈등을 겪게 되는 셈이다.

금호아시아나그룹에서도 대를 이어 혈족 간에 분쟁이 벌어졌다.

금호아시아나는 구조조정과 함께 계열 분리 절차를 밟는 것과 맞물려 박삼구 금호그룹 회장과 박찬구 금호석유화학 회장 간 경영권 분쟁이 진행됐다.

앞서 금호그룹 창업주인 고 박인천 회장도 금호타이어의 전신인 삼양타이어를 둘러싸고 동생과 갈등을 빚었다.

효성그룹에서는 조석래 회장 2세들의 분쟁이 불거졌다.

조현문 전 부사장이 형 조현준 사장과 동생 조현상 부사장이 대주주로 있는 그룹 계열사의 배임 횡령 혐의를 수사해달라며 검찰에 고발한 것이 화근이 됐다.

이처럼 재벌 혈족 간 분쟁은 형제간 재산이나 경영권을 둘러싼 싸움이 가장 잦았다.

삼성을 비롯해 현대차, 현대중공업, 한진, 한화, 두산, CJ, 대림, 현대, 코오롱, 한진중공업, 한라, 태광, 대성 등 국내 굴지의 그룹들이 혈족간 분쟁을 겪었다.

반면 SK와 LG, GS, 신세계, LS, 부영 등의 재벌그룹에서는 혈연간 경영 분쟁은 두드러지지 않았다.

전문가들은 재벌가의 경영권 분쟁이 주주 가치를 훼손하고 기업 경영효율성을 떨어뜨리는 요인이라고 지적한다.

정선섭 재벌닷컴 대표는 "국내 재벌의 지배구조 특성상 주도권 다툼에서 이기지 못하면 모두 다 잃는다고 생각하기 때문에 혈족 간의 분쟁이 벌어진다"며 "이사회의 경영 참여를 확대하고 주주의 권한을 높여 총수의 권력집중을 분산하는 방향으로 지배구조를 개선해야 한다"고 강조했다.

송민경 한국기업지배구조원 연구위원은 "재벌 3세, 4세로 이어질수록 혈족 간의 경영권 분쟁 위험이 커질 수밖에 없다"며 "주주들의 견제를 받지 않는 경영권 분쟁은 경영효율성을 떨어뜨리는 요소이므로 주주 승인을 거치는 장치를 강화해 폐단을 막아야 한다"고 말했다.

– 자료 : 연합뉴스, 2015/01/13

참고문헌

1. 두산백과 doopedia, 2015
2. 조성대, 가정의 기능과 가족구성원의 역할에 관한 인간관계적 고찰, 한국인간관계학보, 2권, 1호, 1997.
3. 송혜련, 이상적 결혼생활, 큰나무, 2006.
4. T. Parsons, The Social System, N. Y. The Free Press, 1964.
5. 신형재 권용만, 조직행동론, 무역경영사, 2009.
6. 이홍기, 홍용기, 인간관계론, 한올출판사, 2008.
7. 이홍기, 홍용기, 전게서
8. 사회학사전, 사회문화연구소, 2000.

10

직장에서의 인간관계

학습목표

1. 조직의 개념을 설명할 수 있다.
2. 집단형성의 이유를 설명할 수 있다.
3. 비공식집단의 중요성을 설명할 수 있다.
4. 집단유효성을 증대하기 위한 방안을 이해한다.
5. 직장생활의 중요성을 설명할 수 있다.

10 직장에서의 인간관계

생각 열기

신입사원, 직장생활 고충 2위는 '인간관계'…1위는?

올해 상반기 입사한 1년차 직장인 A씨(27)는 오후 6시가 넘어가면 괜스레 자리에서 일어났다 앉았다를 반복한다. 그 시간까지 퇴근하지 않는 상사들 때문에 집에 갈 수가 없기 때문. 여자친구와의 데이트는 물론 친구들과의 저녁 약속에도 늦는 경우가 부지기수다. A씨는 "윗사람이 집에 안가면 사실 먼저 가겠다고 말하기 힘든 게 사실"이라고 토로했다.

신입사원들이 직장생활에서 겪는 가장 큰 고충은 '상사 눈치를 보느라 퇴근을 못하는 경우'로 나타났다.

최근 취업포털 잡코리아가 포트폴리오 서비스 웰던투와 함께 남녀 직장인 697명을 대상으로 조사한 결과, 입사 1년차 신입사원 242명 중 41.3%(복수응답)가 '상사 눈치가 보여 퇴근 못할 때'를 가장 힘든 점으로 꼽았다.

이어 '선배와 동기 등 직원들과의 갈등'(33.5%)이 2위를 차지했다. 다음으로 억지로 참여해야 하는 회식과 주말 야유회 등 사내 행사(32.2%), 다른 부서에 업무 요청할 때(29.8%) 순이었다.

연차별로 느끼는 직장생활 고충에도 차이가 있었다.

설문에 참여한 2년차 이상 직장인 455명은 가장 힘든 순간으로 '선배와 동기 등 직원들과의 갈등'을 선택하는 비율이 42.4%로 1위였다.

'상사 눈치가 보여 퇴근 못할 때'(41.5%)는 근소한 차이로 2위에 올랐다. 다음으로 억지로 참여해야 하는 회식과 주말 야유회 등 사내 행사(33.0%), 다른 부서에 업무 요청할 때(23.7%) 순으로 나타나 신입사원 때 어려웠던 점은 연차가 쌓여도 어려운 것으로 조사됐다.

또 1년차 신입사원이 가장 많이 한 실수에는 38%가 응답한 '누가 누군지 몰라서 생긴 인사 실수'가 차지했다.

이밖에 업무 프로세스 관련 잘못(37.2%), 전화 응대 관련 실수(26.4%), 지각 등 근태 관련 잘못(15.7%) 등의 답변이 뒤를 이었다.

2년차 이상 직장인의 답변도 이와 비슷했다. 신입사원 당시 가장 많이 한 실수 1위는 인사 실수(40.4%)였으며 전화 응대 관련 실수(31.4%), 업무 프로세스 관련 잘못(30.3%), 지각 등 근태 관련 잘못(18.5%) 순으로 나타나 지금 신입사원들과 큰 차이가 없었다.

- 매일경제, 2014.12.27.

제 1 절 직장과 개인과의 관계

직장인들은 많은 시간을 회사에서 다른 사람들과 함께 보낸다. 그렇기 때문에 직장에서 인간관계의 어려움은 직장생활을 어렵게 만드는 요인이 되고 있다.

한국 경영자총연합회에서 조사한 신입/경력사원 채용실태 보고서를 살펴보면 대졸 신입사원 100명중 24명이 1년 내로 퇴사하며 퇴사의 가장 큰 이유는 조직에 대한 적응 실패와 직무적응의 어려움이라고 한다.[1)] 이와 같이 업무에 대한 불만족과 함께 조직 내에서의 관계의 어려움은 그 어렵다는 취업에 성공하고도 금방 직장을 그만두게 하는 중요한 요인들 중 하나이다.

1 일의 의미

일이란 자신 또는 다른 사람을 위하여 유용한 재화나 용역을 제공하는 것을 목적으로 수행하는 개인의 의도적인 활동이라고 할 수 있다. 따라서 일은 대가가 있고 없음도 매우 중요하지만 인간의 욕구와 자아를 실현하는 데 있어 매우 중요한 방법이라고 할 수 있다.

일은 첫째, 생계를 위한 수입을 얻기 위한 목적으로, 둘째, 일상적인 생활을 규칙화하며, 셋째, 사회생활을 통하여 다양한 활동을 할 수 있게 하며, 넷째, 다양한 생활속에서 많은 유익한 생활을 경험할 수 있도록 함으로써 자아실현을 할 수 있는 기회를 제공하는 기능을 수행한다.

2 직업의 기능

직업은 생계를 위한 금전적인 충족을 하여 주는 곳으로서의 기능을 수행할 뿐만 아니라 삶에서 다양한 의미를 가지고 있다. 직업은 인간의 정신적.육체적 노동의 대가로 경제적 급부를 받아 생활을 유지하는 사회활동으로서의 기능을 수행한다.

구체적인 직업의 기능은

첫째, 직업은 일차적으로 금전적인 충족을 위한 경제적 기능을 수행한다. 직업을 가짐으로써 생계를 책임질 수 있는 사람으로 인정을 받게 되며, 향후 독립적인 삶을 영위할 수 있는 토대를 마련하게 된다. 하지만 단순한 경제적인 기능을 충족하기 위하여 직업을 선택하지는 않으며 점차 경제적 기능은 중요성이 감소하는 경향을 보인다. 즉, 경제적 충족이 일을 하는 근본적인 원인은 아니며 직업을 선택하는 많은 이유 중의 하나로서 역할을 수행한다.

둘째, 직업을 통하여 자신의 정체감을 확인하고, 성취욕구를 충족시켜주는 사회적인 기능을 수행한다. 처음에는 경제적인 기능을 위하여 직업을 갖는 경우에도 차츰 사회적 기능이 중요한 의미를 가지게 되며, 자아실현과 타인과의 인간관계 등이 더 중요한 의미를 갖게되어 점차 사회적 기능의 중요성이 증대된다.[2)]

3 직장과 가족의 차이

대부분의 인간관계에서 우리는 내가 하나 주면 너도 하나 줬으면 하고, 내가 호의를 표시하면 상대방도 나에게 호의를 표시하길 바란다. 아파트 엘리베이터에서 만난 사람들에게 먼저 인사를 하면 대부분의 경우 마주 인사를 한다. 하지만 건성으로 마지못해 대답하는 경우도 있다. 처음에 한두 번 정도야 바쁘려니, 못 들었으려니 하지만 그런 태도가 세 번 정도 계속되면 그 사람한테는 인사하지 않는다. 관계는 주고받는 것이기 때문이다.

이렇듯 우리는 인간관계에서 공평함을 기대한다. 이는 조직에서도 마찬가지이다. 조직 공정성은 직원이 일을 하면서 '이 회사에서 공정하게 성과나 결과에 대해 평가받고 있다고 느끼는가? 어떤 일이 진행될 때 절차가 올바르게 진행된다고 느껴지는가?' 등에 대한 개인적 판단이다. 이러한 주관적인 조직 공정성에 대한 판단은 조직에 대한 나의 태도를 결정하는 데 매우 중요한 요인인데, 이것은 직장에서 내가 노동의 제공과 그 반대급부인 급여를 통해 서로의 비전을 공유하고 공평함을 만들어 나아가는 관계이기 때문이다. 만일 내가 공정하게 대우받고 있다고 지각할수록 주어진 일만 하고 돌아서는 것이 아니라 주어진 업무 외 활동도 기꺼이 참여하게 된다. 하지만 잘못된 처우를 받는다고 생각되거나, 절차상 의문이 있고, 문제를 제기할 소통의 여지가 마련되어 있지 않거나 추후 수정이 불가능하다고 느끼는 경우가 많아진다면 조직에 대한 애착이나 헌신을 기대하긴 어렵다.

예를 들면,

– 일을 내가 더 많이 했는데, 평소 상사에게 잘 보이는 것에만 관심을 기울이고 나한

테 일을 다 떠넘기는 A가 상사로부터 더 좋은 평가를 받는다.
- B보다 학벌이 떨어져서 그런 걸까? 나에게는 내 역량을 발휘할 기회조차 오지 않는다.
- 좋은 결과는 상사의 몫이고, 잘못이 발견되면 직원이 한 것이다.
- 같은 일을 하는데 내 급여가 훨씬 더 적다.

이와 같은 일이 반복되거나 묵과되는 조직의 경우 구성원들이 공정하다고 느끼지 못하게 되고 그 결과 특별히 문제가 없는 수준에서 적당히 일한다거나, 나의 가치를 알아주는 곳을 찾아 이직하려는 의도를 보이며, 중요하고 힘든 업무를 서로 미루는 것과 같이 조직의 수행이 저하되는 일이 발생하기도 한다. 조직 공정성에 대한 판단은 직장에 대한 나의 태도를 결정하는 데 매우 중요한 요인이다.

반면 가족 관계는 이러한 공정성에 대한 판단이 적용되지 않는다.[3] 가족 관계는 직장에서의 관계와는 달리 이러한 공정성에 대한 판단이 적용되지 않는다. 많은 사람들이 가족관계에서 만큼은 전혀 합리적으로 여기지도 않고 공정하게 지각되지 않더라도 기꺼이 헌신한다. 자녀에 대한 헌신이나 부모에 대한 효는 투입과 산출로 계산하는 분배 공정성 측면에서 보자면 명백한 불공정거래이다.

하지만 직장에서의 관계에서는 이러한 것들을 기대하긴 어렵다. 직장에서는 나와 노동력과 임금 지급의 계약을 맺고 서로 성실히 계약관계를 이행해갈 것이라는 암묵적 신뢰를 실천하는 관계이다. 만일 직장이 구성원에게 가족과 같은 헌신을 기대하거나 요구한다면 구성원들은 지나친 부담감과 불합리함을 느끼게 될 것이고 또한 구성원들이 직장에 대해 가족과 같은 대우를 기대하거나 요구하더라도 직장은 이를 충족해 줄 수 없다.

모두가 행복한 가정을 꿈꾸지만 막상 '우리 가족의 현재 모습은?' 하고 떠올리면 현실은 조금 다를 수 있다. 혈연관계인 가족이 이럴진대, 계약관계로 맺어진 직장에서 가족 같은 관계를 기대하는 것은 지나친 것일 수 있다. 우리는 조직 내에서 개인의 역량을 최대한 발휘할 수 있도록 분위기를 조성하고 갈등이 있어도 원만하게 해결하고 결단력 있고 책임감 있는 리더를 갖기를 원한다. 또한 서로 부족한 점을 격려하고 함께 노력하는 팀원들과 함께 미래에 대한 비전을 꿈꾸고 싶어한다. 하지만 책임감은 없지만 독선적인 팀장 아래, 그런 팀장의 눈치만 보면서 무임승차하는 팀원들로 가득한 곳에서 일하는 경우도 다반사이다. 따라서 많은 사람들이 직장에서 상사나 동료와의 관계 때문에 어려움을 토로하고 때론 직장을 그만두기도 한다. 조직 내 관계는 너무나 복잡하여 한두 가지로 설명하거나 해결하기 힘든 문제이지만 분명한 것은 구성원들 간의 관계는 직장의 존재 이유가 아닐뿐더러 개인이 직장을 다니는 궁극적인 목적이 아니다.

가족 내에서 가족 구성원들과 잘 지내는 것은 매우 중요하다. 가족은 그 자체로서 존재의 이유가 되기도 하며 구성원들 간의 관계가 바로 가족의 본질 중 매우 중요한 부분이다. 앞선 글에서도 재차 언급했듯 인간은 사회적 동물이다. 따라서 직장 내에서 여러 사람들과 두루 잘 지내는 것은 그 자체로 매우 중요하다. 하지만 직장에서는 나의 노동을 통하여 이익을 창출하고 구성원인 나는 생계를 유지하며 서로의 장기적인 목표를 이루고자 노력하는 계약 관계이다. 따라서 직장에서의 인간관계에 대해서는 어느 정도 무감각해질 필요도 있다.[4)]

제 2 절 집단의 형성이유와 촉진요인

1 집단형성의 이유

대부분의 사람들은 많은 집단에 속해 있으며, 각기 다른 이유로 집단을 형성한다. 집단의 형성 이유는 목표달성의 목적과 욕구충족이라는 개인목표로 집약되며, 집단을 형성하는 이유는 다음과 같다.[5)]

1) 개인적인 욕구 충족

매슬로우의 욕구단계설의 소속과 애정의 동기나 자존의 욕구는 타인이 존재하여야만 얻을 수 있는 동기이다. 연구에 의하면 사람들은 평균적으로 여섯 개의 집단에 속해 있다고 한다. 집단은 인간의 친교욕구를 충족하여 줄 뿐 아니라 개인으로 하여금 서로를 도우면서 안전과 권력을 행사하는 터전을 만들어 준다.

2) 효율성 추구

아담 스미스는 국부론에서 분업에 대하여 말하였다. 분업은 생산의 효율을 높이고 대량생산을 가능하게 한다. 리카르도는 비교우위생산비설에서 국가 간 분업의 필요성을 말하였다. 인간은 집단을 구성하여 혼자서 할 수 없는 일이나 혼자서 할 수 있는 일이라도 집단을 구성하여 일을 수행하는 것이 더 효율적으로 일을 할 수 있는 것이다. 집단을 구성하여 하면 시너지 효과(synergy effect)을 얻을 수 있기 때문이다.

3) 사회적 교환이론

경제적인 관점에서 집단에서는 상호작용과 대인관계는 'Give and Take'로 이루어지는 데 보상(rewards)과 비용(cost)의 차원에서 이루어진다. 호만스(G.C. Homans)는 집단에서는 항상 사회적 교환(social exchange)이 이루어지고 이러한 사회적 교환에서 득과 실을 비교하여 득이 많을수록 더 매력적이라고 주장한다. 상호교환에서 득이 되지 않으면 집단이 형성되지 않으며 기존의 집단에서도 탈퇴할 수 있다는 의미가 된다.

4) 사회적 비교이론

사람들은 타인과의 비교를 통하여 자신을 평가한다. 절대빈곤과 상대빈곤을 비교할 경우 절대빈곤보다는 상대빈곤이 많은 사회적 문제를 초래하는 것도 같은 이유이다. 특히 마음속의 정서나 감정과 관련된 것들은 더욱 심하여 두려운 정도, 좋아하는 정도 등 자기 혼자만이 그러한지 타인도 비슷한지 비교하고 싶어하며 그런 후에 자신을 판단하는 것이다. 즉 자신에 대한 평가본능이 사회적 비교이론(social comparison theory)이다. 비교를 하려면 타인이 필요하고 자신에 대한 불확실성을 타인과의 비교를 통하여 행동의 기준으로 삼는다. 사람들은 대중의 편에 있기를 원하며 불확실성 속에서 타인을 준거의 기준으로 삼는다. 따라서 많은 타인들이 행하는 유행을 따르며, 뒤지지 않으려고 노력한다. 타인과 나를 비교하고 평가하기 위해서 집단을 만들고 그 집단속에 있기를 원한다.

2 집단형성의 촉진 요인

집단은 개인적으로 집단을 형성하고자 하는 욕구만으로 형성되는 것은 아니다. 집단형성을 위한 여건이 마련되어야 집단이 형성될 수 있으며, 집단형성을 촉진하는 요소는 다음과 같다.[6)]

1) 공식집단의 형성 요인

공식집단에서는 좋든 싫든 상호관계를 하여야 만 한다. 그러나 집단의 크기와 신분상의 차이 등 집단의 모양에 따라 상호관계는 달라진다. 집단의 크기가 커지면 커질수록 구성원간의 관계는 점점 멀어지고 통제가 어렵게 되며 구성원의 집단에 대한 참여도가 떨어지고 공식적인 분위기가 강하여 진다. 따라서 규칙이 지배하게 되고 만장일치나 동조성은 얻기 어렵고 접촉진도가 약해지면서 구성원들의 만족도 역시 떨어진다. 집단에 구성원이 한 사람씩 추가될수록 정보와 커뮤니케이션의 빈도, 협동성은 그만큼 줄어든다.

공식집단을 형성할 때 고려해야 할 사항은 다음과 같다.

(1) 협동의지

구성원의 개인역량도 중요하지만 집단 내에서 타인과 함께 일하려는 의지 정도를 말한다. 협동의지가 높을수록 집단을 형성하여 공동의 작업을 수행하려는 의지도 높아진다.

(2) 이해상충

집단 구성원들의 가치관이나 이해의 상충 정도로 이해의 상충정도가 낮을수록 공식집단의 형성이 촉진된다.

(3) 신분상 유사성

집단 구성원간의 신분, 성격상의 유사성 정도로 유사성이 높을수록 공식 집단의 형성이 촉진된다.

2) 비공식집단의 형성 요인

(1) 근접성(proximity)

물리적으로 가까이 있는 것은 집단 형성의 좋은 여건이다. 근접성은 상호 직접적인 관계와 상호접촉 빈도를 증대시킨다. 집단의 규모가 증대하여 직접적인 커뮤니케이션이 어렵게 되면 자연적으로 집단 내에서 소규모 집단이 생성된다.

(2) 친숙성(familiarity)

자주 보는 사람들은 우호적인 관계를 형성하기가 쉽다. 타인을 처음으로 대하면 긴장도 되고 두려움이 있을 수 있지만 자주 대할수록 마음이 안정되고 긴장도 풀리게 되는 것과 같은 이유이다. 그래서 오랜 기간 만나서 '미운 정, 고운 정'이 들면 헤어지기 어려운 것도 같은 이치이다.

(3) 유사성(similarity)

물리적인 근접뿐만 아니라 관심사와 목표, 문제들에서 비슷해야 한다. 외부의 위협이 크면 클수록 집단형성이 잘되는 이유는 유사성에서 찾을 수 있으며, 경제력의 차이, 신분상의 차이(경영계층과 노동계층 등)에서 그 이유를 찾을 수 있다. 유사성이 높을수록 의견도 같을 수 있고 갈등도 적다.

3) 집단 유효성의 증대방안

집단이 과업을 수행함에 있어 그 유효성을 증대시키기 위한 방안은 다음과 같다

(1) 사회적 촉진과 억제

업무를 배치함에 있어 집단적, 개별적인 업무를 수행하도록 하는 것으로 사회적 촉진이 높을 경우 집단적 업무배치를 사회적 억제가 많이 작용할 경우에는 개별적인 업무를 배치하는 것이 집단의 유효성을 증대시킬 수 있다.

① 사회적 촉진 : 공동작업 또는 경쟁을 통한 작업효율 증대

② 사회적 억제 : 타인들을 의식한 주의분산 및 흥분으로 인한 효율감소

(2) 사회적 태만

과업을 수행함에 있어서 집단으로 작업할 때 각각 개인이 그 투입을 감소시키는 것을 말하며 자기 노력대로 보상을 받는 다는 보장이 없을 경우 발생한다.

(3) 상황 적합적 관리

과업을 수행함에 있어서 집단의 상황을 고려하여 상황에 적합한 선택과 관리를 하여야 하는 것으로 집단의 상황에서 적합한 관리방안은 다음과 같을 경우 집단 유효성이 증대된다.

① 자율, 협조적 운영
- 창의성이 요구될 때
- 구성원의 자질이 높고 전문가일 때
- 참여적 의사결정이 요청될 때

② 협상, 참여적 운영
- 비슷한 직급의 사람들로 구성될 때
- 해결할 문제가 복잡하고 전례도 없을 때
- 집단외적 환경의 변화가 극심할 때

③ 관료, 공식적 운영
- 집단의 규모가 클 때
- 규정, 규칙에 의해 지배되어야 할 때
- 과업이 반복적이고 일상적일 때

④ 독재, 지시적 운영
- 외부위협이나 집단내부의 긴장감이 있을 때
- 집단내부에 유능한 구성원과 무능한 구성원이 존재할 때
- 예측치 못한 큰 사건이나 변화들이 자주 일어날 때

(4) 과업특성과 집단규모

집단 유효성은 과업의 유형에 따라 규모나 구조가 달라져야 효율적으로 수행되는 것으로 과업의 유형에 따른 관리방안은 다음과 같다.

① 협동적 과업 : 과업을 수행하는 사람의 수가 많을수록 성과 증대

② 단절적 과업 : 능력이 있는 개인이나 소수의 집단에 의한 문제해결의 경우 (집단이 클수록 유효성이 높음)

③ 연결적 과업 : 각자의 업무를 서로 연결해야 완성할 수 있는 과업의 경우 (규모보다는 상호연결과 커뮤니케이션이 중요)[7]

제 3 절 비공식조직의 관리

1 비공식조직의 생성이유

자생적 행동(emergent behavior)은 한없이 복잡하고 다양하기 때문에 소요시스템은 집단행동에서 최소한도로 필요한 시스템만을 제공하게 된다. 따라서 집단은 무슨 이유로 필요도 없는 상호작용과 활동 및 정서를 개발하면서까지 복잡하게 비공식조직을 중요시하고 있는지를 알아본다.

1) 종업원 욕구의 충족(satisfaction of employee needs)

대부분 인간은 개인적 욕구충족이라는 기대를 갖고 일하게 마련이다. 이미 언급된 바와 같이 욕구는 생리적 욕구에서부터 자기실현욕구까지 있지만, 대부분의 종업원들은 고용된 후부터 직무활동을 하는 과정에서 욕구의 만족에는 일정한 한계가 있다는 사실을 알게 된다.

그러나 종업원(개인)들은 일반적으로 비공식조직의 구성원으로서 소요시스템과 자생적 시스템을 통해 만족을 얻고 있는데, 이 만족은 개인적 욕구충족이라는 개념과 같다고 할 수는 없다.

예컨대, 욕구시스템은 경제적 욕구(economic needs)와 성취욕구(achievement needs)를 충족시킬 수 있지만, 사회적 욕구(social needs)는 근본적으로 자생적 시스템을 통해서 충족된다. 따라서 작업장의 자생적 시스템은 불충분한 작업조건과 단조롭고 반복적인 직무 및 사회적 상호작용의 결여 등을 보완하기 위한 하나의 수단이 되며, 인간욕구는 소요시스템의 한계성이 있는데도 불구하고 충족되고 있다.

2) 보호적 안전기능(protective security function in emergent system)

개별 종업원은 조직으로부터 생산성에 대한 지속적인 압력을 받게 된다. 동시에 종업원은 직무 자체에 본질적인 관심이 없기 때문에 최저생산성의 범위내에서 강한 힘을 갖게 된다. 더욱이 종업원은 조직보다는 약한 입장에 있기는 하지만 집단내에서 보다 큰 실체와 기반을 마련하기 위한 힘이 있게 된다. 이때에 다음과 같은 목표를 갖고 있는 생산적 규범이 자주 나타나게 된다.

첫째, 생산규범은 일일작업량(a fair day's work)을 설정하고, 작업환경을 통제한다. 이때 설정된 일일작업량을 초과하는 경우에는 집단의 생산량을 증대시키는 데 공헌하게 된다.

둘째, 생산규범은 종업원의 추가적 산출을 방해한다. 즉 종업원은 초과 작업량을 일정한 비율에 따라 추가적인 임금으로 보호받을 수 있기를 바라고 있다. 이 규범은 종업원이 임금가득 목표(wage earning prospects)로서 지각되고 있다.

셋째, 산출규범(output norm)은 존경을 받고 있는 종업원을 보호하고 구성원간의 과당경쟁을 예방하고 있다. 이것은 집단의 화합과 단결을 유지하는 데 도움이 되고 있다.

2 비공식집단의 응집력 요인

응집력(cohesiveness)은 구성원이 가지고 있는 집단에 대한 매력의 크기로서 정의된다. 이러한 응집력은 구성원의 상호관계에서 느껴지는 친근성(friendliness)에서 찾아볼 수 있다. 즉 집단 내에서 응집력을 나타내고 있는 종업원은 함께 일하기를 바라고, 의견발표와 제안을 주저하지 않고, 직무에 열성적이면서 희생적인 행동을 하게 된다. 이와 같은 활동은 집단구성원의 화합과 친밀 및 상호매력(mutual attractiveness)을 나타내게 된다.

1) 응집력에 공헌하는 요인(factors contributing to cohesiveness)

집단의 응집력은 다음과 같은 조건에 의해서 촉진 및 증대되고 있다.[8)]

(1) 공통적 가치와 목표(common values and goals)

빈번한 상호작용이 인간의 우정을 생기게 하거나 응집집단(cohesive group)을 개발시킬 수 있다는 보장은 없다. 그러나 이와 같은 결과는 구성원이 유사한 태도의 가치 및 목표를 갖고 있을 경우에는 우정의 유발과 응집집단의 개발이 가능하다.

물론 유사한 태도와 가치는 개인 상호간의 매력 · 합의에 의한 검토 및 개인적 보상을 촉진한다. 이와 같은 상태에서 집단응집(group cohesion)이 쉽게 일어나므로 개인적 시스템의 공통적 특징은 집단형성과 응집에 강한 영향력을 갖게 된다.

(2) 목표달성에 있어서의 성공(success in achieving goals)

응집집단은 집단의 목표를 성취하는 특성을 갖고 있다. 따라서 중대한 목표의 성취는 집단화합을 증대시키고 구성원의 욕구를 충족시키며, 집단에 더욱 매력을 느끼는 원천이 된다. 즉 인간은 나약하고 비능률적인 집단과 제휴 및 유대관계를 맺기 싫어한다.

(3) 높은 상태의 집단(high-status groups)

응집력의 강도는 타 집단과의 관계에서 집단의 위치에 따라 영향을 받고 있다. 즉 응집력의 상태가 높은 집단은 당연히 구성원에게 매력을 갖게 된다. 목표달성과 높은 상태의 집단신분은 반드시 관련성을 갖고 있는 것은 아니지만 긍지와 만족을 유발시키는 것만은 사실이다.

(4) 차이점의 해결(resolution of differences)

집단의 응집력은 구성원이 효과적으로 상호직용을 유지할 수 있는 능력(ability)의 여하에 달려 있다. 구성원이 집단의 중대한 문제에 이의를 제기하게 되면, 화합을 위하여 모든 구성원을 만족시킬 수 있는 해결방안을 모색하게 된다. 이 때 소수의 구성원들에게만 수용되는 해결안이나 미 해결안은 개인 간의 매력을 감소시키게 되므로 목표달성은 어렵게 된다.

(5) 규범동조(conformity to norms)

상호작용에서 연유되는 집단생활의 주요한 사실은 집단규범의 개발과 규범동조를 위한 압력을 볼 수 있다. 그러므로 광의로 보면 집단규범(group norms)은 다음과 같은 의미를 내포하고 있다.[9)]

- 주어진 관련목표가 관찰되는 동조체계
- 목표로 향하는 규정된 옳은 태도 또는 행동
- 태도의 적합성과 규범위반에 대한 감정적인 지각
- 적절한 행동은 보상을 받고, 부적합한 행동은 처벌을 받는 적극적이거나 소극적인 허용(Sanctions)

2) 응집력의 결과(results of cohesiveness)

몇 개의 연구조사 결과는 응집집단에의 구성원의 자격은 직무만족을 증대시키고 결근과 이직률을 감소시킨다는 점을 지적한 바 있다. 특히 변동이나 이직률을 크게 나타내고 있는 방직공장의 노동자를 대상으로 조사한 결과 응집집단의 노동자는 응집력이 낮은 집단의 노동자보다 이동률이나 변화율이 훨씬 낮다는 사실도 밝혀졌다. 그러나 응집집단은 경영진에 대해서 강한 적대의식을 갖고 있다. 집단에의 귀속감이 강한 사무직원은 육체적 노동자보다 결근율이 낮다.[10)]

결국 응집력은 만일 구성원이 집단의 일부분임을 지각하게 된다면 집단에서 이직보다는 집단에 남아 있기를 원하게 되고, 또 조화를 이룩하고 상호작용을 하는 측면에서 타 집단보다 자신의 집단을 우월하다고 지각하고 있는 상태를 뜻한다. 따라서 응집집단의 구성원은 대체로 비응집집단의 구성원보다 작업에서 초래되는 불안이 매우 적은 상태로 생각하게 된다.

3 비공식조직의 관리

비공식집단이 조직목표에 찬성하고 있는지 아니면 반대하고 있는지의 문제는 효율성과 비효율성의 차이와 조직에 대한 성패 여부를 의미하는 것이다. 집단은 종업원이 목표를 지지했을 때와 마찬가지로 조직목표에 반대하는 구성원의 노력도 유인할 수 있어야 한다. 따라서 조직행동을 연구하는 과정에서 비공식집단의 효율적인 이용방법을 강구하는 문제가 중요한 과제로 제기되는 것이다.

1) 감독

호손연구는 경영관리가 기업과 작업집단의 사회적 구조를 이해하는데 필요한 하나의 사회적 기술이라는 점을 강조하고 있다. 비공식집단은 집단구성원의 만족뿐만 아니라 목표에 대한 영향력을 갖고 있다. 특히 집단역학(group dynamics)을 이해한다는 것은 비공식집단의 에너지를 발휘하는데 필요한 다음과 같은 가능성을 제시하고 있다.

- 팀워크와 집단결속을 강화함으로써 종업원이 공식 및 비공식적으로 하나의 사회단위로서 그 기능을 다하도록 고무시킨다.
- 직무에 대한 집단 활동을 촉진시키고 집단적으로 작업을 수행하기 위해 집단구성원을 인정한다.
- 적기에 집단보상제를 적용시킨다.
- 최소한의 감독 상태에서 작업하도록 하고 공동목표의 개발을 지원한다.

- 집단으로 하여금 내적 자기통제를 위한 자체수단을 개발토록 한다.
- 현실적인 시점에서 집단이 신봉하는 표준과 행동규범 및 가치 등을 존중한다.
- 갈등을 최소화시키고 조직목표를 촉진하는 비공식적 리더십을 명확하게 하기 위하여 비공식적 리더와 협력하면서 동조한다.

이와 같은 행동은 리커트(Likert)의 지지적 관계성의 원리(principle of supportive relationship)와 일치되고 있는 것이다.

2) 참여

비공식집단의 활동을 추진하는 것은 경영관리에 역행하는 수도 있기 때문에 참여(Chaptericipation)는 종업원을 경영관리에 적극적으로 가담시키는 수단으로 규정하고 있다. 물론 이러한 견해의 주요 목적은 경영목표와 집단가치의 갈등을 최소화시키는 데 있다. 그러나 참여의 구체적 내용은 매우 다양하다.

참여의 범위는 자문에 대한 아이디어의 유도와 교환에서부터 집단의사결정까지 광범위하다. 따라서 참여는 집단의 전반적인 상황에 따라서 적절한 수단으로서 작업과 관련된 사항에 어느 정도 영향을 미친다. 참가로 인해서 발생되는 잠재적 이익(potential benefits)은 집단과 함께 작업하는 접근방법이라는 관점을 보여주고 있다.

따라서 참여는 집단구성원에게 자기결정(self-determination), 자립성(independence) 및 권력(power)의 욕구를 충족시켜 주는 수단을 제공하고 있을 뿐 아니라 집단에서 작업과 관련된 사항에 영향을 미치는 기회를 제공하고 있다.

집단의 욕구와 관심은 관리적 결정이 독단적이 아니라는 관점이 고려되어야 한다. 종업원의 직무에 관리적 역할의 질적인 측면을 어느 정도 부가시킴으로써 관리의 범주에 종업원의 직무를 어느 정도 참여시키게 되는 것이다. 따라서 참여에 의해 갈등과 반대(conflict and opposition)는 집단의 협력적인 활동과 관리적 목표로 대체될 수 있을 것이다.

3) 구조적 변화

비공식적 자생활동은 답답하고 반복적이면서 단조롭고 필요한 공식활동에 대한 보상수단이 되고 있다. 그래서 비공식적 활동은 집단에 만족을 제공하는 한편 생산성과 효율성을 가끔 저하시키기도 한다.

직무 재설계(job redesign)는 집단구성원을 만족시키고 또 도전적으로 만드는 직무에 동기부여요인을 정립하는 하나의 접근방법이다. 이것은 종업원을 효과적으로 이용하지 못하거나 과업성과에 다양한 보상을 증가시키는데 대한 하나의 해결책이다.

그리고 사회-기술적 작업시스템(socio-technical work system)의 이용은 비도전적인 작업을 제거하기 위한 가능한 수단이다. 종업원에게 분담된 직무의 단순한 요소는 상대적으로 전체 운영을 수행하는 자기 조정작업팀(self-regulating work teams)에 할당되고 있다. 그 목적은 기술적인 조정으로 통합되는 노동자의 응집적 사회단위를 수립하는 데 있다.

이와 같은 방식에서 조직된 작업집단은 전체의 과업을 위한 집단으로서 자치권과 책임을 갖게 된다.

4) 한계성

자생적 시스템(emergent system)은 종업원의 자발적인 상호작용에서 발생되며, 이는 비공식집단에서 제거 내지 배제될 수 있는 것도 아니다. 더욱이 감독, 참여 및 구조적 변화에 대한 제안(suggestions)은 자생적이고 비공식조직을 배제하려고 설계된 것이 아니며, 오히려 비공식조직과의 효율적인 접촉이나 연결성을 얻기 위해 설계된 것이다.

그러나 이러한 작업지침은 한계성이 있으므로 효율적 리더십과 감독은 정의하기가 어렵다. 따라서 감독자의 역할(supervisor's role)은 감독자에 의해 제약을 받게 되는데, 그 이유는 작업집단과 효율적으로 일할 수 있는 사회적 기능을 부정하거나 또 인간관계의 기술을 창조하거나 극복하지 못하는 감독자가 있기 때문이다.

결국 참여는 하나의 비판적인 과정으로 볼 수 있다. 왜냐하면 종업원과 고용주 사이에서 실질적인 공동관심사를 다룬다는 뜻에서의 참가(Chaptericipations)이기 때문이다. 따라서 참가의 범위를 확정하기 전에 충분한 검토가 있어야 한다. 그리고 구조적 변화는 다양한 조직에서 시행될 수 있는 것은 아니고 기술과 작업흐름 및 종업원 자신 등이 포함되고 있는 제약요소일 따름이다.

제 4 절 직장생활과 인간관계

1 직장에서의 인간관계

직장에 있어서의 개인은 고립된 실체가 아니라 다른 사람과 인간관계를 맺고 있는 전체적인 개인으로 직무를 수행하여야 하며 직장에서의 인간은 관계적 존재이다. 또한 직장생활은 직장의 상하, 동료 간에 인간관계를 규율하는 공동체 규범이 존재한다.

따라서 보람 있고 바람직한 직장생활을 위해서는 다음과 같은 사항에 유의하여야 한다.

1) 조직과 사람의 공동번영을 기하여야 한다.

① 직장은 조직과 사람이 있는 생활공간이다.

② 조직의 유효성은 인간에 의하여 좌우되고 인간의 자아실현은 조직을 통하여 성취하는 관계이다. 조직은 사람을 필요로 하고 사람은 조직을 필요로 하는 존재로서 훌륭한 조직을 원한다면 훌륭한 사람이 있어야 한다. 개인의 고차적인 욕구실현은 훌륭한 조직만이 그것을 보장할 수 있음을 인식하여야 하여 공동번영을 위한 노력을 하여야 한다.

2) 상호 이해 폭의 확대하녀야 한다.

① 교통통신과 매스컴의 발달은 지역의 경계선을 무너뜨리고 있으며, 지역집단으로서의 지역사회의 파괴는 주민의 인간관계를 변화시키고 있다.

② 도시에서의 상호무관심한 도시적 인간관계는 업무를 매개로 한 일면적인 접촉으로 인하여 상호간의 이해는 많은 어려움에 봉착되고 있으며, 직장에서는 상실되어 가는 인적 기능을 의도적으로 되살리는 것이 필요하다. 따라서 직장에서 상하 동료 간에 성격이나 능력, 특기, 흥미, 관심, 취미, 가치관 등 개성에 한 것을 비롯하여 장점이나 단점을 있는 그대로 파악하고 상대방을 이해하고 접촉함으로써 생동감 있는 인간관계를 맺어가도록 하여야 한다.

3) 상호 인격을 존중하여야 한다.

① 우리나라 사회구조는 종적사회라고 불릴 정도로 상하의 계층의식이 강하나, 사실 직책에는 상하가 있지만 인격은 평등한 것을 인식하여야 한다.

② 인격적인 평등은 상방의 존재가치를 무조건 받아들이고 개성을 인정하면서 자유스러운 의사표현이 이루어질 수 있게 하며, 인격존중이 이루어져야만이 진정한 인간 간의 화합이 이루어질 수 있고 인간 개인의 자아실현에 진정한 가치를 가질 수 있다.

4) 서로 신뢰하여야 한다.

① 사람은 서로 의존하고 생활하는 존재로 서로 간의 신뢰는 안정감을 조성하며 인간관계를 공고히 하는 기초이다.

② 집단의 사기란 공동목적을 추구하기 위한 시종 끈기 있게 잡아당기는 인간집단의 행동용량이라고 할 수 있다.

5) 상호 협력하여야 한다.

① 조직이라는 것이 본래 개인이 혼자서 이룩할 수 없는 일을 여러 사람의 협력이라는 행위를 통하여 달성하기 위하여 만들어진 것으로, 집단의 공동합의에 의하여 결정된 목표는 각자의 역할분담을 통하여 차질 없이 이루어져야 한다.

② 협력은 집단의 일원으로서의 의무의 실행이지 개개인의 선택사항이 아니다.

③ 집단성원 간의 협력은 일을 위한 협력뿐만 아니라 인간적인 협력이 이루어져야만 진정으로 성취될 수가 있다.

6) 상부상조하여 직무를 수행하여야 한다.

① 이해득실에 따른 약삭빠른 개인은 어려운 일을 당할 때 진정한 도움을 받지 못한다.

② 자발적 도움과 분담을 통하여 자신과 직장의 동료와의 정신적인 화합을 이룰 수 있게 된다.

7) 선의의 경쟁을 하는 장소이다.

① 현대는 경쟁이 필수적인 사회이나, 경쟁이 공정치 못하거나 불공정한 수단에 의해

서 이루어져서는 안된다.

② 공정한 수단에 의한 페어플레이 정신을 발휘해야만 진정한 선의의 경쟁이 이루어질 수 있으며, 선의의 경쟁은 자기 자신을 발전시키는 원동력이 될 뿐만 아니라, 유능한 집단형성의 지름길로 가는 역할을 한다.

③ 상사는 선의의 경쟁이 정착되게 하려는 자세, 부하는 선의의 경쟁을 통한 자아발전을 기하려는 자세가 있어야 하며, 이는 조직의 발전에 중요한 영향을 미친다.

8) 건설적인 비평을 수용하고 이를 발전의 기회로 삼아야 한다.

① 단점의 지적에 대한 수용하고, 자기에게 도움이 되는 특별한 시사를 해 줄 수 있도록 비판에 하여 적극적이고 수용적인 자세를 취한다.

② 상대방의 피드백을 경청함으로서 상호신뢰를 돈독히 할 수 있다.

9) 직장은 조직으로서 상호협력하는 존재이다. 따라서 공적에 대한 분배도 공동으로 하여야 한다.

① 집단이 이룩한 공적을 독차지한다거나 아랫사람의 공로를 가로채는 일이 있어서는 안된다.

② 공적에 대한 정당한 분배는 집단구성원 간의 단결과 이해의 폭을 넓힐 수 있고 집단의 생산성 향상을 가져 온다.

10) 인재발굴과 육성을 통하여 직장이 발전할 수 있도록 하여야 한다.

① 적절한 칭찬은 사람을 분발시키고 발전시키는 역할을 한다.

② 일인지배형 조직은 유능한 후계자를 양성하지 못하고 반감을 불러일으키거나 무기력한 조직을 만들며, 부하의 결점만을 부각시키면 소극적 생각과 자세를 갖게 된다.

11) 직무수행에 전력을 다하여야 한다.

① 직무수행 전념한다는 것은 집단이 목적하는 바와 가장 근접한 결과를 산출할 수 있도록 노력하는 집단구성원의 일에 대한 적극적인 대응자세이다.

② 가장 근접한 결과를 가장 훌륭하게 이루기 위해서는 집단구성원 각자는 자신의 분

야에서 최고라는 전문가의식을 가질 수 있도록 최신의 전문지식과 기술을 습득하여야 할 것이다.

12) 정직하고 공정한 처리가 정착되도록 노력하여야 한다.

① 조직의 직무를 수행하는 데 있어서는 반드시 공정하고 정직한 직무수행이 조직생존의 관건이다.

② 조직의 내외의 업무처리에 있어서 내적으로는 공정한 인사·합리적인 의사결정, 외적으로는 민원처리의 공정성·업무처리의 공개성을 조직의 모든 분야에서 시행하고 시민이나 고객의 만족감을 증진시켜야 한다.[11)]

2 집단의 사기

사기가 높은 집단이 직무성과가 높다. 이러한 집단의 사기는 직장에 대한 다음과 같은 신뢰가 높을 경우 더 높게 나타나게 된다.

1) 집단의 목적에 대한 신뢰감

① 집단의 목표에 사명감의 존재 : 집단의 목표는 조직의 상위목표와 하위목표의 목적·수단의 연쇄구조상의 한 점으로 표식이 됨은 당연하지만, 최상의 목표는 인류복지증진에 공헌하는 도덕성을 지녀야 하며 그 정신이 상하의 조직목표를 관통하고 있어야 한다.

② 집단의 목표에 신뢰감을 가질 때 조직구성원은 사명감을 갖게 된다.

③ 조직의 목표가 개인의 부질없는 야망을 충족시키는 것이라면 그런 것에 헌신을 요구한다는 것 자체가 도덕의 타락을 자초하는 행위이다.

2) 집단의 지도자에 대한 신뢰감

3) 집단의 타 구성원에 대한 신뢰감

4) 집단의 능률에 대한 신뢰감에 의존되는 것

제 5 절 직장예절

예절의 의미

예절이란 더불어 잘 살아가기 위한 인간들의 약속이며, 그 밑바탕이 되는 것은 "인간에 대한 존중"이라는 근본정신이다. 이것은 시대와 장소를 가리지 않고 앞으로도 변치 않을 공통된 대원칙을 말한다. 따라서 직장예절이란 직장생활을 하는 데 있어 필요한 원칙을 의미한다.

1) 직장예절의 의미

직장은 계층과 연령이 서로 다른 사람들로서 구성된 조직 사회이다. 이러한 직장은 출생, 성장, 교육, 취미, 소질, 가치관이 각기 다른 이질적인 사람들이 모여, 공동의 목표 아래 서로 협력하여 조직적으로 일하는 곳이므로 특히 더 중요하다.

직장예절이 중요한 이유는 다음과 같다.

① 일반 사회 생활과 조직 사회인 직장 생활이 서로 다른 점

- 직장에는 나름대로의 특유한 규범과 공동의 목표가 있다.
- 개개인은 조직의 목표와 규범에 맞추어 자신의 특이성을 조화시켜야 한다.
- 직장 사회에서 요구하는 예절은 더욱 엄격하다.

② 일반적인 예절이 인간으로서의 자기 관리와 사회인으로서의 대인 관계를 원만히 이루어 나가기 위한 것이다.

③ 직장 예절은 직장인으로서의 자기 관리와 대인 관계를 공동의 목표 성취를 위한 방향으로 이루어 나가기 위한 것이다.

2) 직장예절의 중요성

직장에는 최소한의 기본수칙이나 규범이 있으며 다음과 같은 특징이 존재하는 곳으로 직장예절은 그 중요성이 있다.

① 직장은 개성과 성격이 상이한 사람들이 모여 공동의 목표를 추구하는 곳이다.

② 직장에서 자신이 지켜야 할 행동규범을 지키지 않을 때 모래알 같은 조직이 될 수 있다.

③ 직원들간에 예의 있는 행동, 즉, 에티켓이 잘 지켜지는 회사일수록 업무능률도 향상되고, 일터에서 느끼는 보람도 크다.

3) 예절을 실천하는 요령

① 자기관리 : 개성을 돋보이려고 하지 말고, 남과 잘 어울리도록 함

② 대인관계 : 자기의 방식을 고집하지 말고, 모두가 약속해 놓은 방식으로 하고 언제든지 상대편을 높이고 자기를 낮추는 공손함이 있어야 함

③ 인격존중 : 개인차를 존중하고, 상대방을 인정하는 자세를 가져야 함

4) 직장예절의 기본요소

① 따뜻한 마음
- 고객에 대하여 : 희망과 봉사, 감사하는 마음
- 상사에 대하여 : 존경하는 마음과 보좌한다는 마음
- 선배에 대하여 : 존경하고 따르는 마음
- 동료에 대하여 : 협력하는 마음
- 후배에 대하여 : 격려와 칭찬을 아끼지 않고 지도해 주는 마음

② 자제하는 마음

③ 자기관리 : 상호존중과 상호협력의 마음가짐

④ 공평한 마음 : 외부고객, 내부직원 누구에게나 똑같이 대하는 마음

⑤ 솔선수범 : 남을 위한 수고와 배려가 조직을 성장시킴

⑥ 믿음과 공신력 : 믿음이야말로 인간 삶의 근간이며 덕목임

⑦ 공(公)과 사(私)를 구분

⑧ 주인의식 : 직장에 대하여 자부심과 긍지를 가짐

⑨ 정직과 성실 : 항상 정직하고 성실하여야 하며 부정에 대하여 비겁하게 타협하지 않음

5) 직장인의 마음가짐

① 올바른 직업관 정립 : 특정한 가치를 얻어내는 수단이 아닌 인생의 목적이 될 수 있도록 함

② 장기간 직업 종사하려는 마음가짐 : 천직(天職) 의식

③ 모든 직업은 평등하다는 관념이 필요

6) 직장에서 버려야할 것들

① 무사 안일 : 방관주의 적 자세를 갖지 않도록 노력

② 이기주의 : 개인의 일에만 몰두하는 태도

③ 적당주의 : 배타적이고 지시받는 일 이외에는 관심을 두지 않는 것

④ 편협한 자세 : 단기적이고, 나에게 유리한 실적에만 관심

7) 인사

(1) 인사의 중요성

① 상대의 인격을 존중하는 경의 표시

② 정성의 마음으로 하는 친절과 협조의 표시

③ 응답보다는 자기가 하는 데 의의

④ 즐겁고 명랑한 사회생활, 원만한 대인관계 유지

(2) 인사하는 방법

① 인사할 때의 마음가짐

- 모든 인사는 정중하고 자연스러워야 합함
- 얼굴의 표정은 밝게 하고 몸가짐은 단정히 하여 즐거운 마음으로 함
- 인사의 기회는 극히 순간적이므로 시기를 놓치지 말고 적기에 실행
- 고개만 숙이지 말고 마음속에서 우러나오는 진실한 자세로 함
- 상대가 "나의 인사를 받아 줄 것인가"라는 생각은 절대 금물
- 인사는 당당하고 자신 있게 해야 함

② 인사의 시기

- 일반적으로 30보 이내(인사대상과 방향이 다를 때)

- 가장 좋은 시기는 6보(인사대상과 방향이 마주 칠 때)
- 측방이나 갑자기 만났을 때에는 즉시
- 상사를 사외 인사와 함께 복도에서 만났을 경우에는 멈추어 서서 정중하게 인사
- 복도에서 상사 한사람을 만났을 경우에는 걸음을 멈출 필요가 없으며 한쪽 옆으로 비키며 가볍게 인사함[12)]

8) 전화응대 시의 기본예절

① 신호가 울리면 즉시 응답하고 언제나 똑똑히 예의바르게 말함
- 바쁜일을 하던 중이라도 전화벨이 세 번 울리기 전
- 목소리는 상대방이 자신의 미소를 느낄 수 있을 정도로 친절하게 응대
- 바람직한 목소리는 낮으면서도 공손하고 활기찬 목소리임

② 회사명・부서명 혹은 상사의 이름이나 자신의 이름을 경우에 맞게끔 즉시 밝힘

③ 상대방의 신분을 파악해야 할 필요가 있을 때
- 꼬치꼬치 묻는 것과 같은 인상을 피하고 재치와 요령을 발휘할 필요가 있음
- 직설적 물음보다는 "어느 분이 전화하셨다고 말씀드릴까요", "전할 말씀이 있으십니까" 등의 표현을 구사

④ 상사가 출장, 회의, 개인 용무로 부재 시에는 상대방에게 부재이유를 재치 있게 응답
- 부정적인 이유나 지나치게 자세한 이유는 설명할 필요가 없음

⑤ 가능한 한 상방의 입장에서 협조적으로 말하고 도움이 될 만한 정보를 제공

⑥ 통화를 마칠 때까지 명랑하게 응대

⑦ 회사 전화로 사적인 통화는 될 수 있는 대로 피하고, 피치못할 경우를 제외하고 3분 이상 길게 통화하지 않음

9) 명함을 받을 때의 예절

① 상대가 명함을 줄 때는 정중하게 다룸
- 두 손으로 명함을 받아 손가락으로 글자를 가리지 않도록 조심
- 명함을 보면서 방문객의 회사명, 성명, 직책 순으로 읽은 후 상대방의 표정을 살핌

② 상대와 명함을 교환할 필요가 있을 경우 손아랫사람이 먼저 내며, 자기 이름을 상대방 쪽에서 볼 수 있도록 명함의 방향을 돌려서 오른쪽으로 전달

③ 명함을 받을 때에는 두 손으로 공손히 받으며, 마주 교환하는 경우는 오른손으로

자신의 명함을 내며 왼손으로 상대방의 명함을 받음

10) 각종 내방객 응대 시의 예절

① 엘리베이터를 탈 때 : 타기 전에 내리는 층을 알려 주고, 탈 때는 엘리베이터 문을 손으로 잡고 손님을 먼저 태움

- 승무원이 있을 경우에는 외부인이나 윗사람이 먼저 타고 내림
- 승무원이 없는 경우는 아랫사람이 "먼저 실례하겠습니다"라고 말한 후 먼저 타서 문이 갑자기 닫히지 않도록 버튼을 누르고 있다가 손님이 탄 후 목적 층을 누르고, 엘리베이터에서 내릴 때는 승무원이 있는 경우와 마찬가지로 손님이 먼저 내리도록 함

② 응접실로 안내할 때

- 문이 안으로 열리게 되어 있으면 "먼저 실례하겠습니다"란 인사와 함께 들어가서 문의 손잡이를 잡고 손님이 들어오도록 하고 밖으로 열리게 되어 있으면 문을 자기 앞쪽으로 당겨서 바깥쪽에서 손잡이를 잡고 손님을 먼저 실내에 들어가게 함
- 손님에게 상석을 권유 : 입구에서 제일 먼 쪽에 있는 자리 또는 제일 조용하고 마음을 편안히 가질 수 있는 곳

③ 자동차에서의 좌석 예절 : 자동차 탑승 시에는 운전자 외 탑승 인원이 몇 명인가 혹은 운전자가 누구인가에 따라 상석이 달라짐

〈자동차에서의 좌석 배치〉

11) 악수매너

① 상대와 아이컨택

② 거리는 적당한 선 1M

③ 3~4번 정도 흔들어줌

④ 밝은 표정 유지

⑤ 여성이 남성에게

⑥ 윗사람이 손 아래 사람에게

⑦ 선배가 후배에게

⑧ 기혼자가 미혼자에게

⑨ 상급자가 하급자에게

⑩ 연장자가 연소자에게

직장 생활 건강 요령 5가지 "오늘부터 실천해보자"

최근 직장 생활 건강 요령에 대해 네티즌들의 관심이 집중되고 있다.

일주일에 40시간 이상을 보내는 사무실은 중요한 생활공간이다. 이런 사무실 내의 근무 환경을 어떻게 조성하느냐는 건강에 중요한 역할을 한다.

미국의 abc방송이 직장 생활을 보다 건강하게 할 수 있도록 환경을 꾸미는 방법 5가지를 소개했다.

첫 번째로 책상 주변을 작은 체육관으로 만드는 방법이다. 운동할 시간을 따로 마련하기 어렵다고 투덜대지 말고 수시로 운동을 할 수 있도록 책상 주변을 정돈해 보자. 간단한 근력운동을 가능하게 하는 탄력 밴드와 아령은 책상 아래에 놓고 쓰기 좋은 운동기구다. 전화 통화를 하면서 동시에 사용할 수 있다.

뒤돌아선 자세에서 의자의 팔걸이나 책상의 모서리를 양손으로 짚고 상체를 아래로 내렸다 끌어올리는 일종의 평행봉 운동을 하는 것도 좋다. 이는 가슴 아래쪽과 팔의 삼두근을 발달시키는 좋은 운동이다.

두 번째로 바른 자세를 유지하는 것이다. 근무 시간에 바른 자세를 유지하지 않으면 허리 통증과 손목터널증후군(수근관증후군) 등 다양한 직업병을 앓을 수 있다. 컴퓨터 앞에 몸을 바짝 당기고 모니터는 눈높이와 맞추는 것이 좋다. 키보드와 마우스는 손으로 움직이기 편한 곳에 둔다. 다리는 90도 각도로 구부려 발바닥이 지면에 편하게 닿을 수 있도록 한다.

세 번째로 많이 움직이는 것이다. 직장에서 의자에만 앉아 있으면 근육이 약해져 허리 통증 등이 생길 수 있다. 이를 막으려면 한 시간에 한 번 정도 휴식을 하면서 몸을 움직여야 한다. 엘리베이터를 기다리느라 시간 보내지 말고 계단을 걸어서 오르내리면 상당한 칼로리를 소모할 수 있다.

또한 간단한 메시지는 이메일을 사용하지 말고 직접 몸을 움직여 동료들에게 찾아가 전달한다. 회의는 꼭 회의실에 앉아서 한다는 고정관념도 버리는 게 좋다. 둘이서 하는 회의라면 회의실을 벗어나 함께 야외를 걸으면서 문제를 상의하는 것이 건강에도 좋고 업무 효율도 높이는 좋은 방법이 될 수 있다.

네 번째로 음식은 계획대로만 먹는 것이다. 직장 생활을 하다보면 뜻밖의 칼로리를 섭취하게 되는 경우가 많다. 동료가 "차 한 잔 하자"며 끌고 가서 차와 과자를 사면 나도 모르는 사이에 그것을 먹고 있는 식이다. 따라서 직장에 있을 때에는 "오늘은 언제 무엇을 먹겠다"는 정확한 계획을 갖고 있는 게 좋다. 이렇게 해야 회의실 곳곳에 있는 음료수나 주전부리, 음식 자판기 등을 멀리 할 수 있다.

마지막으로 책상 주변을 깨끗이 하는 것이다. 미국의 한 연구 결과에 따르면 미국 직장인들 가운데 27%는 아침을 책상에서 먹는다. 또 50%는 과자를, 62%는 점심을 책상에서 해결한다. 그런데 실제 책상 주변에는 수 많은 세균이 득실거린다. 특히 음식 찌꺼기를 흘리고 그것을 제대로 치우지 않으면 책상 주변 위생 상태가 크게 나빠지기도 한다. 책상에서 뭔가를 먹었다면 반드시 깨끗한 뒷정리가 필요하다. 음식은 냉장고에 보관하고, 음식을 먹기 전에는 전자레인지 등을 사용해 제대로 익히는 과정을 거쳐야 한다.

– 아시아경제, 2015.1.19.

참고문헌

1. 신입/경력사원 채용실태 보고서, 경영자 총연합회, 2012년
2. 이재열, 생활속의 인간관계론, 북코리아, 2009. p. 316
3. Muchinsky, p. M., 산업 및 조직 심리학(제10판), 유태용 옮김, 시그마프레스, 2012.
4. Muchinsky, p. M., 전게서
5. 임창희, 조직행동 3판, 학현사, 2007, pp. 227-230.
6. Schein, E. H., Organizational Psychology, 2nd ed., Englewood Cliffs, N.J. : Prentice- Hall, 1970, pp. 149-153
7. 신형재 외, 조직행동론, 무역경영사, 2009
8. Cohen, A. R., S. L. Fink, H. Goden, and R. D. Willitus, Effective Behavior in Organizations, Home -wood, Ill. : Irwin, 1976, pp. 55-58.
9. Seashore, S. E., Group Cohesiveness in the Industrial Work Group, Ann Arbor : Survery Research Center, University of Michigan, 1965.
10. Likert, R., New Patterns of Management, New York : McGraw-Hill, 1961, p. 103.
11. 박연호 외, 현대 인간관계론, 박영사, 2013, pp. 286-290.
12. 비즈폼, 비즈컨텐츠, 2015.

11

듣기와 말하기

학습목표

1. 적극적 경청을 이해하고 적용할 수 있다.
2. 효과적인 말하기의 전제조건을 이해한다.
3. 효과적인 피드백의 구성요소를 이해한다.

11 듣기와 말하기

생각 열기 신세대의 특성 : BRAVO

신세대의 특성은 ① Broad Network & Spec.(넓은 인간관계와 스펙추구) ② Reward-Sensitive(평가와 보상에 민감) ③ Adaptable(새로운 것에 대한 강한 적응력) ④ Voice(감정과 생각을 솔직하게 표현) ⑤ Oriented to myself(회사생활보다는 개인생활 중시)의 다섯가지로 요약할 수 있다. 신세대 특징의 영어 표현 첫 글자를 모아 이들 신세대 직장인을 "BRAVO세대"로 명명하였다.

그 구체적인 내용은 다음과 같다.

① Broad Network & Specipication. : 신세대는 넓은 인간관계와 경력쌓기를 추구한다. 즉, 관계맺기를 즐기며 자신에 대한 투자를 아끼지 않는 특성을 보이고 있다.

② Reward-Sensitive : 신세대는 평가와 보상에 민감하다. 노력에 상응하는 보상을 요구하며, 즉각적인 보상을 선호하는 경향을 보인다.

③ Adaptable : 신세대는 새로운 것에 빠르게 적응한다. 디지털환경을 즐기며, 업무에 디지털 인프라를 적극 활용, 적응능력이 뛰어나다.

④ Voice : 신세대는 자신의 감정과 생각을 솔직하게 표현하고, 상대방도 표현해 주기를 원한다. 명확한 업무지시와 세밀한 코칭을 원하며, 활발한 쌍방향 의사소통을 추구, 칭찬과 인정을 받고 싶어한다.

⑤ Oriented to myself : 신세대는 회사보다 개인생활 중시하는 특성을 보이며 이는 개인생활을 즐기며, 업무수행에서 효율성을 추구한다.

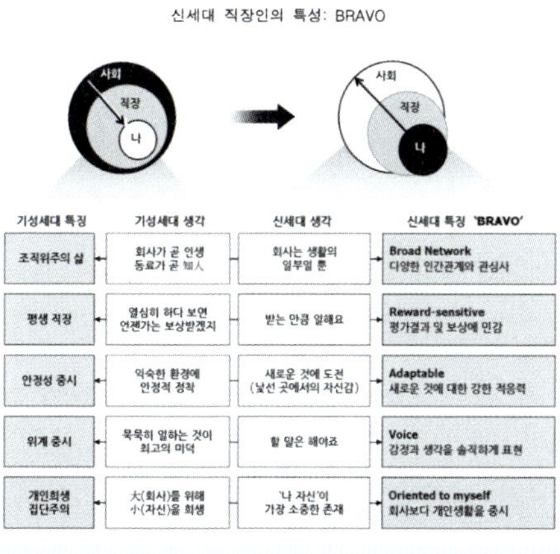

자료 : 예지은 외 4명, 신세대의 특성과 조직관리 방안, 삼성경제연구원, 2011. 중에서

제 1 절 적극적 경청

1 듣기의 의의

인간 커뮤니케이션에서 듣기는 매우 중요한 부분으로 자리잡고 있다. 이는 최근의 많은 문제가 타인의 메시지를 정확하게 이해하지 못하고 있어서 발생하는 경우가 빈번하기 때문이다. 듣기의 미숙이 비즈니스가 잘못되는 주요원인으로 인식되고 있다. 인간관계의 의사소통이 전화나 다른 듣기수단에 의존하면 의존할수록 듣기 미숙으로 인한 비용은 증가한다. 원거리 의사소통이 많이 발생하는 최근에는 특히 많은 듣기기술에 의존하고 있기 때문에 정확한 듣기 기술이 필요하게 된다.[1)]

많은 경우 듣기 미숙으로 인간관계를 망치게 되는데 루빈(R.B. Rubin)에 따르면 "학생들이 강의실에서 중심내용을 알아내기 위해서나 강의 중 제시된 내용을 제대로 알아 듣기 위하여 귀를 기울이는 일은 매우 흔하다. 구두로 제시된 보고서 제출을 제대로 이해하지 못해서 지시한 대로 작성하지 못하는 일이 아주 흔하다."[2)] 랑킨(Rankin)은 그의 연구에서 "사람은 깨어 있는 시간의 70%를 의사소통에 사용하며, 그 중 45%는 듣기, 30%는 말하기, 16%는 읽는 시간으로 9%를 쓰는 시간으로 사용한다."라고 하였다.

사람들은 많은 시간을 듣기에 사용하지만 '듣기가 자연적인 과정이어서 따로 배울 필요가 없다고 생각'하며 효과적으로 들을 수 있는가를 가르치는 강의를 받은 적이 없다. 클레벤저(Clevenger)는 말소리를 듣는 것(hearing)과 의미를 듣는 것(listening)은 복합적인 것일지라도, 일반적으로 별개의 과정임을 이야기하고 있으며, 듣는 사람의 각각의 관심과 욕구, 동기가 모두 다름을 알아야 한다.

커뮤니케이션 중에서 가장 많은 부분을 차지하고 있는 부분이 듣기임에도 불구하고, 대부분의 교육과정에는 듣기를 가르치는 교과목은 찾아보기 어렵다. 사업체, 산업체나 공공집단의 대표, 일반기업체의 조직원도 이제 듣기기술에 대한 교육은 필수적이며 이에 대한 중요성은 점차 강조되어야 한다.

토마스 고든(Thomas Gordon)과 주디 고든 샌즈(Judy Gordon Sands)는 부모역할훈련(parent effectiveness training in action)에서 '문제소유의 원리'를 이야기하고 있는데 이는 〈도표 11-1〉과 같이 '문제없는 영역'을 넓히기 위하여 상대방의 문제에 대하여는 '도움을 주는 기술(helping skill)'이 필요하다는 것을 말했다. '도움을 주는 기술'로는 커뮤니케이션에서는 '듣기기술'로 상대방의 문제영역을 줄임으로써 '문제없는 영역'을 넓힐 수 있다. 여기에 효과적인 방법으로는 '적극적 경청'기법이 있고, 자기의 문제는 자기에게 도움이 되는 '직면기술(confrontation skill)이 필요한데 이것은 '도움을 받는 기술'이다. 커뮤니케이션에서는 타인의 도움을 청하는 '말하기기술'로 '문제없는 영역'을 넓힘으로서 인간관계를 원활히 할 수 있다. 여기에는 '나-전달법(I-message)'을 사용함으로써 '문제없는 영역'을 확대할 수 있다.

효과적인 듣기를 위해서는 '말하는 사람에 대한 관심표명'과 '적극적인 듣기'가 필요하다.

듣는 사람이 없다면 커뮤니케이션에 대한 노력도 성과가 없을 것이다. 결국 상호작용 과정으로서 커뮤니케이션은 상호간의 의미의 교환이데, 만약 상호작용이 일방적으로만 남는다면 커뮤니케이션의 완성은 이루어질 수 없다.

메시지의 내용획득을 위한 '신중한 듣기(deliberative listening)'[3]뿐만 아니라 커뮤니케이션 상황에서 발생하는 감정적 맥락을 이해하기 위한 '감정이입 듣기(empathic listening)'[4]도 매우 중요하다.

효과적인 듣기를 위해서는 '말하는 사람에 대한 관심표명'과 '적극적인 듣기'가 필요하며 그 내용은 다음과 같다.

〈도표 11-1〉 문제소유의 원리

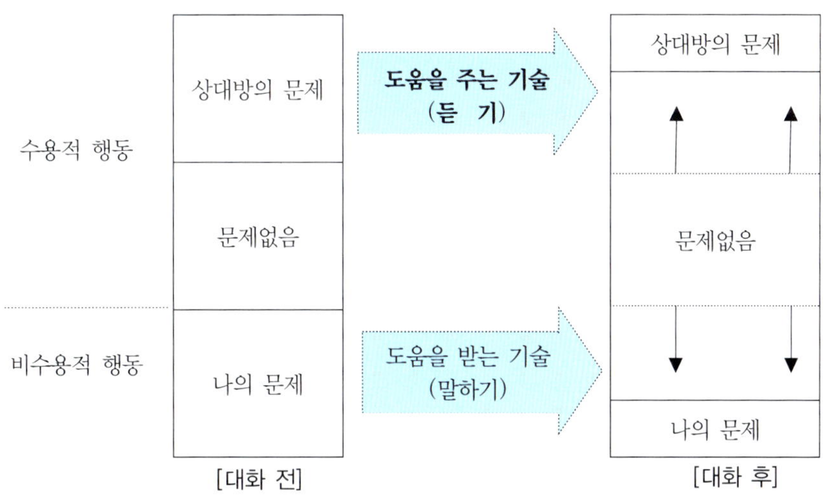

자료 : T. Gordon and J. Gordon Sands, *Parent Effectiveness Training in Action*, The Putnam Publishing Group, 1976.

2 관심표명

단지 듣는 것만으로 충분하지 않고, 당신이 듣고 있다는 것을 말하는 사람이 알아차려야 한다. 다시 말해, 듣는 사람은 실제로 듣고 있다는 구체적인 행동을 해 주어야 한다. 이 행동을 '관심표명(attentiveness)'이라고 하며, 말하는 사람의 효율성을 더해 주며 '들으려고 애쓰는 모습(appearing to listening)'은 그 자체만으로 커뮤니케이션에서 매우 중요하다. 노턴과 피테그루(R. W. Norton & L. S. Pettegrew)는 그들의 연구를 통하여 커뮤니케이션에 열심히 참여하는 것은 메시지를 보내는 쪽과 받는 쪽 모두에게 해당된다고 했는데,[5] 관심표명태도는 엄밀한 의미에서는 듣기가 아니지만 커뮤니케이션이 효과적으로 이루어지게 하는 적극성과 말하기의 의미를 포함하고 있다.

1) 좋은 듣기태도

① 무엇인가 도움이 될 만한 것을 찾고자 함
② 화자의 용모보다 메시지에 10배는 더 신경을 씀
③ 화자를 판단하기에 앞서 그의 말을 끝까지 들음
④ 중심생각, 원리, 개념에 귀를 기울임
⑤ 2~3분간 듣고 노트함
⑥ 듣는 동안 긴장을 풀지 않음, 잘 들으려면 긴장해야 한다.
⑦ 주의산만요인에 대해서는 무언가 조치를 취함 – 창문이나 문을 닫고, 좀더 큰 소리로 말해 달라고 부탁하는 따위
⑧ 어려운 내용을 듣기 위해 학습함
⑨ 자신에게 크게 신경 쓰이는 표현장벽을 잘 알고 있음
⑩ 생각의 속도를 유용함
- 다음 요점을 예측함
- 대조와 비교함
- 화자의 증거를 식별함
- 머리 속으로 요약함

2) 나쁜 듣기태도

① '흥미 없는' 주제라고 여김
② 화자의 말솜씨, 개인적 용모, 넥타이 따위에 신경을 씀
③ 넘겨짚고 반박을 준비함
④ 사실에만 귀를 기울임
⑤ 내가 들은 모든 것을 개관하려고 애씀
⑥ 화자에게 집중하는 체함
⑦ 모임의 주인산만 요인을 모른 체함
⑧ 어려운 내용은 피함
⑨ 신경 쓰이는 표현에 영향을 받음
⑩ 말의 속도(100~300단어/분)와 생각의 속도(800단어/분을 처리)의 차이를 허비함

3 적극적 경청

효과적인 커뮤니케이션 능력은 자기의견을 효율적으로 전달하는 것 못지않게 상대방의 이야기를 정성껏 들어 주는 수용의 자세가 있어야 한다.

적극적인 경청이란 표면적인 물음보다는 말이 가지는 정서를 이해하여 그에 맞는 피드백을 하는 것이다. 소리를 듣기만 하는 것이 아니라 상대방이 전달하고자 하는 말의 내용은 물론 그 내면의 말을 하게 된 동기나 감정에 귀를 기울여 듣고 상대방에게 피드백하는 것이다. 즉, 적극적 경청이란 상대방이 말한 내용의 평가, 의견제시, 충고, 분석, 의문을 전달하는 것이 아니라 상대방이 하는 말이 의미하는 바가 무엇인지를 이해하면서 듣는 것을 말한다.

▦ 적극적 경청의 예

▣ 다음의 대화는 늦게 귀가한 아들과 어머니의 대화이다.

■ 표면적인 듣기

어머니 : 너 지금이 몇 시니? 아 들 : 예, 지금 새벽 3시인데요. 어머니 : 뭐라고?

위의 대화 내용은 형식상으로는 아무런 문제가 없는 것처럼 보일 수도 있다. 하지만 두 사람 사이에는 무엇인가 부자연스러움이 남는다. 아들은 어머니의 말에 표면적인 내용을 가지고 대화를 하고 있어, 어머니가 이야기하고 있는 의미를 파악하지 못하고 있어 진정한 대화가 되지 못하고 있다.

■ 적극적 경청

어머니 : 너 지금이 몇 시니? 아 들 : 예, 어머니 죄송해요. 다음부터는 일찍 들어오겠습니다. 어머니 : 그래 다음부터는 늦지 않도록 하여라.

위의 대화처럼 표면적인 물음보다는 말이 가지고 있는 정서를 이해하고 그에 맞는 피드백을 하는 것이 '적극적 경청'이다.

〈도표 11-2〉 적극적 경청의 경로

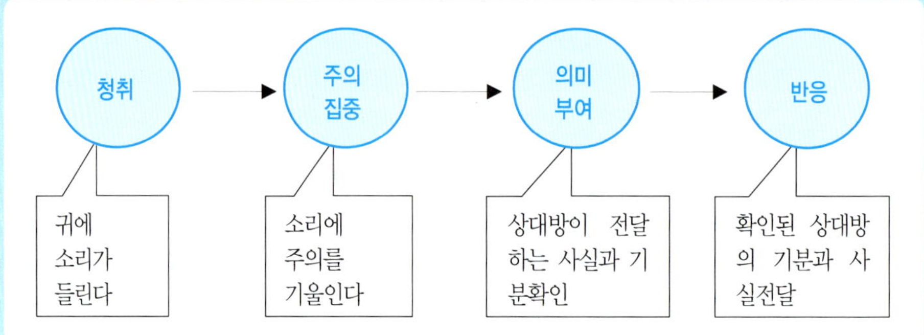

로저스(C. Rogers)는 듣기는 커뮤니케이션을 증진시키는 기능 이상의 것으로 '적극적인 경청'은 사람과 삶의 전부를 반영하여 "어떻게 해서 상대가 그렇게 생각하게 되었는지를 알 수 있도록 하는 창조적인 힘을 갖는다"[6]라고 하였다. 따라서 적극적인 듣기는 '상대방이 전달하고자 하는 말의 내용은 물론 그 내면에 기분, 감정, 의미에 귀를 기울여 듣고 이해한 바를 상대방에게 피드백해 주는 것'이라고 할 수 있다.

'경청(傾聽)'은 다음과 같은 세 가지 수준으로 구분되는데, '적극적 경청'은 투사적 경청의 수준으로 메시지를 상호 잘 이해할 수 있다.

① 최저한의 경청(marginal listening) : 대부분의 메시지가 들리지 않고 내용이 이해되지도 않는다.

② 평가적 경청(evaluative listening) : 전달되는 메시지 중 수용되지 않는 바를 주의 깊게 들으며, 경청이 끝나면 불완전한 메시지에 대한 반응이 일어난다.

③ 투사적 경청(projective listening) : 전달되는 메시지를 평가하지 않으면서 들으며, 송신자의 관점을 이해하기 위한 노력을 한다.

'적극적 경청'은 송신자의 관점을 이해하려고 노력함으로써 송신자의 입장을 이해하려는 것을 말한다. 따라서 송신자의 커뮤니케이션의 모든 내용을 동의하는 것은 아니며, 커뮤니케이션의 내용에 따른 적절한 피드백을 해 주어야 한다. 적극적인 경청기법으로 로빈슨(S. p. Robbins)은 다음과 같은 방법을 제시하고 있다.[7)]

① 눈 맞춤을 하라(make eye contact)
② 고개를 끄덕이며 적절한 표정을 지어라
③ 주위를 산만하게 하는 행동이나 제스처를 피하라
④ 질문하라
⑤ "내가 듣기로는 당신이 말하는 바가……." 또는 "당신이 말하는 바는……." 하는 등의 표현으로 부연하라
⑥ 말하는 사람 사이에 끼어들어 방해하지 말라
⑦ 너무 많이 말하지 말라
⑧ 말하는 사람과 듣는 사람의 역할전환을 자연스럽게 하라.

'적극적 경청'을 하기 위한 요령과 자세를 요약하면 다음과 같다.

1) 적극적 경청의 요령

① 부정적 감정을 먼저 해소하라
② 주의를 기울여 끝까지 들어라
③ 상대방의 이야기 세 가지 들어라
- 현재 하고 있는 이야기
- 이야기하고자 하는 말
- 이야기하지 못하는 말

④ 귀로만 듣지 말고 눈, 몸, 느낌으로 들어라
⑤ 비판적 자세를 지양하고 수용적 자세로 들어라
⑥ 이야기하는 동안 시선을 집중하라

⑦ 객관적 사건을 들음과 동시에 사건 속의 감정을 들어라
⑧ 제3자를 개입시키지 말라

2) 적극적 경청의 자세

① 상대방이 편안한 상태로 돌아오게 도와 주고자 하는 의도로 상대방의 행동에 관심을 기울이고 존중하는 태도를 취한다
② 상대방이 화난 일을 이야기할 때 상대방의 말을 가로막지 말고 침묵을 지키며 잘 들어 준다. 충분히 마음을 털어놓도록 침묵으로 지켜본다
③ 듣는 사람의 의견을 포함하지 않고 상대방의 말에 맞장구를 친다.
- "예", "그랬군요", "정말!"

④ 감정이 지나치게 격해서 말하기 조차 어려워할 때 듣는 사람은 상대방의 말문을 열어 준다
- "기분 나쁜 일이 있었나 보군요"
- "당신에게 무슨 일이 있었는지 궁금하군요"

'적극적 경청'은 사실과 사실이 표면적인 커뮤니케이션 '지적(知的) 채널'뿐만 아니라 이면의 의미와 기분까지 교류하는 커뮤니케이션 '정적(情的)채널'을 말한다.

〈도표 11-3〉 적극적 경청의 형태

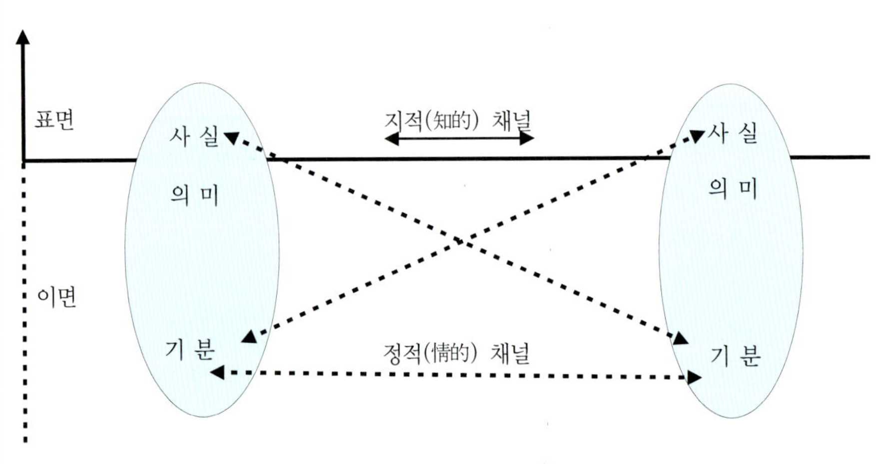

4 적극적 경청의 방법

적극적 경청의 방법으로는 ① 사실 확인하기, ② 기분 알아주기가 있으며 구체적으로 살펴보면 다음과 같다.

1) 사실 확인하기

일반적인 커뮤니케이션의 형태는 '질문을 하고 대답하는 형태'이거나 '상대방의 이야기를 듣고 자기의 의견을 이야기하는 형태'이다. 이러한 커뮤니케이션의 형태는 사실적인 측면의 커뮤니케이션에는 유효한 방법이나, 상대방이 단순한 사실적인 측면의 대화가 아니라 감정적으로 매우 복잡하거나, 자기입장의 이해를 구하는 경우 즉, 지적(知的) 채널의 대화가 아닌 정적(情的)채널에는 적합하지 않다. 감정적인 대화나 이해를 구하는 대화에서는 상대방이 하고자 하는 내용을 청취하고 일방적으로 자기의 의견을 이야기하는 방식보다는 상대방의 이야기를 본인이 어떤 내용으로 들었는지를 확인해 주는 커뮤니케이션 방법이 매우 효과적이다. 이 확인하는 과정은 상대의 이야기를 단순히 듣고만 있는 것이 아니라, 그 사실과 의미, 기분을 이해하고 받아들이고 있다는 것을 알려 주는 중요한 수단이 된다.

'사실 확인하기'는 구체적으로 말하는 사람의 이야기를 잘 알아듣지 못했을 때, 상황 판단이 어려워 말하는 의도를 모를 때 사용한다.

'사실 확인하기'를 통하여 대화과정에서 생기는 오해를 줄일 수 있으며, 말하는 사람에게 관심이 있다는 것을 알려 주고, 상대방이 말하는 것을 알아들으려고 노력하고 있다는 것을 알려 줌으로써 친밀감과 신뢰감을 조성할 수 있다.

'사실 확인하기'의 구체적인 방법으로는 ① 반복하기, ② 환언하기, ③ 요약하기의 세 가지 방법이 있으며, 구체적으로 살펴보면 다음과 같다.

(1) 반복하기

'반복하기'는 상대가 한 말을 그대로 반복하는 것으로 주로 짧고 중요한 얘기일 때 사용한다. '반복하기'를 통하여 상대방의 이야기 내용을 잘 이해하고 있다는 것을 알려 줄 수 있으며, 전달하고자 하는 내용에 차이가 있다면 피드백을 통하여 정확한 커뮤니케이션을 할 수 있다.

(2) 환언하기(바꾸어 말하기)

'환언하기'는 상대의 이야기를 자기식 표현으로 바꾸어 이야기 하는 것으로 상대의 표현이 정확하지 못하거나 복잡할 때에 간단명료하게 하는데 효과적이다

'환언하기'는 다음과 같은 형식으로 이루어진다.

"그러니까 당신의 생각은… • ….."

"당신은 지금…… 라고 말하고 있군요."

이러한 '환언하기'는 송신자의 숨은 의도나 감정을 파악하고 정확한 의도를 알 수 있다.

(3) 요약하기

'요약하기'(summary)는 상대방 이야기의 핵심을 다시 짚어 주는 것으로, 긴 설명이나 이야기 또는 이야기를 마무리지을 때 사용한다. 이는 상대가 미처 구체화하지 못하였거나, 구체적으로 표현하지 못한 말속에 있는 숨은 뜻과 숨은 기분을 파악할 수 있다.

위와 같이 '사실 확인하기'는 말하는 사람의 기분, 의도, 감정을 파악하는 데 매우 유효하다. 하지만 여기서 적극적 경청이란 자기 자신의 이익이나 만족을 취하기 위한 방법이 아니라, 사실을 잘 판단하고 자신 있는 행동을 할 수 있도록 하여 주는 것이다.

■ 사실 확인하기의 예

송신자 : "사실 저도 어지간하면 이런 말씀 드리지 않으려고 했습니다. 그런데 아무리 생각해 봐도 이건 너무하다 싶어 말씀 드리려고 합니다. 한 번 생각해 보십시오. 2년째 한자리에 그냥 있으니 답답해서 죽겠습니다. 매일 같은 일만 반복되고, 거기다가 윗분들은 제가 무슨 건의만 하면 건방지다, 경솔하다 하시니 무슨 말을 할 수가 있어야지요."

반복하기 : "그러니까 동일 업무만 2년째 계속하고 있으니까 몹시 답답하다는 말이군요. 거기다가 윗분들에게 건의만 하면 건방지다, 경솔하다 하는 식으로 야단만 맞았기 때문에 말도 하기 어려웠고, 그래서 참으려 했는데 도저히 어려워 이야기한다. 이런 말이지!"

환언하기 : "그러니까 단순 업무만 시키면서 건의하는 내용에도 주의를 기울이지도 않아 많이 화가 난다고 말하고 있군요."

요약하기 : "단순 업무가 계속되니 매우 무료하고 이제는 인내의 한계에 왔다는 소리군."

2) 기분 알아주기

상대방의 이야기를 들으면서 말 속에 담겨 있는 기분을 상대의 입장에서 공감하고 받아들이는 일은 대인관계에서 중요한 일이다.

공감하고 수용하는 능력이 없으면 상대방에게 정보를 제공하고, 그가 가지고 있는 사실적인 내용에 대하여는 교류가 가능하지만, 감정적인 교감을 갖는 깊은 수준의 인간적인 관계를 갖는다는 것은 불가능한 일이다.

사람의 문제는 인간적인 '감정문제'와 사실에 입각한 '사실문제'로 나누어 볼 수 있는데 '감정문제'는 '기분 알아주기'를 통하여 대부분 해결할 수 있다.

'기분 알아주기'는 상대방의 이야기를 들으면서 말 속에 담겨 있는 기분이나 의도 등을 알아내어 상대방의 문제를 해결할 필요가 있을 때 사용하며, '기분 알아주기'를 통하여 감정적으로 겪는 마찰, 가치관이나 사고방식의 차이에서 발생하는 대화의 어려움을 줄이거나 해결할 수 있으며 상대방이 겪는 여러 가지 어려움을 도와 줄 수 있는 이점이 있다.

'기분 알아주기' 1단계는 상대방이 당면하고 있는 문제 주의 깊게 들어주기, 2단계는 상대방의 감정과 처한 상황을 반영해 줄 만한 적절한 말을 생각하고, 상대방의 감정과 그의 상황을 잘 이해하고 있다는 말을 믿게 해 주는 과정을 통하여 이루어진다.

(1) 감정 파악하기

말을 주고받는 동안에 말이라는 매체를 사용하여 전달하고자 하는 기분을 알아준다는 것은 상대방이 나에게 전달하고자 하는 사실뿐만 아니라, 그 사실을 이야기하고자 하는 상대방이라는 사람을 알아주는 것이 된다. 왜냐하면 상대방이 이야기하는 사실적인 내용이나 생각은 그것이 아무리 중요한 생각이라 하더라도 상대방의 수많은 생각 중의 하나일 뿐이다.

그러나 상대방이 기분을 이야기 할 때는 그것이 아무리 단순하고 스쳐가는 기분이라 할지라도 상대방이 일생동안 살아온 경험을 바탕으로 우러나온 것으로 자기 전부를 드러내 보이는 것이기 때문이다. 사람의 행동에는 반드시 그 바탕에 기분이라고 하는 것이 깔려 있고, 행동의 어느 것 하나 기분 없이는 이루어질 수 없다. 인간은 기계가 아니다. 감정과 정서가 있고, 이것이 커뮤니케이션의 근본적인 역할을 한다. 따라서 말하는 사람이 현재 어떤 감정을 가지고 있는지를 파악하여 정적 채널을 통한 대화를 함으로써 공감대를 형성할 수 있다.

'감정 파악하기'를 하는 방법은 다음과 같다.

① 좋다, 나쁘다 식으로 전체적으로 크게 나눈다.

② 기분을 나타내는 특정한 단어를 사용한다(기쁘다, 상쾌하다, 들떠 있다, 외롭다, 괴롭다 등).

③ 기분의 정도를 나타낸다(약간, 상당히, 아주, 몹시, 강하게 등).

④ 상대방의 기분을 나타내는 데 사용하는 단어와 같은 뜻을 가진 다른 단어를 사용한다.

⑤ 상대에게 익숙하고 그가 잘 사용하는 단어를 골라서 사용한다.

(2) 공감하기

'공감하기'는 인간의 행동은 기분에 따라 달라진다는 가정에서 이루어진다. 상대의 이야기를 들으면서 그 말 뒤에 숨어 있는 상대방의 감정(기분)상태를 파악하여 내가 이해하고 상대방과 같이 느끼고 있음을 전달하는 것을 말한다.

'기분 알아주기'는 말을 듣는 방법이나 기술 이전에 마음가짐의 문제이다. 즉, 상대방의 내면에 있는 본래의 마음을 이해하기 위해 모든 정력을 기울여 경청하는 마음의 자세가 없이 단순히 듣는 요령으로 '적극적 경청'의 방법을 사용한다면 상대방은 곧 이 사실을 간파하기 때문에 헛수고로 끝나고 만다.

이상의 '감정 파악하기'와 '공감하기'는 타인을 이해하는 마음이 없이는 매우 어렵다. 또한 타인을 이해하는 마음가짐이 되어 있어도 이를 실천하기 또한 어렵다. 따라서 적극적 경청은 '타인을 이해하는 마음'과 함께 연습하고 훈련하여 생활화가 되어야 한다. '적극적 경청'은 상대방이 사물을 잘 판단하여 자신 있는 행동을 취할 수 있도록 도와주는 듣기방법을 말한다. 다음의 예는 일상적인 생활에서 흔히 볼 수 있는 대화이다. 하지만 문제해결에 있어 상당히 다른 결과를 보이고 있다.

■ 공감하기가 이루어지지 않은 대화의 예

과장 : "부장님! 이번 주 중으로 신년도 사업계획을 수립하라는 것은 너무 무리한 지시이십니다. 윗분들은 지시만 하시면 일이 다 된다고 생각하시는 것 아닙니까?"
부장 : "어떻게 그런 소리를 하나? 지시만 내린다고 어떻게 일이 다 되겠나? 그러나 이번은 하도 급하게 되어 하는 말이네"
과장 : "지난번 파견을 나간 인원도 복귀하지 않은 상태에서 사원도 2명이나 아파서 병가 중에 있지 않습니까? 윗분들은 이런 사정을 알고나 계십니까?"
부장 : "윗분들이 그걸 생각하나? 하여튼 이번 지시는 특별지시니까 금주 중으로 반드시 끝내야 하네"
과장 : "반발이 아주 심할 것입니다"
부장 : "그러니까 이 과장에게 잘 수습하라는 것 아닌가? 그것도 못하면 과장이 무슨 필요가 있어?"

■ 공감하기가 이루어진 대화 의 예

과장 : "부장님! 이번 주 중으로 신년도 사업계획을 수립하라는 것은 너무 무리한 지시이십니다. 윗분들은 지시만 하시면 일이 다 된다고 생각하시는 것 아닙니까?"
부장 : "무리한 작업을 시키는 것 같아 화가 난 모양이군"
과장 : "그럴 수밖에 없지 않습니까? 지난번 파견을 나간 인원도 복귀하지 않은 상태에서 사원도 2명이나 아파서 병가 중이고……"
부장 : "몰인정하다는 말이지. 지금도 인원부족으로 무리하고 있는데, 그러니 아무리 이야기를 해도 안 되겠다는 말 아닌가"
과장 : "예, 그렇습니다. 과원에게 뭐라고 설명해야 좋을지 모르겠습니다."
부장 : "말하기가 아주 거북한 모양이지"
과장 : "그렇습니다. 그 문제가 아니더라도 요즈음은 무리를 하고 있는 셈인데…… 이렇게 바쁘다, 바쁘다고만 하니 견딜 수가 없습니다."
부장 : "과원을 고생이 너무 많아서 고민을 하고 있구먼…."
과장 : "그렇습니다. 윗분들도 무슨 사정이 있으시겠지만, 이건 해도 너무 하신다 싶어서 말입니다. 그렇지만 어떻게 하겠습니까? 할 수 없지요. 좋습니다. 어떻게 한번 해 보겠습니다"

위와 같이 동일한 상황에서의 대화이지만 대화방법이 전혀 다르다는 것을 알 수 있다. 공감하기가 이루어지지 않은 대화에서는 상사가 사실만을 주고받으며, 부하의 의견을 무시하고 강압적이라는 비판을 듣기 쉬운 방법이고, 공감하기가 이루어진 대화에서는 대화 중 사실의 내면에 깔려 있는 의미와 기분에 중점을 두어 반응을 표시함으로써, 스스로 의사결정을 하도록 돕고 있다. 이와 같은 방법이 바로 '적극적 경청'이다.

제 2 절 효과적인 말하기와 피드백

'문제소유의 원리'에서 말하기는 나의 문제에 대해 도움을 청하는 기술로 나의 문제에 대한 '문제없는 영역'을 넓힘으로써 인간관계를 원활히 할 수 있는데 여기에는 '나-전달법(I-message)'을 사용하여 효과적으로 할 수 있다. 즉, 말하기를 효과적으로 한다는 의미는 타인에게 효과적으로 반응하고 영향을 끼치는 방법을 알자는 것이다. 또한 타인과의 커뮤니케이션을 원활하게 하기 위한 '나-전달법'의 구성원리를 이해하고 이로 인한 커뮤니케이션 효과를 알아보기로 하겠다.

1 효과적인 말하기의 전제조건

1) 분명하게 하기

어려움에 처한 사람을 도우려면 우선 상대를 분명하게 알고 상대의 처지를 이해하고, 그 기분을 공감하고 받아들여야 한다. 그러나 '기분 알아주기'와 '공감하기'만으로는 도움을 주기에 부족한 경우가 많다. 따라서 인간적인 '감정문제'가 해결된 경우 '사실문제'를 해결하여야 할 경우가 많다. '사실문제'는 감정의 안정이 목표가 아니라 구체적인 문제해결이나 현상의 개선이 목표가 되므로 상대에게 영향을 미치는 기술이 요구된다. 문제의 핵심을 포착하고 문제를 정확히 정의함으로써, 문제해결을 원활히 할 수 있는데 이에 적합한 기술로 '분명하게 하기'를 사용할 수 있다.

대부분의 사람은 사실문제보다는 감정문제에서 더 많은 분노를 느끼는 경우가 많다. 이러한 경우 '분명하게 하기'는 '감정문제'를 '사실문제'와 분리하여 문제를 해결할 수 있다. 분명하게 하기는 다음과 같이 할 수 있다.

■ 분명하게 하기

A : "저 이제 도저히 회사에 못 나오겠습니다."
B : "웬만해서는 그런 소리를 할 사람이 아닌데 이런 소리를 하는 것을 보면 무엇인가 상당히 불쾌한 일이 있었던 모양이군요."
A : "이건 해도 해도 너무합니다. 김대리 나이가 몇살입니까? 나이도 한참 어린 사람이 상사라고 해서…."
B : "김대리에게 무시당하는 기분이고 그 때문에 도저히 회사에 나오기조차 싫어졌다는 말씀이시죠?"
A : "그렇죠. 그래도 제가 입사도 선배이고, 집에 가서는 가장인데 나이도 어린 사람에게 무시당하면서 살아야 하니…."
B : "분하기도 하고 자신이 처량한 생각까지 든다는 이야기이죠.
A : "그렇죠. 이제는 회사도 그만 다녀야 할 것 같아요."
B : "그런데 좀 분명히 하고 싶은 점이 있는데……. 불만이 있는 것은 회사에 불만이 있어서인가요? 김대리에게 불만이 있어서 인가요?"
A : "회사에는 불만 없습니다. 김대리가 하도 사람을 무시하기 때문에 그렇지요."
B : "그렇다면 이야기의 논점은 김대리에게 무시당하는 것을 참을 수 없다. 그리고 앞으로도 더 이상 무시하는 것을 용납할 수 없다는 것 같은데…… 그게 분명한가요?"
A : "그렇습니다."
B : "그렇다면 이제부터 어떻게 하면 김대리에게 무시당하지 않을 수 있는지에 대하여 이야기하여 봅시다. 회사와는 상관없는 일 아닌가요?"

2) 지지하기

상대에게 영향을 주거나 도움을 주려면 우선 상대가 나를 안심하고 대할 수 있도록 만들어야 한다. 상대방을 지지한다는 것은 자칫하면 상대에게 의뢰심을 길러 주고 무책임하고 나태하게 만들 수 있으므로 상당한 주의를 요구한다. 지지를 한다는 것은 지지받는 사람에게 자기를 유능하고 가치 있는 존재라는 인식을 갖도록 해 준다는 것을 의미한다.

3) 진실하게 대하기

자아개방을 하여 솔직하게 자기개방을 한다는 것은 때로는 타인의 감정을 상하게 할 수고 있고, 무시를 받거나 이상한 사람으로 보일 수도 있는 문제로, 상당한 용기가 필요하다. 그러나 이런 곤란함이 있음에도 불구하고 마음속의 생각과 느낌을 진솔하게 나타내지 않으면 상대방에게 신뢰를 주기는 어려울 것이다.

4) 지적하기

상대방의 '말과 행동이 다를 경우', '과거와 현재의 말이 다를 경우', '상호간의 현실지각의 차이가 있는 경우'에는 '지적하기'를 사용할 수 있는데, 이 방법은 상대가 잘 받아들이면 매우 효과적으로 커뮤니케이션을 할 수 있다. 하지만, 상대가 받아들이지 않으면 인간관계에 갈등으로 작용할 수도 있으므로 상대에게 진정으로 나를 위하여 하는 것이라는 신뢰관계가 이룩되기 전까지는 가능하면 피하는 것이 좋다.

(1) 지적의 종류

① 이미 겪어 보고 관찰한 사실
② 새로운 정보를 제공하거나 가르쳐야 할 경우

(2) 지적의 영향을 강하게 미치려면

① 구체적이고 분명하게 하여야 한다
② 수용이 쉬운 것부터 점차 수용이 어려운 것으로 하여야 한다.
③ 중도에 멈추지 않아야 한다.
④ 상대에 대한 배려로 중도에 강도가 약해지거나, 변명의 구실을 주지 말아야 한다.

2 나-전달법

우리의 보편적인 커뮤니케이션은 나의 판단을 중심으로 전개한다. 이는 상대방의 행동을 나의 입장에서 판단하여 전달하는 '너-전달법(You-Message)'를 사용하여 왔다.

'너-전달법'은 상대방의 존재를 나의 견해에 비추어 비판 또는 충고를 함으로써 상대방에게 감정을 상하게 하여 상호간의 인간관계를 소원하게 할 수 있는 커뮤니케이션 방법이다.

이에 반하여 '나-전달법(I-Message)'은 상대방의 구체적인 행동에 그 행동이 나에게 미친 영향을 말함으로써 나의 감정과 느낌을 솔직하게 말하는 방법으로, 상대방의 수용과 행동변화를 용이하게 만드는 방법이다.[8] '나-전달법'을 통한 말하기는 자기노출을 통하여 상호신뢰를 높이거나, 상대방 행동의 적절한 피드백을 통하여 상대방이 불쾌한 감정이 생기지 않으면서 상대방의 행동변화에 영향을 미쳐 상호발전을 할 수 있도록 한다. 상대방을 평가하거나 비난하기보다는 자기의 느낌을 이야기함으로써 상호간에 만족감을 증대시킬 수 있다.

상대방의 관점에서 '나-전달법'의 효과를 검토해 보자.

■ 너-전달법

■ 나-전달법

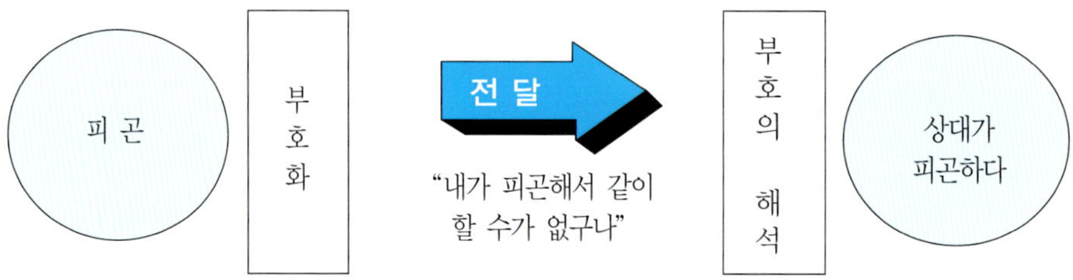

너-전달법의 경우 메시지는 상대가 자신을 평가하는 것이라고 생각하게 된다. 나-전달법의 경우 메시지는 상대가 본인을 사실의 진술이라고 생각하게 된다. 너-전달법은 본인이 어떻게 느끼는가를 전달하는 데는 매우 빈약한 커뮤니케이션 방법이다. 왜냐하면 너-전달법은 상대에게 그가 무엇을 해야 할지(해결책의 제시) 또는 상대방의 비난이나 평가의 메시지를 보내는 것이 되기 때문이다.

〈도표 11-4〉 나-전달법의 구성요소

1) 나 -전달법의 구성요소

(1) 상대방의 행동

문제가 되는 상대방의 행동과 전후상황을 구체적으로 말한다. 이 때 어떤 평가, 비판, 비난의 의미를 담지 말고 객관적인 사실만을 말하는 것이 좋다.

(2) 상대방의 행동이 미친 구체적인 영향

상대방의 행동이 조직이나 자기에게 미치는 영향을 구체적으로 말한다.

(3) 그 영향으로 생긴 나의 감정

상대방의 행동과 그 영향으로 인해 발생한 나의 감정이나 느낌을 솔직하게 표현한다.

2) 대화의 개선

'나-전달법'은 나를 주어로 상대방의 행동에 솔직한 느낌을 전달한다. 개방적이고 솔직한 느낌을 전달함으로써 감정손상을 최소화하고, 상대의 행동변화를 유도하고, 이해를 증진시킬 수 있다.

3 피드백하기

1) 피드백하기의 의의

피드(feed)라는 말은 '먹을 것을 준다'는 뜻이고 백(back)의 의미는 '돌아간다'는 의미이며, 이 두 단어를 합한 그 말의 뜻을 생각해 보면 어떠한 것을 먹여 주면 그것을 받아 다시 되돌려 먹여 준다고 하는 뜻이라고 할 수 있겠다. 10명이 참가하는 그룹토의(group discussion)에서 자기를 제외한 나머지 9명은 모두가 자기거울이 된다. 이러한 것을 "너를 통해서 나 자신을 본다."라고 한다. 나를 제외한 그 9개의 거울에 비추어진 그대로를 솔직하고 정직하게 직선적으로 느낌을 말해 주는 것을 피드백(feedback)이라고 하며 '조해리의 창문'에 비추어진 나를 보게 되는 것이다.

커뮤니케이션 전 과정에 걸쳐 장애를 없애는 가장 좋은 방법은 피드백을 주고받는 것이다. 상대방의 메시지가 어느 정도 수신되었는지를 명백히 보여 주는 것이 필요하며, 자기의 메시지를 타인이 어느 정도 이해하고, 어떻게 반응하고 있는지 관찰하여 커뮤니케이션 과정에서 장애가 발생하지 않도록 하여야 한다.

모든 인간은 외부의 환경과 필연적으로 상호작용을 하며 삶을 영위하게 된다. 즉, 타인 또는 환경과의 피드백을 하고, 자기주변에서 일어나는 것에 따라 움직일 수밖에 없다.

커뮤니케이션은 단어와 메시지의 의미를 공유하는 것을 의미한다. 따라서 커뮤니케이션은 상호작용임을 아는 것이 중요하다. 단어의 의미가 사람마다 다르듯이, 사람마다 정서도 다르다. 따라서 커뮤니케이션 과정의 상호작용에서 내용과 정서를 깨닫는 것이 중요하다.

때로는 정확하게 상대방이 전달하고자 하는 내용을 잘 알아듣지 못하였으면서도 잘 이해하는 척하는 경향이 있다. 이러한 정직하지 못한 피드백의 결과로 중요한 메시지를 놓치는 경우도 발생한다. 그러므로 피드백은, 첫째 자기가 이해한 정도에 대해 정직한 피드백을 보내려고 하여야 하며, 둘째 상대방 자신이 잘 이해하지 못했다는 것을 쉽게 이야기할 수 있도록 해 주어야 한다. 효과적인 피드백을 하기 위한 전제조건에 대하여 살펴보면 다음과 같다.[9)]

(1) 사람 자체보다 행동에 초점을 맞추어라

누군가를 "정직하지 않다"라고 하는 것은 어떤 상황에서 '정직하지 않게' 행동했다라는 말과는 전혀 의미가 달라진다. 이것은 인간 자체, 즉 인격에 문제가 있다는 의미를 가지고 있다. 따라서 피드백은 상대방의 잘못된 행동에 초점을 맞추어야 하며, 상대방도 사람 자체가 아닌 '행위'를 비평하는 것은 보다 쉽게 그 행동에 대한 책임을 인정하게 될 것이다.

① 행위를 기술하려면 부사를 써라

- '상냥하게', '주의 깊게', '즐겁게', '신속하게' 등

② 사람의 존재나 인격에 관련된 형용사의 사용을 피하라.

- '신중한', '즐거운', '수다스러운', '조심스러운' 등

사람의 행위에는 잘못된 것도 있지만 잘된 것도 있다. 잘못된 점의 개선이 필요하기도 하지만 지지적이고 격려를 받는 행동으로부터 더 많은 것을 배울 수 있음을 알아야 한다.

(2) '추론'보다는 '관찰'에 초점을 맞추어라

① '관찰'은 누구에게나 보이거나 들릴 수 있지만 '추론'은 어떤 상태에 대한 본인의 '해석'에 불과하다. 따라서 관찰에 추론을 같이하면 정확한 피드백이 되지 못하므로 추론을 하거나 관찰한 것을 확대할 때는 주의하여 관찰과 구별하여야 한다.

② 관찰은 지금 발생되고 있는 일이지, 과거의 일이나 오랫동안 주목하여 지속된 일이 아니다.

③ 관찰 직후에 적절하게 주어지는 피드백이 보다 구체적이고, 상세하며 일반적으로 더 정확하게 이루어진다.

④ 관찰은 양자택일의 이분법적인 것이 아니라 '얼마 정도'라고 하여야 한다.

이것은 판단적·주관적이 되는 범주보다는 행위의 '정도'를 나타낸다. 행위는 고정적인 선악의 극단보다는 매우 적극적·생동적이고, 정도의 연쇄 속에서 다른 행위와 관련된다.

(3) '판단'보다는 '기술'(記述)에 초점을 맞추어라

① 행위에 초점을 두는 것처럼, 기술하는 것은 다른 사람이나 그 사람의 행동을 평가하는 것을 피하는 것을 의미한다. '기술'은 중립적이나 '판단'은 어느 한 쪽으로 치우친다.

② '이유'보다는 '사실'에 집중하라. 행위의 '사실'은 다른 사람에 의하여 관찰될 수 있으므로 정확한가를 점검해 볼 수 있다. 행위의 '이유'는 추론되고 '의도', '동기'와 내포된 '정서'라는 위험한 부분이 있다.

③ 다른 사람에 대한 분석은 다른 사람 자체보다는 분석자에 의해 더 많은 영향을 받는다. 따라서 '어떤 이유'에서 라는 것에 집중하면 피드백의 아주 유용한 사실을 많이 놓칠 것이다.

(4) 충고보다 생각이나 정보의 공유에 초점을 맞추어라

① 피드백을 주고받는 것에 책임감을 가져야 하며, 상대방이 어떻게 하도록 지시하지 말고 단지 도와주어야 한다.

② 정보를 주고 무엇을 하라는 것은 상대방이 스스로 적절한 행동을 결정하도록 하지 못한다. 충고를 하는 것은 문제해결에서 그다지 좋은 방법이 아니다. 충고는 스스로 선택할 수 있는 여지를 주지 않기 때문이다.

③ 해결책을 주는 것보다는 대안을 제시하라. 유용한 반응을 다양하게 제시하다 보면 보다 만족할 만한 결론을 얻는 데 도움이 될 수 있다. 본인의 경험에 의한 해결책의 제시는 문제를 정확하게 파악하지 못할 수도 있으며, 경험의 정도도 다르므로 유용하지 못할 수도 있어 신중해야 한다.

(5) 피드백을 받는 사람의 입장에 초점을 맞추어라

① 자기의 편안함을 느끼기 위하여 피드백을 하면, 상대방은 그만큼 큰 도움을 받지 못할 것이다.

② 상대방이 어느 정도 수용할 수 있을 것인지를 고려하여야 한다. 정보의 과중은 커뮤니케이션에서 장애를 유발하게 된다. 수용 정도를 넘는 피드백은 상대방의 욕구를 위한 것이 아니라, 자신의 욕구만을 만족시키게 될 것이다.

③ 적절한 장소와 시간에 피드백을 하여야 한다. 잘못된 장소와 시간에서의 피드백은 감정적인 반응을 가져올 수 있다. 감각적·개인적인 영역일 경우는 더욱 그렇다. 피드백을 할 만한 가치가 있는 경우이더라도 예민한 감수성을 고려하여야 한다.

2) 피드백을 하는 입장, 받는 입장

피드백을 하는 입장에서 볼 때 피드백은 자기의 얼굴에 비친 그 사람의 상을 말하는 것이므로 그 사람에 대한 상은 자기의 주관이 많이 작용한다는 것을 이해해야 한다. 한편 자기의 얼굴에 비친 그 사람의 상이 그 사람 전체일 수는 없으나 어쩌면 그 상이 일부분이면서 극히 적은 부분에 그칠 수도 있다.

피드백을 받는 입장에서 볼 때 자기가 평소에 알지 못하고 느끼지 못했던 면일지라도 이런 경우에는 숨어 있던 자기가 타인의 거울에 나타나게 된 것이다. 그러나 상대편이 주는 잘못의 지적을 쉽게 받아들일 수 있다는 것은 높은 인격과 인내가 필요할 것이다. 자기가 아닌 자기를 타인이 이야기하더라도 이를 내재화해서 소화시킨다는 것은 참으로 어려운 일 중 하나일 것이다. 타인의 거울에 비추어진 잘못된 나를 지적받고, 바로 그것이 자기자신이라고 깊이 느낄 때에야 비로소 자기는 성장하게 될 것이다.

이 때 쓰이는 기술이 감수성훈련이다. 감수성훈련(인간관계훈련)의 생명은 바로 피드백을 받을 수 있는 인격을 키우고, 이를 받아들여 새 인간상을 정립하는 데 강한 동기가 되고 있는 피드백에 있다고 본다. 이러한 학습을 잘하기 위해서는 얼마나 자연스럽게 피드백을 하도록 유도해 내는가에 달려 있다고 하겠다. 이러한 피드백을 활발하게 상호 주고받는 횟수가 많을수록 배움의 기회가 많다는 것을 의미하는 것이다. 주위에 좋은 친구를 많이 가졌다는 이야기는 마음을 털어놓고 이야기를 할 수 있고, 개인의 문제를 서로 피드백받을 수 있다는 것을 의미한다.

3 적극적 피드백과 부정적 피드백

적극적(positive) 피드백은 솔직하고 직선적인 느낌을 말해 주는 것이므로 특별한 화술이나 꾸밈이 필요없다. 좋은 인간관계를 갖는 데는 진실밖에 없으며, 언어의 기교와 꾸밈이 소용 없다. 화자는 상대방의 심정을 충분히 이해・존경・사랑하는 마음으로 말해야 한다. 그 말을 그 사람에게 꼭 말하지 않으면 그 사람의 인간적 성숙에 도움이 될 수 있는 좋은 기회를 놓치게 되고, 내게도 자신의 의무와 책임을 다하지 못하는 사람이 되는 것이라는 느낌을 가졌을 때 이야기해야 한다. 그러면 피드백을 받는 본인뿐만 아니라 그룹멤버가 동시에 가슴에 맞닿는 고통을 느끼도록 하는 말이 된다. 새로운 것을 안다는 것은 자기의 심적 방위선을 헐어버리고 외부에서 오는 새로운 사실을 받아들이는 데서 배움이 이루어지며 개인의 인격은 크게 성숙되어 가는 것이다. 그러므로 다른 사람에게 마음을 아프게 하는 피드백보다는 마음을 북돋우어 줄 수 있는 긍정적 피드백이 더 효과적이다.

부정적(negative) 피드백은 속된 말로 상대방을 비방한다든지 헐뜯거나 비꼬아서 말하는 것을 의미하지 않고, 상대가 듣기 즐겁지 않을 내용을 상대를 진정으로 위한다는 피드백의 기본정신에서 출발하여야 한다. 그렇다고 하더라도 일단 심리적인 저항을 느끼게 할 수 있다. 그러나 그 내용이 자기자신이 모르고 있었던 사실로서 타인에게 불쾌감을 주는 버릇을 지적받았을 때는 매우 큰 충격을 받을 수 있다. 그러나 결과에 부정적 피드백도 긍정적 피드백과 같은 효과를 가져 왔다는 실험결과가 있다. 단지 조심해야 할 것은 분위기가 갖춰지지 않은 데서 마음대로 피드백을 함으로써 사랑으로 주고받아야 할 피드백이 상대방의 기분만을 상하게 하는 경우가 발생한다는 것이다.

피드백을 허심탄회하게 받아들일 수 있는 좋은 분위기와 마음의 자세가 형성되어 있지 않은 상태에서 일방적으로 피드백을 함으로써 개인간의 갈등, 가정불화, 조직 내의 병폐가 발생하여 어려움을 겪는 사태가 발생한다. 우리 사회의 풍토가 올바른 피드백을 주고받을 수 있을 때 명랑하고 밝은 사회가 될 수 있다.

4 타이밍

모르는 사람끼리 만나 결혼을 하고 가정을 이루고 사회조직 속의 울타리 안에서 같이 산다고 하는 것은 예술이라고 생각된다. 예술가는 선천적 소질도 있어야 하겠지만, 그보다도 절대적으로 필요한 요소는 무대 위에 서기 전의 연습과정일 것이다. 삶의 예술도 이와 같은 것이다. 사람에 따라서는 사람을 만나는 것을 좋아하고 사교적인 사람도 있다. 그러나 우리 주위에서 사람 만나기를 싫어하고 사람 만나는 데 부담을 느끼는 사람도 있다. 그러나 물 없이 물고기가 생존할 수 없듯이, 우리는 잠시도 인간적인 관계를 떠나 살 수 없는 존재이다. 여기서 우리는 다른 사람과 같이 사는 법을 배워야 하고 그 배운 것을 훈련과정을 통해 내 것으로 만들어야 한다.

우리가 몸담고 있는 조직과 직장생활도 마찬가지이다. 신입사원일 경우에는 갓 결혼한 신혼부부와 똑같다. 회사에 몸을 담은 이상 일을 충실히 하고, 사규를 잘 지키며, 상사를 잘 받들고, 동료들과 화목하게 지내야 한다는 것은 누구나 잘 아는 사실이다. 그러나 알면서도 잘 되지 않은 데서부터 문제가 생긴다. 근무 중 짜증날 때가 많고, 불쾌하며 상사의 얼굴을 쳐다보기 싫어지고, 또 부하를 못살게 군다. 나도 모르게 또는 안다 하더라도 어쩔 수 없는 경우를 당하고 산다. 그 원인은 모른다. 알 수 있다면 어릴 때부터 어린 시절의 성장과정에서 무엇인가 잘못된 것이라고 할 수 있다.

우리는 여기에서 마음을 재조직(reorganization)할 필요가 있다. 후술(後述)하는 감수성 훈련(sensitivity training : ST훈련) 또는 인간관계훈련을 통하여 의사전달이 강의방식의 지식전달이 아니고 가슴과 가슴이 서로 부딪치고 마음에서 마음으로 전달되어 인격과 인격이 조합하는 새로운 상황으로 삶을 전개하게 될 것이다. 이렇게 되면 인간과 인간이 모여 사는 삶은 예술로 발전·승화될 수 있도록 하면서 진정한 자기의 발견과 정립의 기회를 갖도록 해 줄 것이다. 짧은 인간의 삶을 예술작품으로 만들기란 그리 쉬운 일이 아닐 것이다.

따라서 인간관계를 원활히 하기 위한 피드백은 마음과 마음으로 전달하는 많은 연습과 개선훈련을 통하여 이루어질 수 있는 매우 높은 차원의 훈련이다.

피드백의 타이밍은 이러한 마음전달이 얼마나 효과적으로 일어나는가를 결정해 주는 역할을 한다. 즉, 시간의 경과에 따른 경화가 일어나지 않도록 행동이 끝난 즉시 피드백을 하는 것이 가장 좋다. 일정한 시간이 흐르고 나면 상황에 대한 인식의 정도가 약해질 것이며, 그에 따라 피드백의 효과도 낮아질 것이기 때문이다. 또한 즉시 이루어지지 않은 피드백은 피드백의 진의를 왜곡시켜 다른 의도를 가진 것으로 전달될 수 있다. 예컨대 상대방의 행동개선이 목적이 아니라 자기의 감정적 의도 내지는 상대의 비난으로 받아들여질 수도 있어 오히려 부정적인 결과를 가져올 수 있기 때문이다. 하지만 '즉시' 이루어진 피드백만이 필요한 것이 아니라 차후에라도 내가 아닌 상대방을 위한 피드백이 '필요로 할 때'에는 적절한 타이밍을 맞추어 하는 것이 바람직하다.

참고문헌

1) 양춘희 외, 문화와 커뮤니케이션, 북코리아, 2009.
2) R. B. Rubin, Assessing Speaking and Listening Competence at the Collage Level, *Communication Education*, Vol. 31, No. 1, January 1982, p. 19.
3) C. M. Kelly, *Empathic Listening*, in R. Cathcart and L. Samovar(eds), *Small Group Communication*, Wm. C. Brown, Dubuque, Iowa : 1979, pp. 340-348.
4) C. Rogers, "Communication : Its Blocking and Facilitating, " *Northwestern University* Information, Vol. 20, 1952, pp. 9-159.
5) R. W. Norton and L. S. Pettegrew, "Attentiveness as a Style of Communication, " *Communication Monographs*, Vol. 46, No. 1, March 1979, p. 13.
6) C. Rogers, "Communication : Its Blocking and Facilitating", *Northwestern University Information*, vol. 20, 1952, pp. 9-15.
7) S. p. Robbins, op. cit., 1993, pp. 341-343.
8) T. Gordon J. Gordon Sands, *Parent Effectiveness Training in Action*, The Putnam Publishing Group, 1976, pp. 138-222.
9) G. E. Myers, M. T. Myers, *The Dynamic of Human Communication : A Laboratory Approach*, McGraw-Hill, Inc., 1985, pp. 276-286.

12

교류분석

학습목표

1 자아상태의 개념과 이중성을 이해한다.
2 커뮤니케이션의 분석을 통한 효과적인 대화를 할 수 있다.
3 인간관계를 개선하기 위한 방안을 실천할 수 있다.

12 교류분석

생각열기 스트로크 결핍(영화 second chance)

22개월 된 수잔은 병원입원 당시 체중 6.75㎏, 신장 71㎝로 미국유아의 평균치에 비해 체중은 5개월, 신장은 10개월 된 아이에 불과했다. 물론 걷지도 못했고 '예, 예'하는 말조차 할 수 없을 정도였다. 더구나 누군가가 가까이 다가가면 울어 버리고 포옹하거나 어루만지는 것도 싫어했다. 여러 가지 검사를 해 보았지만 수잔의 신체에는 아무 이상도 없었다. 의학적으로는 도무지 발육부진의 원인을 찾을 수가 없었고 의사는 당혹스러워했다.

그런데 엉뚱한 곳에 원인이 있었다. 수잔이 입원해 있는 3주 동안 부모가 한 번도 면회를 오지 않았고, 이를 이상히 여긴 병원관계자가 수잔의 부모를 방문하면서 밝혀졌다. 수잔의 부모는 젊은 학생부부로 뜻하지 않게 태어난 수잔을 몹시 귀찮아했고 거의 보살피지도 않았다. 더구나 수잔의 엄마는 "우리 애는 반항적이라 안아 주는 것도 싫어해요. 그냥 놔두는 것을 제일 좋아해요. 그리고 사실은 난 우리 애가 싫어요. 더 이상 우리 애를 보살필 자신이 없어요"라고 했다.

이런 면담결과를 토대로 병원에서는 수잔의 병명을 모성애정결핍증후군이라 결론 내리고 발육부진의 원인을 부모로부터의 스트로크 결핍으로 보았다. 그래서 의사는 전담간호사를 배정하여 수잔의 부모역할을 하게 하였다.

간호사는 하루에 6시간 동안 수시로 포옹을 하기도 하고 눈을 마주치기도 하면서 정신적·신체적 스트로크를 계속해서 주었으며 병원의 스태프들도 수잔에게 될 수 있는 대로 스트로크를 주려고 애썼다. 수 주일이 지난 후 수잔은 더 이상 사람이 가까이 다가가는 것을 싫어하지 않게 되었고, 오히려 조금씩 반응도 나타내기 시작했다. 또한 체중도 2.7㎏나 늘었고 신장도 5㎝나 커졌다. 운동기능과 정서도 놀라울 만큼 발달하여 의사표현도 할 수 있게 되었고, 모르는 사람이나 낯선 물건에도 흥미를 보이게 되었다. 그리고 몇 달 후 수잔은 혼자서 병원을 걸어나갈 수 있었다.

자료 : 문화와 커뮤니케이션, 양춘희 외, 북코리아, 2009. pp. 162-163

제 1 절 교류분석의 이해

1 교류분석의 정의

에릭 번(Eric Berne, 1910~1970))

에릭 번(Eric Berne, 1910년 5월 10일~1970년 7월 15일)은 캐나다의 정신과 의사이며, 1957년에 교류 분석 (Transactional Analysis : TA)을 제창하였다. 교류분석(transactional analy-sis)은 '개인의 성장과 변화를 위한 체계적인 심리치료법이며 성격이론'이다. 교류분석은 프로이트(S. Freud)의 심리학에 기반을 두고 있는데, 이는 퍼스낼리티 속의 행동을 조정·통제하는 세 가지 원천인 본능(id), 자아(ego), 초자아(super ego)를 그 근간으로 하고 있으며, 정신의학자 번이 개발하였고, 그 후로 해리스(T. A. Harris)가 발전시켰다. 교류분석은 인간의 퍼스낼리티에서 나타나는 많은 현상을 심리학에 특별한 지식과 훈련을 받지 않은 사람도 이해하기 쉬운 언어로 바꾸었다. 즉, 교류분석에서 가장 많이 쓰이는 어버이(parent), 어른(adult), 아이(child), 게임(game), 각본(script) 등은 일상생활의 용어를 그대로 활용하고 있다.

교류분석이론에서는 모든 사람은 여러 가지 측면에서 특성을 달리하는 어버이, 어른, 아이의 세 가지 자아상태(自我狀態)를 가지고 있으며, 이 가운데 어느 하나의 입장에서 행동하고 다른 사람과 교류를 한다[1]고 설명한다.

어버이(P), 어른(A), 아이(C)의 세 가지 개념은 각각 상태의 역할(role)을 의미한다기보다는 심리적인 실재(psychological realities)를 의미하며, 어버이, 어른, 아이는 프로이트의 본능, 자아, 초자아와 같은 개념이 아니라, 일상적인 행동에서 나타나는 현상적 실재(現象的 實在)이다.[2] 어버이, 어른, 아이는 생리적인 연령을 의미하는 것이 아니라 정신적인 연령(psychological age)을 의미한다.

결국 이 세 가지의 상태는 실재하는 인물, 사건, 장소 및 감정을 포함하는 과거의 요건이 개인 내에 기록된 자료의 재생에 의해 나타나는데, 건전한 사람은 여러 부류의 다른 사람과의 관계에서도 균형이 잡힌 세 가지 자아상태를 유지한다. 교류분석은 개인 자신보다는 집단 속에서의 개인의 성장과 변화를 가져올 수 있도록 하고 있다.

2 교류분석의 기본철학

① 교류분석의 특징은 이론이 쉽고 평이하여 누구나 이해하기 쉽다. 심리상태를 표현하는 언어를 간단하고 생생한 어버이, 어른, 아이, 게임, 스트로크(stroke), 각본의 일상용어로 표현하고 있다.

② 교류분석의 철학은 인간의 긍정성(Ok-ness)을 적극적으로 확인하는 가치체계 위에 기초하고 있다. 이는 인간의 기본입장을 나타내는 자・타 긍정(I'm Ok-You're Ok)의 단순한 전이(轉移)적 감정이 아니라, 인간존재에 대한 실존론적 서술로서 인간존재의 본래성(authenticity)의 회복을 의미한다.

③ 모든 인간은 자신을 생활, 감정, 행동 등에 책임을 져야 하며 또 질 수 있다고 확신하다. 각 개인이 지니고 있는 긍정성으로 과거로부터 물려 받은 부정성(Not Ok-ness)을 극복하고, 각본(Script)에 의해 고정된 삶을 자발적인 자유와 책임으로 재 결단에 이를 수 있다고 보며, 이를 통하여 인간성장을 이룰 수 있다.

④ 교류분석의 철학은 사고, 감정과 행동의 세 차원을 조화롭게 통합하는 것이다.[3)]

제 2 절 구조분석

1 자아상태

1) 자아상태의 정의

인간에게 일어나는 모든 사건은 뇌나 신경조직에 기록된다. 어린 시절의 모든 경험, 부모와의 관계, 사건의 인식, 이러한 사건과 관계된 감정, 기억 속에 남아 있는 치명적인 손상 등은 녹화테이프처럼 오래도록 남아있다. 이러한 경험이 다시 작동하면 그 당시의 기억과 경험을 회상할 수 있다. 이러한 기억과 경험을 담고 있는 저장소를 교류분석에서는 자아상태라고 한다. 자아상태는 크게 나누어 세 가지가 있고, 이것은 그 때, 그 장소에 따라 다른 자아상태로 확실히 변화한다. 이것은 마음속의 에너지가 끊임없이 움직이고 있어 하나의 자아상태로 에너지가 집중한 때에 그 자아상태의 태도와 행동, 감정

반응 등이 나타나는 것이다.

지금 당신이 교통사고(젊은이의 난폭운전)를 목격했다고 하자. 당신이라면 어떤 반응을 보일 것인가? 이 반응의 타입에는 세 가지가 있을 것이다.

① "젊은이가 스포츠카 따위나 타고, 되어먹지 않은 놈 같으니, 그렇지만 큰 부상이라도 없었으면 좋겠는데……."

이 말은 야단을 치면서도 헤아려 주는 기분을 나타내는 감정의 표현방법으로 어렸을 때부터 부모로부터 들어온 말과 비슷하다고 생각되는데, 이것을 부모라 하여 P 라고 기호화한다. 부모의 영향을 받고 있는 부분을 말한다.

② "어떤 상태에서 사고를 냈을까? 부상자가 있는 듯한데, 구급차는 불렀을까?"

이와 같이 냉정하게 현장상황을 분석해서 적절한 행동을 취하는 반응으로 어른으로서 생각하는 나의 부분이다. 이것을 어른이라 부르며 A 라고 기호화 한다. 현실적인 나라고 할 수 있을 것이다.

〈도표 12-1〉 자아상태의 도식

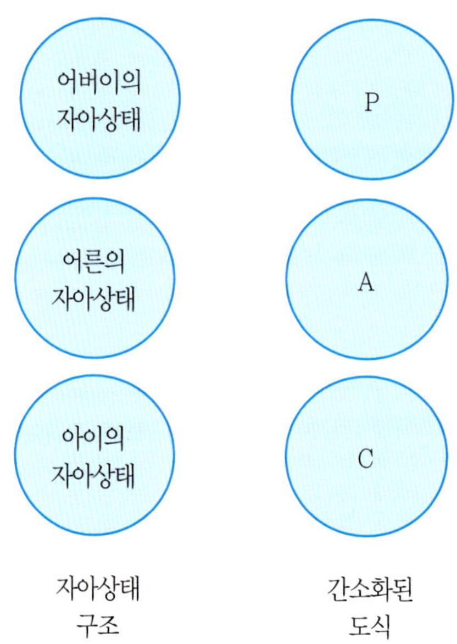

③ "굉장하네, 이건 너무 화려하게 해 낸 거 아냐! 사고는 무서운데 무서워……."

이 말은 공연히 떠들어대는 제멋대로의 반응으로 어린이같이 느끼는 대로 행동을 하는 부분이다. 이것을 어린이라 하며 C 라고 기호화한다.

즉, 누구의 마음속에도 '세 가지의 나'라는 것이 있는데, 이것을 자아상태라고 한다. 그리고 위의 예처럼 때와 경우에 따라 우리의 마음은 그 세 가지 중의 어떤 것이 강하게 반응을 일으키는 것이다.

2) 자아상태의 구체적 내용

(1) 어버이의 자아상태

사람이 P 의 자아상태에 있을 때는 내려다보는 자세로 "밤새워 놀이를 하는 것은 못써!"라는 장면이나 상대방에 손을 내밀면서 "상당히 곤란한 것 같은데 좀 도와줄까……"라는 투로 부모가 하는 바와 똑같이 야단을 치거나 원조를 한다.

즉, 인간이 가지고 있는 어버이와 같은 심리적 상태를 말한다. 어버이는 어린이의 행동에 모형을 제공한다. 어버이의 자아상태(parent ego state)는 유아기의 아버지, 어머니 또는 다른 양육자의 큰 사람(big people)에 관한 관찰의 기록에서 연유된다.[4] 언제나 돌보아 주었으며, 옳았고 자신에 비하여 우월하였다는 기억으로 요약된다. 따라서 어버이의 자아상태는 어버이처럼 '지시하고', '보살펴 주고' 하는 어버이처럼 판단하고 생각하고 느끼고 행동하려는 경향이 있다.

(2) 어른의 자아상태

사람이 A 의 자아상태로부터 심적 에너지를 내고 있을 때는 올바른 자세와 냉정한 태도로 "어떻게 하면 해결할 수 있을까, 어쨌든 확인해 보아야겠다."고 사실에 입각한 판단에 논리적으로 일을 해결하고자 한다.

어른의 자아상태(adult ego state)는 현실을 객관적으로 다루려는 상태이며 논리적 사고와 합리적・비감정적 행동이 특징이다.[5] 어른의 자아상태는 교육과 경험에 의해 학습되는 것으로 다른 자아상태를 통제하여 목표지향적인 행동을 하게하며, 자신에 대하여도 비판적인 태도를 갖게 한다.

(3) 아이의 자아상태

"야아, 이것 참 예쁜데! 그렇게 비싸! 놀랬다!"와 같이 느낀 바의 자기를 그대로 표현하거나, 한편 "그래 이번에는 져 주지, 상대방이 나쁘니 ……"라고 자기 본래의 감정을 누르며 조심성 있는 언행일 때에는 C 의 에너지가 나오고 있는 것이다. 아이의 자아상태는 유아기적에 기억된 경험을 가지고 있는 상태(child ego state)를 말하며, 그 때의 기억처럼 생각하고 느끼는 것을 말한다.

이러한 세 가지 자아상태의 반응결과를 요약하면 〈도표 12-2〉, 〈도표 12-3〉로 나타낼 수 있다.

〈도표 12-2〉 자아상태 반응결과

구 분		표현과 행동
어버이의 자아상태 (P)	언어 표현	~해야 한다, ~하지 마, ~하지 않으면 안 된다, 언제나, 결코, 질문하지 마, 방해하지 마, 좋은 아이로 있어라, 도와주겠다. 좋다, 나쁘다, 보기 싫다, 아름답다, 예쁘다, 영리하다, 바보스럽다, 장난이다, 틀렸다, 혜택 받은 사람, 돼먹지 않아……. 해 보아, 두려워하지 마, 자 이리 와, 괜찮겠지, 걱정하지 말고, 당신을 보살펴 주지…….
	행동/자세	손짓하며 비난한다, 손짓하며 위협한다, 등을 친다, 테이블을 두드린다, 눈을 위로 한 싫증난 얼굴, 발을 구르며 양손을 쥐며 참는다, 고개를 가로 흔든다, 고개를 세로로 흔들며 'ok'를 나타낸다, 양팔을 끼고 턱을 가라앉힌다, 얼굴을 위로 하고 내려다본다.
	어투/표정	징벌적, 비난적, 격려적, 지시적, 동정적, 조소적……. 불쾌한 얼굴, 커다란 목소리를 낸다, 용기를 북돋아 주고 수긍한다, 이마에 주름살을 짓는다, 이를 악 다문다, 동정적, 거만한 얼굴, 미소, 애정적….
어른의 자아상태 (A)	언어표현	어떻게, 언제, 누구, 무엇, 어디, 왜, 가능성, 결과는, 예, 아니요, 사실은 무엇인가, 이것은 실증되어 있지 않은 의견이다, 조사해 보자, 이제까지 무엇이 시정되었을까, 오후 9시 50분이다, 원리는 무엇인가, 이것을 시험해 보았는가, 비교해 보자, 원인을 찾자, 통계에 의하면 변경이 표현되어 있다, 회의는 금요일 오후 6시이다…….
	행동/자세	똑바르고 굽어지지 않는 자세, 알맞은 높이의 눈으로 접촉, 손가락으로 무엇인가를 가리킨다. 피드백한다, 이해의 확인, 관심을 나타낸다…….
	어투/표정	여분의 정서를 끼지 않고 명쾌하게, 냉정, 직각적, 정보를 주거나 받거나 한다, …… 사려 깊다. 주의 깊게 관찰한다, 질문하려는, 신선한, 지금, 기민한 시선, 자신 만만한 얼굴
아이의 자아상태 (C)	언어표현	무엇이, 이리 와, 엄마, 안 돼, 싫어, 줘, 몰라, 그러고 싶어, 나 예쁘죠, 자 날 봐, 무서워, 살려줘, 아무도 나를 좋아하지 않아, 네가 나를 울린 거야, 그이는 틀렸어, 내 것이 네 것보다 좋아, 집에 가고 싶어, 놀자, 제기랄, 이런 귀찮은

		일, 모두가 나를 좋아하면 좋겠어.
	행동/자세	의기소침, 신경질을 일으키고 뾰루퉁 한다, 즐거운 듯, 마음이 들떠 있는 모습, 창피한 듯이 우물쭈물한다, 손톱을 깨문다, 손을 들어 신호를 보낸다
	어투/표정	목청을 울리게 한다, 슬픈 듯이 운다, 속인다, 달콤한 이야기, 허락을 받는다, 괴롭힌다, 약 올린다, 역정 내고 가만히 있는다, 조소한다, 크게 웃는다, 흥분 상태로, 큰 소리로 빠른 말을 한다.
	표 정	눈물진 눈초리, 볼멘 얼굴을 한다, 타인의 눈을 지켜본다, 눈을 내리깐다, 멍청하게 있다, 즐겁다, 흥분한 얼굴, 눈을 크게 뜬 얼굴, 슬픔 잠긴다.

〈도표 12-3〉 자아 상태의 개요

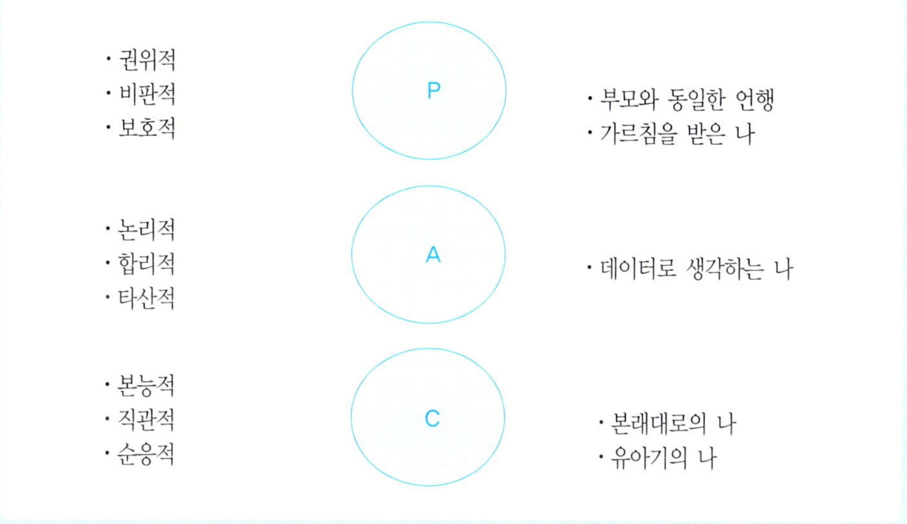

3) 자아상태의 흐름

어버이, 어른, 아이의 자아상태는 한 상태로 고정되어 있지 않으며 늘 유동적으로 움직인다. 이것은 자아상태의 간격을 '정신에너지'가 자유로이 통과할 수 있다는 것이다. 각 자아상태의 그림은 서로 간격이 떨어지거나, 서로 겹쳐서는 안 된다. 이는 각 자아상태의 간격은 심적(心的) 에너지가 유동적으로 흐른다는 것을 나타낸다. 즉, 인간의 자아상태는 언제나 한 상태에서만 고정되어 있는 것이 아니라, 상태, 장소, 상대방에 따라 유동적이다. 어느 한 순간에 나타나는 사람의 행동은 세 가지 자아가 유동적으로 움직이다가 한 상태가 밖으로 표출되는 것이다. 어떤 자아상태에서 행동이 발현되었는지에 따라서 때로는 어버이의 자아상태에서 행동이 발현되어 지원적인 행동(예 : 보살핌, 보호함, 위로함, 용납함)이나 비판적인(critical) 행동(예 : 비판함, 금지함, 교훈함, 비용납적임)을 나타나거나, 어른의 자아상태에서 행동이 발현되어 논리적이거나 합리적인 행동이 발현된다. 때로는 아이의 자아상태에서 행동이 발현되어 자유롭고(free) 자연스러운(natural) 행동(예 : 호기심, 친밀함, 즐거운, 천진난만한, 공상 · 환상적임)이 있는데 이것을 자유로운 어린이 상태라(free child) 한다. 한편 어린이/아이상태의 다른 한 유형은 상대에게 자신을 표출하지 않고 맹목적으로 의존하거나 순응하는(adaptive) 행동(예 : 두려움, 잘 따르는, 노여움, 반항적임)이 있는데, 이런 행동이 발현될 경우 의존적인 또는 순응하는 어린이 상태(adapted child)라고 한다.

2 자아상태의 구조

1) 구조분석의 정의

자기이해를 하기 위해 세 개의 자아상태 P, A, C를 써서 자기 자신의 여러 행동이나 태도를 분석하는 방법으로 '구조분석'을 사용한다.

사람은 일상생활의 특정 장면에서 자아상태 P, A, C로 분석해 보면 어느 자아상태가 많이 사용되고, 어떤 것이 적은가를 알 수 있다. 구조분석(structural-analysis)에 의해 스스로의 일반적인 경향을 알 수 있다.

〈도표 12-4〉 자아상태 구조분석

어버이의 (P) 자아상태	
(통제적 P : CP)	(보호적 P : NP)
• 보스기질이 있다	• 거들어 준다
• 질책 한다	• 잘 도와준다
• 습관을 지킨다	• 위로 한다
• 분별 한다	• 동정 한다
• 도덕적이다	• 지지적 이다
• 비판 한다	• 양육적 이다
• 빈틈없고 꼼꼼하다	• 잘 헤아린다
• 통제 한다	• 간섭 한다
• 정의감이 있다	• 구원 한다
• 보수적이다	• 용기를 북 돋는다

<table>
<tr><td>• 권위를 중시 한다
• 크고 굵은 소리를 낸다
• 지시, 명령을 엄격하다
• 예의바르다
• 규율을 지킨다
• 전통을 지키려 한다
• 동작이 활기차다
• 예의를 중시한다
• 압력을 가한다
• 엄격하다
• 선의를 분명히 한다
• 편견을 가진다
• 평가를 확실히 한다
• 압박 한다</td><td>• 귀여워 한다
• 칭찬 한다
• 방임 한다
• 자상 하다
• 보호 한다
• 마음을 쓴다
• 돌보아 준다
• 관대 하다
• 격려 한다
• 불쌍히 여긴다
• 뺨을 맞대고 비빈다
• 보살펴 준다
• 수긍 한다
• 껴 안는다</td></tr>
<tr><th colspan="2">어른의(A) 자아상태</th></tr>
<tr><td>• 통계를 중시 한다
• 안정된 느낌
• 컴퓨터적 이다
• 무미건조 하다
• 타산적이다
• 잘 깨닫는다
• 논리적이다
• 숫자에 밝다
• 어른다움을 느낌
• 냉담하다
• 차가운 인상
• 많이 생각한다
• 정보를 수집한다</td><td>• 이성적이다
• 현실적이다
• 사실에 따라 행동 한다
• 계획을 세운다
• 신중하다
• 계산을 정확히 한다
• 냉정하다
• 현상을 분석 한다
• 합리적이다
• 객관적인 행동
• 논리가 정연하다</td></tr>
<tr><th colspan="2">어린이의(C) 자아상태</th></tr>
<tr><th>(자유로운 C : FC)</th><th>(순응하는 C : AC)</th></tr>
<tr><td>• 재미있고 우습다
• 실컷 먹는다
• 놀기 좋아 한다
• 타인을 조작 한다
• 내키는 대로 행동 한다
• 적극적이다
• 충동적이다
• 자기중심적 이다
• 제멋대로이다</td><td>• 예의에 따른다
• 상대방의 감정에 맞춘다
• 아첨 한다
• 의존적이다
• 순종 한다
• 자기를 책망한다
• 영합 한다
• 마음이 비꼬인다
• 반항한다</td></tr>
</table>

• 창의성이 풍부하다	• 양보심이 많다
• 반발 한다	• 자기를 불쌍히 여긴다
• 향락적이다	• 대결하지 않는다
• 적당주의다	• 순응하기 쉽다
• 본능적으로 행동한다	• 좋은 아이이다
• 자발적이다	• 협조적이다
• 버릇없는 행동을 한다	• 타협한다
• 자유로이 감정표현을 한다	• 상대방의 말을 듣는다
• 루즈하다	• 자기기분을 억제한다
• 건방지다	• 발언을 삼간다
• 순간적으로 머리가 회전한다	• 얌전하다
• 직관적이다	• 참는다
• 호기심이 많다	• 솔직하다
• 천진난만하다	• 비판 없이 신뢰한다
• 활발하다	• 한 사람의 마음대로 움직인다
• 자유로이 행동한다	• 감정을 억제 한다

2) 구조분석의 해석

P, A, C의 세 자아상태 중 어떤 자아상태에 편향되어 있느냐에 따라 P주도형, A주도형, C주도형으로 나누어 볼 수 있다.

(1) P주도형

P주도형인 사람은 너무 융통성이 없고 성실하기 때문에 본래적 감정을 표현하지 못하여 인생을 즐기는 능력이 부족해 일 중독에 빠지기 쉽다. 부모 또는 양육자가 하는 방법으로 "이렇게 해야 한다"든가 "저렇게 해야 한다"는 등 이나 "이렇게 해준다."는 식의 언행이 많아 상대방에게는 C주도형이 되어 버릴 것이다.

(2) A주도형

A주도형은 현실적 자아가 지나쳐 타산적이 되기 쉬우며, 합리적이기는 하지만 인간미가 적으며 상대방도 A의 자아상태가 될 것이지만 약간 차가운 관계가 될지도 모른다.

(3) C주도형

C주도형은 유아적 욕구가 강하며 현실적 자아(A)의 부족 때문에 문제 처리나 해결에

어두우며 이상적 자아(P)의 미발달 때문에 사회적응도 어려운 점이 많으며 감정이 우세하여 자기 뜻대로 행동하거나 반대로 자기를 억제해서 상대방의 감정에 맞추려고 한다. 이런 사람을 대하는 상대방은 P로 접하는 일이 많아질 것이다.

〈도표 12-5〉 자아상태 편향의 예

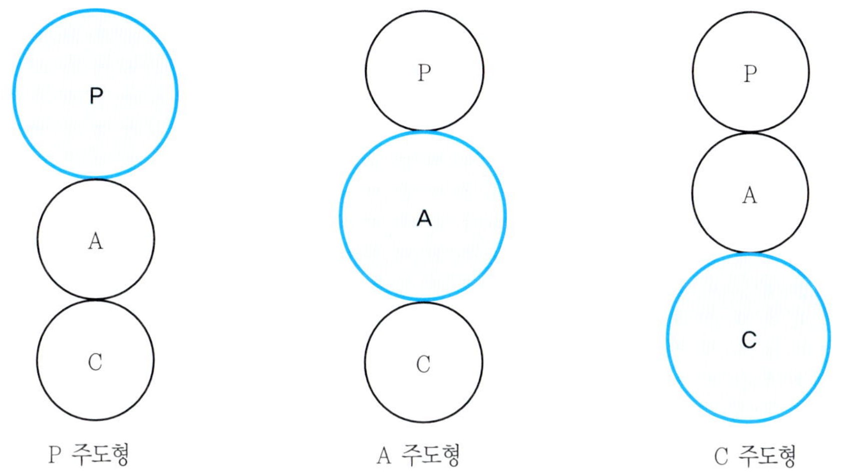

구조분석을 하는 것은 세 자아상태의 분포를 통하여 일상생활에서의 언행을 개선하기 위해서이다. 따라서 평상시 자기 자신의 언행을 뒤돌아보아 P, A, C의 불균형을 조사하여 자아상태 개선의 단서를 잡고, 자아상태를 균형 있게 하면 좀 더 발전된 삶을 영위할 수 있다.

3 기능분석

1) 기능분석의 정의

기능분석(functional analysis)은 구조분석의 P, A, C를 더욱 기능적으로 세분화하여, 그 사람의 자아상태가 어떻게 나타나는가를 구체적으로 알기 위한 방법이다. 기능분석에서는 부모의 자아상태 P를 통제적 P(controlling parent : 체), 보호적 P(nurturing parent : NP)로 분류한다. 또한 어린이의 자아상태 C를 분류하여 자유로운 C(free child :

FC), 순응한 C(adapted child : AC)로 나누며, 성인의 자아상태 A는 나누지 않아 기능적으로 〈도표 12-6〉와 같이 다섯 가지로 분류된다.

〈도표 12-6〉 자아상태의 기능적 분

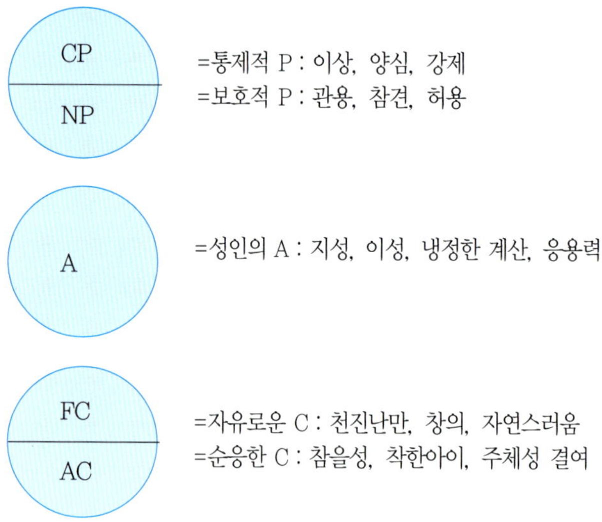

2) 자아상태의 양면성

기능적으로 분류된 자아상태 CP는 비판적으로 나쁘고, NP는 보호적으로 좋으며 FC는 자유로이 표현하는 천진난만한 특성을 가지며, AC는 순응적으로 자기 스스로의 판단이나 행동이 없고, A는 냉철한 판단과 명석하다는 느낌을 주기 쉽다. 각각의 자아상태에는 긍정적・부정적 측면의 양면성이 있다.

〈도표 12-7〉 자아상태의 양면

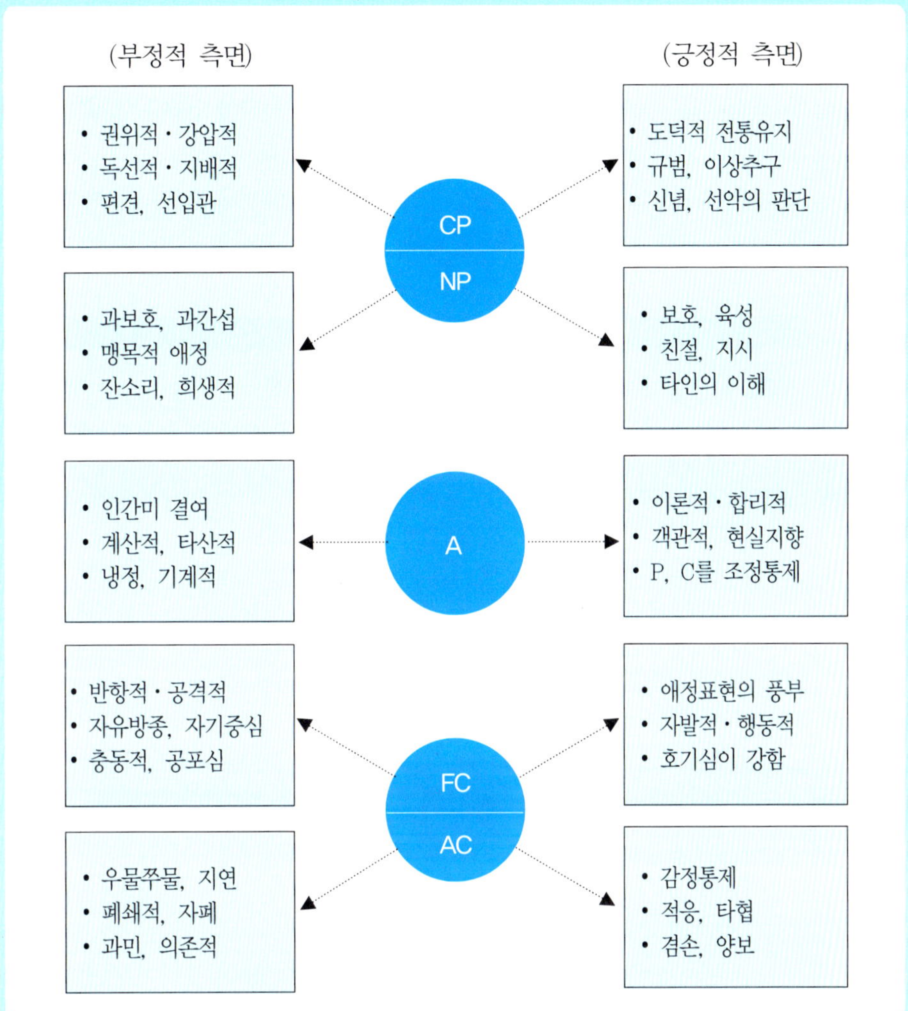

3) 에고그램 해석

에고그램은 가장 높은 상태(1차 개성)를 주목하여 어느 자아상태가 우위인지를 판단한다. 가장 높은 자아상태가 그 사람의 행동특성을 잘 나타내고 있다.

그 다음은 낮은 자아상태(2차 개성)와 함께 자아상태를 판단하여, 전체적으로 P(CP+NP)와 C(FC+AC)를 비교하여 어느 쪽이 높은가를 판단함으로써 P 또는 C쪽이 우세한가를 판단한다.

A의 자아상태는 다른 자아상태를 통제하는 작용을 하므로 어느 크기인지를 보는 것이 중요하다. A가 다른 자아상태보다 크면 통제가 가능하여 에고 그램 자체가 A의 통제를 받고 있는 것이 되며, 반대의 경우는 A보다 큰 자아상태를 통제할 수 없다고 보며, A보다 큰 자아상태가 전체를 좌우하는 경향이 있다.

'높은 자아상태'와 '낮은 자아상태'의 경우 '긍정적(Ok)인 면'과 '부정적(Not Ok)인 면'을 보면 〈도표 12-8〉, 〈도표 12-9〉와 같다.

〈도표 12-8〉 높은 자아상태의 긍정적, 부정적인 면

구분	긍정적인 면	충고 및 조언	부정적인 면
CP	• 이상을 추구한다 • 양심에 따른다 • 규칙을 지킨다 • 피(의기)가 통한다 • 책임감이 강한 노력가	• 완벽주의를 버리고 상대방이 좋은 점이나 생각을 인정하는 여유를 갖는다 • 일이나 생활을 즐긴다	• 건성으로 대답한다 • 중도를 허용하지 않는다 • 비판적이다 • 자신의 가치관은 절대적이라 생각한다
NP	• 상대방에게 공감한다 • 동정심이 많다 • 돌보기를 좋아한다 • 상대방을 잘 받아들인다 • 봉사정신이 강하다	• 자신과 상대방의 관계를 가능한 한 냉정하게 파악하고 참견이나 간섭이 되지 않도록 한다	• 지나치게 보호간섭한다 • 상대의 자주성을 해친다 • 상대의 응석을 받는다 • 지나치게 타인중심적이다
A	• 이성적이다 • 합리성을 존중한다 • 사실에 따른다 • 객관적으로 판단한다 • 현실에 바탕을 둔다	• 매사에 타산적으로 판단하지 말고 자신의 감정이나 상대의 기분 등에도 눈을 돌린다	• 기계적이다 • 이해타산적이다 • 냉정하다 • 과업중심적이다
FC	• 천진난만하다 • 호기심이 강하다 • 직감력이 있다 • 활발하고 밝다 • 창조성이 풍부하다	• 그 때 기분이나 감정으로 행동하지 말고, 선후를 생각하도록 한다 • 한번 호흡하고 행동하면 좋다	• 자기중심적이다 • 동물적이다 • 감정적이다 • 행동하고 싶은 대로 해 버린다
AC	• 협조성이 풍부하다 • 타협성이 강하다 • 착한 아이이다 • 매사에 순종한다 • 신중하다	• 느낀 것을 망설이지 않고 표현한다 • 스스로 자신 있는 것부터 실행해 본다	• 너무 조심스럽다 • 의존심이 강하다 • 참아 버리고 만다 • 매사에 주저주저한다 • 앙심을 품는다

〈도표 12-9〉 낮은 자아상태의 긍정적, 부정적인 면

구분	긍정적인 면	충고 및 조언	부정적인 면
CP	• 대범하고 태연하다 • 융통성이 있다 • 일정한 틀로 파악할 수 없다 • 유연함이 있다 • 한가롭고 평온하다	• 자기자신에게 의무를 부과하고, 책임감을 갖고 행동하도록 한다 • 사물의 구분을 중요시한다 • 판단력을 기른다	• 미적지근하다 • 구분이 불분명하다 • 판단력이 모자란다 • 규율을 지키지 않는다
NP	• 산뜻하다 • 담백하다 • 주변에서 일어나는 일에 간섭하지 않는다	• 가능한 한 상대에게 동정심을 갖도록 노력한다 • 가족이나 친구에게 서비스한다 • 동물, 식물을 잘 돌본다	• 상대에게 공감·동정하지 않는다 • 다른 사람의 일에 마음을 쓰지 않는다 • 따뜻함이 없다
A	• 인간미가 있다 • 좋은 사람이란 이미지가 있다 • 순박하다	• 정보를 수집하고 다양한 각도에서 사물을 생각한다 • 잘 되지 않아도 스스로 답을 풀고 나서 다른 사람에게 상담한다	• 현실을 무시한다 • 계획성, 생각이 정돈되어 있지 않다 • 논리성, 판단력이 부족하다
FC	• 얌전하다 • 감정적으로 되지 않는다	• 마음의 문을 닫아 버리지 않도록 될 수 있는 한 명랑하게 행동하며 기분을 돋운다 • 스포츠, 여행, 외식하러 가는 것도 좋다	• 재미가 없다 • 어두운 인상을 준다 • 무표정하다 • 희로애락을 나타내지 않는다
AC	• 자신의 페이스를 지킨다 • 자주성이 풍부하다 • 적극적이다	• 상대의 입장이 되어 생각하거나 의견을 듣는다 • 상대의 입장을 세워 주고 존경한다 • 타인 우선의 태도를 기른다	• 상대가 말하는 것을 듣지 않는다 • 일방적이다 • 접근하기 어려운 인상이다

4) 타인의 에고그램 진단

자아상태의 크기는 유동적이며 사람과 상황에 따라 변화된다. 교류분석은 개인 자신보다는 집단 속에서의 개인과 개인 또는 조직과의 원활한 관계를 갖는 것을 목표로 하고 있다. 따라서 자기의 자아상태를 명확히 하고 사회에서 관계를 맺고 있는 상대방의 자아상태를 파악하는 것도 매우 중요하다. 자기와 관련이 있는 타인의 에고그램을 진단함으로써 대인관계를 발전적으로 유지할 수 있다.

타인의 에고그램을 직관적으로 그려 보면, 상호간의 잠재적인 유대를 높일 수 있으며,

가장 높은 에고그램에 대한 적절한 행동을 준비하여 조직의 효율성을 증가시킬 수 있다.

5) 자아상태 활성화를 통한 자기변화방안

'심적 에너지'도 신체적 에너지와 같이 그 양은 일정하다. 따라서 한 부분을 활성화시킴으로써 다른 부분이 감소되어 자아상태의 비중을 변화시켜 자기변화를 유도할 수 있다.

(1) CP의 활성화방안

① 자신을 갖고 큰 소리로 이야기한다.
② 등을 펴고 동작을 크게 한다.
③ 인생목표, 업무목표 등을 명확히 세운다.
④ 결정, 결심한 것을 끝까지 한다.
⑤ 가훈, 좌우명을 만들어 수시로 읽는다.
⑥ 자기의견, 소신을 미리 준비한다.
⑦ 시간, 금전 등의 계획을 세우고 엄격히 지킨다.
⑧ 사물의 옳고 그름을 명확히 가린다.
⑨ 타인의 평가를 확실하게 한다.
⑩ 주위의 좋지 않은 행동에 주의를 준다.

(2) NP의 활성화방안

① 상대의 이야기를 친근감 있게 듣는다.
② 사람을 좋아하고 싫어하는 편견을 없앤다.
③ 타인을 격려하고 용기를 북돋아 준다.
④ 타인에의 관심을 높이고 장점을 배운다.
⑤ 모임에서 총무나 서기의 역할을 맡는다.
⑥ 타인에게 관심과 호의를 몸으로 표현한다.
⑦ 타인의 부탁은 기분좋게 받아들이고 최대한 지원하다.
⑧ 사회봉사활동에 앞장서 참가한다.
⑨ 관대한 애정으로 타인을 바라본다.
⑩ 타인이 듣고 싶어하는 말을 준비해 둔다.

(3) A의 활성화방안

① 무엇이든 계획을 세우고 행동한다.
② 같은 상황에서 타인은 어떻게 할까를 생각한다.
③ 가능성과 결과를 예측하고 전체를 보며 추진한다.
④ 찬반 양쪽을 모두 파악·판단한다.
⑤ 하려는 것을 미리 문장화·구체화 한다.
⑥ 6하원칙인 5W 1H를 활용하여 묻고 생각한다.
⑦ 감정이 격할 때 틈을 두고 천천히 말한다.
⑧ 현실상황, 여건을 감안해 행동한다.
⑨ 요가, 명상, 자율훈련 등 자기조절훈련을 한다.
⑩ 상대방 말의 내용을 확인 후 말을 한다.

(4) FC의 활성화방안

① 생각을 하면 곧 행동에 옮긴다.
② 자질구레한 일에 구애받지 않는다.
③ 낙관적으로 생각하고 행동한다.
④ 자신의 생각을 적극적으로 피력한다.
⑤ 자신의 태도, 감정을 그대로 나타낸다.
⑥ 코미디를 보고 유행하는 농담을 해 본다.
⑦ 등산, 수집, 감상 등 취미활동을 적극적으로 한다.
⑧ 즐거운 공상을 통해 좋은 기분에 빠진다.
⑨ 사물에 대해 강한 호기심을 갖는다.
⑩ 최선을 다할 수 있는 일을 찾는다.

(5) AC의 활성화방안

① 내심 불만이라도 즉각 표현하지 않는다.
② 집단이나 타인이 정한 사항에 따른다.
③ 상대가 어떻게 느끼는지 확인한다.
④ 주위를 생각하고 상대의 안색을 살핀다.
⑤ 부정, 거부하는 말을 한 번 더 생각한다.
⑥ 상대 이야기를 잘 듣고 맞장구 쳐 준다.

⑦ 스스로 겸손하고 상대를 추켜세운다.
⑧ 세부적인 일까지 신경을 쓰고 배려한다.
⑨ 자신의 기분·감정을 조절·억제한다.
⑩ 평지풍파나 분란을 일으키는 일을 주도하지 않는다.

제 3 절 커뮤니케이션 유형분석

1 대화분석

1) 대화분석의 정의

모든 사람은 타인과의 교류를 통하여 사회생활을 영위한다. 교류는 자극과 반응의 연속이므로 이 자극반응에 따라 잘 이루어지기도 하고 그렇지 못하기도 하다. 교류분석에서는 어떤 사람의 한 가지 자아상태에서 보내는 자극에 그 자극을 받은 사람의 한 가지 자아상태에서 반응이 되돌아오는 것을 대화라고 한다.

따라서 대화분석이란 어떻게 상호작용 하는가, 즉 자극과 반응관계를 간결한 모양으로 분석하여 명확히 하는 것이다. 다시 말해 구조분석이나 기능분석에 의해 명확해진 자아상태의 이해를 근거로 해서 일상생활에서 주고받는 말이나 행동, 태도 등을 분석하는 것이다.

언어에 의한 메시지가 상대편에게 완전히 이해되는 데에는 상대편의 말 뿐만 아니라 비언어적인 것도 중요한 역할을 한다. 대화분석은 이러한 주고 받음을 파악하고 이를 분석함으로써 상대방과의 인간관계에 어떠한 장애가 있는지, 그리고 어떻게 하면 그 장애를 제거할지 교류상의 문제점을 발견하고, 자극이나 반응을 변경하여 좋은 인간관계를 형성할 수 있도록 한다.

대화를 분석하려면 대화교류를 분류하는데, ① 목적을 달성할 수 있는 '상호교환적(complementary) 대화', ② 목적달성이 되지 않고, 대화가 중단되는 '상호교차적(crossed) 대화', ③ 말 이외의 다른 의도가 숨겨져 있는 '비노출적(ulterior) 대화'의 세 가지 종류가 있다.[6)]

2) 대화교류의 종류

(1) 상호교환적 대화

상호교환적 대화(complementary transaction)는 자극과 반응이 상호평행선을 이루며 상호보완적 대화라고도 한다. 즉, 특정한 자아상태에서 송신한 메시지가 상대방의 특정한 자아상태로부터 예측했던 응답을 얻을 때 일어나는 대화의 교류를 말한다.

두 사람의 자아상태 중 두 개의 자아상태가 상호관여하는 교류로 발신과 응답방향이 평행하고 있다. 말하고 싶다고 생각한 것이 상대에게 전달되고, 상대에게서 듣고 싶은 말을 듣게 되므로 상호지지적 대화는 계속되어 목적이 달성된다. 따라서 이를 개방적인 교류라고도 하는데, 수신자가 적절한 상태에 의해 송신자를 받아들이는 한편, 피드백 또한 기대하는 응답을 보냄으로써 송신자가 기대하는 응답을 받을 수 있음을 말한다.

〈도표 12-10〉의 예에서처럼 상호간에 바람직한 자아상태를 가지고 원활한 인간관계를 가짐을 알 수 있다. 상대방이 어버이의 자아상태에서 질문을 하였을 경우 어버이로서 대답을 하였고, 아이의 자아상태를 가지고 자기와 같은 상태의 응답을 원할 경우 아이로서 응답을 하는 경우이다. 대화의 교류가 이처럼 평행(parallel)으로 이루어질 때 건설적이고 상호유익한 인간관계가 형성된다. 여기서 대화의 교류는 평행선만 이루면 자아상태에 관계없이 대화의 교류는 보완적이고 무한히 계속되어 상호교환적 대화가 완성되지만, 일반적으로 가장 효과적인 대화교류는 어른과 어른(Adult-to-Adult base)의 방식이다.

해리스(T. A. Harris)에 의하면 어른과 어른의 대화의 교류를 위한 지침을 다음과 같이 제시하였다.

첫째, 자기내면의 어린이를 인정하고 그의 취약점, 두려움 및 이 감정들의 주된 표현방법을 연구하라.

둘째, 자기내면의 어버이를 인정하고 그의 충고, 명령, 고정화된 가치관 및 이 감정들의 주된 표현방법을 연구하라.

셋째, 상대방에게 있는 어린이의 자아에 민감하고 그 어린이와 이야기하고 감싸며 보호하라.

넷째, 어른의 자아상태에게 객관적인 제반자료를 처리하고 현실에서부터 어버이와 어린이를 가려내도록 시간을 주기 위하여 필요하다면 열까지 숫자를 헤아려라.

〈도표 12-10〉 상호교환적 대화의 예

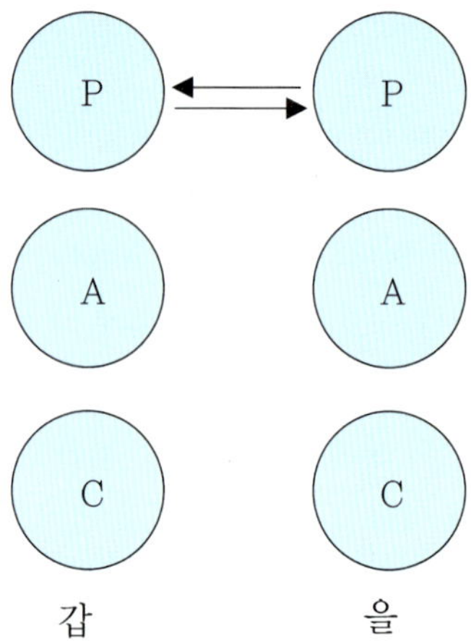

갑 : 요즘 친구들은 너무 의욕이 없어
을 : 맞아, 우린 안 그랬는데

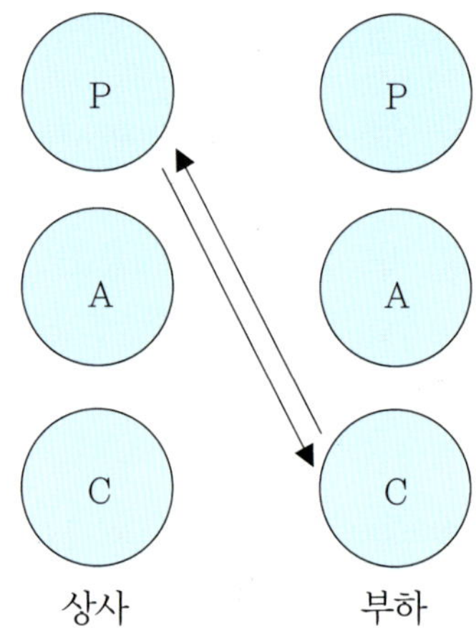

상사 : ○○씨, 요즘 일 하는 게 왜 그래?
부하 : 죄송합니다. 능력부족입니다

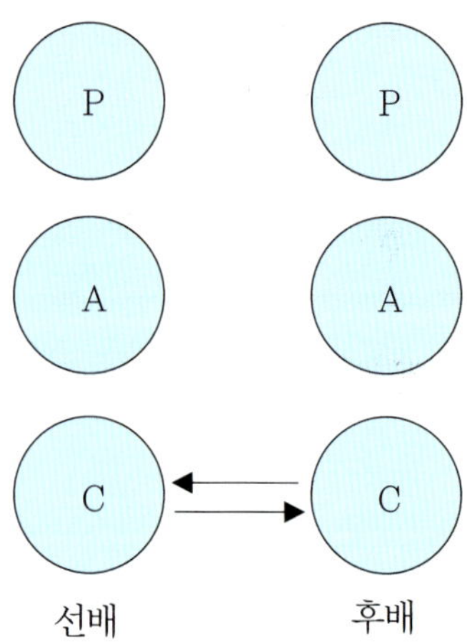

선배 : 오늘 한 잔 할까?
부하 : 좋죠. 제가 좋은 곳을 알고 있습니다

(2) 상호교차적 대화

상호교차적 대화(crossed transaction)는 자극과 반응이 교차하기 때문에 평행선을 이루지 못한다. 이는 자극에 예기하지 않았던 반응이 발생할 때 일어난다. 이것은 두 사람의 자아상태 중 셋 또는 넷이 관여하는 것으로 발신자가 기대한 교류가 저지됨으로써 교류는 단절되고 기대에 어긋나는 회답이 되돌아오기 때문에 목적은 달성되지 않은 상태로 끊기는데, 별도목적에 새로 바꿀 수 있게 된다. 상호교차적 대화의 교류는 상호교환적 대화의 교류와는 달리 반응이 자극에 대응하지 않고 기대에 어긋날 뿐만 아니라 송신자 대화의 의도까지도 다른 자아상태에서 나온 것으로 받아들여 반응이 나오기도 하여 송신자는 수신자가 메시지를 오해한 것으로 생각하거나, 때때로 심각한 불쾌감이 남게 된다.

〈도표 12-11〉의 예는 정보를 구하는 어른의 자극에 대하여 정보를 제공하는 어른의

〈도표 12-11〉 상호교차적 대화의 예

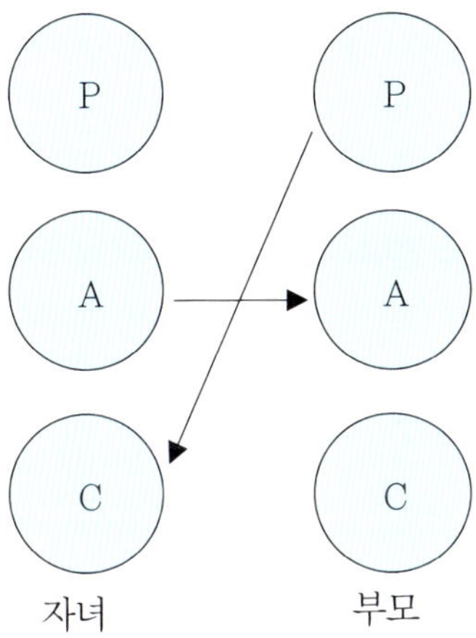

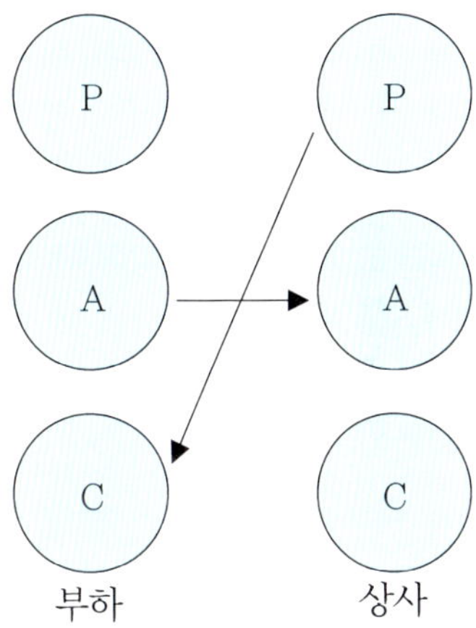

자녀 : 여행 다녀오겠습니다
부모 : 안돼, 내가 하라는 대로 해

부하 : 이 계획 좀 더 검토해야겠습니다
상사 : ㅇㅇ씨는 핑계가 많아. 그대로 해

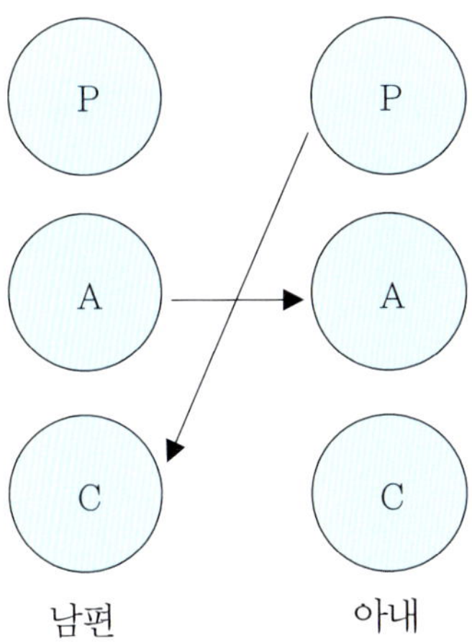

남편 : 여보, 내 와이셔츠 어디 있어요?
아내 : 당신이 어디다 두고 그래요!

상태로 대화의 교류가 이루어지지 못하고 어버이의 입장에서 상대방을 질책하는 경우이다. 자극과 반응이 어버이–어른–어린이 대화교류의 도식에서 교차될 때 커뮤니케이션은 중단된다. 〈도표 12–11〉의 마지막 예에서 아내가 "어디에 있어요'로 받는다면 상호교환적 대화가 될 수도 있으며, 아내의 자아상태가 어린이의 상태라면 "왜 당신은 나에게 큰소리만 쳐요" 하는 형태의 다른 상호교차적 대화로 발전될 수도 있다.

(3) 비노출적 대화

비노출적 대화(ulterior transaction)란 밖으로 표현되는 언행과 달리 마음속에 숨겨 놓은 의도를 가지고 교류를 하는 것을 말한다. 비노출적 대화는 항상 두 가지 이상의 자아상태를 포함하고 있다는 점에서 상호교환적 대화나 상호교차적 대화와 상이하다. 메시지를 전달할 때, 어휘의 표면적인 의미로 전해지는 분명한 내용이 있지만, 또 다른 한편으로는 은폐된 다른 의미가 있는 경우로 실제 전달하고자 하는 메시지는 은폐된 채 대화가 교류된다. 이 은폐된 의도는 때로는 그 의도를 알고 대처하는 경우도 있고, 그렇지 못할 경우도 있다. 또는 사건의 진상 등은 이면에 숨겨 있고 표면적으로는 그것과 다른 형태의 대화교류가 이루어진다. 이와 같이 표면의 메시지와 이면의 메시지가 다른 교류를 비노출적 대화라고 한다.

비노출적 대화의 교류에는, ① 세 가지 자아상태가 관여하는 '예각 비노출적 대화교류'와, ② 네 가지 자아상태가 관여하는 '이중비노출적 대화교류'가 있다.

〈도표 12–12〉의 예에서처럼 상호보완적인 비노출적 대화의 교류도 있지만, 대부분의 비노출적 대화는 비판적 · 파괴적[7]으로 바람직하지 못하여 비 생산적이고 불유쾌한 감정이 남게 된다. 즉, 비노출적 대화의 교류는 시간을 낭비하고 인간관계를 단절시키는 원인이 되므로 바람직한 인간관계의 유지와 원활한 커뮤니케이션을 위해서는 메시지의 숨은 의미와 의도를 파악하는 데 노력을 하여야 한다.

〈도표 12-12〉 비노출적 대화의 예

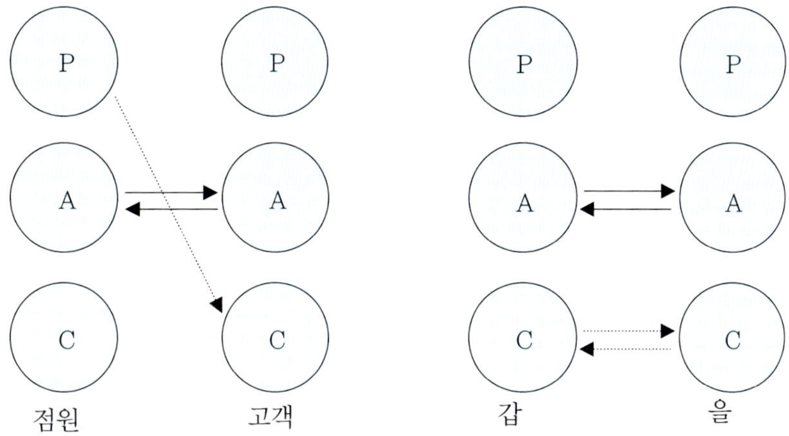

자녀 : 세일은 오늘뿐입니다(지금 사지 않으면 손해입니다. 빨리 구매하세요)
고객 : 그것을 주십시오

갑 : 밖에서 의논할까(커피 마시러 가자)
을 : 그렇게 하자(좋아! 마시자)

2 대화의 개선

"사회생활은 교류로 이루어져 있다." 즉 대화의 교류란 자극과 반응의 연쇄 작용이므로 상대하는 사람 중 일방이 '자극의 방법'이나 '반응의 방법'을 다르게 함으로써 대인관계를 개선할 수 있다.

에고그램을 통하여 자아상태의 편중을 알았다면 필요에 따라 의식적으로 바꾸도록 노력하여 대인관계를 개선시켜야 한다. 하지만 자기 이외의 타인이 변하기를 기대하는 것은 불가능한 일이며, 상대를 바꾸라고 강요할 수 없는 일이다. 따라서 대화개선의 주체는 자기자신이며 이를 통하며 타인의 개선을 유도할 수 있고, 궁극적으로 자기와 타인의 관계개선을 이끌어 낼 수 있다.

1) CP → AC의 관계개선

통제적 어버이(CP)는 일반적으로 상대를 순응하는 어린이(AC)의 자아상태를 나타나게 한다. 다시 마하면, 상대에게 다른 의견을 제시하거나 생각한 바를 말할 수 없게 만들고, 감정을 감추고 마음에도 없는 감정에 의해 행동하는 자아상태가 되어 버리게 한다. 이러한 자아상태는 상대방의 본심을 분간할 수 없고 상황을 벗어나려고 지나쳐 가는 말로 넘겨 버리기 쉽다.

따라서 CP를 많이 사용하는 사람은 CP를 상대방의 AC를 향하지 않고 A를 향하여 대화를 시도해 보는 것이 좋으며, 그 방법으로는

① 내용은 같으나 대화방법을 조금 완화할 것

② 말 끝에 상대방의 의견을 구하여 어른(A)을 향한 대화를 시도하는 것이 좋다.

어른 대 어른(adult-to-adult)의 대화를 통하여 성숙한 대인관계가 유지되고 신뢰관계가 구축될 수 있다.

2) NP → FC의 관계개선

보호적 어버이(NP)가 강한 사람의 경우는 상대를 자유로운 어린이(FC)의 자아상태로 나타나게 한다. "무엇이라도 다 해 준다"는 과잉적인 NP행동은 과보호로 인해 상대의 '주체성'과 '자율성'을 저해하게 된다. 따라서 필요 이상의 NP적 행동을 줄임으로써 상대방의 '자율성'과 '독립성'을 키우고 궁극적으로 스스로의 방법을 찾는 어른 대 어른(adult-to-adult)의 대화를 유도할 수 있다.

제 4 절 스트로크와 인생게임

1 스트로크의 정의

스트로크(Stroke)라는 말은 단지 애무라는 의미뿐 아니라 신체에 직접 접촉하는 터치 스트로크(Touch Stroke, 스킨십)부터 눈짓한다, 말을 건다, 승인한다는 등 정신적인 스트로크까지 매우 넓은 뜻을 가지고 있는 말로서 타인의 존재를 인정하기 위한 작용이나 행위를 말하며, 한 마디로 존재인지라는 것이다.

유아기 스트로크에 대한 욕구는 성장함에 따라서는 찬사나 승인 등 정신적인 스트로크로의 욕구로 이행하기는 하나 크고작은 차이는 있어도 이것은 모두가 자기존재를 인

정해 달라는 욕구로서 인간에게 꼭 필요한 것이다.

이와 같이 사람은 모두 스트로크를 필요로 하고 있으며, 사람이 산다는 것은 스트로크를 하기 위해서라고까지 할 수 있다.

2 스트로크의 종류

1) 긍정적 스트로크와 부정적 스트로크

애정, 승인, 보수 등 인간에게 쾌적한 것을 긍정적 스트로크라 한다. 친교의 정이 가득 찬 신체의 터치와 애무로부터 대수롭지 않은 배려나 아침에 "안녕하세요"라는 한 마디까지도 여기에 포함되며, 상대방에게 기분좋은 느낌(OK 감정)을 불러일으키는 모든 것이 긍정적 스트로크에 속한다.

그러나 이러한 말, 손짓, 행위 등이 상대방에게 불쾌한 감정(Not-OK)을 불러일으켜 상대방의 마음이나 신체를 손상시켰다면 이는 부정적 스트로크라고 한다.

사람은 긍정적 스트로크를 얻을 수 없으면 부정적 스트로크라도 얻으려 하게 된다. 즉 스트로크 기아상태가 되면 부정적 스트로크라도 얻으려고 하지만, 부정적 스트로크가 쌓이면 일생동안 부정적(Not-OK)인 인생태도가 형성되기도 한다.

2) 조건부 스트로크와 무조건적 스트로크

좋은 일을 했을 경우에만 스트로크가 주어지는 것으로서 공부를 잘 했으니까 상을 준다라든가, 말을 잘 들었을 때 착하다라는 말은 조건부 스트로크에 속하며, 행위에 대한 칭찬은 되지만 인격에 대한 찬사는 되지 않는다.

이에 비해 조건없이 상대방의 인격 그 자체, 존재 그 자체에 대한 승인, 찬사를 하는 경우를 무조건적 스트로크라 한다. 바람직한 스트로크는 조건부가 아닌 무조건의 긍정적 스트로크이며, 그것은 상대방의 인격, 존재 그 자체에 대한 승인이며 찬사라야 한다.

이와 같은 긍정적 스트로크를 받고 자란 사람은 긍정적(OK-ness)인 인생태도를 가지고 있어서 칭찬이나 승인의 말을 들었을 때 긍정적인 수용으로 발전적인 인간관계를 이룰 수 있다.

3) 신체적 스트로크와 정신적 스트로크

접촉에 의한 직접적인 스트로크를 신체적 스트로크라고 한다. 긍정적인 것으로는 어깨를 두들겨 준다거나 악수를 하는 등의 상대가 쾌감을 느끼는 신체접촉을 통한 스트로크가 있고, 부정적인 것으로는 때린다, 들이받는다 등과 같이 상대방에게 불쾌감을 느끼게 하는 신체접촉을 통한 스트로크가 있다.

정신적 스트로크는 말에 의하거나 접촉 이외의 간접적인 행위를 통한 스트로크를 말한다. 예로써, 칭찬한다, 금일봉, 표창을 받는다 등의 긍정적 스트로크와 꾸중한다, 경멸한다, 노려 본다 등의 부정적 스트로크가 있다.

〈도표 12-13〉 스트로크의 종류와 예

스트로크	신체적	정신적	조건적	무조건적
존재인지	직접적인 접촉에 의한 행위	접촉 이외의 간접적인 행위	특정행위나 태도에 대하여	존재자체나 인격에 대하여
긍 정 적 (OK감정)	머리를 쓰다듬는다 손을 잡는다 어깨를 두드린다	칭찬한다 금일봉, 표창, 승진, 승급	심부름 고마워 그 일은 용감했다 참 좋은 일을 했다	너와 함께 있어 행복해 난 네가 좋아
부 정 적 (Not-OK감정)	때린다 꼬집는다 들이받는다	꾸중한다 흘겨본다 얕잡아 본다	공부 안하면 안 돼 태도가 불량스러워, 성의가 없군	이혼합시다, 자네 꼴도 보기싫어, 당장 그만둬

자료 : 교류분석, 스기다 미네야스 저, 김현수 역, 민지사, 2000, p. 122에서 재편집

3 스트로크와 인간행동

사람이 받는 스트로크의 종류와 그 정도에 따라 그 후 사람의 됨됨이가 정해질 수 있다. 즉, 이것은 그 사람의 일생을 좌우하는 각본(script)이 어릴 적 스트로크에 의해 기록된다는 말이며, 인생초기 부모·자식 사이의 접촉을 통해 그 사람의 인생에 대한 기본적인 자세가 완성된다는 말도 된다. 인생에서 승리자로서 살아가는 방법과 패배자로서 생활방법 정도 또한 어떠한 스트로크가 어느 정도로 주어지느냐에 따라 좌우하게 된다.

우리는 대부분 스트로크를 받거나 때로는 회피하면서 일상의 시간을 보낸다. 이와 같이 사람은 일상의 번잡한 스트로크의 교환에 지쳐 때로는 스트로크를 피해 타인과의 접촉하지 않는 시간을 만들게도 된다. 그런가 하면 스트로크의 교환이 부족하면 심심하거

나, 절박하거나, 때로는 고통스럽기까지 하여 마치 배가 고파 견딜 수 없게 되는 것과 마찬가지로 스트로크 기아에 빠져 버린다. 그것은 타인 특히 부모나 상사로부터 무시당할 때는 그 경향이 조장되어 무리해서 스트로크를 받는 수단으로서 장난을 하거나 실패를 하거나 나쁜 짓을 하는 일도 있다. 이것이 거듭되면 게임이 된다.

제 5 절 인간관계의 개선

1 스트로크의 개선

1) 노-스트로크

어떤 사물이나 대상, 사건 및 현상을 인식하지 않는 경우를 포함해서, 스트로크가 없는 경우를 노-스트로크라 한다. 노-스트로크(No-stroke)는 자기의 존재를 무시당한 것 같은 느낌을 주어 누적되면 관계를 악화시킨다.

2) 무 시

무시는 노-스트로크의 일종으로, 상대를 인식하고 있으면서도 스트로크를 보내지 않는 경우를 말한다. 또는 "안녕하세요!"라고, 이쪽이 말했는데, 상대방의 반응이 없는 경우도 무시에 해당한다.

3) 스트로크의 질과 양

스트로크는 같은 양과 질(정중함 부족)을 교환하여야 건전한 인간관계를 유지할 수 있다. 즉, 오랜만에 본 동료에게 "안녕, 어떻게 지냈어요"라고 인사를 건넨 경우, 상대방은 성의 없는 태도로 "안녕"이라고 지나쳐 버렸을 겨우 불쾌하다고 느끼는 것은 스트로크의 양(2문장과 1문장의 차이)과 질(성의 없는 태도)의 차이 때문이다.

이는 상대방의 양과 질이 모두 낮은 스트로크 반응으로 NP의 자아상태가 A의 자아상태의 개입 없이 CP로 이동되었기 때문이다.

따라서 스트로크 반응은 같은 양과 같은 질의 것을 타이밍을 잘 맞추어 보내야 한다. 보낸 스트로크와 되돌아온 스트로크가 같지 않으면 건전한 인간관계를 유지할 수 없다.

4) 셀프-스트로크(self-stroke)

인간은 긍정적인 스트로크를 받을 수 없게 되면 부정적 스트로크라도 받으려고 한다.

에릭 번의 욕구이론에서 여섯 가지의 욕구는 어느 것 하나라도 없어서는 안되며 만약 어느 것 하나라도 결핍이 생기면 인간은 정신적인 공황상태에 놓이게 된다. 스트로크의 박탈이야말로 인간에게 가장 큰 고통이라고 볼 수 있다.

스트로크는 금일봉, 훈장, 표창장 등 약간의 금전이 필요한 경우도 있지만 부모, 상사, 동료에게 인정을 받거나 칭찬을 받는 것처럼, 비용이 들지 않는 경우가 대부분이나 실제로는 스트로크에 대해 매우 인색한 경우가 많다.

스트로크의 양과 질, 그리고 타이밍이 적절한 스트로크가 나오지 않는다면 스트로크에 대해 디스카운트로서 받아들여지게 된다. 스트로크가 없거나, 디스카운트된 스트로크로 인하여 노-스트로크로 느껴지게 되면 상대방은 셀프 스트로킹(self-stroking)으로 하며, 스스로 긍정적 감정(OK감정)을 수집하고, 그 감정을 축적하여 간다.

이러한 감정의 축적은 어떤 기회가 주어지면 감정의 홍수상태로 폭발하게 되며 이것이 반복되면 심리게임이 된다.

5) 타이밍

스크로크는 양과 질도 중요하지만 타이밍(timing) 또한 매우 중요하다. 적시를 놓친 스트로크의 교환은 스트로크 부족을 초래한다.

스트로크의 타이밍은 상대에 대한 관심과 배려의 표시가 될 수 있다. 듣기에서 적극적 경청은 스트로크 교환의 타이밍에 대한 좋은 사례가 된다.

6) 남의 이야기의 적극적 경청

스트로크가 결핍인 사람은 흔히 잘 떠드는 경향이 있으며, 떠들고 싶은 사람의 이야기를 잘 들어 주는 것(적극적 경청)도 스트로크를 주고 있는 것이 된다.

2 스탬프 수집과 인간관계 개선

1) 골드 스탬프와 그레이 스탬프

스트로크 교환으로 인해 좋은 감정이나 나쁜 감정을 마음속에 축적하는 것을 스탬프 수집(stamp collection)이라고 한다. 사람의 대화의 배후에는 스트로크의 교환이 이루어지고, 그 결과가 좋으면 골드 스탬프(gold stamp)를, 나쁘면 그레이 스탬프(gray stamp)를 수집하게 된다. 스트로크를 받은 편에서는 자기의 마음속에 그 스탬프를 축적하게 되며 자아상태 C에 의해 이뤄지는 감정스탬프 수집은 어느 정도 축적되면 사소한 감정의 동요를 가져오게 되어 감정의 폭발을 가져오게 된다.

이는 평소 부정적(Not OK) 감정이 상당히 축적된 결과로서 폭발형태로 표출되며 감정폭발로 감정청산이 될 수 있다. 스탬프 교환의 예로서 언제나 얌전하던 아이가 어느 날 갑자기 부모에게 반항하는 것도 오랫동안 부모의 지나친 과보호(NP)나 이렇게 해라 그러면 안돼! 하는 지나친 규제(CP)로 인해 조금씩 축적된 부정적(Not-OK) 감정이 일시에 폭발한 것으로 볼 수 있다. 사소한 일까지 다 챙겨 주는 어머니와 자기 생각대로 살기를 강요하는 아버지의 틈바구니에서 자녀들은 자율성 박탈로 인해 그레이 스탬프가 충만해지고, 충만된 스탬프는 사소한 계기만 마련되면 언제라도 폭발할 수 있다.

2) 그레이 스탬프의 청산

불쾌감을 의미하는 그레이 스탬프의 축적은 타인으로부터 부정적 스트로크를 받은 결과 모이는 것과, 자기자신이 모으는 경우가 있다. 타인으로부터라고 해도, 어떤 사람으로부터 한 번만 부정적인 스트로크를 받는 것과 같은 사람으로부터 반복하여 몇 번이나, 또는 몇 개월, 아니 몇 년에 걸쳐 받는 것, 여러 사람으로부터 받는 것 등, 여러 가지 방법이 있다. 부정적인 감정이 쌓이면 청산을 하여야 하는데 그레이 스탬프의 축적 정도에 따라 청산이 대(大), 소(小)로 나타나게 된다.

그레이 스탬프는 시간이 경과함에 따라 그 부정적 감정의 정도가 심해져(생각할수록 불쾌한 감정)축적의 정도가 많아질 수 있으며 이것을 청산하지 않으면 정상적으로 일을 할 수 없게 된다.

그레이 스탬프의 해소는 방법에 따라 문제를 야기할 수 있는데, 불건전(다툼, 위압적인 태도)하거나 부도덕(폭력, 자살)한 청산방법이 그러한 예가 된다.

부정적 감정을 많이 축적하는 표현은 그 정도에 문제를 일으킬 수 있으므로 부정적 감정은 오래 축적하지 않고 그때그때 올바르게 표현하는 것이 현명한 방법이다.

3) 인간관계 개선에의 적용

스탬프의 수집은 받은 스트로크의 종류와 양, 질에 따라 여러 가지 감정을 모으게 되며, 스탬프의 축적은 감정의 표현으로 나타난다. 여기서 감정은 스스로의 문제이므로 타인으로부터 유발되었다는 태도를 지양하여야 한다.

교류분석을 하는 목적의 하나는 커뮤니케이션하는 경우 주체성을 갖게 하는 것이다. 자기의 감정은 자신의 책임이고 타인의 감정을 책임질 수는 없다는 것을 분명히 인식하고 자기감정을 스스로 통제할 수 있어야 하겠다.

3 디스카운트감소를 통한 인간관계 개선

1) 디스카운트의 이해

디스카운트(discount)란 할인을 의미하지만 교류분석에서는 자기자신이나 타인과 관련된 상황이나 현실 등의 어떤 표상을 무시하거나 경시하는 마음으로 인해 나타나는 구체적인 행동양식이라고 정의하고 있다.

부정적 스트로크는 상대에게 아픔을 주고 감정을 상하게 하기는 하지만 기본적으로는 상대의 존재 자체는 인정하는 데 반해, 디스카운트는 자신이나 상대의 존재와 그 가치에 진실한 관심이 결여된 것이다. 이렇게 상대의 존재를 무시하거나 경시하는 독선적인 행동은 때로는 의식적인 것도 있지만 많은 경우 무의식적으로 이루어지며, 사람에 따라서는 이 같은 행동이 습관이 되어 대인관계가 원할하지 못한 경우도 발생한다.

긍정적 스트로크는 좋은 대인관계를 위해 필요한 반면, 디스카운트는 자기자신이나 상대뿐만 아니라 대인관계 자체를 망치게 하며 이로 인해 여러 가지 문제를 야기한다. 디스카운트는 자기자신을 손상시킬 뿐만 아니라 상대나 대인관계 전체를 손상시킨다.

분열증환자를 주로 연구해 온 시프에 의하면 디스카운트가 심해지면 병적인 상태까지 진행이 되는데, 대개 수동적 행동으로 나타난다고 한다.

2) 문제해결과 디스카운트

디스카운트는 자기자신, 타인, 현실상황 등 세 가지 영역에서 일어나며 각각의 영역에서 다음과 같이 4단계의 양상을 보인다.

(1) 문제존재의 경시

이는 머리가 아픈데 "대단치는 않다"라든가, "손님이 화내고 있어요"라고 하는데도, "뭐 괜찮아"라고 하는 등의 경우로 인간관계에 커다란 악영향을 초래한다.

(2) 문제의 존재는 인정하나 문제가 가지고 있는 의미를 경시

상처받거나, 모욕하는 이유를 가볍게 보는 등의 경우가 이에 속한다. 이 경우는 나중에 보다 큰 문제로 신상에 재난이 덮칠 수가 있다. 지진발생의 근거를 가볍게 본다든가, 동일한 재해를 두 번 당하는 등 어느 것이나 다 이런 것과 관계가 있다.

(3) 문제의 해결가능성의 경시

저 사람은 어차피 일을 할 수 없다. 또 시험 따위 치러도 안돼라든가, 이야기를 해도 안돼 등이 이에 속한다. 시도해 보기도 전에 부정해버리는 경우가 이에 해당한다.

(4) 문제해결을 위한 자신이나 상대의 능력을 경시

나는 원래 소극적인 성격이라서라든가, 그도 이제 나이가 차서 어쩔 수 없다는 등, 변화할 가능성을 사전에 디스카운트 해 버리는 경우가 있다.

디스카운팅이 인간관계를 해치고, '인생게임'으로 연결하는 교량역할이 된다는 것을 생각하면 '나도 OK, 당신도 OK'의 긍정적 인생태도를 만들어 가기 위하여 디스카운트를 이해하고 줄이는 노력을 해야 할 것이다. 디스카운트의 기능을 이해하고, 디스카운트로부터 자기변혁을 기하여야 한다.

그렇게 하지 않으면, 디스카운팅의 교환은 게임으로 발전하여 비극으로 끝나게 될지도 모른다. 디스카운트를 이해하고, 대인관계를 원활하게 하려면 이러한 과소평가놀이를 그만두어야 한다.

참고문헌

1) L. L. Steinmetz, *Human Relation : People and Work*, Harper & Row, 1979, p. 129.
2) E. Berne, *Games people play*, Grove Press, 1961, p. 24.
3) 양춘희 외, 문화와 커뮤니케이션, 북코리아, 2009.
4) p. Hersey, K. H. *Blanchard, Management of Organizational Behavior*, 6th ed., Prentice-Hall, 1993, p. 78.
5) 전게서, p. 83.
6) F. Luthans, op. cit., pp. 379-390.
7) F. Luthans, op. cit., 1992, p. 381.

13

감수성 훈련

학습목표

1. 감수성훈련의 내용을 이해한다.
2. 자신과 타인의 감정을 파악할 수 있다.
3. 바람직한 인간관계 개선과 행동의 변화를 할 수 있다.

13 감수성 훈련

생각열기 선가의 그림-십우도(十牛圖, 尋牛圖) -깨달음의 길

1단계 : 심우-소를 찾아 나선다(마음을 찾아 나선다)

내 마음, 나 자신 또는 어떤 목표를 잃어버렸다는 것을 아는 것, 즉 우리가 자신을 잃어가고 있다는 것을 인식해야 한다. 우리는 무엇인가에 시달리고 있다. 자기의 본성을 잊고 수많은 유혹 속에서 나의발자취를 잃어버린 것이다.

2단계 : 견적-소의 발자욱을 본다(마음의 발자욱을 본다)

향기로운 풀밭에도, 마을에서 먼 깊은 산 속에도 나의 마음이 있다. 마치 하나의 쇠붙이에서 여러 가지 기구가 나오듯이 수많은 존재가 내 자신의 내부로부터 만들어짐을 배워야 한다는 의미이다.

3단계 : 견우-소를 본다(마음을 본다)

우리의 감각작용에 몰입하면 마음의 움직임을 뚜렷이 느낄 수 있으며 우리는 마음의 귀퉁이를 보게 되는 것이다.

4단계 : 득우-소를 잡고서 고삐를 쥔다(마음을 잡아서 고삐를 쥔다)

우리가 마음을 발견하긴 했지만 아직도 마음은 갈 길을 잡지 못하고 헤매고 있다.

5단계 : 목우-소를 길들인다(마음을 길들인다)

이제 우리는 마음을 잡은 것이다. 하지만 아직도 오랜 동안의 습관으로 제멋대로인 마음을 고행과 끊임없는 수행을 통해 길들여 나간다는 뜻에서 소를 기른다는 의미로 목우라고 이름을 붙인 것이다. 그러지 않으면 언제 또 이 소가 어떤 진흙탕, 어떤 삼독과 유혹에 빠질지도 모른다.

6단계 : 기우귀가-소를 타고 집에 돌아온다(마음을 잡고 집에 돌아온다)

천신만고 끝에 소를 잡아서 채찍과 고삐를 달고, 드디어 그 소를 타고 느릿느릿 집으로 돌아오고 있는 것이다. 이제 모든 투쟁은 끝났다.

얻은 것도 잃은 것도 없다. 아니 본래 그러한 것들이 없었던 것이다.

7단계 : 망우재인-소는 없고 동자승만 남았다(마음은 없고 동자승만 남았다)

모든 것은 둘이 아니라 하나이다. '기쁨'이란 사건이나 상황의 변화에서 오는 갑작스러운 즐거움이 아니라 일거수일투족에 스며드는 샘물처럼 솟아오르는 한결같고 지속적인 것이다.

8단계 : 인우구망-소도 없고 동자승도 없다(마음도 없고 동자승도 없다)

우리는 더 이상 깨달음 같은 것은 찾지 않는다. 또한 나에게 깨닫지 못한 어떤 것도 남아 있지 않다. 나는 어떠한 상태에도 머물지 않아 눈으로는 나를 볼 수 없다.

9단계 : 반본환원-본래의 나로 돌아온다.

참된 집에 살게 되어 그 무엇도 꺼릴 것이 없는 소중한 나를 찾았다.

10단계 : 입전수수-세상에 나아가 중생을 제도한다

내가 바라보는 모든 사람들이 깨닫게 된다. 도를 세상에 돌리니, 남과 내가 하나가 된다.

감정의 문제는 직면하지 않고는 해결될 수 없다는 것의 깨달음을 얻는다.

자료 : 감수성 훈련의 실제, 한알출판사, 2004, pp. 499~510에서 재편집

제 1 절 감수성의 개요

1 감수성훈련의 의미

MIT집단연구소의 사회심리학자인 Kurt Lewin에 의해 1946년 개발된 것으로 인종 편견을 없애기 위한 훈련으로 시작되어, 리더십 훈련에서도 중시되었으며, 현재는 상담원 훈련, 종교훈련, 기업체에서 태도 변화를 위한 산업훈련, 그 외 인간관계 향상을 위한 각종 훈련에 사용되고 있다. 처음에 강의식 기법, 사회적 기술 양성 기법, T(training)-집단 기법 등을 사용하였던 감수성 훈련은 점차 T-집단(T-group)이라는 이름으로 널 리 사용되었다. 여기서 'T'는 인간관계 내에서의 훈련(training in human relation)을 의미하며, 1960년대 중에서 Carl Rogers가 만들어낸 참만남 집단(encounter group)의 이름으로 사용되어 왔다.[1)]

감수성훈련은 소집단 모임의 상호작용을 통하여 인간관계에 대한 이해와 기술을 향상시키고자 하는 사회성 훈련기법이다. 감수성 훈련의 기본적인 의도는 훈련 참가자들이 자신들의 감정과 그 감정이 상대방에 미치는 영향, 그리고 집단 상호작용 과정의 역학을 보다 잘 이해하게 만들어 결국 인간관계를 향상시키고자 하는 것이다.

로빈스(Robbins, 1994)는 "감수성훈련은 비조직적 소집단을 활용하여 행동의 개선을 유도하는 대인관계 증진기법으로 실험실 훈련, T-집단이다."라고 정의하고 있다. 감수성훈련이란 나와 타인 그리고 상호관계에서 나타나는 감정과 마음의 흐름을 예민하게 감지하고 적절히 반응함으로써 자기 자신의 내면세계에 대한 보다 정확한 인식과 조화를 기하고 마음과 감정의 교류를 체험적으로 학습하는 일종의 '정서교육'이라고 할 수 있다. 즉, 상호작용을 강화하고 체험을 통해 자신과 타인을 깨닫게 하는 만남의 훈련이요 대화의 훈련이다.[2)]

2 감수성 훈련의 목표

감수성 훈련 활동은 자기의 발견과 타인의 이해를 기본으로 바람직한 인간관계 개선과 행동의 변화를 그 목표로 하고 있다. 즉 자신의 생각, 느낌, 관점, 행동 등의 특징에 대해 눈뜨게 하고, 다른 사람들이 모든 점에서 자기와 같지 않은 독자적 존재임을 알게 하며 자기와 타인과의 관계, 의사소통의 현상, 집단의 형성과 발전 등에 관심을 갖게 한다.

3 감수성 훈련의 특징

이 훈련의 특징은 지도자가 지식적인 전수, 설명, 교훈 등으로 집단 구성원을 교육하지 않으며, 지식보다는 생각을, 생각보다는 느낌을 소중하게 다루고 표현하도록 장려한다. 또한 과거보다는 이 순간을, 저기보다는 바로 여기에 모든 초점과 주의를 기울이고, 집단 구성원 상호간의 반응에 대해 판단과 평가적 발언을 자제하고 존중과 공감 수용의 자세를 유지시켜 나간다. 이렇게 하여 감수성 훈련에 참가한 집단 구성원들은 처음에 다소 어색함과 주저함을 보이다가 조금씩 집단 지도자를 따라 개방을 시도하고 반응을 드러내는 용기를 보인다. 이들은 안전감과 자유감이 증대됨에 따라 심리적 방어로부터 해빙으로, 다시 바람직한 정서의 재수립 과정으로 이어지는 하나의 단기적 집단 체험과정을 거치게 된다. 그러므로 이런 제대로 된 감수성훈련 과정을 위해서는 고도의 물리적 환경과 시간이 절대적으로 필요하며 집단 구성원들의 심리 내적인 요구와 집단 지도자의 전문자적 지도력이 잘 발휘되어 조화롭게 상호작용 할 수 있는 분위기가 조성되어야 한다.

감수성 훈련은 다른 훈련들과 어떤 차이를 보이며 어떤 특징을 가지고 있는지를 정리해 보면 다음과 같다.[3)]

1) 감수성훈련은 '실험실 학습'이다.

감수성훈련은 가상의 실험실을 만드는 것으로부터 시작한다. 현실과는 다른 조건의 실험실을 만들어 놓고, 체험을 통해서 그 동안 살아가면서 구축해 놓은 자신의 삶의 경험을 통하여 구축해 놓은 사고의 체계, 정서의 체계, 행동의 체계 등을 다시 한 번 다른 관점에서 바라보는 것을 시도한다. 우리가 살아가는 현실과는 다른 조건의 실험실을 만들기 위해서는 훈련에 임하는 사람들이 지켜야 할 약속들이 필요하다. 다음은 감수성훈련을 하면서 필요한 대표적인 약속들이다.

(1) 지금-여기에 초전을 맞추자.

훈련에 참여한 사람들은 각자 다른 인생을 살아온 사람들이다. 따라서 각기 다른 경험들을 늘어 놓는 다면 전체가 공감하는 경험을 할 수 없을 것이다. 훈련에 참여한 사람들이 모두 공통적으로 가질 수 있는 공통된 주제는 지금=여기서의 이야기일 수밖에 없다. 특정한 사람들의 만남이 아니라 집단 안에서 감수성을 개발하고 '나'와 '너'가 집단 안에서 진지한 만남이 목적인 이상, 지금-여기서의 이야기를 통하여 만나자는 것이 기본적인 약속이다.

(2) 생각보다는 감정을 주고받자.

태도의 구성요소[4]는 인지적 요소, 감정적 요소, 행동적 요소로 구성된다. 인지적 요소는 인간의 생각으로 각자가 직.간접적인 체험을 통하여 축적해 놓은 정보데이터를 조합하여 만들어지는 것이다. 감정적 요소는 인간이 가지고 있는 정서로 그 사람이 어려서부터 직접 체험을 통하여 축적된 것으로 단순히 몇 개의 정보를 조합하여 만들어 지는 것이 아니라 그 사람의 삶의 경험이 반영되어 나타나는 것이다. 초기 아동기 시절에 의미 있는 타인과의 관계로부터 만들기 시작하여, 어쩌면 무의식의 세계에 자리 잡은 온갖 부적절한 정서들은 그 사람이 살아가는 동안에 끊임없이 영향을 미친다. 그러므로 정서는 그 사람의 행동에 대한 기본적인 에너지를 제공한다고 볼 수 있다. 이때 그 사람의 주되고 큰 정서도 중요하지만 작고 미묘한 감정들도 그 사람이 살아가는데 결코 덜 중요하지 않다. 그러므로 생각을 주고 받는 것보다 서로의 내면 깊은 곳에 존재하는 감정을 주고받는 것이 보다 솔직하게 자신을 개방하는 길이며, 그러한 지금-여기에서의 자신의 느낌에 대한 자각을 더 깊이 이해하는 길이며, 타인에 대한 이해를 깊게하고, 더 나아가 더 깊은 만남을 이룰 수 있는 것이다.

이를 통하여 훈련참가자들은 공동체를 더 효율적으로 형성할 수 있고 팀 활성화를 이룰 수 있다.

(3) 실험실에서는 자신의 감정표현에 솔직 하자.

감수성훈련을 하는 가장 기본적인 목적은 만남이다. 사람들이 진솔하게 만나기 위해서는 우선 자신의 감정표현에 솔직해야 한다. 사람들은 대인관계를 형성함에 있어서 자신의 감정을 솔직하게 표현하는 것은 위험한 일이라고 하는 가설을 가지고 있다. 그러면서도 서로에게 인정받고 싶고, 사랑받고 싶어 하는 욕구 때문에 본질적인 소외감이나 외로움을 느끼는 것이 대부분이다.

실제로 솔직하게 자신의 감정을 표현해 보면서 자신의 내면의 소리에 귀를 기울이고 자신의 감정변화를 민감하게 관찰해 보자는 것이다. 그리고 실제로 솔직한 자신의 감정을 표현하였을 때 과연 그동안 생각했던 위험이 따라오는지를 지켜보자는 것이다.

(4) 집단 안에서는 어떤 표현도 수용하자.

위에서 언급한 활동들(감정주고 받기, 자신의 감정표현에 솔직하기)이 가능하려면 훈련에 참가한 사람들이 먼저 약속하여야 할 것으로 어떤 표현이든지 지금-여기에서의 정서에 대한 표현이면 수용하자는 것이다. 그 표현이 긍정적, 부정적일 수도 있으며 감정이 격해지고 어쩌면 상당히 위험스러울 수도 있지만 이러한 과정들이 당사자나 다른 훈련참가자들에게는 집단 안에서의 개인의 역동으로 이해되어 학습의 소재가 될 것이다. 그렇기 때문에 그러한 상황을 만들지 말아야 된다든지 그러한 행동은 해서는 안된다 든지 하는 제한을 두어서는 안 된다.

(5) 집단 안에서의 이야기에 대해 비밀을 보장 하자.

감수성훈련의 과정은 개인의 과거사에 대한 탐색이 아니다. 그렇지만 각 개인이 지금-현재의 사고, 정서, 행동은 과거의 경험과 그 경험으로부터 파생되어진 사고와 감정에 영향을 받는다. 그러므로 지금-여기를 초점으로 이야기를 하지만, 그 사람을 보다 깊이 이해하기 위해서는 그 사람만의 경험세계를 들여다 볼 필요도 있다. 그 경험은 그 사람이 살면서 다시 기억하기 싫은 것일 수도 있고 그것을 억누르기 위하여 많은 시간을 고통속에서 보내었을 수도 있다. 따라서 이러한 것들을 개방하기 위해서는 비밀이 보장되어야 한다는 암묵적 약속이 있어야 한다.

(6) 자신의 몫을 다하자

감수성훈련은 집단으로 이루어지는 것으로 참가자 한사람만 개방한다거나 표현한다고 역동이 이루어지지 않는다. 즉, 촉진자의 지휘 아래 전체 참가자들이 자기 개방과 자기 노출을 통하여 이루어지는 공동과업이다. 원하는 결과를 얻기 위해서 반드시 필요한 것은 훈련참여자 모두의 적절한 자기개방과 자기 전서의 표현이다. 이러한 것들이 없이는 하나 되는 만남을 이룰 수 없을 뿐만 아니라 각자가 구축하고 살아오고 있는 개인의 신면체계의 해빙도 얻을 수 없다. 그뿐만이 아니라 타인이 바라보는 자신의 관점도 알 수가 없다. 그러므로 집단에 참여할 때에는 실수를 두려워하지 말고 자신의 몫을 다해야 한다. 실수가 두려워서 참여하지 않는 다면 실수를 해서 얻을 수 있는 자신에 대한 깊은 이해, 타인에 대한 이해, 대인관계능력의 향상, 공동체 형성 능력, 팀 활성화 능력 및 그로 인하여 얻을 수 있는 엄청난 지혜를 언지 못하는 실수를 하는 것이다.

그러므로 사회보다는 안전한 분위기의 실험실을 만들어 놓고 거기서 논의되는 모든 이야기에 대해 평소와는 다른 수용적 자세로 들어 보기로 약속하고, 실제로 자신들의 경험들을 통하여 하나의 신념을 내재화시킨 모든 것들을 실험해 보는 것이다. 자신의 순간 순간 느껴지는 감정을 자연스럽게 표출해 보는 것이며, 평소에 해보지 못했던 자기표현이나 자기 개방을 해보며, 매 상황에 대한 타인의 반응을 탐색해 보고 그에 대한 피드백을 해보는 것이다.

2) 감수성훈련은 '체험 학습'이다.

감수성훈련은 체험학습으로 진행된다. 기존의 대인관계 교육방식과 많은 차이를 보이게 되는 데 그 차이는 다음과 같다.

〈도표 13-1〉 기존 대인교육방식과의 차이점

	기존의 대인관계 교육방식	감수성훈련의 교육방식
목표	지식 및 테크닉습득	인간적인 성장
주제	정해진 교재와 주제가 존재함	정해진 교재나 주제가 없음
형태	대집단 중심	소집단 중심
내용	객관적 사실, 과거나 미래의 문제	정서적 영역, 현재의 문제
학습방법	강의식, 주입식, 교사 중심, 수동적	체험학습(느낌), 모든 참가자 중심, 지발적/능동적
효과	행동으로 전이되려면 많은 노력이 필요	실생활에 적용하는 전이능력 향상
분위기	강제적이고 규제적	허용적이고 안전함

사람들은 살아가면서 각자 체험을 한다. 그리고 이러한 체험을 통해 어떠한 일이 일어나는지를 관찰한다. 자기 안에서 일어나는 정서적 반응을 관찰하고, 내면에서 일어나는 인지적 변화를 관찰한다. 그 결과로 나타나는 행동을 관찰하며, 그 행동에 대한 외부의 반응 등을 관찰한다. 이러한 관찰의 결과로 나름대로의 자기만의 가설을 세우고, 그 가설이 맞는지를 실험하게 된다. 이러한 경험의 순환을 통하여 자신이 살아가는데 필요하다고 생각하는 사고(인지), 정서(감정), 행동의 패턴을 만들어 간다. 그러나 이렇게 세운 가설이 모두 사실이 아니라는 것이다. 상황마다 다르고 사람마다 다른데도 불구하고 이렇게 경험을 통하여 축적된 사고는 쉽게 무너지지 않는다.

이라한 것들은 말로 가려져서 변화를 시킬 수 있는 것이 아니라, 기존에 가지고 있던 가설과 다른 체험을 통해 새로운 가설을 세우고 그 가설을 지지하는 경험을 몇 번 반복하여야 수정, 변화시킬 수 있다. 진솔한 체험을 통하여 새로운 경험을 한다면 이전에 세

워놓은 신념체계가 와해되어지는 경험을 할 수 있는데 이것이 바로 '해빙'이다.

강의식 학습은 원인과 결과를 알 수 있고, 자연현상에 대한 이해할 수 있는 지식이 축적되지만 사람마다 다른 반응에 대한 체험학습은 지혜를 축적시켜 준다.

3) 감수성훈련은 '대인관계 능력'을 증진시킨다.

사람은 태어나면서 1차집단인 가정에서부터 대인관계를 경험한다. 인간이 성장에 따라서 가정뿐만 아니라 학교, 이웃, 직장, 사회 등에서 대인관계를 맺으면서 살아간다. 이렇게 대인관계를 맺으면서 살아가는 동안 필요한 대인관계 능력은 여러 가지이다. 우선 가장 중요한 것이 커뮤니케이션 능력이다. 커뮤니케이션은 인간의 생활을 영위하는 모든 것이 필연에 의하여 주어지는 것이 아니라, 학습이라는 커뮤니케이션 방법에 의하여 인간의 행동양식으로 자라왔기에 인간의 심층을 이해하는 도구로서 작용한다.[5] 따라서 커뮤니케이션은 사람을 이해하는 도구이며 사람과 사람 사이를 이어주는 수단이기에 커뮤니케이션 능력이 얼마나 있는가가 그 사람의 대인관계 능력을 측정할 수 있는 도구라고 할 수 있을 것이다. 커뮤니케이션 능력이란 크게 상대방의 말을 듣는 능력 즉, 경청의 능력과 상대방에게 말하는 능력 즉, 자기주장을 하거나, 칭찬을 하거나 지적을 함으로서 자신의 의도와 기분을 표현하는 능력이 필요하며, 필요에 따라서는 그 사람에게 영향을 미쳐서 그 사람을 변화시킬 수 있는 능력으로 나누어 볼 수 있다. 커뮤니케이션 능력은 인간관계를 형성하는 데 중요할 뿐만 아니라 의사결정 능력, 문제해결 능력 등 대인관계에 필요한 많은 능력들이 집단속에서 타인과의 역동속에서 모델링하고 체험하면서 습득되고 증진된다. 뿐만 아니라 훈련을 위한 집단을 구성하고 보면 많은 참여자들은 집단안에서 자신이 먼저 경험했던 가족들과의 대상관계를 반복하고 있는 것을 발견하게 된다. 가족과 비슷한 특성을 가진 참여자들을 통하여 실제의 가족에게 해보지 못했던 언어적, 정서적, 행동적 표현을 해봄으로써 카타르시스를 경험하기도 하고 해빙이 일어나기도 한다. 그 과정을 통하여 정서적 재 체험을 하면서 대인관계의 패턴이나 모습이 달라진다. 주눅 들어 있던 모습에서 보다 적극적인 모습으로, 수동적인 모습에서 보다 적극적인 모습으로 변하기도 하면서 그 사람의 대인관계 능력을 증진시켜주는 계기를 마련해 준다.

4) 감수성훈련은 '시행착오 학습'이다.

감수성 훈련이 시작되면 사람들은 그동안의 경험처럼 훈련을 잘하려고 하고 인정받고 사랑받으려고 노력한다. 그래서 많은 사람들은 실수를 두려워하며, 시도를 하려고 하지 않는다. 그러면서 타인을 관찰하는 것만으로 자신이 변할 수 있다고 생각한다. 문론 관찰을 하는 것도 조금의 효과는 있을지 모른다. 하지만 관찰을 통하여 얻은 것은 지식으로만 남을 뿐 내면화되지 않는다.

삶을 살아가는데 반드시 필요한 커뮤니케이션 기술이라든지 효율적인 의사결정, 문제해결 등은 관찰만으로 내면화되지 않는다. 많은 시행착오 이야말로 이러한 것들을 충분히 내면화 시켜 주는데 도움을 준다. 그러므로 감수성 훈련에서는 이러한 실수나 시행착오를 비판하지 않고 오히려 권장한다.

4 감수성 훈련의 기대효과

감수성 훈련 활동의 일반적인 기대효과는 자기성장 면에서 남의 말을 경청하고 자신의 감정을 있는 그대로 솔직하게 표현하며 타인의 감정을 이해하는 데 민감해 짐으로서 의사소통 능력과 사회적 적응력이 신장된다는 점이다. 또한 무조건적인 존중과 공감 수용의 안전하고 신뢰할 수 있는 집단 풍토 안에서 자신의 긍정성을 발견하게 되고 자신감을 갖게 되어 자기 안에 내재된 잠재적 능력과 자기실현의 가능성을 믿게 된다. 타인 이해의 면에 있어서는 인간이 모두 독자적이고 개성적 존재임을 알게 되고 남을 존중하고 수용하는 자세가 길러지며 바람직한 인간관계와 공동체 의식에 눈뜨게 된다.

감수성 훈련은 다양한 부류의 다양한 성격을 가진 사람들이 직위, 성별, 학별, 지역, 등 차이를 극복하고 수평적인 동등한 인격적 만남을 가질때 훈련의 효과는 증진된다.

제 2 절 감수성훈련의 실제

1 감수성훈련의 활용

T-집단을 중심으로 한 감수성 훈련은 15명 정도의 구성원과 1-2명의 지도자로 구성된 비교적 자유로운 소집단을 중심으로 시작된다. 소집단 모임은 정해진 주제나 방향 없

이 시작되어, 「지금–여기서」의 문제를 중심으로 모든 구성원간의 자유로운 상호작용으로 발전된다. 구성원 사이의 자유로운 활동과 다양한 행동 반응을 통하여 각자의 감정과 생각을 표현하고, 스스로를 관찰, 분석, 평가할 기회를 가지며, 새로운 행동을 실험해 보고, 서로에 대한 피드백을 주고받도록 하는 것이다.

감수성 훈련과정에서 구성원들은 이야기의 내용도 경청하지만 집단이 운영되는 방식, 상호작용시의 분위기나 구성원들의 감정에 더욱 관심을 갖게 된다. 이 훈련과정에서 지도자는 자유로운 모임의 분위기를 조성하고 상호작용에 필요한 행동들의 모범을 보이며, 활발한 집단활동을 유지하는데 필요한 규준을 발전시키도록 자극하는 등 훈련의 전문적인 조력자로서의 역할을 담당하게 된다.[6)]

2 감수성훈련 집단의 분류

1) 개방성에 의한 구분

① 개방집단

개방집단은 집단에의 참여를 특수 구성원에 국한시킨 것이 아니라, 매주 혹은 정해진 시간마다 항상 열리며, 필요하면 누구나 참여할 수 있도록 허용하는 집단이다. 주로 정신병원이나 교도소 등과 같이 구성원이 자주 바뀔 수 있고 유동성이 많은 곳에서 주로 사용하는 집단의 형태이다.

② 폐쇄집단

폐쇄집단은 필요에 의해 모인 구성원들이 가능한 문명으로부터 멀리 떨어진 특정한 장소에서 일정한 구성원들에 의해서만 운영되는 집단이다.

2) 구조성에 의한 구분

① 구조적 집단

집단의 목적에 따라 구조화된 프로그램을 가지고 순서적으로 진행하는 집단이다. 우리나라에서는 주로 심성수련, 잠재력개발 훈련, 자기표현 훈련 등이 이에 해당한다.

② 비구조적 집단

전통적 T–그룹으로부터 발달되어온 이 집단형태는 매 시간(회기, 마당)마다 어떤 구조화된 프로그램을 사용하는 것이 아니라, 「지금–여기」에서 바로 그 순간에 느낀 자신의 솔직한 느낌을 중심으로 이야기를 피드백 하면서 자기 발견과 타인 이해, 개인의 긍정적 잠재력의 발달 등의 목적으로 운영되는 집단을 말한다.

3 감수성훈련 실시

1) 프로그램 구성

① 활동, 체험단계

주로 생각한 것을 쓰고, 그리고, 행동을 통해 만들어내는 자료 생산 단계이다. 이 단계에서 학습은 참가자 각자에게 맡겨지게 된다. 체험학습이란 발견(귀납적) 학습이며 학습될 내용을 미리 정확하게 규정지을 수 없다. 그래서 촉진자는 활동 계획 수립에 막대한 힘을 쏟지만 그 결과에 대해서는 계획을 세울 수가 없다. 이 단계에서 과도한 자료가 생산되지 않도록 주의한다.

② 발표단계

활동 중에 각 개인이 생각하고 느끼고 행동한 점에 대해 발표하여 참가자의 경험을 집단에 이용하는 단계이다.

③ 상호작용단계 – 심화단계

참가자들의 체험을 조직적으로 면밀히 검토하는 단계이다. 즉 참가자들이 발표한 활동내용을 상호작용을 통해 재구성하는 집단역동의 장이다. 이 단계는 체험학습 순환 모형의 주춧돌에 해당된다. 이 단계는 다음 단계로 넘어가기 전에 철저히 수행되어야 하며 참가자로 하여금 일반적인 의미면에서가 아니라 개별적이고 구체적인 상호작용면에서 일어난 감정과 느낌들을 검토하도록 장려되어야 한다.

④ 일반화 적용단계 – 종합 정리단계

일상적인 생활에서 의식을 가지고 적용할 수 있는 점에 초점을 두며 "그래서 실제 생활에서 어떤 도움을 받을 수 있겠습니까?" 라는 질문에 해당되는 단계이다. 이 단계가 소홀해지면 체험학습은 표면적인 것에 그치고 만다.

2) 프로그램 운영상 지도지침

(1) 첫 프로그램에서 할일

프로그램 첫 장에서 집단 구성원 각자는 표현할 의무와 권리를 지닌다고 알린다. 의무는 상대의 이야기에서 자신이 느끼는 부분을 그 상대에게 알려 주는 것이고 권리는 내가 느끼는 생각한 경험들은 발표하는 것이다. 프로그램 첫 장에서의 촉진자의 말과 행동은 그대로 집단 구성원에게 모델링이 되므로 지도자는 이 장을 효과적으로 활용 할 수 있어야 한다. 프로그램 첫 장에서 해야 할 일들은 다음과 같다.

① 자발적 능동적 참여가 아닐 때는 참여 동기에 대하여 먼저 나눔을 갖고 평정을 찾은 후 시작한다. 마라톤에서처럼 출발점 마음이 같아지도록 한다.

② 집단 구성원들의 최대의 반응을 이끌어 낼 수 있도록 지금, 여기, 너와 나의 내면 현상을 대화로 주고받는 시범을 보인다. 집단 구성원 전체가 생각해야 되는 것을 말할 때는 가볍게 내놓는 정도로 하고 토론이 되지 않도록 주의한다.

③ 프로그램 실시 중에는 서로 평등하고, 어떤 상황이 벌어지더라도 여기서 해결한다는 것과 여기서 있었던 일은 비밀을 유지하기로 약속한다.

④ 프로그램을 경험하고 서로 나눔을 가질 때 적극적으로 경청하도록 동기를 준다. 경청을 안 할 때는 발표를 유보하고 침묵한다.

⑤ 앞사람과 같다고 할 때 같은 내용일지라도 자신의 목소리로서 표현하여야 함을 강조한다. 그렇게 할 때 '누구 누구와 같은 내용이 구나' 하는 것은 듣는 이가 느끼도록 해야 하는 것이라고 안내한다.

⑥ 첫 프로에서는 말문이 잘 열리고 마음이 모이도록 동기를 일으키는데 집중한다.

⑦ 촉진자와 참여자 한 사람 한 사람과의 관계를 '지금, 여기에서' 시작한 인간적 만남으로 유지할 수 있도록 진솔하고 성실한 마음가짐으로 임한다.

⑧ 진행되는 동안 중간에 휴식, 중단이 없도록 함을 원칙으로 한다. 식사 후 다시 시작할 때는 집중되는 분위기를 다시 만들기 위하여 동작 프로그램으로 10분 정도 분위기 조성을 한다. 또는 전장의 느낌을 정리하고 기분을 묻는다.

⑨ 마무리 시간의 여유가 없을 때는 간단한 느낌 표현만을 하는 것에 동참해 줄 것을 제의한다.

⑩ 참가 태도로서는 처음부터 끝까지 참여함을 원칙으로 한다. 그러나 피하지 못할 사정으로 빠질 경우는 본인의 말로서 개인 사정을 전체에게 이야기하고 양해를 받고 자리를 뜨게 한다.

(2) 각 프로그램 운영 시 할일

① 촉진자는 강의나 직접적인 안내를 하기 전 몸풀기나 명상자료 등을 이용하여 편안하고 자연스런 분위기를 유도하고 프로그램에 따라서는 목표를 먼저 제시할 수 있

는 유연성이 필요하다. 분위기를 방해하는 사람은 먼저 그 욕구를 읽어 주어 안정시킨다. 그 사람의 확실한 장점을 짚어 보내주면 '지금 여기로' 자기 학습에 몰입된다. 체험에서는 읽고, 쓰고, 만들고, 그리고, 기타 활동들이 이루어지나 도입에서는 가급적 직접적 활동에 들어가는 것을 자제하고 장을 여는데 요구되는 효과적인 분위기 조성에 주력한다. 프로그램이 복잡한 내용이라는 선입견이 생기지 않도록 그때 요구되는 방향으로 단순하고 명료하게 안내한다.

② 촉진자는 눈높이가 대등한 만남의 장을 갖는다. 그 집단의 역동을 생각하면서 프로그램의 정점을 설정하고 지금, 현재, 여기의 집단 흐름에 맞추어 반응한다. 촉진자는 최소한의 개입으로 집단의 자율성을 이끌어 내고 과업을 스스로 성취해 나가도록 맡겨 본다.

③ 여기에서는 근사한 내용의 표현보다는 의미 있는 행동이 발현되기까지의 (집단과 개인의 참여 형태) 과정 자체가 학습이다. 그것은 실제 살아가는 태도를 학습하는 것이므로 실제로 체험되게 하는 것이 매우 중요하다.

④ 종합 정리는 결과적으로 집단 구성원 자신들에 대한 자아발견, 너에 대한 이해 증진, 관점전환, 우리에게 대한 긍정적 역할 기대로서 표현된 것을 지도자의 언어로 종합 정리해 주는데 만약 집단 구성원들의 느낌표현에서 기대한 목표가 안 나오면 촉진자가 체득한 것처럼 자기 소감을 통하여 대체한다.

⑤ 꼭 사용할 것은 "그리하여 어떻게 할 것인가?"를 물어서 자기 정리, 자기다짐이 되도록 한다. 몇 사람이 그렇게 느끼는가, 달리 느끼는 사람은 몇이나 되나, 공통된 느낌을 말하고 색다른 느낌을 추려서 말한다. 헤어질 때는 가벼운 노래, 악수나 어깨에 손 얹음, 포옹 등을 서로 나눈다. 촉진자는 의존해 오는 집단 구성원을 미리 분리시켜 독립시켜야 함을 잊지 않는다. 집단지도자가 활용하기 편하도록 프로그램 지도시 유의점을 알기 쉽게 정리하면 다음과 같다.

집단 지도상의 유의점

1. 그룹 구성원의 앉는 위치를 매회 바꾸어 준다.
2. 가급적 조용하고 편안하며 부담감 없는 분위기를 조성한다.
3. 자리배열은 집단 구성원이 서로 보이도록 최소한 가깝게 가능한 원형으로 설치한다.
4. 그룹 구성원들의 '지금 여기에서의' 기분이 어떤지를 표현케 한다.
5. 이 프로그램은 마음나누기, 자기성찰, 표현 훈련, 타인이해, 관계기술 습득 등 인간관계 훈련의 장임을 인식시킨다.

6. 통찰과 다짐의 기회로 자기를 강화시킨다.
7. 첫째 프로그램에서 촉진자는 직접 모델이 된다.
   1) 열심히 듣는다. (처음부터 끝까지)
   2) 열심히 말한다.
   3) 그룹원의 이야기에서 느껴지는 중요한 반응에 대해 언급한다.
   4) 집단 과정 중 나온 이야기에 대해 비밀을 엄수한다.
   5) 지금 여기에서의 생각과 느낌에 주력한다.
   6) 가능한 그룹원들이 반응하도록 기다려 준다. 슬플 때 같이 슬퍼하고 그 심정에 머물러 주기를 한다.
8. 지적할 때, 궁금한데요, 하는 식으로 청해서 듣는다.
   느낌 발표도 청하는 식으로 한다. 이야기의 맥이 끊어 질 때는 촉진자가 잇는다.
9. 장이 정체될 때는 활달한 사람부터 초대한다. (몸이 앞으로 쏠린 사람부터)
10. 간혹 이야기가 서툴은 사람에게도 청해 본다.
11. 몸푸는 동작을 프로그램 시작 전 활용한다.
12. 종교적으로는 심화하지 않는다.
13. 참여를 거부하는 때는 상황을 알아보고 특별한 것이 없을 때는 그 사람의 긍정적 특징을 들어서 관심을 기울인다.

3) 참가자를 위한 도움사항

집단 구성원은 사회적인 지위나 학식, 연령, 남녀, 경험 유무를 떠나서 순수한 인간으로 평등한 입장에서 참여해야 한다. 심리안정 프로그램에 참가하는 집단 구성원들이 시도해야 할 사항과 피해야 할 사항을 열거하면 다음과 같다.

■ 시도해야 할 사항

① 자기 자신에게 충실한다.
항상 자기 자신의 내면 세계(속마음)을 들여다보고, 내면의 소리에 귀를 기울인다.

② 지금, 여기에 관심을 집중한다.
지금 이 자리에서 이 순간 느끼는 내 기분, 감정에 초점을 맞춘다.

③ 솔직하게 터놓고 이야기한다.
체면, 가면을 벗고 느낀 대로 솔직하게 말하며, 자기 내면의 소리에 정직해야 한다.

④ 모든 사람의 이야기를 적극적으로 경청한다.
이야기의 사실, 뜻, 내용뿐만 아니라 그 밑바탕에 깔린 그 사람의 기분, 감정, 욕구, 의도까지 귀담아 듣는다.

⑤ 집단에 적극적인 참여자가 된다.
집단 활동에 진지하게 임하며 적극적으로 참여한다.

⑥ 집단 활동에서 행한 모든 이야기에 대해 비밀을 엄수한다.

■ 피해야 할 사항

① 과거, 거기에서 나눴던 이야기나 책에서 읽었던 것을 화제로 만드는 일

② 남에게 충고, 조언, 훈계하는 일

③ 상대방을 판단, 평가, 비판하는 일

④ 너무 자기 생각에만 빠지는 일, 이 자리와 상관없는 자기 말만 계속하는 일

⑤ 지금 여기에서 너와 나 사이에 별 관계가 없고 의미도 없는 일

⑥ 부담스럽게 질문하거나 따지는 일

자리에서 너와 나, 우리에게 초점을 맞추어 현재의 살아있는 삶을 느껴보자는 것입니다.[7)]

참고문헌

1. 이승화, 한국형 감수성 훈련이 타인관점수용·대인관계태도 및 상담효과에 미치는 영향, 원광대학교 박사학위논문, 2006.
2. 한국청소년연맹, 인간관계 훈련의 이론과 실제, 양서원, 2001.
3. 유동수 외, 감수성훈련의 실제, 한알출판사, 2004.
4. 권용만 외, 조직행동론, 무역경영사, 2009
5. 양춘희 외, 문화와 커뮤니케이션, 북코리아, 2009
6. ----교육학용어사전, 하우동설, 1995
7. 이장호 외, 집단상담의 기초, 박영사, 2011

찾아보기

ㄹ

ㅁ

ㅂ

ㅅ

ㅊ

ㅋ

ㅌ

ㅍ

ㅎ

저/자/소/개

양춘희

- 숙명여대 대학원(경영학박사, 조직 · 인사관리 전공)
- 주요 경력) 미 UNLV 객원교수, 한국능률협회 직능교육부 전문위원
  충남여성정책개발원 이사, 충남 서북부 상공회의소 지역경제연구소 연구위원
- 현) 남서울대 경영학과 교수, 한국기업경영학회 상임이사
- [저서 및 논문]
  경영학원론, 비즈니스 커뮤니케이션, 문화와 커뮤니케이션
  눈높이와 후속관리로 성공한 지식경영, 대학경영방식의 새 지평 외

신형재

- 서강대학교 영문학과 졸업
- 경희대학교 대학원 경영학과 졸업(경영학박사)
- 전) 한국인적자원개발학회 부회장
  아더앤더슨코리아 선임컨설턴트
  영화컨설팅(언스트영) 수석컨설턴트
  리더스앤컴퍼니 대표이사
  숭실대학교 경영대학 교수
- 현) 숭실대학교 평생교육센터 경영학과 주임교수(학과장)
- [저서 및 논문]
  인적자원관리, 공저(무역경영사)
  문화와 커뮤니케이션, 공저(북코리아)
  경영학원론, 공저(무역경영사)
  조직행동론, 공저(무역경영사)

길 웅

- 경희대학교 대학원(경영학박사, 조직 • 인사관리 전공)
- 전) 서울여자대학교, 경희대학교 경영대학 겸임교수
- 현) 회계법인 바른 부대표(공인회계사, 세무사), 숭실대학교 평생교육원 외래교수
- [저서 및 논문]
  "전문가주의 및 절차공정성 인식이 전문분야 및 조직몰입을 통한 이직의도에 미치는 영향에 관한 연구 : 우리나라 공인회계사를 중심으로"

권용만

- 경희대 대학원(경영학박사, 조직 • 인사관리 전공)
- 주요 경력) 대한생명 인재개발원 교수, 국무총리실 실내대학(OPC School) 전담교수
  경희대 사회과학연구원 전문연구원
- 현) 남서울대 경영학과 교수, 한국인적자원개발학회 상임이사
- [저서 및 논문]
  비즈니스 커뮤니케이션, 인적자원관리론, 조직행동론
  기업의 윤리정책이 윤리적 의사결정에 미치는 영향에 관한 연구
  Influence of Ethical Corporate Decision-Making on Organizational Performance 외

저자와의
협의하에
인지생략

인간관계론

2015년 2월 27일 제1판 1쇄 발행
2019년 1월 30일 제1판 3쇄 발행

저 자 양 춘 희 · 신 형 재
길 웅 · 권 용 만
발행인 고 성 익
조 판 플 러 스

05027
발행처 서울특별시 광진구 아차산로 335 삼영빌딩
도서출판 三 英 社
등 록 1972년 4월 27일 제2013-21호
전 화 737-1052 · 734-8979 FAX 739-2386

정가 24,000원
ISBN 978-89-445-0365-8-93320